Studienbücher zur Kommunikations- und Medienwissenschaft

Gründungsherausgeber

Günter Bentele, Universität Leipzig, Leipzig, Deutschland

Otfried Jarren, Universität Zürich, Zürich, Schweiz

Reihe herausgegeben von

Hans-Bernd Brosius, IfKW, Ludwig-Maximilians-Universität München
München, Deutschland

Patrick Donges, Universität Leipzig, Leipzig, Deutschland

Maria Löblich, FU Berlin, Berlin, Deutschland

Jörg Matthes, Universität Wien, Wien, Österreich

Herausgeber und Verlag streben mit der Reihe „Studienbücher zur Kommunikations- und Medienwissenschaft" an, die Kommunikationswissenschaft sowie ihre relevanten Teil- und Forschungsgebiete darzustellen. In den Bänden werden die vielfältigen Perspektiven und Forschungsergebnisse der Kommunikationswissenschaft systematisch präsentiert, eingeordnet sowie kritisch reflektiert. Die Studienbücher wenden sich sowohl an Studierende des Fachs wie angrenzender Bereiche als auch an eine größere, thematisch interessierte Öffentlichkeit.

Herausgeber und Verlag wollen mit der Reihe zweierlei erreichen:

Zum ersten soll zur weiteren Entwicklung und Profilierung des Faches Kommunikationswissenschaft beigetragen werden. Kommunikationswissenschaft wird als sozialwissenschaftliche Disziplin verstanden, die sich – mit interdisziplinären Bezügen – vor allem mit Phänomenen der öffentlichen Kommunikation in der Gesellschaft befasst.

Zum zweiten soll den Studierenden und allen thematisch Interessierten ein solider, zuverlässiger, kompakter und aktueller Überblick über die Teilgebiete der Kommunikationswissenschaft geboten werden. Dies beinhaltet die Darstellung der zentralen Theorien, Ansätze, Methoden sowie der Kernbefunde der Forschung. Die Studienbücher konzentrieren sich also auf das notwendige Basiswissen und sollen sowohl dem studienbegleitenden Lernen an Universitäten, Fachhochschulen und einschlägigen Akademien wie auch dem Selbststudium dienlich sein. Auf die didaktische Aufbereitung des Stoffes wird deshalb großer Wert gelegt.

Klaus Beck

Das Mediensystem Deutschlands

Band 1: Theorie, Grundlagen, Strukturen.
Buch, Presse, Film und Videostreaming

3. Auflage

 Springer VS

Klaus Beck
Kommunikationswissenschaft
Universität Greifswald
Greifswald, Deutschland

ISSN 2524-3306   ISSN 2524-3314 (electronic)
Studienbücher zur Kommunikations- und Medienwissenschaft
ISBN 978-3-658-50032-0   ISBN 978-3-658-50033-7 (eBook)
https://doi.org/10.1007/978-3-658-50033-7

Die Deutsche Nationalbibliothek verzeichnet diese Publikation in der Deutschen Nationalbibliografie; detaillierte bibliografische Daten sind im Internet über https://portal.dnb.de abrufbar.

Springer VS ist ein Imprint der eingetragenen Gesellschaft Springer Fachmedien Wiesbaden GmbH und ist ein Teil von Springer Nature.
Die Anschrift der Gesellschaft ist: Abraham-Lincoln-Str. 46, 65189 Wiesbaden, Germany

Wenn Sie dieses Produkt entsorgen, geben Sie das Papier bitte zum Recycling.

Inhaltsverzeichnis

Abbildungsverzeichnis

Tabellenverzeichnis

Einleitung

1

im August 2025
  Greifswald und Berlin
  Prof. Dr. Klaus Beck

Medien spielen zweifellos eine große Rolle in unserem Alltag. Sie durchdringen nahezu alle Sphären unseres öffentlichen und privaten Lebens in der Mediengesellschaft. Was seit einigen Jahren unter dem Schlagwort Medialisierung, aktuell meist dem Zauberwort Digitalisierung diskutiert wird, ist keine ganz neue Erscheinung, belegt aber aufs Neue, dass die Art und Weise wie wir kommunizieren, nicht unabhängig von den strukturellen Vorgaben der Medien ist. Doch diese Medien wandeln sich nicht nur in Bezug auf das, was mit ihrer Hilfe kommuniziert wird, sondern auch hinsichtlich ihrer Strukturen. Längst sind Onlinemedien und (vermeintlich) Soziale Medien zu den publizistischen Medien Presse, Rundfunk und Film getreten. Nun kommen verstärkt Plattformen hinzu, die in weiten Teilen durch Algorithmen und Software geprägt und gesteuert werden, die mitunter als ‚Künstliche Intelligenz‘ bezeichnet werden. Die Beantwortung der vormals banalen Frage, wer eigentlich mittels Medien kommuniziert, zum Beispiel Journalistinnen (publizistische Medien), Laien oder PR-Akteure (Soziale Medien), bereitet Schwierigkeiten, wenn sich die Kommunikationsstrukturen grundlegend wandeln. Für die Kommunikations- und Medienwissenschaft ergeben sich aus dem als rasant empfundenen Wandel grundlegende begriffliche und theoretische Fragen, zum Beispiel was Medien heute sind und ob die erwähnten Plattformen dazugehören, aber auch ob es so etwas wie ein abgrenzbares Mediensystem überhaupt noch gibt.

Die Frage nach den Kommunikations- und Medienstrukturen ist also hoch aktuell. Gleichzeitig zählt sie schon seit langem zu den klassischen Fragen der Publizistik- und

© Der/die Autor(en), exklusiv lizenziert an Springer Fachmedien Wiesbaden GmbH, ein Teil von Springer Nature 2025
K. Beck, *Das Mediensystem Deutschlands*, Studienbücher zur Kommunikations- und Medienwissenschaft, https://doi.org/10.1007/978-3-658-50033-7_1

Kommunikationswissenschaft. Paul F. Lazarsfeld und Robert K. Merton rechneten sie 1948 zu den drei wichtigsten Facetten der Medienwirkungsforschung, als sie schrieben:

> „Secondly, we must look into the effects of the particular structure of ownership and operation of the media in the country, a structure which differs appreciably from that found elsewhere. (…) clearly, the social effects of the media will vary as the system of ownership and control will vary." (Lazarsfeld und Merton 1964, S. 98, 106)

Besonders relevant erschien ihnen dabei die kapitalistische Organisationsweise, zumal diese auch Einfluss darauf nimmt, was überhaupt zum Medieninhalt werden – und in der Folge genutzt werden und ‚wirken' – kann (vgl. Lazarsfeld und Merton 1964, S. 107). Ohne hinreichende Kenntnis der Medienstrukturen, so Lazarsfeld und Merton, kann empirische Kommunikationsforschung insgesamt also nicht zu schlüssigen Ergebnissen kommen.

Doch was wissen wir eigentlich über diese Medienstrukturen, die sich zudem in einem Prozess des Wandels befinden? Nun herrscht an Forschung und Fachliteratur zu Medienfragen zwar kein Mangel. Meist handelt es sich dabei aber um Analysen einzelner Medien oder um spezielle Fragen nach der Nutzung und Wirkung sowie den Inhalten von Medien oder Kommunikationsplattformen. Die Analyse von Medien- und Plattformstrukturen erfolgt anhand konkreter Beispiele und meist verfolgt sie eine bestimmte, oft von den Nachbardisziplinen bestimmte Perspektive: Medienstrukturen werden dann historisch, juristisch, politik- oder wirtschaftswissenschaftlich untersucht.

Eine integrative Analyse, die ausgehend von einem publizistikwissenschaftlichen Medienbegriff theoretisch fundiert und systematisch die Dimensionen und Ebenen der Medienstruktur im Gesamtzusammenhang darstellt, fehlte lange Zeit. Mit der 2012 erschienen ersten Auflage dieses Lehrbuchs habe ich den Versuch unternommen, diese Lücke zu schließen, und mit der zweiten Auflage (2018) den Veränderungen analytisch und empirisch (durch die Aktualisierung von Marktdaten) Rechnung zu tragen. Mit der nun vorgelegten dritten Auflage soll dieser Versuch fortgeführt werden: Das Anliegen dieses Lehrbuches besteht darin, ausgehend von einem Medienbegriff, der kommunikative, organisatorische und institutionelle Dimensionen ebenso wie die zugrunde liegenden verschiedenen Medientechniken berücksichtigt, die Organisationsstrukturen und die institutionelle Ordnung der Medien und der Kommunikation in Deutschland zu analysieren. Dem grundlegenden Wandel gesellschaftlicher Kommunikationsverhältnisse soll dabei insoweit Rechnung getragen werden, als es dabei um strukturelle Fragen geht und soweit dies in einem einführenden Überblickswerk möglich erscheint.

Wichtig dabei bleibt in dieser Neuauflage, nicht vorschnell von einer „disruptiven" Umwälzung alles Bekannten, einer durch ‚Digitalisierung' hervorgerufenen Revolution auszugehen, sondern die bekannten und – aus meiner Sicht – bewährten Dimensionen der Analyse fortzuführen, diese aber auf die veränderten Medien- und Kommunikationsstrukturen anzuwenden. Das in der öffentlichen Debatte und der Politik verbreitete Narrativ der digitalen Revolution taugt aus sozial- und kommunikationswissenschaftlicher Sicht wenig, weil hier monokausal und technikdeterministisch eine einfache Erklärung für komplexe Prozesse angeboten wird. Zudem handelt es sich vielfach um eine von starken politischen und wirtschaftlichen Interessen geleitete Argumentationsweise: Wenn die (Medien-)Technik mit der Gewalt eines Naturereignisses eine Revolution verursacht, dann folgt daraus, dass alle gesellschaftlichen und politischen Regulierungsversuche scheitern müssen. Das Ende der Medien- und Kommunikationspolitik mit ihren aus Sicht mancher Unternehmen ärgerlichen Begrenzungen ist dann eine naheliegende Forderung. Mit einer mehrdimensionalen und differenzierten Betrachtung soll das vorliegende Buch einen bescheidenen Beitrag dazu leisten, solch naiven oder strategisch platzierten Vorstellungen des Medienwandels nicht auf den Leim zu gehen. Dies erscheint mir nicht nur vor dem Hintergrund der öffentlichen Debatte ein wichtiges Anliegen, sondern auch mit Blick auf die akademische Entwicklung unseres Faches. Entgegen der eigenen Forschungs- und Theorietradition, und erstaunlicherweise trotz der grundlegenden Strukturveränderungen, nimmt die Auseinandersetzung mit Kommunikations- und Medienstrukturen ab. Die Zahl der hierfür noch vorgehaltenen Professuren schrumpft, vermutlich auch die Präsenz in der universitären Lehre und erkennbar auch bei den Tagungen und Fachpublikationen. In dem Maße, wie man sich bei der empirischen Mediennutzungs- und Medienwirkungsforschung allein auf das eigene lebensweltliche Wissen (oder das der Studierenden) verlässt und ‚die Medien‘ als wohlbekannte Größe auffasst, die keiner weiteren Untersuchung Wert sind, verlässt man das solide Fundament der eigenen Disziplin und betreibt bestenfalls Medienpsychologie.

Zweifellos sind Nutzungs- und Wirkungsfragen zentrale Gegenstände der Kommunikations- und Medienforschung. Es kann nicht darum gehen, Teildisziplinen und Forschungsfelder gegeneinander auszuspielen, sondern darum sie in einen Erklärungszusammenhang zu bringen. So wenig wie eine bloß deskriptive Medienkunde aus wissenschaftlicher Sicht befriedigend wäre, so wenig tauglich erscheinen noch so avancierte empirische Studien ohne eine mediensystematische Einordnung für ein genuin kommunikationswissenschaftliches Verstehen und Erklären. In besonderem Maße gilt dies für Längsschnittstudien, die veränderten Medienstrukturen keine Rechnung tragen, und für ländervergleichende Analysen bzw. die beliebte Übertragung insbesondere US-amerikanischer Forschungsergebnisse auf europäische Gesellschaften. Die Voraussetzung für international vergleichende Studien, die über anekdotische und kulturalistisch reduzierte Beobachtungen hinausgehen, besteht in einer systematischen und empirisch fundierten Kenntnis des ‚eigenen‘ bzw. des für die Forschung relevanten Mediensystems.

Eine solche Betrachtung muss die Dynamik der Medien und deren Folgen für die sich ändernden Verhältnisse zwischen den Medien berücksichtigen. Medienwandel ist zunächst einmal ein historischer und ‚normaler‘ Prozess, und keine durch die Digitalisierung schlagartig über uns (und die Medien) hereinbrechende Revolution. Um wirklich erkennen zu können, was sich (schneller oder langsamer) wandelt und was relativ stabil bleibt, bedarf es der Beobachtung nicht nur technischer, sondern ökonomischer, sozialer und politischer Wirkkräfte. Keine davon bestimmt alleine die Dynamik der Medien, erst das Zusammenspiel führt zu wirklichen, möglicherweise strukturellen Veränderungen.

Analytischer Ausgangspunkt bleibt daher auch in dieser Neuauflage des Lehrbuchs der mehrdimensionale Medienbegriff im Anschluss an Ulrich Saxer (vgl. Abschn. 2.2.1). Ob und bis zu welchem Punkt sich neue Organisationen und Strukturen gesellschaftlicher Kommunikation, insbesondere die neueren Intermediäre in Gestalt von digitalen Plattformen mit diesem analytischen Instrumentarium noch fassen lassen, wird sich (vor allem in Bd. 2 dieses Lehrbuchs) zeigen. Die etablierten Abgrenzungen zwischen Informations- und Kommunikationsdiensten und Medien sowie zwischen publizistischen Medien (öffentliche Kommunikation) und sog. sozialen Medien (mit fließenden Übergängen zwischen privaten, gruppenöffentlichen und öffentlichen Kommunikationen) stehen längst infrage. Ob sich das Mediensystem gerade auflöst, entgrenzt oder öffnet, ist eine theoretische und empirische Frage (vgl. Beck 2019).

Gerade weil die Grenzen des Mediensystems heutzutage schwieriger zu bestimmen sind, erweist sich der Versuch als hilf- und lehrreich: Neben Entgrenzungs- und Konvergenzprozessen können auch neue Binnendifferenzierungen beobachtet werden. Die hier vorgeschlagene, und bereits in den ersten Auflagen explizierte Sichtweise eines offenen und dynamischen Mediensystems erscheint mir nach wie vor geeignet.

Dabei gelten vier wichtige, vor allem der Lesbarkeit des Lehrbuches geschuldete Beschränkungen:

- Es geht hier – bei allen Problemen der Abgrenzung – nur um die Medien und Plattformen der öffentlichen Kommunikation (Publizistik), worunter neben den journalistisch-redaktionell arbeitenden Medien auch Unterhaltungsmedien (Belletristik, Spielfilm, Unterhaltungsprogramm des Rundfunks, Musik- und Videostreaming, Online-Gaming etc.) gerechnet werden. Die Medien der vorwiegend privaten Individualkommunikation sowie der internen Organisationskommunikation (Brief, Telefonie, E-Mail, Instant Messaging etc.) bleiben hingegen in Band 1 außen vor; die Messenger werden bei der Behandlung von Plattformen in Band 2 aufgegriffen, sofern sie eine Rolle in der (teil) öffentlichen Kommunikation spielen. Onlinemedien und digitale Netz-Plattformen werden sowohl als Verbreitungsmedien journalistisch-redaktioneller Angebote berücksichtigt als auch als neue algorithmisch arbeitende Intermediäre öfflicher oder teilöffentlicher Kommunikation (vgl. Bd. 2). Computer- und Onlinespiele zählen zwar nicht zu den klassischen publizistischen Medien und tragen auch nur sehr begrenzt zur öffentlichen Meinungs- und Willensbildung bei. Gleichwohl stellen diese interaktive Unterhaltungsmedien seit Jahren ein Massenphänomen (vgl. Wimmer 2013) und einen mit den anderen in diesem Werk behandelten Medienmärkten (insbesondere Film und Buch) verbundenen Markt von beachtlichem Umfang dar. Auch hier steht im Vordergrund der Betrachtung der Plattformcharakter des Online-Gaming (vgl. Bd. 2).
- Es können nicht alle drei sozialen Ebenen gleichermaßen fokussiert werden: Für das Verständnis der Medienstrukturen und Institutionen erscheinen die mittlere Ebene der Medienorganisationen (Medienunternehmen sowie korporative Akteure und ihre Strategien) und die übergeordnete Makroebene (Medienmärkte und Medienverfassung) be-

sonders relevant. Da wir es im Falle Deutschlands mit einem grundsätzlich marktwirt-schaftlich organisierten System zu tun haben, dass nur im Rundfunksektor noch über eine gesellschaftsweit relevante alternative Organisationsform verfügt, wird hierbei be-wusst eine medienökonomische Perspektive eingenommen. Medienorganisationen werden als kapitalistische Unternehmen verstanden, deren Marktstrategien und –ver-halten sich grundsätzlich an der profit- und effizienzorientierten Logik des Medien-managements orientieren. Ohne zu behaupten, dass alle Entscheidungen tatsächlich ra-tional erfolgen, und ohne dies – in Anbetracht einer öffentlichen Aufgabe der Medien – auch normativ gutzuheißen, folge ich daher in Teilen einer managementorientierten Sichtweise auf Medien- und Plattformorganisationen (vgl. Abschn. 2.2.2). Die Mikro-ebene des individuellen kommunikativen Akteurshandelns (Mediennutzung und – wirkungsfragen) tritt hingegen in den Hintergrund, auch wenn alle drei Ebenen letzt-lich miteinander in Wechselwirkung stehen.

- So lohnend und notwendig eine Langzeitbetrachtung der Evolution des Mediensystems ist (vgl. Wilke 2008), sie kann hier nicht geleistet werden. Nur dort, wo es zum Ver-ständnis der aktuellen Strukturen besonders hilfreich ist, werde ich auf medien-geschichtliche Darstellungen zurückgreifen.
- Auch der internationale Querschnittsvergleich und die Darstellung ausländischer Medienstrukturen sind lohnende Forschungsfelder (vgl. hierzu Thomaß 2013; Blum 2014), die hier leider nur gelegentlich betreten werden können, um die internationalen Einflussfaktoren auf die deutschen Medien zu berücksichtigen. Allerdings soll unsere Darstellung aufgrund ihrer Systematik komparatistische Forschungen, also der in-ternationale Vergleich von Mediensystemen, durchaus erleichtern und anregen.

Im Gegensatz zu bloß beschreibenden Medienkunden oder -lehren sowie Daten- und Faktensammlungen, wird hier der Anspruch der theoretisch fundierten und systematischen Analyse erhoben, allerdings trotz des titelgebenden Begriffs nicht in Gestalt einer ‚dogma-tischen' Systemtheorie.

An die grundlegenden begrifflichen und theoretischen Klärungen schließt eine kurze Überblicksdarstellung des normativen Rahmens der Medien und Plattformen an (vgl. Kap. 3), die nicht den Anspruch hat, die rechtlichen und ethischen Grundlagen ge-sellschaftlicher Kommunikation erschöpfend zu behandeln. Hierfür muss auf grund-legende rechtswissenschaftliche und ethische Fachliteratur verwiesen werden. Für die einzelnen Medien werden dann in den Sachkapiteln detailliertere Ausführungen zu den gesetzlichen und ethischen Normen folgen. Alle Medien und die Plattformen greifen auf Infrastrukturen zurück, um überhaupt arbeiten zu können. Die wichtigsten allgemeinen Nachrichtenagenturen als Zulieferer der journalistischen Medien sowie die organisierte Public Relations (Agenturen, Berater, Stabsstellen von Organisationen) und die Werbe- und Mediaagenturen als Akteure mit maßgeblichem Einfluss auf Inhalte und Formate (öf-fentlicher) Kommunikation werden ebenso hierunter subsummiert wie die technischen Basisnetze, ohne die Kommunikation in modernen Gesellschaften nicht stattfinden könnte.

Auch für dieses dritte Kapitel gilt, dass eine vollständige Darstellung nicht angestrebt wird und dass beispielsweise PR-Akteure nicht nur eine Infrastruktur für journalistische Medien darstellen, sondern selbst weite Teile öffentlicher Kommunikation prägen. Diese Funktionen sowie die damit verbundenen normativen Fragen können in der gebotenen Kürze nicht angemessen behandelt werden.

Die meisten Kapitel des Buches widmen sich den Medien und Plattformen öffentlicher Kommunikation, wobei das Spektrum gegenüber den vorangegangenen Auflagen erweitert wurde: Video- und Musikstreaming als wesentlicher Teil medialer Unterhaltung und Programmbestandteil von Film (vgl. Kap. 7) und Rundfunk (vgl. Bd. 2) werden nun ausführlicher behandelt; zudem werden die Online-Plattformen für das Streaming bzw. den Abruf in einem eigenen Kapitel über Onlinemedien und digitale Plattformen dargestellt (vgl. Bd. 2). Der Tatsache, dass sich auf Online-Plattformen öffentliche, teil- und gruppenöffentliche sowie private Kommunikationsformen und -themen mehr als jemals zuvor vermischt haben, soll die umfassendere Betrachtung Rechnung tragen. Die relevanten Plattformen sind, noch weitaus stärker als dies bei den behandelten publizistischen Medien (vielleicht mit Ausnahme des Kinofilms) der Fall ist, internationaler Provenienz, bezogen auf Deutschland handelt es sich vor allem um US-amerikanische Konzerne. Diese sind weder bloßer Bestandteil des deutschen Mediensystems oder gar lediglich technische Infrastruktur noch ausländische Medien (vergleichbar etwa dem klassischen Auslandsrundfunk). In diesem Lehrbuch werden sie primär im Hinblick auf ihre Rolle in Deutschland bzw. für das deutsche Mediensystem dargestellt. Die Onlineangebote der publizistischen Medienunternehmen aus Presse, Rundfunk und Film werden hingegen jeweils in den einzelnen Medienkapiteln behandelt, weil sie Bestandteil der von ihnen verfolgten Strategien darstellen und meist auch auf den redaktionellen Leistungen der dort beheimateten crossmedialen Redaktionen beruhen. Wenn man dem mehrdimensionalen Medienbegriff folgt, ist nicht der Verbreitungsweg allein entscheidend, sondern die verantwortlichen Akteure (Medienorganisationen). Die jahrelangen Diskussionen um eine plattformneutrale Regulierung zeigen eindrucksvoll, wie wenig hilfreich eine technologische Mediendefinition noch ist, die dazu führt, dass identische Medieninhalte unterschiedlichen Vorschriften unterliegen. Dass mit dem hier gewählten Weg eine absolut überschneidungsfreie Gesamtdarstellung nicht erreicht werden kann, halte ich für ebenso zutreffend wie unvermeidlich, denn genau diese faktischen Überlappungen und das Zusammenwachsen von Medien (Konvergenz) haben zu einem hybriden Mediensystem geführt.

Die zu Beginn dieser Einleitung bereits angesprochene Dynamik des Mediensystems hin zu einem hybriden Kommunikationssystem, das durch ökonomischen, gesellschaftlichen und politischen Wandel ebenso geprägt ist wie durch technische Innovation, wird medienübergreifend ebenfalls in Bd. 2 dargestellt, aber auch in den auf einzelne Mediensektoren bezogenen Kapitel dieses ersten Bandes (vgl. Kap. 5, 6, und 7) aufgegriffen.

Das vorliegende Lehrbuch richtet sich an Studierende der Kommunikations- und Medienwissenschaft sowie der Journalistik, darüber hinaus aber auch an Studierende und Lehrende benachbarter sozial- und geisteswissenschaftlicher Disziplinen. Die hier entwickelte Analysesystematik soll dazu dienen, die dauerhaften Grundstrukturen zu verstehen, die soweit vorhanden mit aktuellen Daten aus den verschiedenen Medienbranchen angereichert werden. Die Datenlage hat sich je nach Medium als recht unterschiedlich erwiesen; in jedem Fall veralten Daten aufgrund der Dynamik von Medien rasch. Deshalb wurden vor allem bei den Lesehinweisen auch Links zu den Webangeboten von Branchenverbänden aufgenommen, die eine aktuelle Nachrecherche erleichtern sollen.

Zudem sinkt, wie ich Laufe meiner nun seit fast vier Jahrzehnten während Beobachtung feststellen musste, die Transparenz der Medienbranche, während der strategische Umgang mit Unternehmens- und Branchendaten offenbar an Bedeutung gewinnt. Einige Datenquellen und Zeitreihen, die der Mediensystemforschung als Standardquellen dienten, sind nicht mehr verfügbar. Selbst öffentlich finanzierte Medienforschung wird in den Dienst der Organisationsstrategie gestellt, um medienpolitische Legitimation zu erzielen oder weitere Forderungen zu untermauern. Ironischerweise verhält sich das Führungspersonal von Medienunternehmen in solchen Fällen völlig anders als deren Redaktionen mit ihrem (berechtigten) Ruf nach Transparenz auch von privaten Unternehmen. Während einige politische Gruppen die Legitimität der Medien pauschal infrage stellen und Medienorganisationen zunehmend auf politische und wirtschaftliche, d. h. öffentliche oder gar staatliche Gelder angewiesen sind, um eine öffentliche Aufgabe weiterhin erfüllen zu können, scheint mir das Zurückhalten von Informationen der falsche Weg zu sein. Für die Mediensystemforschung stellt er jedenfalls eine ärgerliche Erschwernis dar.

Die nachlassende Transparenz weiter Teile der Medienbranche und der tiefgreifende strukturelle Wandel machen es nicht leicht, die Neuauflage eines umfassenden Lehrbuchs wirklich als „aktualisierte" Ausgabe zu verfassen. Anders als bei der zweiten Auflage wird die dritte Auflage dieses Lehrbuchs daher in zwei Bänden publiziert, sodass zunächst (in Band 1) die theoretischen und normativen Grundlagen, die Infrastrukturen sowie die Medien Buch, Presse und Film bzw. Videostreaming auf möglichst aktuellen Datenstand dargestellt werden. Im zweiten Band, für den weitere Kolleginnen und Kollegen gewonnen werden konnten, sollen dann Rundfunk, Onlinemedien und Plattformen sowie ein Ausblick auf weitere Entwicklungen folgen.

Aus Gründen der besseren Lesbarkeit habe ich in diesem Buch auf die Binnenzeichen der genderkorrekten Sprache verzichtet und stattdessen als barrierefreie Variante abwechselnd feminine und maskuline Wortformen verwendet, um alle Geschlechter einzuschließen.

Dank Für Anregungen und Korrekturen danke ich einer Reihe von Kollegen und Kolleginnen; ich habe versucht diese in der dritten Auflage ebenso wie den strukturellen Medienwandel und die medienrechtlichen Veränderungen, gebührend zu berücksichtigen. Vor allem mit der Hilfe von Wilhelmine Schäfer und Marie Zörner konnten die wichtigsten Marktdaten aktualisiert werden. Allen, die zur Entstehung des nun vorliegenden Lehrbuches beigetragen haben, gilt mein Dank.

Literatur

Beck, Klaus. 2019. Öffnung oder Auflösung des Mediensystems? *Medien Journal* 3/2019: 5–26.

Blum, Roger. 2014. *Lautsprecher & Widersprecher. Ein Ansatz zum Vergleich der Mediensysteme.* Köln: Halem.

Lazarsfeld, Paul F., und Robert K. Merton. 1964. Mass communication, popular taste and organized social action. In *The communication of ideas. A series of adresses*, Hrsg. Lyman Bryson, 95–118. New York: Cooper Square Pub.

Thomaß, Barbara, Hrsg. 2013. *Mediensysteme im internationalen Vergleich*, 2. Aufl. Konstanz: UVK & Lucius.

Wilke, Jürgen. 2008. *Grundzüge der Medien- und Kommunikationsgeschichte. Von den Anfängen bis ins 20. Jahrhundert*, 2. durchges. u. erg. Aufl. Stuttgart: UTB.

Wimmer, Jeffrey. 2013. *Massenphänomen Computerspiele. Soziale, kulturelle und wirtschaftliche Aspekte.* Konstanz u. München: UVK.

Medien und Mediensystem

2

▶ **Wichtig** In diesem Kapitel werden die begrifflichen Grundlagen und Kriterien für die systematische Analyse der Medien und Kommunikationsplattformen in Deutschland erläutert. Der Titel dieses Buches unterstellt, dass es nicht nur unterschiedliche Medien gibt, sondern dass diese eine Gesamtheit als systematischen Zusammenhang bilden: ein aus kleineren Einheiten (Elementen oder Komponenten) zusammengesetztes „Ganzes" (gr. Sýstema), das zudem trotz Globalisierung und europäischer Integration geografisch oder politisch abgrenzbar ist. Erörtert wird in diesem Kapitel, in welchem Sinn von einem Mediensystem hier die Rede sein kann und was mit den Medien, die hier ein „System" bilden, eigentlich gemeint ist. Diesem Zweck dient ein differenzierter kommunikationswissenschaftlicher Medienbegriff, der neben der technischen Basis weitere Dimensionen berücksichtigt: Medien werden als Zeichensysteme verstanden, deren Organisation und Institutionalisierung untersucht werden soll. Dabei müssen mediensemiotische (Zeichentypen), kommunikationssoziologische (Akteure, Rollen und Regeln), medienökonomische (Medienunternehmen und -märkte), kommunikationspolitische sowie medienrechtliche und -ethische (Regulierung und Selbstregulierung von Medien) Perspektiven zusammenwirken.

Für diese verschiedenen Mediendimensionen werden theoretisch begründete Analysekriterien entwickelt, um das Mediensystem Deutschlands zu beschreiben und zu verstehen. Damit soll über eine – rasch veraltende – Datensammlung hinaus die systematische Analyse grundlegender Medienstrukturen und -prozesse aus kommunikations- und publizistikwissenschaftlicher Sicht ermöglicht werden.[1]

---

[1] Dieser gerade in einer europäischen und globalen Perspektive interessante und manchmal das „eigene" Mediensystem erst erhellende internationale Vergleich ist nicht das Anliegen dieses Bandes, wohl aber die Herstellung von *Vergleichbarkeit* durch Begründung und Offenlegung der Kriterien.

K. Beck, *Das Mediensystem Deutschlands*, Studienbücher zur Kommunikations- und Medienwissenschaft, https://doi.org/10.1007/978-3-658-50033-7_2

2.1   Medien als System?

2.1.1   Medienlandschaft oder Mediensystem?

Der Begriff „Mediensystem" ist weder neu noch originell: Er ist nach dem Zweiten Weltkrieg als Sammelbegriff für die nationalstaatlich organisierten „Massenmedien" Presse,
Rundfunk und ggf. Film sowie weitere Medien eingeführt worden (vgl. Hardy 2008, S. 5).
Wir haben uns im Alltag ebenso wie im Kontext von Forschung und Lehre daran gewöhnt,
von Mediensystemen zu sprechen, ähnlich wie wir auch von Wirtschaftssystemen oder
politischen Systemen reden. Alternativ werden „die Medien" als Sammelbegriff verwendet, ohne auf Wechselwirkungen und strukturierte Zusammenhänge weiter einzugehen;
vor allem in der praktischen Kommunikationspolitik ist häufig von der *„Medienlandschaft"* einer bestimmten Region oder eines Nationalstaates die Rede (vgl. z. B. Schrag
2007). System oder Landschaft – beide Metaphern haben ihre Vor- und Nachteile: Die ver-
lockende Anschaulichkeit der Landschafts-Metapher scheint letztlich in die falsche Richtung zu weisen. Immer wieder schwingt bei ihr ein wenig der romantische Rekurs auf das
Natürliche, Urwüchsige, bereits Gegebene mit, auch wenn wir de facto gerade in Mittel-
europa in alten Kulturlandschaften leben. Besonders mit Blick auf die wechselvolle deutsche Mediengeschichte zeigt sich, wie stark einerseits die geografisch-politischen Grenzen variieren und wie willkürlich hier Landschaften „abgeschnitten" oder gar im buch-
stäblichen Sinne „verheert" wurden. Die Dominanz politischer und ökonomischer
Faktoren über geografische, naturräumliche oder physische Grenzen hinweg ist augen-
scheinlich. Noch vor gut zwei Jahrzehnten hätte die Formulierung „deutsche Medienlandschaft" sofort die Frage aufgeworfen, welches Deutschland man gerade meine.

Zweifellos tragen Medien zur Entfaltung von Kommunikationsräumen bei, die keineswegs homogen sind. In Deutschland unterscheiden sich Ost und West hinsichtlich der Medien ebenso wie Nord und Süd oder Stadt und Land. Diese ökonomisch, politisch und
soziokulturell bedingten regionalen Unterschiede müssen bei der Analyse berücksichtigt
werden, zwingen aber deshalb noch nicht zur Übernahme der Landschafts-Metapher.

Noch grundlegender erscheinen aber Zweifel an der Tragweite der Landschafts-Metapher: Was sind bezogen auf Medien die Berge, Flüsse und Täler, die Wälder, Meere und
Seen? Wie wären die vorgefundenen medialen „Urlandschaften" zu begreifen, wie vergleichbar wären denn die jeweiligen Kultivierungstechniken und -tempi? Wie vergleichbar
sind die Kräfte, die auf Landschaften und Medien einwirken, und wie vergleichbar sind
die Funktionen von Medien und Landschaften? Unter einer Medienwüste kann man sich
noch etwas vorstellen, zumal dazu bereits Forschung vorliegt (vgl. Abernathy 2018). Aber
gäbe es Analogien zu den großen natürlichen Gestaltungskräften von Landschaften, also
zu Erosion, Vulkanismus oder gar Plattentektonik?

Vielleicht liegen hierin auch die Gründe, weshalb in der Fachliteratur weitaus häufiger
die Rede vom *Mediensystem* ist. Doch was genau versteht man darunter in der
Kommunikationswissenschaft? Zumindest der Blick in die Literatur über das deutsche
Mediensystem enttäuscht in dieser Hinsicht, denn man findet nur ausnahmsweise theore-

tisch begründete Überlegungen (vgl. Beck 2015). So verzichten Altendorfer (2001) und Röper (1994) völlig auf eine Definition und theoretische Grundlegung; sie beginnen recht unvermittelt mit einer rechtshistorischen Darstellung des Rundfunks in der Weimarer Republik bzw. mit einer – durchaus verdienstvollen – Deskription der ökonomischen Medienstruktur und ihrer kommunikationspolitischen Genese. Über die offenbar als selbstverständlich erachtete systematische (oder gar systemische) Zusammensetzung und die Funktionen der einzelnen Medien erfährt man in solchen Nachschlagewerken nichts. Marktstrukturen, Medienausstattung und Mediennutzung werden zwar skizziert, der konzeptionelle Rahmen ist bei Altendorfer aber die rechtliche, bei Röper die wirtschaftliche *Medienordnung*. Auch in manchen komparatistischen Beiträgen und Handbüchern (vgl. z. B. Kleinsteuber 2003; Hans-Bredow-Institut 2009) erfährt man zwar wichtiges über einzelne Mediensysteme oder die international vergleichende Forschung zu Mediensystemen, aber nicht, was eigentlich ein Mediensystem genau ist. Kleinsteuber (2005, S. 275) definiert Mediensysteme als „die Gesamtheit von Ordnungen oder Strukturen, die Medien in einem definierten Raum – zumeist ein Staat – charakterisieren." Er stellt dabei auf die Merkmale Dauerhaftigkeit (Strukturen), Ordnung, und Begrenztheit (definierter Raum) und auf die Zusammengesetztheit von Mediensystemen ab und liefert damit wichtige Definitionselemente, die aber in dieser Abstraktheit ebenso für das politische oder das Wirtschaftssystem gelten und daher einer weiteren medienspezifischen bzw. medientheoretischen Differenzierung bedürfen.

2.1.2 Medien als abhängiges oder unabhängiges System?

Je nach disziplinärer Herkunft der Autoren wird das Mediensystem als von der Umwelt bzw. anderen Systemen wie Politik, Recht oder Wirtschaft mehr oder weniger abhängiges und gesteuertes (dependentes) System aufgefasst. Dies gilt auch für die internationale Forschungsliteratur: Der Begriff „Media System" ist gebräuchlich, umschreibt aber meist nicht mehr als eine Gesamtheit oder „Interdependence" der Medien untereinander und akzentuiert ihre Einbettung in Politik und Wirtschaft (vgl. Bogart 1995, S. 33–62). Cardoso definiert „Media systems" als „set of interconnections between technologies and organizations that guide the diverse forms of communication" (Cardoso 2006, S. 24) und unterscheidet anhand von Medienfunktionen zwischen „Entertainment Meta-System" und „Information Meta-System" (Cardoso 2006, S. 148, 222), wobei er Bezug auf die Netzwerktheorie von Castells und die Feldtheorie von Bourdieu nimmt (vgl. Cardoso 2006, S. 207–210).

Auch die beiden Politikwissenschaftler Daniel C. Hallin und Paolo Mancini verwenden in ihrem komparatistischen Standardwerk den Begriff „Media Systems" und entwickeln – in polemischer Abgrenzung zu den sog. „Theories of the Press" von Siebert et al. (1956) – drei idealtypische Modelle. Dabei orientieren sie sich aus der Sicht ihrer Disziplin an der normativen Frage, worin jeweils die empirisch beschreibbaren Stärken und Schwächen der verschiedenen Systeme „as a support for democracy" bestehen (Hallin und Mancini

2004, S. xiii). Das Mediensystem soll eben nicht als primär von politischen Ideologien (wie bei den „Theories of the Press") abhängige Variable betrachtet werden, sondern als dynamisches, pfadabhängiges soziales System mit eigenen, keineswegs homogenen Strukturen. Der Fokus von Hallin und Mancini, die sich nicht weiter mit dem Medienbegriff befassen und Film, Musik, Unterhaltungsmedien sowie Tele- und Onlinekommunikation und PR explizit ausschließen, bleibt politikwissenschaftlich.[2] Sie konzentrieren sich sehr stark auf die *demokratietheoretischen Kernfunktionen* der Publizistik (vgl. Hallin und Mancini 2004, S. 7–12; 2012, S. 7). Aus politikwissenschaftlicher Sicht berücksichtigen sie bei ihren empirischen Vergleichen ökonomische (historische Pressemarktentwicklung) und publizistische Kriterien (Professionalisierung des Journalismus) zwar ansatzweise, im Vordergrund stehen aber eindeutig die politischen Kategorien.[3] Das Mediensystem, von ihnen als Begriff recht pragmatisch verwendet (vgl. Hallin und Mancini 2012, S. 300–303), und das politische System stehen demnach in einem Verhältnis von Koevolution (vgl. Hallin und Mancini 2004, S. 47). Entscheidend sind die Rolle des Staates und politischer Parallelismus im Sinne einer publizistischen Nähe von Medien und Parteien. Eine normativ bedeutsame, aber historisch-empirisch offene Frage ist für beide Autoren, wie geschlossen (autonom bzw. liberal) oder abhängig von politischer Steuerung (instrumentalisiert bzw. reguliert) ein Mediensystem ist. Auf die Frage, ob die für westliche Länder mit vergleichsweise ähnlichen Mediensystemen entwickelte Systematik auch global Geltung beanspruchen kann, gibt es eine Reihe unterschiedlicher Antworten (vgl. Hallin und Mancini 2012).

Hieran anknüpfend hat Roger Blum für die international vergleichende Analyse von Mediensystemen den „pragmatischen Differenz-Ansatz" entwickelt: Anhand von neun Dimensionen mit jeweils drei Ausprägungsmöglichkeiten sollen weltweit sechs Mediensystem-Modelle erfasst und empirisch beschrieben werden können. Auch Blum betont die politischen Faktoren Regierungssystem, Politische Kultur, Medienfreiheit, Politischer Parallelismus, Staatskontrolle über die Medien (eigentlich ein Aspekt der Medienfreiheit); die politische Funktion der Medien als „Lautsprecher" oder „Widersprecher" (vgl. Blum 2014) steht für ihn im Fokus. Die medienökonomischen Kriterien Medienbesitz, Medienfinanzierung und Medienorientierung werden primär als ordnungspolitische Dimensionen verstanden. Hinzu kommt bei Blum die Medienkultur als eigener, institutionell zu interpretierender Faktor. Die aufgeführten Dimensionen sind sicherlich dienlich für die Analyse von Mediensystemen (und spielen auch in diesem Band eine wichtige

---

[2] Das zeigt sich nicht nur an den konkreten Indikatoren, sondern auch an drei Systemmodellen, die letztlich politisch und geografisch (und nicht publizistisch oder ökonomisch) definiert sind: Mediterranean or Polarized Pluralist, North/Central European or Democratic Corporatist, North Atlantic or Liberal Model. Vor allem der Pressemarkt bzw. die Gesamtauflage dient als ökonomischer Indikator, während Rundfunk und Onlinekommunikation auch 2012 (S. 6–7, 288–289) nicht angemessen systematisch berücksichtigt werden.

[3] Jakubowicz (2010) zeigt, wie stark viele komparatistische Ansätze der Mediensystemforschung sich dominant an politischen Faktoren und normativen Kriterien der Demokratietheorie orientieren.

Rolle), ob aber die Politik die Mediensysteme „determiniert" und die „politischen Systeme … als Determinanten wichtiger als die ökonomischen Systeme" sind, wie Blum (2005, S. 10) behauptet (vgl. auch Blum 2014, S. 51), bedarf weiterer Forschung.

2.1.3 Medien als offenes oder geschlossenes System?

Der pragmatischen Sichtweise auf die Medien als mehr oder weniger dependentes (abhängiges) „System" stehen verschiedene systemtheoretische Ansätze gegenüber. Diese unterscheiden sich vor allem im Hinblick darauf, wie viel Geschlossenheit (Autonomie, Autopoiesis) oder Offenheit (Interdependenz, Allopoiesis) dem Mediensystem zugeschrieben wird.

▶ Autopoietische Systeme produzieren und reproduzieren sich selbstständig; sie folgen ausschließlich ihrer eigenen Funktionslogik und sind von ihrer Umwelt allenfalls unspezifisch „irritierbar", aber nicht informierbar oder gar steuerbar. Die Theorie wurde in den Naturwissenschaften (Neurobiologie, Kognitionswissenschaft) entwickelt und von Niklas Luhmann auf soziale Systeme übertragen.

Aus der Perspektive der Theorie autopoietischer Systeme argumentiert Klaus Merten (1999, S. 394), der das Mediensystem als *Teil des Kommunikationssystems einer Gesellschaft* begreift und ihm die „basale Funktion" zuweist, „laufend das gesamte Informationsangebot der Gesellschaft bereitzustellen." Die Struktur des Mediensystems kann nach Merten (1999, S. 396) anhand der „Prozeßstruktur der Informationsauswahl und -bearbeitung, aber auch nach ihrer Organisationsstruktur beschrieben werden." Beide Aspekte werden auch in diesem Band eine wichtige Rolle spielen. Für Merten ist das „Mediensystem *das* gesellschaftliche Teilsystem, das durch permanente Bereitstellung von Wirklichkeitsentwürfen einen nicht absehbaren Einfluß auf Wissen, Einstellungen und Verhalten der Rezipienten besitzt" (Merten 1999, S. 402). Es ist seinerseits wirtschaftlichen, rechtlichen und politischen Einflüssen ausgesetzt. Die Unbestimmtheit dieser Einflüsse stellt allerdings Mertens Darstellung und die Eignung der *Theorie autopoietischer Systeme* infrage. Hinzu kommt, dass die Bereitstellung von Wirklichkeitsentwürfen keine systemspezifische, zumindest keine exklusive Funktion der Medien ist, jedenfalls solange sich der Medienbegriff nicht auch auf Literatur, Theater, bildende Kunst etc. erstreckt. Zum anderen sind alle von Merten genannten Charakteristika Argumente für ein dynamisches und offenes System – sowohl was die Einflüsse und Steuerungsmöglichkeiten betrifft als auch hinsichtlich der Wirkungsseite. Es erscheint zudem schwierig, die Sinngrenzen (den Code) des Mediensystems klar zu definieren, denn Mertens Hinweis auf Luhmann überzeugt nicht: Der systemeigene Code Information/Nichtinformation und die Prozesslogik des Mediensystems, das ständig (aktuelle) Information in (bereits bekannte, also redundante) Nicht-Information überführt, zeichnet *alle* sozialen Kommunikationsprozesse aus, und nicht nur die („innerhalb") des Mediensystems. Vorsicht scheint auch beim Aktualitätskriterium geboten, denn dieses gilt für mediale Unterhaltungsangebote und wiederkehrende Medienrituale nicht ohne weiteres. Auch der Einwand von Meckel und Scholl (2002, S. 155), Luhmann habe die Massenmedien zwar als soziales System bezeichnet, „dieses System dabei aber rein technisch definiert", verdeutlicht, dass die Theorie autopoietischer Systeme für die Analyse des Mediensystems nicht trägt.[4] Der Medienbegriff der Systemtheorie bezieht sich entweder auf symbolisch generalisierte Medien (wie Macht, Geld etc.) oder auf technische Verbreitungsmedien; für die kommunikations- und mediensoziologisch relevanten Aspekte bleibt er damit blind. Luhmann zählt tatsächlich „alle Einrichtungen der Gesellschaft …, die sich zur Verbreitung von Kommunikation technischer Mittel der Vervielfältigung bedienen" (Luhmann 1996, S. 10) zu den Massenmedien als einem „der Funktionssysteme der modernen Gesellschaft" (Luhmann 1996, S. 22). Die Organisationsweise dieser „Einrichtungen" wird nicht weiter untersucht. Die Beschreibung ihrer Funktionsweise ignoriert ökonomische Bedingungen und politische Faktoren. Luhmann beobachtet eine Ausdifferenzierung des Mediensystems, allerdings nicht in Form von Subsystemen, sondern von drei Programmbereichen, die den Code Information/Nicht-Information unterschiedlich prozessieren (vgl. Luhmann 1996, S. 51). Seine pragmatische Unterscheidung von a) Nachrichten und Berichten, b) Werbung und c) Unterhaltung ist weder dem Forschungsstand noch realen Erscheinungsformen angemessen: Propaganda oder Öffentlichkeitsarbeit, Infotainment und andere hybride Formen ordnet er nicht schlüssig ein. Florian Töpfl (2011, S. 53) kritisiert, dass sich Luhmanns Mediensystem-Konzept an pluralistischen Demokratien orientiert, aber die Dynamik von Schließung und Öffnung gegenüber Politik (und Ökonomie) nicht berücksichtigt.

Meckel und Scholl (2002, S. 156) schlagen aufgrund dieser Defizite als Alternative Talcott Parsons offenen Systembegriff vor, weil dieser es erlaube, die „relevanten Austauschbeziehungen und Kopplungen" mit den anderen Funktionssystemen Politik, Ökonomie, soziokulturelles System und der gesellschaftlichen Gemeinschaft zu beobachten.

Bereits 1971 hatte Ronneberger unter Hinweis auf Robert K. Mertons Funktionsbegriff das „Zusammenwirken und Zusammenspiel aller Medien als … System Massenkommunikation" mit *verschiedenen* Funktionen für die Gesellschaft und ihre Subsysteme begriffen.[5] Diese sozialen und politischen Funktionen ergeben sich aus „zahlreichen Einzelleistungen", die auf gesellschaftliche Bedürfnisse und Erwartungen reagieren (Ronneberger 1990, S. 158–159). Auch Haas (1990, S. 1) plädiert für eine Sichtweise als *offenes, interdependentes System bzw. begrenzt steuerbares allopoietisches System*:

---

[4] Einige Mediensystemforscher halten sogar alle systemtheoretischen Ansätze für dem Gegenstand grundsätzlich unangemessen, weil sie entweder den Fokus der Analyse zu sehr ausweiten würden (Funktionalismus) oder weil sie Komplexität, Kontingenz und Normativität von Mediensystemen nicht erklären können; vgl. Hardy (2008, S. 6–7) oder Jarren (1996, S. 80).

[5] Neben der übergreifenden Informationsfunktionen können ökonomische (z. B. Markttransparenz), soziale (z. B. Integration, Sozialisation) und politische Funktionen (z. B. Öffentlichkeit, Kritik und Kontrolle) unterschieden werden, vgl. Beck (2023, S. 102–112).

„Ordnung und Konzeption des Gesamtmediensystems hängen von den kommunikationspolitischen Leitwerten ab, die in Mediengesetzen festgeschrieben werden, und vom infra-
strukturellen Umfeld durch mittel- oder unmittelbar die wirtschaftliche Entwicklung der
Medienlandschaft betreffende ordnungspolitische Entscheidungen … Das politische System
legt gesellschaftlich und politisch legitimierte Spielräume für Medienentwicklung fest und
schafft gemeinsam mit den Systemen Wirtschaft, Gesellschaft und Kultur die Kontext- und
Rahmenbedingungen für Massenkommunikationsmittel."

Medien werden von Saxer zutreffend als *problemlösende und problemschaffende bzw.
komplexitätsreduzierende und -produzierende Systeme* begriffen (Saxer 1997a, S. 74 bzw.
Saxer 2007, S. 88, 97–98), d. h. ihre Evolution folgt nicht *nur* einer Eigenlogik, sondern
sie vollzieht sich immer im gesellschaftlichen Kontext: „Das Mediensystem, gewissermaßen als universeller Problemlöser institutionalisiert, wird aber freilich selber in mancher
Hinsicht problematisch und verursacht seinerseits auch *Probleme*." Das Mediensystem
gilt Saxer (1997a, S. 75) zwar als „hyperkomplexes, d. h. durch sehr viele Subsysteme ge-
kennzeichnetes System", aber gerade nicht als autopoietisch geschlossenes, d. h. nur nach
seiner Eigenlogik operierendes System:

„Das Verhältnis zwischen den publizistischen Medien und diesen wichtigen gesellschaftlichen Teilsystemen kann mithin als eines des gegenseitigen Problemschaffens und -lösens
interpretiert werden. (…) Angesichts der einengenden Bedingungen durch die allgemeine
Verschränktheit der Systeme ist allenthalben günstigenfalls bloß eine relative Autonomie der
Massenmedien in der Demokratie zu erwarten" (Saxer 1990a, S. 10–11). „Medien und politisches System sind in starkem Maße funktional und strukturell einander zugeordnet, was ihre
Produktivität betrifft" (Saxer 1990b, S. 49).

Saxer (1981) unterscheidet Input-, Throughput- und Outputphasen und stellt die Systeme
in ein wechselseitiges Zulieferungsverhältnis. Auch die „Grenzprobleme zwischen dem Me-
dien- und dem Wirtschaftssystem" (Saxer 2007, S. 95) sollten Gegenstand der Mediensystemanalyse sein und nicht durch den Autopoiesisbegriff a priori entschieden werden. Für
die Analyse des Mediensystems stellen Hyperkomplexität und gesellschaftliche Einbindung
neben der historischen Perspektive der Systemevolution eine weitere Herausforderung dar,
die im vorliegenden Band nur begrenzt gemeistert werden kann. Die Einbettung in eine
grundlegende Gesellschaftsanalyse, die notwendig wäre, um gesellschaftliche Kommuni-
kationsprobleme zu verstehen, kann hier ebenso wenig geleistet werden, wie die Aus-
einandersetzung mit problematischen Medienwirkungen. Wir beschränken uns daher auf die
näherliegenden Probleme im Mediensystem selbst, also beispielsweise Fragen nach dem Zusammenhang zwischen Institutionalisierung, Organisationsstrukturen (wie Markt oder öffentlich-rechtliche Korporation) und Funktionalität bzw. Dysfunktionalität (zum Beispiel
hinsichtlich normativer Funktionen wie Medienvielfalt oder Medienfreiheit).

An Saxer anknüpfend betont Künzler (2005, S. 9–11) die „Wechselbeziehungen" der
Medien „untereinander und zu den Akteuren verschiedener gesellschaftlicher Teilsysteme
(Politik, Wirtschaft, Kultur)"; er betrachtet das *Mediensystem als „Infrastruktur der Ge-
sellschaft"*, die spezifische Funktionen für Politik, Wirtschaft und Gesellschaft erbringt.

Das Mediensystem ist in dieser Sichtweise ein offenes System, das in *Austausch-beziehungen* mit anderen sozialen Systemen der Umwelt, aber auch zu anderen nationalen Mediensystemen steht (Künzler et al. 2005, S. 181–183). Thomaß (2007, S. 13–15) und Donges (2008, S. 331–334, 341) sowie Kiefer und Steininger (2014, S. 363) begreifen Medien als *Handlungssysteme*, und nicht als autopoietische Kommunikationssysteme im Sinne Luhmanns. Dies hat den großen analytischen Vorteil, unterschiedliche Stufen der Öffnung bzw. Schließung sowie der Emergenz von eigenständigen Handlungslogiken empirisch beobachten zu können. So begreift auch Wiio (1983, S. 86–89) Offenheit bzw. Geschlossenheit von Mediensystemen als Variable, weil Einflüsse (Inputs) aus der Umwelt in verschiedenen nationalen Mediensystemen und im historischen Verlauf eben unterschiedlich stark ausfallen.

Der aktuelle strukturelle Wandel der gesellschaftlichen Kommunikationsverhältnisse liefert ein weiteres Argument für die Offenheit des Mediensystems: Für die öffentliche wie für die private Kommunikation haben Unternehmen eine Bedeutung erlangt, die weder von ihrem Selbstverständnis her noch von ihrer bisherigen Entwicklung als Teil des Mediensystems zu verstehen waren und deren Geschäftstätigkeit weitaus breiter angelegt ist als die von Verlagen, Rundfunkprogrammanbietern, Film- und AV-Produzenten etc. Alphabet (Google, Youtube), Meta (Facebook, Instagram, Whatsapp), Apple, Amazon und einige andere Plattformen treten nicht nur als Inhalteanbieter und Vermittler auf den Medien- und Kommunikationsmarkt, sie sind zugleich auch Hard- und Softwareproduzenten, Onlinewarenhaus und –marktplatz, Werbemittler usw. Mit dem Zutritt dieser neuen Akteure bzw. Akteurstypen in das offene Mediensystem ziehen neue Formen der Vermittlung und neue Geschäftsmodelle ein, die wiederum auf die bisherigen Medien zum Teil massiv zurückwirken. Es geht bei diesen Prozessen nicht um eine bloße Irritation des Mediensystems von außen, zumal vielfältige Formen des – freiwilligen oder qua Marktmacht der neuen Intermediäre erzwungenen – Zusammenwirkens bestehen (vgl. hierzu auch Beck 2019).

Man kann sich die journalistisch-redaktionellen Medien zwar weiterhin als Kern des klassischen Publizistischen Systems vorstellen, das wiederum Teil eines umfassenderen Mediensystems ist. Im Zuge der Medialisierung (oder Mediatisierung) unseres Alltags nutzen wir aber zunehmend sekundäre und tertiäre „technische" Medien (vom Brief bis zur Whatsapp) jenseits von Stimme (gesprochener Sprache) und Körper, sodass das Mediensystem innerhalb des gesamten gesellschaftlichen Kommunikationssystems immer größeren Raum einnimmt. Das Mediensystem wächst also, ohne dass notwendiger Weise auch sein journalistischer Kern mitwächst – womöglich vertrocknet er stattdessen oder schrumpft im Verhältnis zum Gesamtsystem. Zugleich drängen andere Akteure und nicht-redaktionelle, sondern algorithmische Logiken aus anderen gesellschaftlichen Vermittlungssystemen, insbesondere der datenökonomisch getriebenen Plattformökonomie, immer stärker in das Mediensystem vor und überlagern, modellieren oder verdrängen künftig womöglich das Publizistische System der redaktionellen Medien einschließlich des politischen Journalismus. Was viele anfangs „nur" als exogenen Schock betrachtet haben, findet längst innerhalb des Mediensystems statt, und zwar mit möglicherweise schwerwiegenden, in jedem Fall empirisch zu erforschenden strukturellen und prozessualen Folgen (vgl. Beck 2019, S. 14–24).

Wir können also festhalten: Öffentliche Kommunikation (Publizistik) weist nicht nur *eine* Handlungslogik (oder einen systemtheoretischen Code) auf, die eine klare Grenze definieren würden. Vielmehr müssen wir von einem offenen und dynamischen System ausgehen, zu dem neue Akteure (bzw. Akteurstypen) mit anderen Handlungsweisen durchaus Zutritt finden.

Eine durchgängig systemtheoretische Beschreibung des (deutschen) Mediensystems ist bislang, soweit ich sehe, noch nicht versucht worden; mir erscheint dies in Anbetracht der hier nur angedeuteten Schwierigkeiten auch nicht sehr aussichtsreich, vielleicht sogar kontraproduktiv: Hält man an strengen Kriterien für autopoietische Systeme fest, dann drohen gerade die interessanten Interdependenzen mit anderen sozialen Feldern (Wirtschaft, Politik, Technik) ebenso aus dem Blick zu geraten wie die *Dynamik der Differenzierung (Abgrenzung) und Entdifferenzierung (Entgrenzung)* des Mediensystems, also Prozesse wie Kommerzialisierung oder Politisierung des Mediensystems. Die Gefahr ist groß, an die Stelle dialektischer, spannungsreicher und widersprüchlicher Prozesse nahezu naturgesetzliche Determinismen, lineare oder gar teleologische Vorstellungen zu setzen. Ohne absehbaren Erkenntnismehrwert würden damit auch Machtfragen, etwa einer politischen Ökonomie der Medien, a priori als nicht beobachtbar ausgeblendet. Gibt man die orthodoxen Definitionskriterien der Autopoiesis auf, dann weitet sich auch der Blick des wissenschaftlichen Beobachters.[6] Ob und in welchem Maße die Medien (oder Teile davon) abhängig oder unabhängig von anderen sozialen Feldern oder Systemen sind, ob und in welchem Maße eine Binnendifferenzierung stattfindet und bestimmte Leistungen oder gesellschaftliche Funktionen tatsächlich erbracht werden – all dies sind zunächst offene Forschungsfragen, und keine durch eine nicht weiter begründete Übernahme einer biologischen Theorie in die Sozialwissenschaften dogmatisch vorentschiedenen Fragen. Analytisch interessant sind gerade die möglicherweise reversiblen Prozesse von Schließung und Öffnung, Selbst- und Fremdsteuerung. Um ein Beispiel zu nennen: Der politische Autonomiegewinn der postsowjetischen Medien ist durch eine marktradikale und erneut politisierte Oligopolbildung teilweise wieder verloren gegangen – mit der Vorstellung eines autopoietischen Mediensystems ist dies schwerlich erklärbar. Und weiter: Die Interdependenz – wohlgemerkt nicht: das Gleichgewicht – von Ökonomie und Publizistik äußert sich nicht allein in ökonomischen *Rahmen*bedingungen für Publizistik, etwa in Finanzierungsfragen. Unter Umständen nehmen ökonomische Prozesse oder Zwänge, wenngleich nicht völlig unvermittelt, konkreten Einfluss auf die publizistische Leistung oder gar direkt auf den Medieninhalt. Es handelt sich dann nicht mehr nur um eine strukturelle Kopplung, sondern um eine (dys)funktionale oder operationelle Kopplung.

---

[6] Diesen Weg gehen letztlich auch Marcinkowski (1993) für die rundfunkpolitische Analyse von Publizistik und Blöbaum (1994) für die Analyse von Journalismus als autopoietische bzw. soziale Systeme. Beide verstehen autopoietische Schließung als Prozess, der auch Zwischenstufen zulässt. Görke (2002) differenziert zwei Leistungssysteme, Journalismus und Unterhaltung, innerhalb des Funktionssystems Öffentlichkeit; als Leitdifferenz gilt bei ihm Aktualität/Nicht-Aktualität. Allen Vorschlägen ist gemeinsam, dass sie nicht das gesamte Mediensystem umfassen und folglich strukturelle, vor allem medienorganisatorisch und -ökonomisch relevante Zusammenhänge nicht beobachten.

Auch wenn im vorliegenden Band also nicht der Weg der „orthodoxen", d. h. auto-poietischen Systemtheorie Luhmanns beschritten werden soll, wird nicht nur am Begriff Mediensystem, sondern auch am Nutzen systemtheoretischer Konzepte festgehalten: Der Zusammenhang von Struktur und Funktion, die Dynamik von Differenzierung, Binnen-differenzierung und Entdifferenzierung, Komplexität (also die Einheit und Gesamtheit von Elementen und Komponenten) sowie Feedback- und Emergenzeffekte sind seit lan-gem Gegenstand von Kybernetik und Systemtheorie, und sie spielen auch in der vor-liegenden Darstellung eine wichtige Rolle.

Als Zwischenfazit lässt sich festhalten, dass Medien hier als offenes, dynamisches, interdependentes und differenziertes System mit einer historisch entstandenen Struktur verstanden werden sollen. Medien stehen dabei über Leistungen und Funktionen mit an-deren gesellschaftlichen Feldern (oder Systemen) und der Gesellschaft insgesamt in einem näher zu analysierenden und dynamischen Wechselverhältnis. Mediensysteme bewegen sich dabei zwischen den Polen Fremdsteuerung (Allopoiesis) durch Politik (Staat, Par-teien, Militär), Wirtschaft (Unternehmen, Markt, Börse, Werbung) oder Gesellschaft (Kir-che, Gewerkschaften, Verbände) und Selbstorganisation (Autopoiesis).

Die Analyse des Mediensystems muss dabei nicht nur die Spezifika von Medien sowie die funktionale Differenzierung (bzw. Entdifferenzierung) der Medien berücksichtigen, sondern auch das Zusammenspiel von Strukturen und Prozessen. Weil Mediensysteme Handlungssysteme sind, spielen beobachtbare Akteure eine wichtige Rolle. Diese Medien-akteure handeln auf der Mikro-, Meso- und Makroebene des Mediensystems (vgl. unten).

Was ist nun mit den Spezifika von Medien und was mit den drei Ebenen des Medien-systems gemeint?

2.2   Dimensionen des Mediensystems

2.2.1   Medienbegriff

Die Frage nach den Grenzen des deutschen Mediensystems stellt sich nicht nur, wie oben bereits angedeutet, in geografischer und sozialer Hinsicht (deutsche Gesellschaft in einer globalisierten Welt) sowie unter politischen (Bundesrepublik in der Europäischen Union etc.)[7] und zeitlichen Gesichtspunkten (Mediengeschichte).[8] Die Grenzen des Medien-systems müssen auch in der Sachdimension gezogen werden, und wer sich aus publizistik- und kommunikationswissenschaftlicher Sicht mit Mediensystemen beschäftigt, sollte de-finieren, was er unter Medien versteht.

▶   Medien sind nach Harry Pross *Mittel zum Zweck der Kommunikation zwischen Menschen;* mithilfe von sekundären und tertiären Medien werden dabei raumzeitliche

---

[7] Vgl. zur internationalen Mediensystemforschung Thomaß (2007).
[8] Vgl. Wilke (2000).

Distanzen sozio-technisch überbrückt (vgl. Beth und Pross 1976, S. 109–123; Beck 2023, S. 93–99). Sprache und die primären Medien der interpersonalen Kommunikation kommen ohne technische Basis aus, sind völlig anders organisiert als sekundäre oder tertiäre Medien und werden deshalb hier nicht als Elemente des Mediensystems betrachtet. Die Kommunikation mittels sekundärer Medien setzt Medientechnologie auf der Produzentenseite (z. B. Druckmedien), die mittels tertiärer Medien auf der Produzenten- wie der Rezipientenseite (z. B. Rundfunk, Onlinemedien) voraus.

Es wird im Folgenden ein publizistikwissenschaftlicher Schwerpunkt gesetzt, sodass die Medien der öffentlichen Kommunikation[9] – Print-, Rundfunk- und Onlinemedien sowie die digitalen Kommunikationsplattformen – den Kern der Analyse bilden. Gerade die „klassischen" publizistischen Medien greifen in weiten Teilen auf gemeinsame Infrastrukturen zurück, die hier als Teil des Systems begriffen werden (vgl. Kap. 4). Das betrifft vor allem die Beschaffungs- und die Vertriebswege, also die Quellen von Nachrichten und Inhalten (Nachrichten- und PR-Agenturen) sowie von Werbeeinnahmen (Werbe- und Mediaagenturen). Von großer Bedeutung sind die Vertriebsnetze (Verteil- und Vermittlungsnetze), insbesondere elektronische Netze der Telekommunikationsdienstleister, die von Rundfunk- wie von Onlinemedienanbietern (und damit letztlich auch von vielen Printmedienverlagen) benötigt werden. Für die digitalen Netzwerk-Plattformen und damit auch für weite Teile der öffentlichen Kommunikation von medialen Anbietern wie von Bürgerinnen und Bürgern sind solche Netze die existenzielle Voraussetzung ihrer alltäglichen Praktiken. Gerade für die Beschaffungswege gilt, dass eine nationale Begrenzung des „deutschen Mediensystems" den realen Strukturen, man denke nur an Kinofilme, Romane und Fernsehserien oder Nachrichtenagenturen, keine faktische, sondern eine Grenze der Betrachtung darstellt.

Die publizistikwissenschaftliche Analyse des Mediensystems soll den Besonderheiten von Kommunikationsmedien, insbesondere den Medien öffentlicher Kommunikation, Rechnung tragen. Aus dieser Sicht müssen wir einen *mehrdimensionalen Medienbegriff*[10] zugrunde legen, aus dem sich Kriterien und thematische Perspektiven für die Analyse von Mediensystemen gewinnen lassen:

---

[9] Das ist, gerade in Anbetracht der Mediendynamik, eine nicht unproblematische pragmatische Grenzziehung, weicht doch gerade Onlinekommunikation sowohl die Grenzen zwischen den klassischen Medien als auch die zwischen Öffentlichkeit und Privatheit auf. Zum anderen werden neben den traditionell in der Publizistikwissenschaft behandelten Medien hier auch Buch, Film sowie die publizistisch relevanten Onlinemedien einbezogen; auf die Betrachtung der Audio-Speichermedien (Tonträger) wird verzichtet – zum Teil auch deshalb, weil hier die kommunikationswissenschaftliche Forschung bislang wenig zu bieten hat. Einbezogen werden Audio- und Videostreamingangebote, die aufgrund von Überschneidungen bei den Anbietern wie in der Nutzung kaum noch trennscharf vom Hör- und Fernsehrundfunk sowie vom Film und „Home Video"-Sektor zu unterscheiden sind.

[10] Vgl. ausführlicher Beck (2023, S. 93–99) in Anlehnung an Saxer (1997b, S. 21) und Pross (1991, S. 151).

▶ Sekundäre und tertiäre Medien sind

1. technisch basierte
2. Zeichensysteme zum Zwecke der Kommunikation zwischen Menschen, die
3. soziale Institutionen begründen und
4. auf spezifische Weise organisiert sind.

Dieser mehrdimensionale Medienbegriff reduziert die tatsächliche Komplexität von Medien(systemen), ohne die Analyse zu stark zu vereinfachen: Medien sind *auch,* aber eben *nicht nur* ökonomische Organisationen, technische Infrastrukturen usw., und gerade an diesen spezifischen Gleichzeitigkeiten setzt das Erkenntnisinteresse der Kommunikations- und Publizistikwissenschaft an. Die Darstellung des Mediensystems muss daher auf verschiedene Teildisziplinen zurückgreifen: Mithilfe der klassischen Medienökonomie können vor allem Organisationsaspekte, mit der Institutionenökonomie der Medien sowie der Mediensoziologie und der Medienethik vor allem Institutionalisierungsaspekte aufgeklärt werden. Als weitere Teildisziplinen analysieren die Kommunikations- und Medienpolitik sowie das Medienrecht Institutionen und Organisationen der Medien, während Medientechnik und Mediensemiotik zur Untersuchung des „technischen Zeichensystems" und in diesem Band vor allem zur systematischen Gliederung des Mediensystems (Print, Rundfunk, Film, Online) dienen.

Der zweite Vorteil des mehrdimensionalen Medienbegriffs ist, dass Ökonomie, Politik, Recht usw. nicht nur als Rahmenbedingung (oder gar als Randbedingung und systematische Abgrenzung) aufgefasst werden: Medien operieren nicht nur in Volkswirtschaften, sie konstituieren selbst Unternehmen und bilden Märkte aus.

Medien und mit ihnen Mediensysteme unterliegen in allen vier miteinander korrespondierenden Dimensionen einem zeitlichen Wandel, der jeweils unterschiedlich schnell verlaufen kann.[11] Gerade vor dem Hintergrund dieser Dynamik stellt sich die Frage, ob die von Harry Pross und Ulrich Saxer in den 1970er- bis 1990er-Jahren geschaffenen begrifflichen Grundlagen noch ausreichen, um die aktuelle Situation zu analysieren: An der technischen Vermittlung von Zeichen besteht auch hinsichtlich der digitalen Netze kein Zweifel, interessanter sind die Kriterien Institution und Organisation. Aus neoinstitutionalistischer Perspektive bewerten Künzler et al. (2013, S. 18–19) auch die On-

---

[11] Mit Blick auf technische Innovationen ist oft von der „Revolution" der Medien die Rede. Legt man aber – wie in diesem Band – einen „ganzheitlichen" Medienbegriff zugrunde und reduziert Medien eben nicht auf technische Artefakte, dann erscheint die Metapher der Evolution besser geeignet. Medien und damit Mediensysteme sind in all ihren Dimensionen das (Zwischen-)Ergebnis historischer Prozesse, wobei sich auch die relative Bedeutung der vier Dimensionen im Laufe der Zeit wandeln kann: Zeitweise mag die technische Innovation ein „Treiber" der Medienentwicklung sein, zeitweise eine neue Organisationsform, zum Beispiel ein Geschäftsmodell oder die „Erfindung" der Werbefinanzierung.

linemedien als gesellschaftlich institutionalisiert und ihre handlungsnormierende Funktion als Institution auf andere soziale Akteure halten sie zumindest für wahrscheinlich. Einen Organisationscharakter billigen sie hingegen den Onlinemedien nur bedingt zu, da viele der sog. Social Media-Angebote von individuellen Akteuren, also nicht arbeitsteilig und formal organisiert erstellt werden. Allerdings bedienen sich auch diese Kommunikanten letztlich, und heutzutage mit noch weitaus häufiger als vor zehn Jahren, hochgradig organisierter Plattformen, die kommerziell, strategisch und arbeitsteilig operieren. Die bereits 2013 von Künzler et al. (S. 20) bemerkten großen Unternehmen dominieren mittlerweile eindeutig und ihre algorithmische Steuerung schränkt die Handlungsmacht individueller Kommunikationsteilnehmerinnen erheblich ein.

Es spricht also vieles dafür, die erprobte wissenschaftliche Systematik grundsätzlich weiterhin zu verwenden, denn sie erscheint geeignet gerade die veränderten Institutionalisierungsphänomene und Organisationsprozesse zu beobachten. Um diese analytischen Vorteile bei der Darstellung des deutschen Mediensystems nutzen zu können, müssen sie näher erläutert werden, um dann konkretere Beschreibungskriterien zu gewinnen.

2.2.2 Dimensionen der Analyse

2.2.2.1 Medientechnik

Die Evolution der Medien kann mit Harry Pross als eine Entwicklung von der interpersonalen Kommunikation im primären Medium Sprache zu einem Mediensystem beschrieben werden, in dem sekundäre und tertiäre Medien neben – nicht an die Stelle von – Sprache als Mittel menschlicher Kommunikation getreten sind. Menschliche Kommunikation, auch und gerade die öffentliche Kommunikation der Gesellschaft, ist also zu einem bestimmten, kulturgeschichtlich und interkulturell variablen Grad durch Kommunikations- und Medientechnik geprägt. Und die einzelnen Medien unterscheiden sich hinsichtlich Technisierungsart und -grad, sodass die Analysedimension der Medientechnik gemeinhin als erste, große Einteilung differenzierter Mediensysteme gilt: Wir unterscheiden Printmedien, Rundfunk, Film und Onlinemedien – eine Einteilung, die sich auch in der Gliederung des vorliegenden Buches niederschlägt.

Jenseits dieser grundlegenden Systematik erscheint der Erkenntnisgewinn einer vertiefenden Auseinandersetzung mit Medientechnik im Rahmen der Mediensystemanalyse allerdings recht begrenzt, zumal es hier nicht um eine historische oder prognostische Untersuchung des sozialen Prozesses der Medientechnikentwicklung geht.[12] Aus kommunikationswissenschaftlicher Sicht stehen grundsätzlich die Medien zweiter Ordnung (zum Beispiel der Hörfunk oder das World Wide Web), und weniger die Medien ers-

---

[12] Die andernorts vorliegende systematische Erörterung von Medientechniken (vgl. hierzu Wersig 2000) hätte nicht nur den Umfang rasch gesprengt, sondern auch die Frage aufgeworfen, wie spezifisch diese Analysen für das deutsche im Vergleich zu vielen anderen Mediensystemen sind.

ter Ordnung (zum Beispiel Basistechnologien wie Buchdruck oder Internet) im Vordergrund. Zentral sind *institutionalisierte Anwendungsformen von Medientechnik als Kommunikationsmedien* (vgl. Kubicek et al. 1997, S. 32; Burkart 2002, S. 67–68).

▶   Medientechnik meint dabei nicht nur Apparate oder „Hardware", sondern „die Gesamtheit von Objekten, Maßnahmen und Verfahren, die vom Menschen durch sinnvolle, zielgerichtete Ausnutzung der Naturgesetze und Naturprozesse sowie geeigneter Stoffe als Erweiterung der begrenzten menschlichen Fähigkeiten hergestellt und eingesetzt werden" (Wersig 2000, S. 17).

Medientechnik bzw. Informations- und Kommunikationstechnologien[13] erweitern die „intellektuellen", also kognitiven und kommunikativen Grenzen des Menschen. Sie fungieren als „Extensions of Man" (McLuhan), indem sie Daten raumzeitlich übermitteln, aggregieren, de- und re-aggregieren, transformieren und speichern, die von Menschen als kommunikative Signale wahrgenommen und als Grundlage für die Konstruktion von Information genutzt werden können (vgl. Wersig 2000, S. 19–20). Sie bilden damit die in ausdifferenzierten, komplexen Gesellschaften notwendige Voraussetzung für kommunikative Vermittlungsprozesse und die soziale Konstruktion von Wirklichkeit.[14] Und Medientechnik ist für die drei anderen Dimensionen von Medien bzw. Mediensystemen von eminenter Bedeutung: Wie beispielsweise die Erfindung des Buchdrucks oder die Digitalisierung der Speicherung und Übertragung von Daten zeigt, verändern sich auf dieser Grundlage Medienunternehmen und -märkte, ja ganze Medien- und Wissensökonomien.

2.2.2.2 Medien als Zeichensysteme

Medientechnik fungiert als Basis, als materieller Träger (Speicher) oder immaterieller Transporteur von Daten, die in Zeichensystemen geordnet sind:

---

[13] Wersig (2000, S. 20) unterscheidet Informations- und Kommunikationstechnologien, schildert aber an einem treffenden Beispiel deren Zusammenwirken: „So ist etwa der reine Druck eigentlich eher eine Informationstechnologie (insbesondere in der Prozesskette des Setzens), zur Kommunikationstechnologie wird er eigentlich erst in der massenhaften Produktion und deren Vertrieb (der nicht mehr Drucktechnik ist)," der sich anderer Techniken (Verkehrs- und Transportnetze) bedient. Für die Informations- und Kommunikationstechnologien, die primär der öffentlichen Kommunikation (Publizistik) dienen, wird im Folgenden der zusammenfassende Begriff der Medientechnik verwendet.

[14] Entgegen den bei McLuhan (1964) oder Kittler (1986) anzutreffenden technikdeterministischen Annahmen spricht empirisch wenig für eine *monokausale und lineare Wirkung* der Medientechnik auf Wahrnehmung und Kommunikation einer gesamten Gesellschaft oder Kultur. Technologische Leistungsfähigkeit sowie Art und Weise der Datenübermittlung können gleichwohl großen *Einfluss auf* die sozialen Vermittlungsprozesse, also gesellschaftliche Kommunikation, haben; erinnert sei hier an Saxers Auffassung von Medien als problemlösenden und -schaffenden Systemen.

▶   Vereinfacht ausgedrückt sind Zeichen Stellvertreter oder Repräsentanten (Signi-
     fikanten), die für etwas anderes, meist abwesendes Bezeichnetes (Signifikat) stehen
     und so die Kommunikation erleichtern.

Die Printmedien organisieren Buchstaben und das gedruckte Wort, aber auch unterschiedliche Bildelemente. Der Hörfunk überträgt das gesprochene (oder gesungene) Wort,
Musik und Geräusch – digitale Kommunikationsnetze sogar (fast) alle Zeichentypen, die
jeweils unterschiedliche Sinnesmodalitäten des Menschen ansprechen. Zeichensysteme,
zuallererst die Sprache, sind kulturell geprägt und prägen Kultur. Mit dem Hinzukommen
sekundärer und tertiärer Medien hat sich unsere Kultur zu einer Medienkultur entwickelt:
Für das deutsche Mediensystem ist sicherlich die deutsche gesprochene und geschriebene
Sprache typisch, aber nicht exklusiv. Auch in Österreich, der Schweiz und vielen anderen
Mediensystemen gibt es deutschsprachige Medien. Teil des deutschen Mediensystems
sind Minderheitenmedien (etwa der Sorben, Dänen oder Friesen), Diasporamedien von
Migranten und – schon aufgrund der institutionell verbürgten Informationsfreiheit und
potenziert durch internationalen Hörfunk, das World Wide Web und Satellitenfernsehen –
ausländische und internationale Medien.

Neben und in Kombination mit der Sprache der Medien gibt es weitere Zeichentypen
und -systeme, die in Fotografie, Fernsehen und Film, aber auch im WWW sowie den Pos-
tings und Streamings auf den Kommunikationsplattformen eine große Rolle spielen. Wie
jedes andere Mediensystem lässt sich das deutsche Mediensystem mediensemiotisch
entlang der Mediengattungen gliedern. Für die tiefere Analyse erscheinen diese Dimensionen hier, ganz anders als für interkulturell vergleichende Studien, jedoch weniger er-
giebig[15] als die beiden übrigen Dimensionen unseres Medienbegriffs: Organisation und Institutionalisierung. Auf der Organisationsebene finden sich viele Medienunternehmen, die
seit langem multimedial operieren, beispielsweise Verlage mit periodischen und nicht-
periodischen Druckwerken, Rundfunkanstalten mit Hörfunk- und Fernsehprogrammen,
und natürlich durch die Digitalisierung von Medienproduktion und –vertrieb enorm erleichtert und befördert, die crossmediale Verwertung über unterschiedliche „Ausspiel-
wege" und Plattformen. Im Sinne einer übersichtlichen Gliederungslogik orientiert sich
dieses Lehrbuch gleichwohl an der klassischen Mediensystematik, wobei in den Kapiteln
jeweils auch auf die crossmedialen Aktivitäten der genuinen Presse- oder Rundfunk-
organisationen hingewiesen wird.

---

[15] Aus medienökonomischer oder mediensoziologischer Sicht wären durchaus andere Gliederungs-
logiken denkbar, etwa nach – multimedial operierenden – Medienkonzernen oder funktional nach
Informations- und Unterhaltungsmedien. Mediensemiotische und medienkulturelle Einflussgrößen
werden in der vorliegenden Analyse zwar nicht vollständig ausgeblendet, ihnen wird aber eine im
Vergleich zu den politischen, rechtlichen und ökonomischen Faktoren geringere Relevanz zur Erklärung der spezifischen nationalen Ausgestaltung unterstellt.

2.2.2.3 Organisation von Medien

Die Organisation der Medien ist zentral für das Verständnis eines Mediensystems (vgl.
hierzu auch Studer et al. 2013, S. 32). Oftmals vermischen sich Organisations- und
Institutionsbegriff nicht nur im alltäglichen Sprachgebrauch; für die Analyse von Mediensystemen benötigen wir jedoch beide Aspekte in spezifischem Verständnis. Was also ist
mit Organisation von Medien, was mit Medieninstitutionen (vgl. Abschn. 2.2.2.4) gemeint?

Mit dem Problem der angemessenen Definition von Organisation (und partiell auch der
Abgrenzung zur Institution) beschäftigen sich unterschiedliche Ansätze der Organisations-
lehre sowie der betriebswirtschaftlichen Organisations- und Managementlehre (vgl. für
eine kurze Übersicht Kiefer und Steininger 2014, S. 79–81). Die Mediensoziologie hingegen hat sich gemäß der Einschätzung von Josef Wehner bislang erstaunlich wenig mit den
Spezifika und den Veränderungen von Medienorganisationen sowie „Veränderungen in
den Geschäftsfeldern und Produktionsbedingungen" (Hasse und Wehner 2019, S. 3) beschäftigt

▶   Organisation von Medien meint zugleich

- den *Prozess* bzw. die Tätigkeit des Organisierens von öffentlicher Kommunikation, also das Erzeugen einer raumzeitlichen Ordnung,
- das Ergebnis dieser Tätigkeit, also ein *konkretes Sozialgebilde* (oder „Organi-
  sat") und
- die spezifische, von anderen Formen wie Gemeinschaft oder Familie unter-
  schiedene, *arbeitsteilige* Weise, Leistungen in Hinsicht auf ein *Organisationsziel*
  oder einen Zweck zu erbringen (vgl. hierzu auch Esser 2000, S. 237–243; sowie
  Kiefer 2010, S. 125).
- Medienakteure nehmen definierte *Mitgliedsrollen* in Medienorganisationen ein;
  sie können Medienorganisationen verlassen oder aus ihnen ausgeschlossen werden.
- Medienorganisationen selbst sind auf *Dauer* angelegt und können in differenzierten Gesellschaften bestimmte Leistungen erbringen und damit soziale *Medienfunktionen* erfüllen, womit sie andere Teile der Gesellschaft entlasten.

Im Unterschied zu Institutionen, die sich im sozialen Prozess der Institutionalisierung
herausbilden können, werden Organisationen plan- und absichtsvoll gegründet, wenn es
zur Erreichung eines Ziels sinnvoll, d. h. effizient, oder sogar zwingend erforderlich erscheint. Die Beziehungen zwischen den Mitgliedern der Organisation sind formell geregelt, z. B. als (Arbeits-)Verträge, und die zu anderen Organisationen oder Individuen meist
ebenfalls. Organisationen bilden – mehr oder weniger dauerhafte – Strukturen aus, können
strukturell verändert und auch wieder gänzlich aufgelöst werden, meist durch rechtliche
Schritte, oder sie können scheitern, zum Beispiel an ihrer Umwelt (Markt). Organisationen sind soziale Konstruktionen, sie setzen sich zusammen aus dem Handeln, insbesondere dem strategischen und entscheidungsbezogenen Handeln ihrer Mitglieder, die „in
ihren Köpfen" ein Repertoire von Rollen und Regeln entwickeln, Leitbilder und Werte tei-

len bzw. einen gemeinsamen Zweck verfolgen, von dem sie annehmen, dass er nur oder zumindest kostengünstiger durch Kooperation mit anderen erreicht werden kann. Typisch für Organisationen ist die Herausbildung von Macht, insbesondere von Hierarchien, Weisungsbefugnissen und ungleichem Zugang zu Informationen oder anderen Ressourcen.

Die auch in der Kommunikationswissenschaft verwendeten neo-institutionalistische Ansätze der Organisationsforschung interessieren sich vor allem für die Beziehungen zwischen Organisationen und der Gesellschaft (Stichwort Organisationsgesellschaft). Sie gelangen u. a. zu der Feststellung, dass Organisationen als offene Handlungssysteme durch Anpassung an ihre Umwelt (organisationales Feld bzw. institutionelle Umwelt, z. B. Normen, Gesetze, Kultur) zur Ausbildung ähnlicher Strukturen (Isomorphie) neigen und um öffentliche Legitimität bemüht sind (vgl. Mense-Petermann 2006, S. 62–69). Das Handeln der Organisationsmitglieder entspricht demnach nicht zwangsläufig dem Ideal des Homo oeconomicus, wie es die Rational Choice-Theorie nahelegt, aber sie kann sich stark hieran orientieren (vgl. Meyer und Hammerschmid 2006, S. 160–165). Tatsächlich dürfte entscheidend sein, um welche Organisation und um welche Organisationsziele es sich in einem konkreten Fall handelt. Bei privaten Unternehmen werden die Organisationsziele ökonomisch definiert, und sie sollen nach Effizienzgesichtspunkten[16] erreicht werden. Organisation bezeichnet dabei sowohl die Koordinierung von Handlungen und damit die *Strukturierung der Prozesse* Beschaffung, Produktion, Distribution, als auch die *Strukturierung des Aufbaus* – in der Regel als hierarchische Bildung von Rollen, Stellen und Abteilungen etc. Der ganz überwiegende Teil der Medienorganisationen in kapitalistischen Gesellschaften besteht aus kommerziellen Unternehmen, deren primäres oder gar ausschließliches Ziel Erwirtschaftung von Gewinn und vor allem Kapitalrendite lautet. Aus medienökonomischer Sicht erscheint es mir deshalb geboten im Rahmen dieses Lehrbuches auf Begriffe des Medienmanagements zurückzugreifen, um die Strategien der Medienunternehmen besser verstehen zu können. Das bedeutet nicht, dass tatsächlich immer alle Entscheidungen in Medienunternehmen rational erfolgen, zumal gerade im Mediensektor politische Interessen und starke Unternehmerpersönlichkeiten mit entsprechenden Ambitionen eine Rolle spielen (man denke an die Medientycoons Axel Cäsar Springer, Silvio Berlusconi, Ted Turner oder Rupert Murdoch). Aus publizistikwissenschaftlicher Sicht geht es hier auch nicht darum, die rein ökonomische Sichtweise des Managements kritiklos zu übernehmen, denn vieles spricht normativ dafür, Medien nicht als eine Ware wie alle anderen zu behandeln.

Medienorganisationen können auch gemeinnützige Ziele verfolgen und sich um die Bereitstellung gesellschaftlich wünschenswerter („meritorische") Güter verdient machen, wie beispielsweise die Produktion und Verbreitung von Rundfunkprogrammen oder On-

---

[16]Entweder sollen nach dem Minimumprinzip vorgegebene Ziele mit möglichst geringem Einsatz an sachlichen, personellen, zeitlichen oder sonstigen Ressourcen erbracht werden. Oder es sollen nach dem Maximumprinzip aus den vorgegebenen begrenzten Ressourcen möglichst hohe Zielgrößen, etwa Umsatzerträge oder Gewinne, erwirtschaftet werden.

linenachrichten für die Öffentlichkeit. Auch die Medienangebote privatwirtschaftlicher Unternehmen können von gesellschaftlichem Nutzen sein, aber aus Sicht der Unternehmen handelt es sich dabei eher um Nebeneffekte (Externalitäten), und nicht um das primäre, eigentliche Ziel. Bei öffentlichen oder gemeinnützigen Medienunternehmen ist dies umgekehrt: Im Vordergrund steht der meritorische Nutzen für die Gesellschaft, was aber nicht davon befreit, in einer Marktwirtschaft zu bestehen, die entstehenden Kosten zu decken und Mittel für Investitionen oder Rücklagen zu erwirtschaften. Gerade bei vielen meritorischen Gütern in der Publizistik stehen die Medienorganisationen vor einer besonders schwierigen Finanzierungsaufgabe: Die Zahlungsbereitschaft für ein „öffentliches Gut", das ohnehin zur Verfügung steht (wie etwa das Rundfunkprogramm), ist gering.[17] Auch in nicht profitorientierten Medienunternehmungen spielen also betriebswirtschaftliches Effizienzdenken, strategisches Medienmanagement aber auch persönliches Machtstreben durchaus eine Rolle.

Damit liegt auf der Hand, dass auch *Medienunternehmen* aller Art sehr gut als wirtschaftliche Organisationen beschrieben werden können, ohne sie vollständig darauf zu reduzieren. Medienorganisationen sind sozial-konstruierte, zusammengesetzte Gebilde auf einer mittleren Analyseebene, der *Mesoebene*.[18] Auf einer darunter liegenden *Mikroebene* findet das kommunikative und strategische Handeln individueller Akteure, genauer das Handeln von Kommunikatoren (Medienproduzenten) und Rezipienten (bzw. Medienkonsumenten), statt. Es geht dabei um Medienproduktion, -nutzung, -rezeption und die Bewertung von Medien. Das Akteurshandeln erfolgt in organisierter Form (etwa in Redaktionen oder Verlagen) und zugleich in institutionalisierter Weise,[19] also geprägt durch kognitive Schemata und Scripts, Wertorientierungen und Normen. Oberhalb der Mesoebene sind grundlegende, die einzelnen Medienunternehmen übergreifende Aspekte anzusiedeln, die als organisationales Umfeld auf Handeln und Strategien der Marktteilnehmer Einfluss nehmen und ihm Grenzen setzen. Auf dieser Makroebene geht es um die Organisation eines nationalen Mediensystems, auch hier spielen wiederum Medieninstitutionen (vgl. Abschn. 2.2.2.4) eine wichtige Rolle.

Für die Mediensystemanalyse aus der Organisations- und der Institutionenperspektive sind die Makro- und die Mesoebene entscheidend, während die Mikroebene vor allem Gegenstand der Mediennutzungs- und der Kommunikatorforschung ist. Wichtig ist aber zu verstehen, dass die unterschiedlichen Ebenen in einem strukturierten und sich wechselseitig strukturierenden Zusammenhang stehen: Aus dem Handeln von individuellen Akteuren entstehen Organisationen, und aus dem Handeln solcher kollektiven und korporati-

---

[17] Vgl. zur Gütersystematik von Medien ausführlich Kiefer (2001, S. 128–157).

[18] Wir folgen hier Donges (2008, S. 330) und nicht McQuail (1992, S. 97), der Medienunternehmen auf der Mikroebene ansiedelt und Mediengattungen bzw. Medienteilmärkte (Tageszeitungen, Lokalradio etc.) als Mesoebene begreift.

[19] Vgl. hierzu die institutionelle Analyse, Abschn. 2.2.2.4.

ven Akteure erwächst eine Medienordnung, die nun ihrerseits wieder individuelles und kollektives Handeln erleichtert oder begrenzt. Wenden wir uns zunächst der Mesoebene der Medienorganisation zu.

2.2.2.3.1 Mesoebene von Medienorganisation

Wir hatten bereits gesehen, dass sich Medien sehr gut als Medien*unternehmen* verstehen lassen, und zwar unabhängig davon, ob es sich um kommerzielle oder um nicht-kommerzielle bzw. gemeinwohlorientierte Medienunternehmen handelt, und unabhängig davon, ob es sich um Printmedien, Rundfunk, Film bzw. AV- oder Onlinemedien handelt.

▶ Medienunternehmen sind „als planvoll organisierte Wirtschaftseinheiten [zu] definieren, in denen die Bündelung eigen- und fremderstellter redaktioneller Inhalte (informatorische und/oder unterhaltende Inhalte), die Transformation dieser Inhalte auf ein speicherfähiges Trägermedium sowie die direkte oder indirekte Distribution vorgenommen werden" (Wirtz 2023, S. 16). Medienunternehmen sind auf unterschiedlichen Märkten tätig: Auf dem Beschaffungsmarkt für Medieninhalte und -rechte, auf dem Personalmarkt, auf dem Rezipienten- bzw. Käufermarkt, dem Werbemarkt sowie dem Datenmarkt. In den meisten Fällen stellen sie Verbund- oder Koppelprodukte her, die zugleich auf dem Rezipienten- bzw. Käufer- und dem Werbemarkt (klassische Medien) bzw. dem Markt für persönliche Profil- und Verhaltensdaten (Onlinemedien, Social Media-Plattformen) gehandelt werden, weil redaktionelle Inhalte und Werbung bzw. Datenerhebung miteinander gekoppelt werden.

Ökonomisch betrachtet handelt es sich bei Medienangeboten um eine „Mischung aus Sachgut und Dienstleistung" bzw. bei der Speicherung an ein Trägermedium um „veredelte Dienstleistungen" ökonomischer Perspektive handelt es sich bei Medienprodukten um „veredelte Dienstleistungen" (Wirtz 2023, S. 47). Ein großer und aus kommunikationswissenschaftlicher Sicht besonders relevanter Teil des Nutzens von Medien entfaltet sich immateriell (Dienstleistung), wenn wir uns individuell informieren oder unterhalten (lassen) oder eine gesellschaftliche Meinungs- und Willensbildung stattfindet. Ein anderer Teil des Nutzens besteht durch die technische Speicherung und materielle Bindung (als Druckwerk oder digital gespeicherter Inhalt), der aufbewahrt, gesammelt, weitergereicht oder wiederverkauft werden kann (Sachgut).

Konsumenten und Konsumentinnen sind nicht unbedingt identisch mit den Rezipienten und Rezipientinnen eines Medienangebotes: Einerseits kann Rezeption (also die Selektion und kognitive Verarbeitung von Aussagen) in vielen Fällen auch ohne eine Zahlung stattfinden, andererseits können Medienprodukte auch gekauft werden, ohne dass sie (vom Käufer oder der Käuferin selbst) genutzt werden – man denke etwa an das weihnachtliche Buchgeschäft. Aus kommunikationswissenschaftlicher Sicht erscheinen die Rezipierenden zunächst relevanter, aber ohne zahlungsbasierte, d. h. auf Konsum beruhenden ökonomische Grundlagen und Geschäftsmodellen gäbe es kaum Medienangebote und Rezeptions-Chancen. D.h. auch aus kommunikationswissenschaftlicher Sicht müssen uns

medienökonomische Fragen interessieren. Für die Medienökonomie und für die Medienunternehmen ist die nicht nur der eigentliche Konsum im Sinne des käuflichen Erwerbs
von Mediengütern relevant, sondern auch deren bloße Rezeption. Rezipientinnen und Rezipienten sind bei werbe- sowie bei datenfinanzierten Medienunternehmen im Grunde
nicht die Kundschaft, sondern das Produkt, das auf anderen, durch das jeweilige Geschäftsmodell gekoppelten Märkten verkauft wird: Die Aufmerksamkeit der Rezipierenden wird an die werbungtreibende Wirtschaft verkauft, die erfassten Profil- und Nutzungs-
daten entweder ebenfalls für die (personalisierte) Werbung genutzt oder an große Daten-
broker, die sie z. B. an Versicherungen, Banken oder andere Plattformen verkaufen.
Rezeption und Konsum bzw. Rezipierende und Konsumierende sollten daher auch begriff-
lich klar unterschieden werden.

Aus der Organisationsperspektive können wir Unternehmen aller Medienbranchen
analysieren, und die Medienökonomie bzw. das Medienmanagement geben uns dafür auch
Kriterien an die Hand, denn sie verstehen Medienunternehmen als „Leistungssysteme",
die über

- Wertschöpfungsketten,
- Kernkompetenzen,
- sog. Core Assets und
- ein Geschäftsmodell (einschließlich eines Erlösmodells)

verfügen.

- Die ökonomische *Wertschöpfungskette* beschreibt dabei alle Unternehmensaktivitäten,
  die dem Medienprodukt (bzw. der Dienstleistung) einen Nutzen (Wert) für den Mediennutzer bzw. die -nutzerin hinzufügen. Es ergibt sich damit ein strukturierter Prozess als
  Abfolge einzelner Funktionen, die durch die Medienorganisation erfüllt werden müssen, um ein Medienangebot zur Verfügung zu stellen. Tatsächlich greifen Medienunternehmen meistens auch auf externe Leistungserbringer (z. B. freie Journalistinnen und
  Korrespondenten, aber auch Druckereien und Vertriebsfirmen wie DHL) zurück und
  koordinieren die notwendige Kooperation. Wertschöpfungsketten können sich in jedem
  einzelnen Medienunternehmen (und im Zeitverlauf) unterscheiden; im Rahmen unserer Analyse des deutschen Mediensystems können nur die branchentypischen Wertschöpfungsketten und die Unterschiede zwischen Print-, Rundfunk und Online-
  Anbietern etc. dargestellt werden.[20] Grundlegend hat Wirtz (2023, S. 86) eine allgemeine Wertkette für Medienunternehmen formuliert, die hier in leicht veränderter
  Form abgebildet wird (Abb. 2.1).

---

[20]Dabei geht es nicht nur um die Betrachtung der einzelnen Zeitungsredaktion und des journalistischen Arbeitsprozesses als „organisiertes soziales System" (Rühl 1969), sondern um das gesamte
Medienunternehmen.

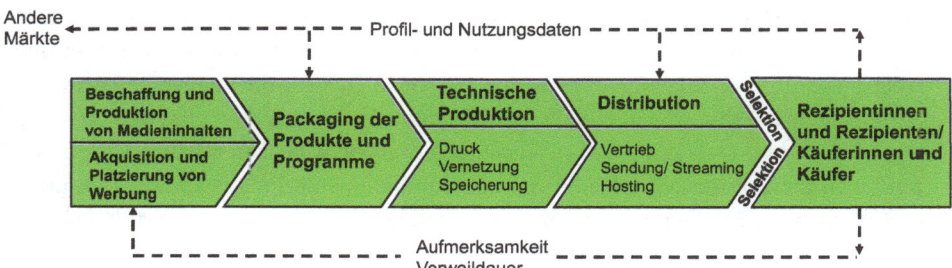

Abb. 2.1   Wertschöpfungskette und Kommunikationsprozess publizistischer Medien

- Die Wertschöpfung im Mediensektor folgt in weiten Teilen dem Kommunikationsprozess, wobei die Medienunternehmen vor allem als Vermittlungspartner der Kommunikation fungieren. Wir können also an den beiden Enden der Wertschöpfungskette die Kommunikationspartner bzw. -partnerinnen ergänzen, nämlich die Ausgangspartner, also die Urheber von Aussagen, und die Zielpartner, vor allem die Rezipientinnen und Rezipienten.[21] Allerdings sind die Urheber von Medienaussagen organisatorisch oftmals eng mit dem Medienunternehmen verbunden und ökonomisch von ihm abhängig. Hier lassen sich Unterschiede zwischen den Medienbranchen und den einzelnen Unternehmen beschreiben.
- *Kernkompetenzen* eines Medienunternehmens sind die besonderen Fähigkeiten, die der Organisation einen Wettbewerbsvorteil gegenüber anderen Medienunternehmen verschaffen. Es geht insbesondere um praktisches Wissen ('How to …') und Erfahrungen, zum Beispiel bei der (crossmedialen und zunehmend onlinebasierten) Vermarktung, um technisches Wissen und Können bei der redaktionellen und ästhetischen sowie nutzerfreundlichen Gestaltung von Medienangeboten (vgl. Wirtz 2023, S. 86–87). Zentral sind Content-Sourcing, Content-Creation- und Distributions-Kompetenzen: Beim Sourcing geht es darum, die richtigen und ausreichend viele Quellen für Medieninhalte (Nachrichtentexte, Bilder, Film- und Videobeiträge etc.) zu erschließen, bei der Creation kommt es auf Genre- und Formatkenntnisse sowie Wissen um die Bedürfnisse bzw. den Geschmack der Zielgruppen an. Hierzu zählt auch, neue attraktive Angebote zu entwickeln. Die Distribution setzt voraus, die Angebote zu bewerben (Promotion) und sie dann in geeigneter Form bzw. über effiziente Vertriebswege auf den Markt zu bringen (vgl. Wirtz 2023, S 95–97).
- Mit *Core Assets* hingegen sind materielle oder immaterielle Eigenschaften oder Werte (hier ökonomisch und nicht ethisch zu verstehen) von Medienunternehmen gemeint, die sich nicht direkt auf die Handlungskompetenzen beziehen, zum Beispiel der Besitz

---

[21]Mitunter sind Zielpartner, also der angezielte Adressat und der tatsächliche Rezipient, nicht identisch und die Kommunikation verläuft indirekt mithilfe interpersonaler Kommunikation oder anderer Medien.

einer „starken", d. h. beim Publikum bekannten Marke (vgl. Wirtz 2023, S. 86), die es etwa dem „Spiegel" erheblich erleichtern, neben dem wöchentlichen Magazin auch Bücher, Fernsehsendungen etc. zu verkaufen sowie eine reichweitenstarke Website zu betreiben. Die Präsenz auf mehreren Medienmärkten erleichtert die wechselseitige Werbung (Cross Promotion), das Netz internationaler Kontakte die Kooperation und ggf. auch die Innovation. Core Assets und Kernkompetenzen spielen eng zusammen und werden im Medienmanagement als wichtige Wettbewerbs- und Erfolgsfaktoren angesehen (vgl. Wirtz 2023, S. 87–99).

- Medienunternehmen verfolgen unterschiedliche *Geschäftsmodelle* und realisieren verschiedene Geschäftstypen, d. h. sie legen fest, auf welchen (medialen) Teilmärkten sie aktiv sind und ob sie alle Stufen der Wertschöpfung (Medienproduktion, Aggregation von Medieninhalten, Medienvertrieb) im eigenen Unternehmen oder in Kooperation mit anderen organisieren. Je mehr Glieder der Wertschöpfungskette innerhalb desselben Medienunternehmens erfolgen, umso höher ist das Unternehmen integriert, was wiederum zu Kostenvorteilen führen kann. Geschäftsmodelle umfassen den gesamten „Material-, Arbeits-, Informations- und Finanzmittelfluss sowohl zwischen Unternehmen und Umwelt als auch innerhalb des Unternehmens" (Wirtz 2023, S. 99). Auch für Medienunternehmen sind Erlösmodelle (vgl. Wirtz 2023, S. 104–107) besonders wichtig, denn sie bestimmen die Strategie mit und sind die Voraussetzung für den Bestand bzw. den Erfolg. Erlöse können auf dem Werbemarkt, dem Rezeptionsmarkt (sofern hier Entgelte eingenommen werden, z. B. Abonnements, Einzelabrufe oder -käufe), dem nationalen und internationalen Rechte- und Lizenzmarkt und dem Markt für personenbezogene Profil- und Verhaltensdaten erzielt werden; hinzu kommen staatliche Subventionen und Steuervorteile oder gesetzlich verpflichtende Beiträge (für die öffentlich-rechtlichen Medien). Staatliche Medienförderungen sind in Deutschland vor allem beim Kinofilm seit langem üblich, hinzu kommt in den letzten Jahren die Förderung des Lokaljournalismus, mit denen ein Marktversagen ausgeglichen werden soll. und
- Medienunternehmen sind korporative Akteure, d. h. sie bestehen aus einer Vielzahl individueller Akteure, die absichtsvoll und zielorientiert handeln; das Management entscheidet über die Unternehmensstruktur und entwickelt *Unternehmensstrategien*[22] in Bezug auf das Geschäftsmodell und das Marktverhalten auf dem Rezipienten- und Werbemarkt. Dieses wird mithilfe der Kriterien Produktstrategie, Publikumsforschung und Innovation, Werbung, Preispolitik – also letztlich den Kriterien des Marketingmixes mit branchentypischer Betonung von Innovation und Medienforschung – beschrieben (vgl. McQuail 1992, S. 87–95): Ein Medienunternehmen kann sich auf ein bestimmtes

---

[22] Dabei geht es entweder darum, das eigene Unternehmen so im Markt zu positionieren, dass es dem Wettbewerb entzogen ist (marktorientierte Strategien), oder darum, Wettbewerbsvorteile aus den eigenen Ressourcen (Core Assets, Kompetenzen) zu ziehen (ressourcenbasierte Strategien); vgl. hierzu ausführlich Sjurts (2005).

Produktangebot (z. B. Kinderbuch) oder eine spezielle Tätigkeit (Filmproduktion) fokussieren, es sich mit anderen Unternehmen im Wertschöpfungsprozess arbeitsteilig vernetzen (Netzwerkstrategie). Es kann aber auch verschiedene Integrationsstrategien verfolgen, die Auswirkungen auf die Marktstruktur (also die Makroebene) haben können. Strategien der horizontalen Integration setzen auf die Steigerung des Marktanteils in einer Wertschöpfungsstufe, zum Beispiel durch die Verbreiterung des Zeitschriftenangebots aus demselben Verlag, was durch den Start neuer Titel (internes Wachstum) oder den Zukauf von Konkurrenztiteln (externes Wachstum) erzielt werden kann – im Ergebnis kommt es zu einer horizontalen Marktkonzentration. Vertikale Integrationsstrategien richten sich auf vor- oder nachgelagerte Wertschöpfungsstufen: Wenn ein Buchverlag eine Druckerei gründet oder kauft, dann handelt es sich um Rückwärtsintegration, wenn er eine Buchhandelskette erwirbt, ist es Vorwärtsintegration. Und wenn er ins Kinogeschäft einsteigen würde, also in eine andere Wertschöpfungskette, dann würde man von diagonaler oder lateraler Integration sprechen (vgl. Wirtz 2006, S. 86–88).

- Auch die Binnenstruktur der Medienorganisation kann sich unterscheiden: In großen Verlagen und Medienkonzernen erfolgt die Bildung von Abteilungen meist objekt- (auf Pressetitel, Fernsehprogramme) oder kundenbezogen, bei multinationalen Konzernen regional (länderbezogen). Kleinere Medienunternehmen bündeln eher gleichartige Tätigkeiten an zentraler Stelle, um Zeit und Kosten zu sparen (vgl. Wirtz 2006, S. 116–122).

Bei der Betrachtung von Medienunternehmen als Organisationen bewegen wir uns primär auf einer mittleren, sog. *Mesoebene:* Es stehen nicht die einzelnen Akteure oder Personen, etwa Käufer oder Nutzer von Medien *(Mikroebene),* aber auch nicht die Rahmenbedingungen und Vorgaben der *Makroebene,* also dem Medienmarkt sowie die Wirtschaftsordnung („Soziale Marktwirtschaft') und der politisch-rechtlichen Medienverfassung, im Vordergrund der Betrachtung.

2.2.2.3.2 Makroebene von Medienorganisation
Die Analyse von Medienorganisation sollte nicht nur einzelne Medienunternehmen in den Blick nehmen, sondern das gesamte organisationale Feld, in dem Medienorganisationen handeln – also auch Zulieferbetriebe, Vertriebsinfrastrukturen, Verbände, staatliche oder andere Regulierungsakteure und -organisationen im Umfeld (vgl. auch Jarren 2001, S. 147–149). Das organisationale Feld prägt das Handeln von Medienunternehmen auf unterschiedliche Weise: „In einem organisationalen Feld entstehen Angleichungsprozesse zwischen den einzelnen Organisationen" (Hasse und Krücken 2005, S. 25), die als „institutionelle Isomorphie" bezeichnet werden: Zwang (Recht und Gesetz), Mimesis (Nachahmung von Konkurrenzstrategien) oder normativer Druck (professionelle Regeln und Standards) sind die wesentlichen Mechanismen, die nicht nur auf eine Organisation, sondern – nahezu systemisch – auf das gesamte Organisationsfeld wirken (vgl. Hasse und Krücken 2005, S. 25–27 sowie vertiefend Walgenbach 2001, S. 333–338). Die Frage der politi-

schen Einflussnahme auf die Medienorganisation, etwa die staatliche Medienförderung und vor allem die Medienregulierung, spielt – aus guten normativen Gründen – eine größere Rolle in der historischen kommunikationspolitischen und der international vergleichenden Forschung (vgl. zusammenfassend Hallin und Mancini 2004, S. 26–33). Politische Parallelen zwischen dem Parteiensystem und der publizistischen Orientierung im Mediensystem schlagen sich vor allem auf der Organisationsebene nieder: Medien im Eigentum von Staaten, Parteien oder Gewerkschaften, Personalunion zwischen politischen und publizistischen Akteuren, Medienwirtschaftspolitik (einschließlich Subventionen und Konzentrationskontrolle), straf- und zivil- sowie staatsschutzrechtliche Regulierung von Medieninhalten, staatliche Regulierung journalistischer Tätigkeit und Rundfunklizenzierung, außen- oder binnenplurale Rundfunkorganisation wären hier zu nennen (vgl. Hallin und Mancini 2004, S. 41–44).

Zum organisationalen Feld von Medienunternehmen zählen neben den staatlichen und übrigen politischen Akteuren die anderen Medienunternehmen – auf der *Makroebene* können wir folglich den *Medienmarkt* bzw. einzelne Teilmedienmärkte analysieren. Medienunternehmen sind, wie oben bereits erwähnt, auch auf dem Personal-, dem Finanz- und vielen anderen Märkten tätig; für unsere Mediensystemanalyse sind diese aber nicht alle gleichermaßen relevant.[23] Grundlegend für die meisten klassischen Medienprodukte ist, dass sie auf dem Publikumsmarkt und dem Werbemarkt zugleich gehandelt werden und dass diese Märkte miteinander korrespondieren. Der Erfolg auf dem Rezipientenmarkt ist die Voraussetzung dafür, dass Werbekunden ihre Anzeigen oder Spots schalten. Werbeeinnahmen sind wiederum die Voraussetzung für die Finanzierung eines publikumsattraktiven Angebotes. Dieser spiralförmige Zusammenhang fällt für verschiedene Medienbranchen (und einzelne Unternehmen) unterschiedlich aus, ist für die Mediensystemanalyse aber von großer Bedeutung. Zu diesen beiden Märkten kommen vor allem die spezifischen Beschaffungsmärkte – für Nachrichten, Unterhaltungsprogramme, Bilder, Sportrechte, Spielfilme etc. – hinzu. Auch für die Analyse diese Medienmärkte auf der Makroebene liefert die Medienökonomie hilfreiche Instrumente und Kriterien: Marktstruktur und -konzentration, Markteintrittsbarrieren (vgl. McQuail 1992, S. 87–91) sowie die Marktentwicklung insgesamt.

- *Marktstruktur und -konzentration* beschreiben das Verhältnis von Anbietern und Nachfragern. Je weniger Anbieter auf einem Markt agieren oder umso mehr Umsatz- bzw. Nutzungsanteile einige von ihnen besitzen, umso höher ist die Konzentration. Bei den meisten Medienmärkten in Deutschland handelt es sich um oligopolistische bis monopolistische Märkte: Aufgrund der hohen Fixkostenanteile bei der Medienproduktion, des daraus resultierenden hohen Kapitalbedarfs und der Größenvorteile (Economies of

---

[23] Gleichwohl kann natürlich der Finanzmarkt durch den Einstieg von Finanzinvestoren (sog. „Heuschrecken") in traditionelle Verlage, aber auch eine Veränderung auf dem Personalmarkt höchst relevante Folgen für Medienunternehmen und das Mediensystem insgesamt zeitigen.

Scale) haben sich in den meisten Märkten nämlich wenige große Anbieter durchgesetzt. Dabei handelt es sich oft um weltweit und multimedial operierende Medienkonzerne (wie Bertelsmann), um überwiegend national operierende Großverlage (wie Madsack oder Funke) oder um mittelständische Verlage, die oft ein lokales Tageszeitungs-monopol besitzen. Eine hohe Konzentration kennzeichnet auch einige internationale Medien- und Kommunikationsmärkte, beispielsweise den Filmmarkt und den Markt der Social Media-Plattformen.

- Grundlegend zu unterscheiden sind zwei Typen von Medienkonzentration: die öko-nomische und die publizistische. Theoretisch denkbar, aber ökonomisch unwahrschein-lich wäre es, wenn ein großer Medienkonzern viele einzelne Medienunternehmen auf-kauft, ohne etwas an der redaktionellen Struktur zu ändern. Ökonomisch rational ist es hingegen, die Redaktionen zu zentralisieren und insgesamt die Zahl der Beschäftigten zu reduzieren, um Größenvorteile zu nutzen und Kosten zu sparen. Die Folge der öko-nomisch vernünftigen Entscheidung wird also wahrscheinlich ein Verlust an inhaltlicher Vielfalt sein, d. h. ökonomische Konzentration kann publizistische Konzentration zur Folge haben.
- *Marktzutrittsbarrieren* (Markteintrittsbarrieren) entscheiden darüber, wie aussichtsreich es für ein Medienunternehmen ist, neu auf einen Medienmarkt zu gehen. Neben *institu-tionellen* Barrieren, die meist gesetzliche Grundlagen haben, sind vor allem *strukturelle* und *strategische* Barrieren zu nennen (vgl. Sjurts 2005, S. 17): Entscheidend sind hier-bei die (im Mediensektor hohen) Kosten für ein konkurrenzfähiges Angebot, aber auch vorhandene Kundenbindungen (und Kosten, die Kunden bei einem Wechsel entstehen), regulatorische Hürden (Lizenzen, Frequenzvergabe), strategische Hürden bei den Ver-triebswegen. Hinzu kommen kartellartige Strukturen oder sog. *Netzwerkeffekte*. Hiermit ist gemeint, dass der Nutzen eines Medienproduktes (z. B. eines Mobiltelefons) mit der Zahl der erreichbaren Netzteilnehmer steigt (direkte Netzwerkeffekte) oder dass es für weit verbreitete Basistechnologie (z. B. PC-Betriebssysteme) eine größere Auswahl an tendenziell billigeren Anwendungstechnologien (Büro- oder Unterhaltungssoftware) gibt (indirekte Netzwerkeffekte). Für potenzielle Kundinnen und Kunden erscheint es vernünftig, sich für die Technologie oder die Social Media-Plattform zu entscheiden, auf die auch die meisten anderen Menschen setzen. Das lässt Preisvorteile oder im Falle von Social Media Konnektivitätsvorteile erwarten, weil mehr interessant erscheinende Men-schen, Freunde und Bekannte auch schon diese Plattform nutzen.
- Eine Schlüsselrolle kommt mittlerweile großen Tech- und Plattformkonzernen zu, die über ihre *Schnittstellen* und eigene, sog. *proprietäre Marktplätze* (App-Stores von Apple, Google, Microsoft) kontrollieren können, wer auf welchen Markt kommen kann (und zu welchen Bedingungen bzw. Kosten). Online verfügbare Medienangebote, die nicht mit den gängigen Suchmaschinen gefunden und dort prominent platziert werden, tun sich faktisch äußerst schwer mit einem Marktzutritt. Auf der Grundlage ihrer Be-triebssysteme kontrollieren sie bedeutende Teile der Infrastruktur, ohne die eine erfolg-reiche Mediendistribution kaum möglich ist.

- Auch die Beschreibung der *Marktentwicklung* liefert auf der Makroebene wichtige Hinweise zum Verständnis eines Mediensystems: Verschiebungen im Werbemarkt, zum Beispiel durch die allgemeine wirtschaftliche Konjunktur oder durch regulatorische Eingriffe (Verbot von Tabakwerbung) verursacht, ändern die Finanzierungsbedingungen für Medien insgesamt, und medienspezifisch jeweils für Print-, Rundfunk- und Onlinemedien. Aber auch Verschiebungen innerhalb des Gesamt-Medienmarktes durch intermediäre Konkurrenz auf dem Käufer- oder dem Werbemarkt können zu Strukturveränderungen des gesamten Mediensystems führen.
- Erleichtert und angestoßen durch technische Entwicklungen (vor allem Digitalisierung und Vernetzung) kommt es zunehmend zu einer *Konvergenz* von vormals sektoral getrennten Märkten: Anbieter, die traditionell vor allem Texte und Stehbilder in gedruckter Form als Zeitung oder Zeitschrift für den Pressemarkt produziert haben, betreten nun mit digitalen Angeboten aus Text, Bild, Bewegtbild und Ton den Onlinemarkt, auf dem auch traditionelle Hörfunk- und Fernsehanbieter konkurrieren. Die oben bereits erwähnten Plattform- und Tech-Konzerne, von denen einige zuvor ausschließlich auf Telekommunikations-, Hard- und Softwaremärkten operierten, sind im Zuge der Marktkonvergenz längst auch auf dem Medienmarkt präsent.

In der Bundesrepublik Deutschland (und vielen anderen europäischen Demokratien) überlässt der Staat die Organisation der Medien nicht ausschließlich privaten Unternehmen und dem Markt. Eine unmittelbare staatliche Medienorganisation auf der Mesoebene (als Medienunternehmen) oder gar auf der Makroebene des gesamten Mediensystems ist mit der politischen Ordnung im liberalen Rechtsstaat nicht vereinbar. Ein vollständiges Laissez-faire im Sinne einer ‚Freien Marktwirtschaft' ist aber ebenso wenig mit der Verfassung sowie der Idee der ‚Sozialen Marktwirtschaft' und des Sozialstaats vereinbar. Der Staat (in Gestalt von Ländern, Bund und zunehmend auch die Europäischer Union) übernimmt daher eine ordnende und regulierende Funktion für die Medien, z. B. in Form einer *Marktaufsicht* sowie einer *institutionellen Medienordnung* (vgl. Abschn. 2.2.2.4), die Auswirkungen auf konkrete Medienorganisationen, insbesondere den öffentlich-rechtlichen Rundfunk sowie die einzelnen Anstalten hat.

Fassen wir kurz zusammen, welche Beschreibungskriterien hinsichtlich der Organisationsdimension von Medien und deren medienökonomischer und kommunikationspolitischer Betrachtung gewonnen wurden (vgl. Tab. 2.1).

McQuail nennt als weiteren Analysegegenstand die „Performance", also das *Marktergebnis* und die erbrachten Leistungen. Hierunter versteht er neben klassisch ökonomischen Kriterien wie Effizienz bei der Ressourcenverwendung wie der Kapitalverwertung, aber auch hinsichtlich der Bereitstellung öffentlicher Güter (z. B. Information), Produktqualität und den Fortschritt („Progress") im Sinne einer medialen Innovationsleistung auch die Erfüllung normativer Ansprüche und Funktionen der Medien für die Gesellschaft, wie es die (institutionelle) Sonderstellung der Medien begründet:

„Media performance is often assessed by criteria which have nothing to do with normal business criteria, and may even be inconsistent or in conflict (for instance, political criteria), as

Tab. 2.1 Organisation von Medien

Organisation von Medien		
Analyse-Ebene	Perspektive	Kriterien
Mikroebene	Medienakteure *(Journalistinnen, PR-Manager, Rezipienten, Käuferinnen, Abonnenten)*	Medienproduktion Medienselektion Medienrezeption Medienkonsum
Mesoebene	Medienunternehmen (Prozess- und Strukturorganisation) *(Buch- und Presseverlage, öffentlich-rechtliche Rundfunkanstalten, private Rundfunkunternehmen, Plattformbetreiber etc.)*	Wertschöpfungskette Kernkompetenzen Core Assets Geschäftsmodell und –typ Unternehmensstrategien (z. B. Produkte, Innovation, Werbung, Preispolitik)
Makroebene	Medienverfassung und Medienmarkt als organisationales Umfeld	Marktstruktur Markteintrittsbarrieren Marktentwicklung und -konvergenz Proprietäre Marktplätze/ Plattformen Media Governance (Regulierung und Selbstregulierung) Media Performance (Marktergebnis)

well as according to the usual internal standards of successful operation. This fact lies in the heart of some of the basic conflicts between society and the media. The ‚public interest' does not necessarily coincide with the organization's own interest as a business firm." (McQuail 1992, S. 90)

Marktstrukturen, Marktverhalten und Marktergebnis sind voneinander abhängig: So wirken sich beispielsweise Medienmonopole auf das Marktverhalten, etwa die Preissetzung, und das Marktergebnis aus: Wahrscheinlich ist die Effizienz eher niedrig, die Produktqualität gering (weil die Nutzerinnen und Nutzer ohnehin keine Alternative haben) und die Innovationsrate eher bescheiden. Für McQuail (1992, S. 87, 90) wirkt sich die Organisationsstruktur unmittelbar auf das Marktverhalten, und dieses direkt auf das Marktergebnis aus. Er sieht aber auch Rückkopplungseffekte, d. h. das Marktergebnis kann sich auf das Marktverhalten und auf die Marktstrukturen auswirken – so könnten beispielsweise neue Wettbewerber den Markt betreten oder alte verdrängt werden; es könnten aber auch politische Regulierungsmaßnahmen Einfluss auf die Medienstrukturen nehmen, um unerwünschte Marktergebnisse (Marktversagen) zu korrigieren.

Unterschiedliche Medienstrukturen und Organisationsmodelle führen mit hoher Wahrscheinlichkeit auch zu unterschiedlichen Ergebnissen. Das gilt nicht nur im internationalen Vergleich ganzer Mediensysteme, sondern auch für verschiedene Organisationsweisen von Teilmärkten der Medien. (vgl. Kap. 5, 6, und 7 sowie Bd. 2).

2.2.2.4 Institutionalisierung von Medien

Die oben geschilderten Merkmale der Organisation von Medien und die Überlegungen von Dennis McQuail haben gezeigt, dass Medien aus publizistikwissenschaftlicher Sicht nicht hinreichend als ökonomische Größen, allein als Medienunternehmen und -märkte, beschrieben werden können. Die ökonomische Organisationsanalyse stellt in hohem Maße auf intentionales, rationales und strategisches Handeln von Organisationsmitgliedern bzw. von Organisationen als korporativen Akteuren in einem organisationalen Feld ab. Medienorganisationen sind dann vor allem an Effektivität und Effizienz orientierte Arbeitsorganisationen in Unternehmensform, die gegenüber anderen Formen der Handlungskoordination oder „Governance" Transaktionskosten minimieren (vgl. Kiefer 2010, S. 137–139). Dass eine ökonomische Analyse hilfreich und notwendig, aber nicht hinreichend ist, hängt mit einigen Besonderheiten von Medienprodukten zusammen.

▶   Medienprodukte sind veredelte Dienstleistungen und soweit sie immateriell bleiben, sind sie öffentliche Güter, von deren Konsum man nur schwer ausgeschlossen werden kann (Nichtausschließbarkeit), was sich negativ auf die Zahlungsbereitschaft und damit die Finanzierbarkeit der Produktion auswirkt. Durch die Rezeption (ökonomisch: ,Konsum') öffentlicher Güter, z. B. dem Radiohören, werden andere Hörer nicht vom Rezipieren (,Konsum') abgehalten (Nichttrivalität), vielleicht sogar im Gegenteil dazu animiert. Erst durch die materielle Bindung der immateriellen Dienstleistung oder durch technische Verfahren (Verschlüsselung) werden Zahlungsbereitschaft und Vermarktbarkeit hergestellt. Die meisten Mediengüter sind zudem meritorische Güter, d. h. die tatsächliche Nachfrage (und Zahlungsbereitschaft) bleibt hinter der gesellschaftlich (und volkswirtschaftlich) erwünschten Nachfrage zurück. Die Qualität von Medienprodukten ist meist erst zu beurteilen, wenn die Rezeption stattfindet, d. h. oft erst nachdem der Kaufakt vollzogen wurde. Medien gelten daher als Erfahrungs- und Vertrauensgüter, denn im Alltag greifen wir oft auf Medienmarken (Pressetitel, Nachrichtensendungen, abonnierte Newsfeeds oder bekannte Influencer) zurück.

Der unregulierte Medienmarkt erbringt damit keinen optimalen wohlfahrtsstaatlichen Nutzen. So warnt beispielsweise Kiefer (2010, S. 145) vor ökonomistischen Verkürzungen, wenn sie schreibt:

> „Selbst aus ökonomischer Perspektive stellt sich … das Problem der gesellschaftlichen Effizienz und Effektivität. Wenn überhaupt, steht Organisation, vor allem in Form der Wirtschaftsunternehmung, allenfalls für einzelwirtschaftliche Effizienz. (…) Allerdings ist eines mit Sicherheit auszuschließen, dass einzelwirtschaftliche Effizienzen von Medienorganisationen sich systematisch zu gesellschaftlicher Effizienz oder gar Effektivität, journalistischer oder auch nur wirtschaftlicher, addieren".

Die rational verfolgten Organisationsziele eines kapitalistischen Medienunternehmens bestehen unter Marktbedingungen notwendigerweise in der Profitmaximierung. Folglich wird die „Arbeitskraft von Journalisten für ‚gegenüber diesen [den Journalisten, KB] fremde Zwecke', nämlich zur Erzielung von Rendite, … Kapitalverzinsung und Kapitalvermehrung" genutzt (Kiefer 2010, S. 146). Das Medienmanagement kommerzieller Unternehmen orientiert sich also am Unternehmensziel und nicht am institutionellen Ziel publizistischer Qualität. Journalistische Qualität, Meinungsvielfalt etc. sind keine genuinen Organisationsziele, aber das organisationale Umfeld, insbesondere Regulierungsakteure und -organisationen, können hier politischen Einfluss nehmen. Dabei fungieren diese Akteure letztlich als Agenten gesellschaftlicher Interessen und versuchen die institutionellen Erwartungen an Medien im Zweifel auch gegen organisationale, einzelwirtschaftliche Rationalitäten durchzusetzen. Organisation und Institution können einander widersprechen, „organisatorische Arrangements ihre jeweilige institutionelle Einbettung überlagern", wie Kiefer (2010, S. 149) am Beispiel Pressefreiheit und Tendenzschutz verdeutlicht: Die hierarchische Ordnung der Arbeitsorganisation und das Betriebsverfassungsgesetz bestimmen, dass der *kaufmännisch* verantwortliche Verleger die *publizistische* Tendenz eines Mediums festlegen darf. Damit ist der Verleger (Medienunternehmer) aufgrund von Eigentumsrechten und Besitzverhältnissen Grundrechtsträger, während der publizistisch tätige Journalist zu Tendenzloyalität und -verwirklichung verpflichtet ist. Aus einer einzelwirtschaftlichen, klassischen Organisationssicht lässt sich das dahinter liegende Problem der Institution Medienfreiheit kaum hinreichend beschreiben – notwendig ist die institutionelle Perspektive.[24]

Aus institutioneller Sicht sind Medien soziale Regelwerke für Problemlösungen im alltäglichen Handeln (vgl. Berger und Luckmann 1969), nämlich für die individuelle und gruppenbezogene Kommunikation wie für die gesellschaftliche und öffentliche Verständigung. Institutionelle Vorgaben (der Makroebene), wie zum Beispiel „Kommunikationsfreiheit", begründen institutionelle Kerne von Organisationen, ohne jedoch die Organisationsform (öffentlich-rechtlich, genossenschaftlich, privatwirtschaftlich) genau vorzugeben, schließen aber bestimmte Organisationsformen (staatlich, kirchlich, parteilich) aus.

Die spezifischen Güteigenschaften und die von der Gesellschaft den Medien zugeschriebenen externen Funktionen sowie die hohen normativen Funktionserwartungen[25] führen dazu, dass Medien besonderen politischen Steuerungsversuchen unterliegen. Medien stellen nicht nur Organisationen, sondern zugleich Institutionen dar, und wie bereits angedeutet, hängt beides eng miteinander zusammen.[26] Kiefer (2010, S. 152) fasst das Verhältnis von Medienorganisation und Institutionalisierung so auf, dass Institutionen „die Spielregeln einer Gesellschaft" sind, während Organisationen „die wichtigsten Spieler"

---

[24] In der Alltagssprache, aber auch mit Bezug auf Medien (vgl. z. B. Meckel und Scholl 2002) werden die Begriffe Institution und Organisation oftmals miteinander vermengt.

[25] Insbesondere: demokratische Meinungs- und Willensbildung, Sozialisation, gesellschaftliche Integration, Allgemeinbildung, Kritik und Kontrolle der Staatsgewalten etc.

[26] Dem versuchen neben mediensoziologischen vor allem institutionenökonomische Ansätze in der publizistikwissenschaftlichen Medienökonomie Rechnung zu tragen; vgl. Kiefer (2001), Schröder (2008) und Kiefer (2010).

sind, die sich institutionenkonform oder -widrig verhalten können. Die Etablierung neuer Organisationsformen, beispielsweise des kommerziellen Rundfunks, kann wiederum die Institution Rundfunk verändern. Kommt es dann noch zu einem mimetischen, also nachahmenden Verhalten der öffentlich-rechtlichen Rundfunkanstalten (Isomorphie, z. B. in Gestalt von Programmkonvergenz), verschärft sich der institutionelle Wandel weiter. Auch Donges bezeichnet – an Saxers Medienbegriff anknüpfend – Medien als Institutionen, nämlich als Regelsysteme, die einerseits das Medienhandeln begrenzen, andererseits gerade aus diesen Handlungsvollzügen hervorgehen: „Medien erzeugen ihre eigenen Regeln und Regelsysteme", beispielsweise Nachrichtenfaktoren, und „Medien schaffen und festigen Erwartungen" bei anderen, an der Kommunikation beteiligten Akteuren, zum Beispiel Politikern und Wählern oder der PR-Branche (Donges 2008, S. 336; vgl. Donges 2013, S. 90).

Auch digitale Plattformen, insbesondere Social Media-Dienste können als Institutionen aufgefasst werden, denn auch hier geht es um handlungsleitende bzw. -strukturierende Regeln, um technisch codierte Affordanzen, die bestimmte nutzerseitige Aktionen nahelegen, sowie um wechselseitige Erwartungen (vgl. Puppis 2020, S. 193–195; 2023, S. 27).

Was versteht man nun unter „Institutionen" und welche Kriterien lassen sich hieraus für die Mediensystemanalyse ableiten?

▶   Als *Institutionen* bezeichnet man in der Soziologie *soziale Regelwerke oder Regelsysteme im alltäglichen Handeln.* Über Rollenzuweisungen werden *wechselseitige Erwartungen* geprägt: Ehe oder Familie sind klassische Beispiele für soziale Institutionen, die übrigens kultur-, religions- und milieuabhängig sowie historisch ganz unterschiedlich organisiert sein können. Es gibt einen institutionellen Kern von Organisationen, nämlich *Werte* und daraus abgeleitete Handlungsnormen, die sich allenfalls langsam wandeln. So wird beispielsweise in Familien wechselseitige Fürsorge erwartet.

Beispiel

Auch Universitäten sind nicht nur Organisationen, sondern Institutionen: Es gibt berechtigte Erwartungen an Studierende und Dozenten und Erwartungs-Erwartungen, d. h. Studierende erwarten nicht nur etwas Rollenspezifisches von ihren Dozenten (und umgekehrt), sondern sie erwarten auch, dass die Dozenten etwas Rollenspezifisches von ihnen erwarten usw. ◀

▶   Institutionen sind normativ aufgeladen, sie begründen unser Handeln und unsere Motive also *wertrational,* während Organisationen individuelles Handeln *zweckrational,* nämlich ausgerichtet am Organisationsziel, motivieren. Es handelt sich um kollektive Wertvorstellungen oder Ideale, aus denen das Individuum nicht ohne Sanktionen ausscheren kann. Institutionen sind also nicht nur deshalb Regeln oder Normen, weil sie den empirischen Normalfall be-schreiben, sondern weil sie ihn vor-schreiben. „Alle institutionellen Strukturen sind Machtstrukturen", wie Kiefer (2010, S. 24) schreibt, und müssen schon deshalb bei der Mediensystemanalyse berücksichtigt werden.

Die Institutionalisierung der Medien[27] erbringt eine Reihe gesellschaftlich bedeutsamer Funktionen[28] und begründet ethisch als berechtigt (legitim) angesehene wechselseitige Erwartungen. Institutionen prägen als dauerhafte soziale Regelsysteme die Art und Weise, wie wir kommunizieren: Normen, Rollen und Skripts müssen nicht jedes Mal neu ausgehandelt werden. Für den Soziologen René König sind Institutionen „… die *Art und Weise, wie bestimmte Dinge getan werden müssen*", also *legitime Modelle des Handelns*. Sie geben dem individuellen Akteur *Orientierung,* stiften gesellschaftliche *Ordnung* und *kollektiven Sinn.*

Institutionen können als Gesetze oder Dienstanweisungen absichtsvoll gesetzt und formalisiert werden, es können aber auch durch bloße Gewohnheit „habitualisierte" und dann eben „institutionalisierte", nicht-intendierte Routinen, Sitten, Gebräuche, geteilte Erwartungen und Annahmen, kognitive Muster sein, die im Laufe der Sozialisation von individuellen Akteuren internalisiert und auf diese Weise im Handeln gesellschaftlich reproduziert werden (vgl. Hasse und Krücken 2005, S. 65). Wichtig ist der Hinweis von Hasse und Krücken (2005, S. 15), dass „Institutionen nicht nur einschränken, sondern bestimmte Verhaltensweisen erst ermöglichen." Institutionen sind relativ stabil in der Zeit, unterliegen aber durchaus einem Wandel; für eine Prozessperspektive spricht, dass Institutionen erst einmal entstehen müssen und womöglich auch wieder vergehen.[29] In der neo-institutionalistischen Forschung ist daher oft nicht nur von Institutionen, sondern treffend von einer *Institutionalisierung* von Handeln und Verhalten, verstanden als Prozess, die Rede (vgl. Hasse und Krücken 2005, S. 31).

---

[27] Dem von Kiefer (2010, S. 58–62) vorgeschlagenen Weg, Journalismus als Institution, Medien primär als Organisation und deren Verhältnis als Netzwerk in Koevolution zu betrachten, wird hier nicht gefolgt. In dieser Organisations- und Institutionalisierungsanalyse des Mediensystems spielt Journalismus zwar eine wichtige Rolle, aber eine Beschränkung auf „journalistische Medien als Institutionen" (Kiefer 2010, S. 68–77) würde den Zweck der umfassenden Analyse verfehlen. Auch Journalismus kann als Institution verstanden werden, derzeit zeichnet sich eine Entkopplung von Journalismus und Medien im Zuge der Plattformisierung ab (vgl. Beck 2025, S. 469–476).

[28] Zu nennen sind: Ordnung und Entlastung (durch Reduktion von Komplexität durch Selektion), Motivation (durch Gestaltung), Koordination und Kohäsion (durch Miteinanderteilen derselben Informationen bzw. Daten), Bewertung (auch in moralischer Hinsicht) und Herrschaftssicherung (vgl. Kiefer 2010, S. 27–28). Institutionen treten entwicklungsgeschichtlich an die Stelle von Instinkten, sie prägen als Muster die wechselseitigen Erwartungshaltungen von Akteuren, und zwar nicht nur indem sie bestimmte Reaktionen wahrscheinlicher und damit empirisch erwartbarer oder „berechenbarer" machen, sondern auch indem sie normativ aufgeladen werden.

[29] Jarren (1996, 1998) betont die Dynamik der Institutionalisierung. Für ihn gewinnen die Medien erst in der „Mediengesellschaft" den Status „vollwertiger Institutionen", die sich von den traditionellen Institutionen (politische Öffentlichkeit, Parteien, Kirchen, Gewerkschaften) entkoppeln. Vgl. zu den Institutionen- und Organisationsaspekten von Medien auch Jarren (2003).

▶   Medien stellen soziale Regelwerke für die Lösung von Kommunikationsproblemen zur
    Verfügung: Durch *Rollenzuweisungen* werden *wechselseitige Erwartungen* der
    Kommunikations- und Vermittlungspartner geprägt. Der institutionelle Kern von
    Medienorganisationen besteht aus *Werten* (insbesondere die Kommunikationsfreiheiten
    und die öffentliche Aufgabe der Medien), aus denen Handlungsnormen für individuelle
    Medienakteure (Journalisten, Öffentlichkeitsarbeiter, Rezipienten) und korporative
    Medienakteure (Medienunternehmen, Selbstkontrollorganisationen der Medien)
    abgeleitet werden. Medieninstitutionen liefern nicht nur *legitime Modelle des Handelns*
    und individuelle *Orientierung,* auf der Makroebene der Medienordnung erzeugen sie
    kollektiven Sinn (demokratische Öffentlichkeit).

2.2.2.4.1   Drei Ebenen der Institutionalisierung von Medien

Wie die Organisationsdimension, so lässt sich auch die Institutionalisierung von Medien
auf drei Ebenen beobachten:

Sie leiten auf der *Mikroebene* als Regeln das individuelle Handeln von unterschiedlichen
Medienakteuren: Die beruflichen Rollen von Journalisten, Fernsehregisseuren, Nach-
richtensprechern, Chefredakteuren oder Verlagsleitern usw. sind institutionalisiert und
orientieren sich an normativen Vorgaben (Ausgewogenheit, Fairness) oder ästhetischen
Idealen, die nicht vollständig durch die Organisationsdimension erfasst werden können.
Die professionelle Kommunikation zwischen Politikern und Journalisten folgt nicht nur
gesetzlichen Normen, sondern informellen Regeln, die als Institution verstanden werden können:

> „Es gilt strenge Vertraulichkeit, weshalb sich Beteiligte daran halten. ‚Unter drei' heißt das im
> Journalistenjargon. Eingeladen wird telefonisch. Berichten darf niemand, nur Wissen sam-
> meln. Trotzdem versuchen Journalisten, manche Aussage oder Information für eine Darstel-
> lung ‚unter zwei' zu gewinnen, sie also zur öffentlichen Verwendung bei Nennung des
> Quellen-Umfelds freigegeben zu bekommen. Das sind oft ‚Regierungskreise' oder ‚die
> Parteispitze.' Nur ‚unter eins' darf die Information der genauen Quelle zugeschrieben werden
> (‚Merkel sagte, dass…')".[30]

Auch für das Medienhandeln von Leserinnen, Zuschauern, Zeitungsabonnenten oder
Bloggern gilt, dass sie sich an Erfahrungen und Erwartungen orientieren, die nicht vollständig durch die Organisation von Medien festgelegt sind. Die Erwartungen der verschiedenen Akteure greifen ineinander: Wer eine Nachrichtenwebsite aufruft, erwartet aktuelle
Informationen in Text und Bild; wer eine Nachrichtenwebsite anbietet, weiß – zumindest
ungefähr – was die User erwarten. Institutionenökonomisch betrachtet leisten Institutio-

---

[30] Vgl. o. V. „Unter drei" – die Sache mit den Hintergrundgesprächen. Der Tagesspiegel; www.tages-
spiegel.de/polozik/politik-und-presse-unter-drei-die-sache-mit-den-hintergrundgesprae-
chen/19413420html [21.02.2017].

nen eine Verringerung von Unsicherheit und Transaktionskosten, denn sie begründen Erwartungssicherheit und Vertrauen in die Kontinuität der bisherigen Erfahrung[31]:

> „Der Rezipient muss dem Nachrichtenproduzenten genauso vertrauen wie in der Regel der Patient dem Arzt oder der Klient dem Anwalt. Solche Situationen einer Informationsasymmetrie werden institutionenökonomisch als Prinzipal-Agent-Beziehung modelliert, der Prinzipal (Rezipient oder Patient) delegiert Entscheidungsbefugnis an einen sachverständigeren Agenten". (Kiefer 2010, S. 94)

Die Betrachtung von Medien als Institutionen bezieht damit die Nutzer und Rezipienten der Medien, die ja nicht Bestandteil der Medienorganisation sind, besser ein. Die Institutionalisierungsformen gesellschaftlicher Kommunikation schlagen gewissermaßen eine Brücke zwischen den Normen, die möglicherweise auf der Makroebene von Verfassungen festgeschrieben sind, und den Handlungen individueller Akteure auf der Mikroebene der Betrachtung. Institutionen sind also von Beginn an nichts rein Individuelles, sondern soziale Phänomene.

Auch auf der *Mesoebene* prägen Regeln für kollektives und korporatives Handeln ein Mediensystem, denn vor allem die professionellen Medienakteure in den Medienunternehmen handeln weniger als Individuen denn als Funktions- und Rollenträger – jedenfalls erwarten wir genau das von professionellen Redaktionen, Verlagen und anderen Medienproduzenten. Die bereits erwähnten journalistischen Selektionsregeln und Nachrichtenfaktoren sind hierfür ein gutes Beispiel. Hinzu kommen eine Fülle von Usancen und branchenüblichen Verfahren, die sich herausgebildet haben, ohne dass sie eine gesetzliche Grundlage haben müssen, zum Beispiel bestimmte Ansichten über den „State of the art" audiovisueller Medien, die Streuung und Platzierung von Werbung, die „Einteilung" der Welt in Ressorts usw. Die ethischen Grundsätze des Deutschen Presserates haben als nicht-gesetzliche Konvention institutionellen Charakter (kollektive Mesoebene), ebenso wie die „Sitten" der Mediennutzung (operative Mikroebene) oder die formal garantierten Kommunikationsfreiheiten (konstitutionelle Makroebene) (vgl. Kiefer 2010, S. 24).

Die *Makroebene* eines Mediensystems lässt sich als dessen institutionelle Verfassung kennzeichnen (vgl. Kiefer 2010, S. 21), denn die „Art und Weise, wie verschiedene Gesellschaften die Massenmedien in ihren Dienst stellen, variiert" (Saxer 1990a, S. 11; 2007, S. 101).[32] So erwarten wir in demokratischen Gesellschaften beispielsweise Vielfalt (Pluralismus) der Themen, Meinungen, Präsentationsformen nicht (nur) von einem

---

[31] Statt immer wieder von neuem damit zu beginnen, die Situation zu definieren und alle eigenen und fremden Handlungsoptionen „durchzuspielen", greifen wir auf (stereo)typisierte Muster von Rollen und Akteuren zurück. Das verringert die „kognitiven Kosten" enorm und reduziert die Komplexität ungemein.

[32] An anderer Stelle hat Saxer (2002, S. 418–419) zutreffend bemerkt, dass die theoretisch wenig überzeugenden „Theories of the Press" eigentlich „unterschiedliche Institutionalisierungsprinzipien" darstellen, allerdings ohne dass bei Siebert/Peterson/Schramm (1956) „das weiterführende soziologische Konzept der Institutionalisierung von Medienkommunikation ... verfolgt" würde.

einzelnen Medium, sondern von der Institution der „freien Presse", von den „unabhängigen Medien" oder von dem „Medienmarkt" insgesamt. Die ordnungspolitische Entscheidung für eine überwiegend, aber eben nicht vollständig marktwirtschaftliche Organisationsweise der Medien hat weitreichende Folgen für Struktur (und Organisation) unseres Mediensystems:

Mit der Institution Markt gehen spezifische Koordinierungsmechanismen, also handlungsleitende Normen einher: Nicht Abstimmung oder Anweisung entscheiden über die Allokation von Ressourcen und die Produktion von Medienangeboten, sondern – zumindest im Idealfall und bei funktionierendem Wettbewerb – die Nachfrage. Besonders für Medien ergibt sich daraus das Problem des Marktversagens bei öffentlichen Gütern: So ist beispielsweise die Zahlungsbereitschaft für Rundfunkprogramme gering, solange nicht zahlende Konsumenten nicht wirksam oder nur mit hohem Mitteleinsatz (also hohen Transaktionskosten) vom Konsum ausgeschlossen werden können. Um ein weiteres Beispiel zu nennen: Politische Information kann medienökonomisch als meritorisches Gut verstanden werden, d. h. Angebot und Nachfrage bleiben hinter dem Maß zurück, das gesellschaftlich vielleicht wünschenswert wäre. Marktversagen droht aber auch aufgrund von Konzentrationsprozessen, und selbst dort, wo eine Deregulierung zu einer Zunahme der Anbieter geführt hat, stellt sich nicht automatisch eine höhere Vielfalt des publizistischen Angebotes ein, wie ein Blick auf den Fernsehmarkt zeigt (Owen et al. 1974).

Die ökonomische *Institution des Wettbewerbs* soll die Freiheit der Konsumenten bzw. Rezipienten erhöhen, Medienangebote nach ihren Bedürfnissen wählen zu können. Zugleich sollen hierdurch technische und publizistische Innovationen erzeugt werden: Als ökonomische Externalität soll damit ein publizistischer Wettbewerb der Meinungen hervorgebracht werden.

Institutionen entfalten Macht, sie strukturieren, begrenzen, motivieren und ermöglichen individuelles wie kollektives Handeln (vgl. Kiefer und Steininger 2014, S. 76). Die Institutionalisierung der Medien bringt auf der Makroebene zudem formalisierte Institutionen hervor, die als Ergebnis eines politischen Prozesses, mitunter eines Machtkampfes, die Gestalt von kodifizierten Gesetzen annehmen. Hier sind neben dem Grundgesetz die Landespressegesetze und eine Vielzahl weiterer Mediengesetze zu nennen und – medienspezifisch – zu analysieren. Zusammenfassend kann man von normativen Grundlagen einer institutionellen Ordnung öffentlicher Kommunikation sprechen (vgl. Kap. 3).

Organisations- und Institutionsdimension von Mediensystemen stehen nicht nur in einem Bedingungs- und Ermöglichungszusammenhang. Sie können auch in einen Widerspruch geraten, weil es zu Ungleichzeitigkeiten in ihrer Evolution kommt: So beschreibt Andrew K. Milton (1997) in einem Mehrländervergleich, dass es vor allem die institutionellen Kontinuitäten waren, die in vielen Transformationsgesellschaften trotz des organisatorischen Wandels dafür gesorgt haben, dass lange Zeit keine demokratischen Medien entstanden: Journalisten verwendeten weiterhin nahezu ausschließlich offizielle Regierungsquellen, boten wenig Erklärungen und Hintergründe, betrieben kaum Eigenrecherche, geschweige denn Investigation. Die Institution der leninistischen Presse prägte weiterhin das Selbstverständnis der Kommunikatoren und möglicherweise sogar die Er-

Tab. 2.2 Institutionalisierung von Medien

Institutionalisierung von Medien		
Analyse-Ebene	Perspektive	Kriterien
Mikroebene	Medienakteure	Leistungserfahrungen und -erwartungen habitualisierte Medienhandlungsmuster individuelle „Medienmoral" Berufsrolleninterpretation
Mesoebene	Medienunternehmen Medienverbände medienpolitische Akteure	professionelle Normen und Standesethik Qualitätsstandards und Branchenregeln (State of the art, Best practice) medienethische Normen und Kodizes
Makroebene	Medienverfassung und Medienmarkt als institutionelle Ordnung	Kommunikationsfreiheiten Media Governance (Rolle von Staat, Gemeinschaft, Markt) Mediengesetze u.-staatsverträge, EU Acts

wartungen des Publikums, selbst zu einem Zeitpunkt, als die Organisationsweise von staatssozialistisch auf privatwirtschaftlich umgestellt worden war.[33]

Für die weitere Analyse des deutschen Mediensystems ergeben sich in der Dimension der Institutionalisierung somit die in Tab. 2.2 aufgeführten Kriterien.

2.3 Zusammenfassung

Medien sind Mittel zum Zweck der Kommunikation zwischen Menschen und bilden in modernen Gesellschaften ein offenes, dynamisches, interdependentes und differenziertes Handlungssystem mit einer historisch entstandenen Struktur. Akteure und Prozesse aus Politik, Wirtschaft und Gesellschaft können Einfluss auf das Mediensystem nehmen und entscheiden mit darüber, wie autonom oder dependent die Medien – zum Beispiel von politischen (Medienlenkung und -zensur) und wirtschaftlichen Interessen (Kommerzialisierung) – sind.

---

[33] In Staaten wie der Ukraine, Weißrussland oder Serbien lässt sich zum Teil ähnliches beobachten: Trotz des Organisationswandels, also der Privatisierung der Medienunternehmen und der grundlegenden Veränderung der Medienverfassung auf der Makroebene wurden die Normen der marxistisch-leninistischen Pressetheorie beibehalten. Journalisten verstehen sich weiterhin als Propagandisten, Agitatoren und Organisatoren, nur eben nicht mehr der leninistischen Staatspartei, sondern der nun herrschenden Partei oder des sich neu bildenden und noch fragilen Nationalstaats. Owen Johnson (1998) kommt in einer vergleichenden Untersuchung der Transformation und Medientransformation in den mittelosteuropäischen Staaten ebenfalls zu dem Befund, dass nicht der organisatorische Umbruch, sondern der institutionelle Wandel ausschlaggebend für unterschiedliche Entwicklungen ist.

Medien sind zugleich Organisationen und Institutionen: Der Prozess der Medien-kommunikation wird arbeitsteilig von verschiedenen korporativen Akteuren (Medienun-ternehmen) organisiert, die über spezifische Kernkompetenzen, Core Assets und Strate-gien verfügen. Als Institutionen regeln Medien den Prozess gesellschaftlicher Kommuni-kation, indem sie orientiert an Werten und Normen mithilfe von *Rollenzuweisungen wechselseitige Erwartungen* der Kommunikations- und Vermittlungspartner prägen.

Sowohl unter dem Organisations- als auch unter dem Institutionalisierungsaspekt kön-nen mit der Mikro-, der Meso- und der Makroebene drei Analyseebenen unterschieden werden, von denen vor allem die beiden oberen Ebenen für die Analyse des deutschen Mediensystems hilfreich sind (vgl. Tab. 2.1 und 2.2).

Wichtige Literatur
- Beck (2023), McQuail (1992), Kiefer (2010)
- sowie für den internationalen Vergleich: Schapals and Pentzold (2025)

Literatur

Abernathy, Penelope Muse. 2018. *The expanding news dessert*. Chapel Hill: Center for Innovation and Sustainability in Local Media.

Altendorfer, Otto. 2001. *Das Mediensystem der Bundesrepublik Deutschland*, Bd. 1. Wiesbaden: Westdeutscher Verlag.

Beck, Klaus. 2015. Systemtheorie/Mediensystem. In *Handbuch Medienökonomie*, Hrsg. Jan Krone und Tassilo Pellegrini. Wiesbaden: Springer VS.

Beck, Klaus. 2019. Öffnung oder Auflösung des Mediensystems? *Medien Journal 3(2019)*: 5–26.

Beck, Klaus. 2023. *Kommunikationswissenschaft*, 7. Aufl. Konstanz: UVK & UTB.

Beck, Klaus. 2025. Plattform-Kapitalismus oder das Ende des Journalismus als Institution? In Me-dien bewahren und verändern. In *Festschrift für Rudolf Stöber*, Hrsg. Garbiele Mehling, Kristina Wied, und Michael Wild, 466–477. Berlin: De Gruyter.

Berger, Peter L., und Thomas Luckmann. 1969. *Die gesellschaftliche Konstruktion der Wirklichkeit. Eine Theorie der Wissenssoziologie*. Frankfurt a. M: Fischer.

Beth, Hanno, und Harry Pross. 1976. *Einführung in die Kommunikationswissenschaft*. Stuttgart: Kohlhammer.

Blöbaum, Bernd. 1994. *Journalismus als soziales System. Geschichte, Ausdifferenzierung und Ver-selbständigung*. Opladen: Westdeutscher Verlag.

Blum, Roger. 2005. Bausteine zu einer Theorie der Mediensysteme. *Medienwissenschaft Schweiz* 2(2): 5–11.

Blum, Roger. 2014. *Lautsprecher und Widersprecher: Ein Ansatz zum Vergleich der Mediensysteme*. Köln: Halem.

Blumler, Jay G. 2002. Wandel des Mediensystems und sozialer Wandel: Auf dem Weg zu einem Forschungsprogramm. In *Mediensysteme im Wandel. Struktur, Organisation und Funktion der Massenmedien*, Hrsg. Hannes Haas und Otfried Jarren, 3. Aufl., 170–188. Wien: Braumüller.

Bogart, Leo. 1995. *Commercial culture. The media system and the public interest*. New York: Ox-ford University Press.

Burkart, Roland. 2002. Was ist eigentlich ein „Medium". Überlegungen zu einem kommunikationswissenschaftlichen Medienbegriff angesichts der Konvergenzdebatte. In *Die Zukunft der Kommunikation. Phänomene und Trends der Informationsgesellschaft*, Hrsg. Michael Latzer et al., 61–72. Innsbruck: StudienVerlag.

Cardoso, Gustavo. 2006. *The media in the network society: Browsing news, filters and citizenship*. Lisbon: CIES.

Donges, Patrick. 2008. Medien als Strukturen und Akteure: Kommunikationswissenschaftliche Theoriediskussion zwischen System- und Handlungstheorie. In *Theorien der Kommunikationswissenschaft. Grundlegende Diskussionen, Forschungsfelder und Theorieentwicklungen*, Hrsg. Carsten Winter, Andreas Hepp, und Friedrich Krotz, 329–344. Wiesbaden: VS Verlag.

Donges, Patrick. 2013. Klassische Medien als Institutionen. In *Medien als Institutionen und Organisationen. Institutionalistische Ansätze in der Publizistik- und Kommunikationswissenschaft*, Hrsg. Matthias Künzler, Christian Wassmer, Franziska Oehmer, und Manuel Puppis, 87–96. Baden-Baden: Nomos.

Esser, Hartmut. 2000. *Institutionen. Soziologie. Spezielle Grundlagen*, Bd. 5. Frankfurt a. M.: Campus.

Görke, Alexander. 2002. Journalismus und Öffentlichkeit als Funktionssystem. In *Systemtheorie und Konstruktivismus in der Kommunikationswissenschaft*, Hrsg. Armin Scholl, 69–90. Konstanz: UVK.

Haas, Hannes. 1990. Einleitung. In *Mediensysteme. Struktur und Organisation der Massenmedien in den deutschsprachigen Demokratien*, Hrsg. Hannes Haas, 1–3. Wien: Braumüller.

Hallin, Daniel C., und Paolo Mancini. 2004. *Comparing media systems. Three models of media and politics*. Cambridge: Cambridge University Press.

Hallin, Daniel C., und Paolo Mancini, Hrsg. 2012. *Comparing media systems beyond the Western world*. Cambridge: Cambridge University Press.

Hans-Bredow-Institut, Hrsg. 2009. *Internationales Handbuch Medien*, 28. Aufl. Baden-Baden: Nomos.

Hardy, Jonathan. 2008. *Western media systems*. London: Routledge.

Hasse, Raimund, und Georg Krücken. 2005. *Neo-Institutionalismus*, 2., vollst. überarb. Aufl. mit einem Vorwort von John Meyer. Bielefeld: Transcript.

Hasse, Raimund, und Josef Wehner. 2019. Organisationssoziologie und Mediensoziologie im Dialog. Raimund Hasse im Gespräch mit Josef Wehner. In *Handbuch Organisationssoziologie*, Hrsg. Maja Apelt et al. Springer VS: Wiesbaden.

Jakubowicz, Karol. 2010. Introduction. Media systems research: An overview. In *Comparative media systems: European and global perspectives*, Hrsg. Boguslawa Dobek-Ostrowska, 1–22. Budapest: Central European University Press.

Jarren, Otfried. 1996. Auf dem Weg in die „Mediengesellschaft"? Medien als Akteure und institutionalisierter Handlungskontext. Theoretische Anmerkungen zum Wandel des intermediären Systems. In *Politisches Raisonnement in der Informationsgesellschaft*, Hrsg. Kurt Imhof und Peter Schulz, 79–96. Zürich: Seismo.

Jarren, Otfried. 1998. Medien, Mediensystem und politische Öffentlichkeit im Wandel. In *Politikvermittlung in der Demokratie. Beiträge zur politischen Kommunikationskultur*, Hrsg. Ulrich Sarcinelli, 74–94. Opladen: Westdeutscher Verlag.

Jarren, Otfried. 2001. Medien als Organisationen – Medien als soziale Systeme. In *Einführung in die Publizistikwissenschaft*, Hrsg. Otfried Jarren und Heinz Bonfadelli, 137–160. Bern: Haupt, UTB.

Jarren, Otfried. 2003. Institutionelle Rahmenbedingungen und Organisation der öffentlichen Kommunikation. In *Öffentliche Kommunikation. Handbuch Kommunikations- und Medienwissenschaft*, Hrsg. Günter Bentele, Hans-Bernd Brosius, und Otfried Jarren, 13–27. Wiesbaden: Westdeutscher Verlag.

Johnson, Owen W. 1998. The media and democracy in Eastern Europe. In *Communicating demo-cracy: The media and political transitions*, Hrsg. Patrick O'Neil, 103–124. Boulder: Rienner.

Kiefer, Marie Luise. 2001. *Medienökonomik. Einführung in die ökonomische Theorie der Medien.* München: Oldenbourg.

Kiefer, Marie Luise. 2010. *Journalismus und Medien als Institutionen.* Konstanz: UVK.

Kiefer, Marie Luise, und Christian Steininger. 2014. *Medienökonomik*, 3. Aufl. München: Oldenbourg.

Kittler, Friedrich. 1986. *Grammophon – Film – Typewriter.* Berlin: Brinkmann & Bose.

Kleinsteuber, Hans J. 2003. Mediensysteme im internationalen Vergleich. In *Öffentliche Kommunikation. Handbuch Kommunikations- und Medienwissenschaft*, Hrsg. Günter Bentele, Hans-Bernd Brosius, und Otfried Jarren, 382–396. Wiesbaden: Westdeutscher Verlag.

Kleinsteuber, Hans J. 2005. Mediensysteme. In *Handbuch Journalismus und Medien*, Hrsg. Siegfried Weischenberg, Hans J. Kleinsteuber, und Bernhard Pörksen, 275–280. Konstanz: UVK.

Kubicek, Herbert, Ulrich Schmid, und Heiderose Wagner. 1997. *Bürgerinformation durch neue Medien.* Opladen: Westdeutscher Verlag.

Künzler, Matthias. 2005. Das schweizerische Mediensystem im Wandel: Eine Einleitung. In *Das schweizerische Mediensystem im Wandel. Herausforderungen, Chancen, Zukunftsperspektiven*, Hrsg. Matthias Künzler, 9–32. Bern: Haupt Verlag.

Künzler, Matthias, Lucie Hribal, und Otfried Jarren. 2005. Mediensysteme – Medienorganisationen. In *Einführung in die Publizistikwissenschaft*, Hrsg. Heinz Bonfadelli, Otfried Jarren, und Gabriele Siegert, 2. Aufl., 179–202. Bern: Haupt Verlag.

Künzler, Matthias, Christian Wassmer, Franziska Oehmer, und Manuel Puppis. 2013. Medien als Institutionen und Organisationen: Anachronismus in der Onlinewelt? In Medien als Institutionen und Organisationen. In *Institutionalistische Ansätze in der Publizistik- und Kommunikationswissenschaft*, Hrsg. Matthias Künzler, Christian Wassmer, Franziska Oehmer, und Manuel Puppis, 13–25. Baden-Baden: Nomos.

Luhmann, Niklas. 1996. *Die Realität der Massenmedien*, 2. erw. Aufl. Opladen: Westdeutscher Verlag.

Marcinkowski, Frank. 1993. Publizistik als autopoietisches System. In *Politik und Massenmedien. Eine systemtheoretische Analyse.* Opladen: Westdeutscher Verlag.

McLuhan, Marshall. 1964. *Understanding media.* New York: McGraw Hill.

McQuail, Dennis. 1992. *Media Performance. Mass communication and the public interest.* London: Sage.

Meckel, Miriam, und Armin Scholl. 2002. Mediensysteme. In *Einführung in die Medienwissenschaft. Konzeptionen, Theorien, Methoden, Anwendungen*, Hrsg. Gebhard Rusch, 155–170. Wiesbaden: Westdeutscher Verlag.

Mense-Petermann, Ursula. 2006. Das Verständnis von Organisation im Neo-Institutionalismus. Lose Kopplung, Reifikation, Institution. In *Einführung in den Neo-Institutionalismus*, Hrsg. Konstanze Senge und Kai-Uwe Hellmann, 62–74. Wiesbaden: Springer VS.

Merten, Klaus. 1999. *Grundlagen der Kommunikationswissenschaft. Einführung in die Kommunikationswissenschaft*, Bd. 1. Münster: Lit.

Meyer, Renate, und Gerhard Hammerschmid. 2006. Die Mikroperspektive des Neo-Institutionalismus. Konzeption und Rolle des Akteurs. In *Einführung in den Neo-Institutionalismus*, Hrsg. Konstanze Senge und Kai-Uwe Hellmann, 160–171. Wiesbaden: Springer VS.

Milton, Andrew K. 1997. News media reform in Eastern Europe: A cross-national comparison. In *Post-communism and the media in Eastern Europe*, Hrsg. Patrick H. O'Neil, 7–23. London: Cass.

Owen, Bruce M., Jack H. Beebe, und Willard G. Manning. 1974. *Television economics.* Lexington: Heath.

Pross, Harry. 1991. *Medien: Signale und Orientierung. Information und Beispiel. Medien-pädagogische Beiträge. Landesbildstellen der Bundesrepublik Deutschland*, 151–161. o. O. [Karlsruhe]: Landesbildstelle Baden.

Puppis, Manuel. 2020. Governance der Vermittlung öffentlicher Kommunikation. In *Gesellschaftliche Vermittlung in der Krise. Medien und Plattformen als Intermediäre*, Hrsg. Otfried Jarren und Christoph Neuberger, 189–224. Baden-Baden: Nomos.

Puppis, Manuel. 2023. *Medienpolitik. Grundlagen für Wissenschaft und Praxis*, 3. Aufl. München: UVK.

Ronneberger, Franz. 1990. Funktionen des Systems Massenkommunikation. In *Mediensysteme. Struktur und Organisation der Massenmedien in den deutschsprachigen Demokratien*, Hrsg. Hannes Haas, 2. Aufl., 158–164. Wien: Braumüller. (Erstveröffentlichung Zuerst in: Franz Ronneberger. 1971. Sozialisation durch Massenkommunikation. Der Mensch als soziales und personales Wesen, Bd. IV, 48–53. Stuttgart: Enke).

Röper, Horst. 1994. Das Mediensystem der Bundesrepublik Deutschland. In *Die Wirklichkeit der Medien. Eine Einführung in die Kommunikationswissenschaft*, Hrsg. Klaus Merten, Siegfried J. Schmidt, und Siegfried Weischenberg, 506–543. Opladen: Westdeutscher Verlag.

Rühl, Manfred. 1969. *Die Zeitungsredaktion als organisiertes soziales System*. Bielefeld: Bertelsmann Universitätsverlag.

Saxer, Ulrich. 1981. Publizistik und Politik als interdependente Systeme. *Media Perspektiven* 1981(7): 501–514.

Saxer, Ulrich. 1990a. Der gesellschaftliche Ort der Massenkommunikation. In *Mediensysteme. Struktur und Organisation der Massenmedien in den deutschsprachigen Demokratien*, Hrsg. Hannes Haas, 2., geänd. Aufl., 8–20. Wien: Braumüller.

Saxer, Ulrich. 1990b. Funktionen, Strukturen und Probleme des Schweizerischen Mediensystems. In *Mediensysteme. Struktur und Organisation der Massenmedien in den deutschsprachigen Demokratien*, Hrsg. Hannes Haas, 2., geänd. Aufl., 48–63. Wien: Braumüller.

Saxer, Ulrich. 1997a. Medien als problemschaffende und problemlösende Systeme: Zur Notwendigkeit der Annäherung der Medienforschung an ihren Gegenstand. *Publizistik* 42(1): 73–82.

Saxer, Ulrich. 1997b. Konstituenten der Medienwissenschaft. In *Qualitative Perspektiven des Medienwandels*, Hrsg. Helmut Schanze und Peter Ludes, 15–26. Opladen: Westdeutscher Verlag.

Saxer, Ulrich. 2002. Four theories of the press, Hrsg. Fred S. Siebert, Theodore Peterson, Wilbur Schramm. In *Schlüsselwerke für die Kommunikationswissenschaft*, Hrsg. Christina Holtz-Bacha und Arnulf Kutsch, 413–419. Wiesbaden: Westdeutscher Verlag.

Saxer, Ulrich. 2007. Systemtheorie und Kommunikationswissenschaft. In *Kommunikationstheorien. Ein Textbuch zur Einführung*, Hrsg. Roland Burkart und Walter Hömberg, 85–110. Wien: Braumüller.

Schapals, Aljosha Karim, und Christian Pentzold, Hrsg. 2025. *Media compass. A companion to international media landscapes*. Newark: Wiley.

Schrag, Wolfram. 2007. *Medienlandschaft Deutschland*. Konstanz: UVK.

Schröder, Guido. 2008. *Positive Medienökonomik. Institutionenökonomischer Ansatz für eine rationale Medienpolitik*. Baden-Baden: Nomos.

Siebert, Fred S., Theodore Peterson, und Wilbur Schramm. 1956. *Four theories of the press*. Urbana: University of Illinois Press.

Sjurts, Insa. 2005. *Strategien der Medienbranche. Grundlagen und Fallbeispiele*, 3., überarb. u. erw. Aufl. Wiesbaden: Gabler.

Studer, Samuel, Matthias Künzler, und Otfried Jarren. 2013. Mediensystemwandel als Medienorganisationswandel – Implikationen der Population-Ecology. In *Langfristiger Wandel von Medienstrukturen. Theorie, Methoden, Befunde*, Hrsg. Wolfgang Seufert und Felix Sattelberger, 31–50. Baden-Baden: Nomos.

Thomaß, Barbara. 2007. Mediensysteme vergleichen. In *Mediensysteme im internationalen Vergleich*, Hrsg. Barbara Thomaß, 12–41. Konstanz: UVK & UTB.

Töpfl, Florian. 2011. Mediensysteme in Transformationsprozessen. In *Wie entstehen pluralistische Mediensysteme – und warum nicht?* Baden-Baden: Nomos.

Walgenbach, Peter. 2001. Institutionalistische Ansätze in der Organisationstheorie. In *Organisationstheorien*, Hrsg. Alfred Kieser, 319–353. Stuttgart: Kohlhammer.

Wersig, Gernot. 2000. *Informations- und Kommunikationstechnologie. Eine Einführung in Geschichte, Grundlagen und Zusammenhänge*. Konstanz: UVK.

Wiio, Osmo A. 1983. The mass media role in the western world. In *Comparative mass media systems*, Hrsg. L. John Martin und Anju Grover Chaudhary, 85–94. New York: Longman.

Wilke, Jürgen. 2000. *Grundzüge der Medien- und Kommunikationsgeschichte. Von den Anfängen bis ins 20. Jahrhundert*. Köln: Böhlau.

Wirtz, Bernd W. 2006. *Medien- und Internetmanagement*, 5., überarb. Aufl. Wiesbaden: Gabler.

Wirtz, Bernd W. 2023. *Medien- und Internetmanagement*, 11. Aufl. Wiesbaden: Gabler.

Der normative Rahmen des deutschen Mediensystems

3

> Bevor wir die einzelnen Medien bzw. Medienteilsysteme genauer analysieren, soll hier zunächst der normative Rahmen des deutschen Mediensystems in der gebotenen Kürze dargestellt werden. Es geht dabei um die medienübergreifenden rechtlichen und ethischen Grundlagen, auf denen die publizistischen Medien insgesamt basieren. Die für einzelne Medienfelder wie Buch, Film, Rundfunk oder Onlinemedien spezifischen gesetzlichen Regelungen und Selbstkontrollinstitutionen werden hingegen in den folgenden Kapiteln behandelt (vgl. Kap. 5, 6 und 7 sowie Bd. 2).

3.1 Demokratische Medienpolitik, Medienordnung und Media Governance

Die Normen gesellschaftlicher Kommunikation sind das Ergebnis politischer Entscheidungen und sozialer Praxis im kommunikativen Alltag. Politische Entscheidungen, die das gesamte Mediensystem und die gesellschaftliche Kommunikation prägen, indem sie einen Rahmen von Regeln und Strukturen mehr oder weniger stark vorgeben, werden in unterschiedlichen politischen Systemen auf ganz verschiedene Art getroffen: Die Kommunikations- und Medienpolitik sieht in pluralistischen Gesellschaften mit demokratischer Verfassung ganz anders aus als in autoritären oder gar totalitären Staaten bzw. historischen Phasen. Auch die alltäglichen Kommunikationspraxen, in denen Regeln ausgehandelt werden, unterliegen einem historischen Wandel und sie unterscheiden sich je nach kulturellem Hintergrund, Milieu und Lebensstil. Das Mediensystem erweist sich einmal mehr als offenes interdependentes System, sodass die Darstellung seiner normativen Grundlagen stets den politischen Ordnungsrahmen sowie die politische Kultur berücksichtigen muss.

© Der/die Autor(en), exklusiv lizenziert an Springer Fachmedien Wiesbaden GmbH, ein Teil von Springer Nature 2025
K. Beck, *Das Mediensystem Deutschlands*, Studienbücher zur Kommunikations- und Medienwissenschaft, https://doi.org/10.1007/978-3-658-50033-7_3

Die Bundesrepublik Deutschland, um deren Mediensystem es hier geht, versteht sich als „demokratischer und sozialer Bundesstaat" (Art. 20.1 GG). Alle drei Charakteristika besitzen auch für die Medien- und Kommunikationspolitik die höchste Bedeutung:

- Das Demokratiegebot des Grundgesetzes bezieht sich nicht nur auf die Art und Weise der Gesetzgebung durch eine vom Volk gewählte parlamentarische Legislative, sondern – wie wir sehen werden – auch auf die Verfasstheit und die normative Funktionszuschreibung von publizistischen Medien.
- Das Sozialstaatsgebot schreibt dem Staat eine Pflicht zu, aktiv für eine gerechte Ressourcen- und Chancenverteilung zu sorgen, auch was die Teilhabe an gesellschaftlicher Kommunikation betrifft.
- Das föderale Prinzip bewirkt gerade in der Medienpolitik eine Aufteilung der Kompetenzen zwischen Bund und Ländern. Die Bundesländer spielen eine wichtige Rolle (Art. 30 GG), weil ihnen die Kulturhoheit und damit eine Kompetenz für die Medien zugeschrieben wird.

Vor allem die Auslegung des Sozialstaatsgebotes und die Abgrenzung der Zuständigkeiten zwischen Bund und Ländern führen immer wieder zu politischen Konflikten – nicht zuletzt in Bezug auf die Medien. Je nachdem, ob Medien eher als Wirtschaftsgut (Ware, Dienstleistung) oder als Kulturgut (Bildung, Wissen, Information, Verständigung und Meinungsbildung) betrachtet werden, und abhängig davon, was man dem Markt als Regelungsmechanismus zutraut, fallen auch medienpolitische Einschätzungen und Positionen in Deutschland recht unterschiedlich aus. Die Rolle des Staates in der Kommunikations- und Medienpolitik wird folglich unterschiedlich interpretiert. Eine zentrale Herausforderung besteht in Demokratien darin, dass die Medien eben keine Staatsgewalt (‚Vierte Gewalt') darstellen, sondern eine von ihm unabhängige gesellschaftliche Institution. Hieraus ergibt sich die paradox anmutende Aufgabe für den Staat (Bund und Länder), Medien einerseits zu regulieren, dies aber andererseits möglichst ohne ihre Unabhängigkeit und Freiheit zu beschränken. Die nicht zuletzt aufgrund der Erfahrung des Nationalsozialismus, während dem die Medien durch Partei und Staat gesteuerte Propagandaorgane waren, gebotene staatliche Zurückhaltung in der Medien- und Kommunikationspolitik hat in der Bundesrepublik zu einer besonderen Situation geführt:

- Es gibt kein zentrales und einheitliches „Mediengesetz" wie in vielen anderen Staaten, darunter auch demokratisch verfassten. Auch das Grundgesetz enthält keine *konkreten* Aussagen, wie die Medien in Deutschland organisiert sein müssen. Weder der öffentlich-rechtliche Rundfunk noch die marktwirtschaftliche Verfasstheit der anderen Medien sind hier festgelegt.
- Weil in der Bundesrepublik Deutschland das Prinzip der Gewaltenteilung zwischen Legislative, Exekutive und Judikative (Art. 20.2 GG) herrscht, kommt neben den Länderparlamenten und dem Bundestag (Legislative) sowie der Exekutive (Regierungen und Behörden) der Judikative, also den Gerichten, eine bedeutende Rolle in der Medienpo-

litik zu. Insbesondere das Bundesverfassungsgericht hat durch seine Interpretationen des Grundgesetzes zur Ausgestaltung der Medienordnung ganz wesentlich beigetragen, und zwar sowohl inhaltlich als auch hinsichtlich der Kompetenzverteilung zwischen Bund und Ländern.

- Aufgrund der föderalen Struktur speisen sich die normativen Grundlagen öffentlicher Kommunikation aus verschiedenen Quellen: In einer Vielzahl von *Gesetzen* des Bundes und der Bundesländer sowie von *Staatsverträgen* der Bundesländer sind die rechtlichen Normen kodifiziert, sodass man das Medienrecht als heterogenes Rechtsgebiet bezeichnen muss. Dem Bund steht zwar de jure eine Gesetzgebungskompetenz für die *Presse* zu, die er jedoch de facto nach einigen gescheiterten Anläufen für ein Presserechtsrahmengesetz nicht nutzt. Ausschlaggebend für die Pressemedien im weiteren Sinne (alle materiellen Trägermedien und ggf. Teilgeltungen auch für den Rundfunk) sind daher die 16 Landespressegesetze, die aber in allen wesentlichen Punkten übereinstimmen, sodass von einer weitestgehend einheitlichen Medienordnung gesprochen werden kann.
- Dies gilt auch für die ebenfalls der Länderkompetenz unterfallenden *Rundfunkmedien*, für die Landesrundfunkgesetze (öffentlich-rechtlicher Rundfunk) und Landesmediengesetze (privatrechtlicher Rundfunk) bestehen. Die einheitliche normative Grundlage wird hier durch bi- und multilaterale Staatsverträge sowie durch Staatsverträge aller Bundesländer hergestellt: Der Medienstaatsvertrag (MStV) schafft einen Rahmen für den gesamten Rundfunk und die Telemedien (Onlinemedien) und wurde 2024–2025 grundlegend revidiert („Reformstaatsvertrag"). Ebenfalls für alle Rundfunk- und Telemedien gilt der Staatsvertrag über den Schutz der Menschenwürde und den Jugendschutz in Rundfunk und Telemedien (Jugendmedienschutz-Staatsvertrag JMStV). Einzelne Staatverträge für die ARD, das ZDF und Deutschlandradio beziehen sich auf die jeweiligen Anstalten bzw. den ARD-Verbund, Rundfunkfinanzierungsstaatsvertrag und Rundfunkbeitragsstaatsvertrag (RBStV) regeln die Finanzierung des öffentlich-rechtlichen Rundfunks. Hinzu kommen Staatsverträge zwischen einzelnen Bundesländern, auf denen öffentlich-rechtliche Mehrländeranstalten, z. B. NDR (Hamburg, Schleswig-Holstein, Niedersachsen und Mecklenburg-Vorpommern) oder MDR (Sachsen, Sachsen-Anhalt und Thüringen) beruhen.
- Als Mitglied der Europäischen Union (EU) hat sich die Bundesrepublik verpflichtet, auch die deutsche Medienordnung im Einklang mit den *Richtlinien* bzw. gemäß den *Verordnungen der EU* zu gestalten. Das Recht der Europäischen Union steht – auch in Medienfragen – über dem der Nationalstaaten, einschließlich der Bundesländer. Richtlinien der EU (beispielsweise die Fernsehrichtlinie) müssen von den Mitgliedsstaaten in nationalen Gesetzen bzw. Staatsverträgen umgesetzt werden, während Verordnungen (beispielsweise zu digitalen Diensten, digitalen Märkten, zur Medienfreiheit und zur sog. Künstlichen Intelligenz mit Gesetzeskraft unmittelbar in allen Mitgliedsstaaten gelten.
- Darüber hinaus hat die Bundesrepublik eine Reihe internationaler Abkommen und Deklarationen (z. B. des Europarates und der UNO) unterzeichnet, aus denen verbindliche

Pflichten resultieren, auch wenn hier die Sanktionsmechanismen deutlich schwächer wirken als die der EU (vgl. Puppis 2023, S. 177–184; 205–231 sowie Abschn. 6.4).

- Weil aus demokratietheoretischen Gründen und nicht zuletzt aufgrund der Kette von unterschiedlichen, aber durchweg negativen deutschen Erfahrungen mit Obrigkeitsstaat, Nationalsozialismus und dem SED-Regime in der DDR, eine Zurückhaltung des Staates geboten ist, besitzen neben gesetzlichen Normen *medienethische Normen* einen besonders hohen Stellenwert. Handlungsleitende Regeln der Kommunikation werden von den Akteuren selbst in der Praxis ausgehandelt und finden ihren Niederschlag mitunter in institutionalisierter Form, etwa als „Publizistische Grundsätze" (Pressekodex) oder unternehmensinterne Leitsätze. In Deutschland haben sich eine ganze Reihe von *Selbstkontrolleinrichtungen* entwickelt, die medienspezifisch arbeiten und deshalb an anderer Stelle behandelt werden (vgl. hierzu Kap. 6 und 7 sowie Bd. 2).

Wie in vielen anderen Demokratien und bestärkt durch die neoliberale Deregulierungspolitik der Europäischen Union hat sich in Deutschland das Konzept der *Media Governance*[1] etabliert: Der Staat ist demnach nicht mehr der zentrale Regulierungsakteur, d. h. er soll immer weniger in die überwiegend kapitalistisch organisierten Medien eingreifen, weil dies die (unternehmerische oder gesellschaftliche) Freiheit bedrohe (liberales Argument). Als Begründung für einen Rückzug des (Sozial-)Staates wird auch angeführt, staatliche Regulierungen wären wenig erfolgreich oder gar kontraproduktiv (These vom Staatsversagen). Aus ideologisch begründeten ordnungspolitischen Vorstellungen (Glaube an den Markt als optimaler Verteilungsmechanismus) oder aus pragmatischen Erwägungen werden den Marktakteuren selbst Aufsichts- und Kontrollfunktionen, also vormals staatliche Regulierungsaufgaben, überantwortet. Im Mediensektor, für den Staatsfreiheit essenzielle Bedeutung besitzt, erscheint ein solcher Ersatz von hoheitlichem Government durch kooperative Governance besonders angemessen. Allerdings stehen dem empirische Befunde über das reale Marktverhalten (Profitmaximierung durch Kostenwettbewerb statt Qualitätswettbewerb) und die Marktentwicklungen (Konzentration) gegenüber (vgl. KEK 2022), die die These vom Marktversagen begründen: Der Blick auf die Eigentumsverhältnisse der publizistischen Medien, die Zugangschancen zu öffentlicher Kommunikation und die Qualität der Medieninhalte lassen ernsthafte Zweifel an einer weitergehenden Deregulierung („Liberalisierung") aufkommen. In Deutschland hat sich deshalb bislang ein gemischtes System durchsetzen können, das sich als Media Governance with Government oder als „regulierte Selbstregulierung" verstehen lässt. Dabei spielen Marktakteure, also Medienunternehmen und ihre Verbände, zwar über Normenwerke und Selbstkontrolleinrichtungen eine wichtige Rolle, aber staatliche Akteure bleiben deshalb nicht völlig passiv außen vor. Sie formulieren und kontrollieren Mindeststandards und Vorgaben für die Art und Weise der Selbstkontrolle. Bei deren Versagen können sie im Sinne einer Aufsichtsbehörde (Exekutive) auf gesetzlicher Grundlage eingreifen, im Konfliktfall angerufen wer-

---

[1] Vgl. zum Konzept der Media Governance Donges (2007), Puppis (2023, S. 107–124) sowie Seufert und Gundlach (2017, S. 129–137).

den (Judikative) oder mittelfristig auch die rechtlichen Grundlagen (die Regulierung) der Selbstregulierung verändern (Legislative).

Die Erweiterung des Akteursnetzes in Gestalt von Media Governance ändert nicht nur die Rolle staatlicher Medienregulierer, sondern gleichzeitig auch die Art und Weise der politischen Steuerung. Während staatliche Politik klassischerweise mit den Mitteln Verbot und Gebot sowie entsprechenden Strafandrohungen hierarchisch und vertikal steuerte, spielen nun horizontale Aushandlungsprozesse (also: Kommunikation), Überzeugung, finanzielle und andere Anreize (etwa Image und Reputation) eine stärkere Rolle. Entscheidend ist dabei aus demokratietheoretischer und sozialstaatlicher Sicht allerdings, welche Chancen Mediennutzer und -nutzerinnen – als Konsumenten und als Bürgerinnen – besitzen, ihre Interessen und Werte in den Media Governance-Prozess einzubringen, bzw. wer das „öffentliche Interesse" wirksam artikuliert und im Netzwerk der ressourcenstarken Akteure (Unternehmen, Verbände, Behörden) durchsetzt.

Media Governance bedeutet für die Bundesrepublik Deutschland zudem, dass nationalstaatliche Akteure – Bund und Länder – an Bedeutung für das Mediensystem zugunsten von *trans- und internationalen Akteuren* verloren haben. An erster Stelle ist hier die Europäische Union zu nennen, aber auch der Europarat, die Vereinten Nationen (UNO) und andere.[2]

3.2 Kommunikations- und Medienfreiheiten

Die zentrale normative Grundlage gesellschaftlicher Kommunikation bildet die Kommunikationsfreiheit, die das Ergebnis eines in Deutschland besonders langwierigen und an Rückschlägen reichen Institutionalisierungsprozesses ist (vgl. Beck 2021, S. 29–56):

- Als klassische liberale Forderung spielten die Kommunikationsfreiheiten bei der Revolution von 1848 bereits eine zentrale Rolle, konnten sich aber im Deutschen Reich aufgrund der Pressepolitik von Bismarck (insbesondere Sozialistengesetze und Kulturkampf gegen katholische Kirche) sowie der Militärzensur im Ersten Weltkrieg bis zur Revolution 1918 nicht nachhaltig etablieren.
- Die Weimarer Verfassung (Art. 118) schütze die Kommunikationsfreiheiten nur in zurückhaltender Form (Meinungsfreiheit und Zensurverbot), aufgrund der in Art. 48 vorgesehenen Notverordnungen aber nur unzureichend.
- Die nationalsozialistische Diktatur setze die Kommunikationsfreiheiten wie alle anderen Grund- und Menschenrechte mithilfe der Notverordnungen de facto vollständig außer Kraft.

---

[2]Vgl. hierzu ausführlich Berghofer (2017) (für die globale Ebene) und Holtz-Bacha (2006, 2011) für die europäische Medienpolitik.

- Erst mit der Gründung der Bundesrepublik Deutschland und dem Inkrafttreten des Grundgesetzes 1949 sind die Kommunikationsfreiheiten im umfassenden Sinn garantiert. Durch den Beitritt der fünf ostdeutschen Bundesländer im Jahre 1990 gilt diese Garantie für ganz Deutschland.

Beispiel

In der Verfassung der Deutschen Demokratischen Republik fand sich 1949 eine Garantie der Meinungs- und der Medienfreiheiten, die später ausdrücklich relativiert wurde: In der zweiten Verfassung von 1968 wurde das explizite Zensurgebot gestrichen, die Meinungsfreiheit wurde an die „Grundsätze der Verfassung" gebunden, eine Informationsfreiheit nicht garantiert (Art. 27). Tatsächlich waren die Kommunikationsfreiheiten in der DDR immer dem Staatsverständnis und den politischen Zielen des Regimes untergeordnet, wie die zentralistische Medienorganisation, die inhaltliche Medienlenkung durch die Staatspartei SED, aber auch zahlreiche Fälle politischer Gefangener belegen. ◄

Die zum Verständnis des Mediensystems unabdingbaren Kommunikationsgrundrechte sind im Grundgesetz an sehr prominenter Stelle garantiert, nämlich in Artikel 5:

1. Jeder hat das Recht, seine Meinung in Wort, Schrift und Bild frei zu äußern und zu verbreiten und sich aus allgemein zugänglichen Quellen ungehindert zu unterrichten. Die Pressefreiheit und die Freiheit der Berichterstattung durch Rundfunk und Film werden gewährleistet. Eine Zensur findet nicht statt.
2. Diese Rechte finden ihre Schranken in den Vorschriften der allgemeinen Gesetze, den gesetzlichen Bestimmungen zum Schutze der Jugend und in dem Recht der persönlichen Ehre.
3. Kunst und Wissenschaft, Forschung und Lehre sind frei. Die Freiheit der Lehre entbindet nicht von der Treue zur Verfassung.

Im Gegensatz zu einigen anderen Staatsverfassungen stellen diese Freiheitsrechte in Deutschland nicht nur Bürgerrechte, sondern Menschenrechte dar, d. h. sie gelten voraussetzungslos und ohne Rücksicht auf eine Staatsbürgerschaft oder sonstige soziale Zugehörigkeit. Dies ist vor allem ein Resultat der historischen Erfahrungen, denn im Nationalsozialismus wurden Staatsbürgerrechte willkürlich aus rassistischen, antisemitischen und politischen Gründen entzogen, sodass den betroffenen Menschen auch juristisch die grundlegendsten Freiheitsrechte aberkannt wurden. Die Kommunikations- und Medienfreiheiten sind sehr hochrangige Grundrechte, die nach liberaler Tradition vor allem Abwehrrechte gegenüber dem Staat bedeuten, darüber hinaus aber mittelbare „Drittwirkungen" entfalten. Das heißt, sie verpflichten staatliche Akteure nicht nur, selbst keine Einschränkungen vorzunehmen, sondern dazu, sich schützend und fördernd vor diese Grundrechte zu stellen, wenn sie von nichtstaatlichen Akteuren bedroht werden (vgl. Fechner 2006, S. 19–26).

Die durch das Grundgesetz Art. 5, Absatz 1 geschützte Kommunikationsfreiheit umfasst verschiedene Elemente:

- Die *Meinungsfreiheit* ist Ausdruck von Menschenwürde und Freiheit; für eine demokratische Gesellschaft ist sie konstituierend. Als individuelles Recht seine Meinung zu bilden, sie zu äußern und zu verbreiten, umfasst Meinungsfreiheit neben der direkten Rede auch den Gebrauch aller medialen Formen, es dürfen folglich alle „technisch basierten Zeichensysteme" verwendet werden. Die Meinungsfreiheit umfasst auch die „negative Meinungsfreiheit", also das Freiheitsrecht (auch gegenüber dem Staat) seine Meinung zu verschweigen. Während auch die für die Medien ja nicht unerhebliche Wirtschaftswerbung und sogar offenkundig wenig fundierte oder unsinnige Meinungen grundrechtlich geschützt sind, gilt Art. 5 nicht für Tatsachenbehauptungen. Diese sind „wahrheitsfähig", allerdings nicht ohne Probleme von Meinungen abzugrenzen und daher im Zweifel (d. h. so lange sie nicht nachweislich unzutreffend sind) zu tolerieren. Als weitere Grenze der Meinungsäußerung ist die sog. „Schmähkritik" zu nennen, bei der es um die Herabwürdigung einer Person ohne Tatsachenbezug geht, weil hier das Rechtsgut der Menschenwürde auf dem Spiel steht (vgl. Fechner 2006, S. 33–41).
- Die *Informationsfreiheit* gilt als individuelles Recht, sich zu informieren, vor allem weil Information die Voraussetzung für eine freie und demokratische Meinungs- und Willensbildung ist. Unterstellt werden dabei sowohl ein individuelles Informationsbedürfnis wie ein öffentliches Informationsinteresse, zu deren Erfüllung Medien einen konstitutiven Beitrag leisten. Es ist wiederum die Erfahrung des Nationalsozialismus, während dessen Herrschaft die Nutzung internationaler Medien bestraft wurde, die für eine ausdrückliche Garantie dieser Kommunikationsfreiheit gesorgt hat. Als „allgemein zugängliche Quellen" gelten alle Angebote, die „technisch geeignet und bestimmt [sind], der Allgemeinheit, d. h. einem individuell nicht bestimmbaren Personenkreis Informationen zu vermitteln" (BVerfGE 27, S. 71, 82 f.) (vgl. Fechner 2006, S. 42–44). Akten von Behörden, insbesondere von Sicherheitsbehörden, Staatsgeheimnisse etc. sind gleichwohl geschützt. Individuelle Auskunftsrechte von Bürgern gegenüber Behörden regeln „Informationsfreiheitsgesetze" des Bundes[3] und der Länder; die professionellen Auskunftsrechte von Journalisten hingegen die Landespressegesetze (siehe unten).
- Die *negative Kommunikationsfreiheit* und das *Recht auf informationelle Selbstbestimmung* sind durch das GG und die Rechtsprechung des Bundesverfassungsgerichts (sog. Volkszählungsurteil des BVerfG vom 15. Dezember 1983, vgl. BVerfG 1983) ebenfalls geschützt, d. h. niemand darf gezwungen werden, seine Meinung (öffentlich) zu äußern, sich zu etwas (Parteilinie, Glauben, Ideologie, Doktrin etc.) zu bekennen oder z. B. an einer (staatlich oder durch eine Staatspartei angeordneten) Kundgebung teilzunehmen. Dies gilt auch für die in der deutschen Geschichte durchaus angewandten Ver-

---

[3] Vgl. für den Bund: Informationsfreiheitsgesetz vom 5. September 2005 (BGBl. I S. 2722); http://www.gesetze-im-internet.de/bundesrecht/ifg/gesamt.pdf [15.11.2024].

fahren, Menschen zur Rezeption bestimmter Medieninhalte zu zwingen (etwa durch Lautsprecherbeschallung im öffentlichen Raum oder Betrieb), denn auch die Informationsfreiheit stellt ein positives und ein negatives Grundrecht dar. Diese individuelle Autonomie als Macht selbst zu entscheiden, wie und ob man überhaupt an Kommunikations- und Informationsprozessen beteiligt sein will, gilt auch für die eigenen personenbezogenen Daten. Das gilt auch für die digitale Informations- und Kommunikationsdienste wie dem Internet und der Kommunikation auf Social Media oder anderen Plattformen: Die hier (zum Teil automatisch) erhobenen Profil-, Verhaltens-, Bild- und Tondaten dürfen nicht ohne Zustimmung der betroffenen Personen gespeichert, verarbeitet und weiterverwendet werden.

- Die *Presse- bzw. Medienfreiheit* ist ein institutionelles Recht[4] mit unterschiedlichen „Grundrechtsträgern." Im Grundgesetz ausdrücklich aufgeführt sind Presse, Rundfunk und Film, wobei der verfassungsrechtliche Rundfunkbegriff stets Hörfunk und Fernsehen umfasst. In der Rechtsprechung erstreckt sich die Medienfreiheit auf die gesamten Medien, also nicht nur auf die „journalistische" Berichterstattung von Rundfunk und Film, deren nicht-journalistische Teile im Zweifel auch von der Kunstfreiheit (Abs. 3) geschützt wären. Eingeschlossen in den Grundrechtsschutz sind neben den nicht-periodischen Medien alle neueren „anderen Medien" mit publizistischen Funktionen, die zum Teil in den Grundrechtskatalogen der Landesverfassungen eigens aufgeführt werden (vgl. Fechner 2006, S. 32, 46). Geschützt sind die Tätigkeit, die Erzeugnisse und die Träger der Pressefreiheit mit den notwendigen Produktionsmitteln.

- Kommunikationspolitisch umstritten ist zuweilen, wer genau Träger der Pressefreiheit im Binnenverhältnis zwischen dem Medieneigentümer (Verleger) und den Journalisten ist. Medienbetriebe sind als Tendenzbetriebe von der unternehmensinternen Mitbestimmung (gem. § 118 Betriebsverfassungsgesetz) eindeutig ausgenommen. Die publizistische Grundsatzkompetenz kommt daher letztlich den Eigentümern als Trägern der Medienfreiheit zu, während sich die Pressefreiheit der Journalisten auf die Richtlinien- und Detailkompetenz beschränkt.

- Eigens aufgeführt, wiederum als Lehre aus der politischen Geschichte Deutschlands, wird in Absatz 1 das *Zensurverbot*. Es untersagt eine staatliche Zensur vor der Publikation und Verbreitung (staatliche Vorzensur), schützt Medien aber nicht vor Strafverfolgung aufgrund allgemeiner Gesetze (Nachzensur) und dem Verbot durch andere Akteure (Herausgeber, Chefredakteure, Kirchen etc.). Zudem unterliegt auch das Zensurverbot den Grundrechtsschranken, sodass eine Indizierung bzw. die Erteilung von Vertriebsverboten aus Gründen des Jugendschutzes möglich sind (vgl. Fechner 2006, S. 47–48).

---

[4]Grundrechte gelten für natürliche Personen; für juristische Personen wie Medienunternehmen unter Maßgabe von Art. 19 GG, Abs. 3, wenn sie ihrem Wesen nach auf juristische Personen, also korporative Akteure, anwendbar sind. Das ist bei Medienunternehmen und Medienfreiheiten leicht einsichtig, allerdings gibt es konfligierende Auffassungen darüber, ob innerhalb der Medienorganisation die Journalisten oder die Verleger bzw. Eigentümer Grundrechteträger sind.

Absatz 2 des Art. 5 GG definiert mögliche Beschränkungen der Kommunikationsfreiheit, die auf rechtsstaatlicher Basis zu erfolgen haben und nicht unbegrenzt erlassen werden können (sog. „Schranken-Schranken"). Die Medienfreiheiten sind kein Selbstzweck, sondern werden garantiert, weil sie konstitutiv für die Demokratie sind, also eine dienende Funktion haben. Kommunikationsfreiheit ist die Voraussetzung für Gedankenfreiheit und die Entfaltung von Vernunft, denn ohne die Mitteilung und das Verstehen der Nachrichten und Meinungen anderer Menschen können wir keine Argumente prüfen und abwägen (vgl. Beck 2021, S. 22–28).

Einschränkungen des Art. 5 GG Abs. 1 sind insbesondere denkbar, wenn letztlich andere hochrangige Grundrechte mit den Kommunikationsfreiheiten kollidieren, denn die Grundfreiheiten stehen letztlich in Wechselwirkung miteinander. Das für die öffentliche Kommunikation als Schranke relevanteste Grundrecht ist die in Art. 1, Abs. 1 verbürgte „unantastbare" Würde des Menschen, die im Recht der persönlichen Ehre konkretisiert wird. Abs. 2 sieht als Schranken außerdem allgemeine Gesetze vor (etwa das Strafgesetzbuch mit einigen medienrelevanten Paragrafen), was spezielle Einzelfallgesetze – etwa zur Unterbindung bestimmter Meinungsäußerungen oder zum Ausschluss bestimmter Personen(gruppen) – verhindern soll. Und schließlich wird der Jugendschutz ausdrücklich als mögliche Schranke der Kommunikationsfreiheiten genannt, der aber einer „gesetzlichen Bestimmung" (vgl. unten) bedarf, also nicht willkürlich wechselnden moralischen ad hoc-Urteilen unterliegen darf.

Anzumerken ist allerdings, dass Kommunikations- und Medienfreiheit auch in Deutschland nicht vollständig realisiert sind. Neben strukturellen Begrenzungen aufgrund der kapitalistischen Medienordnung, die für Ungleichheiten hinsichtlich Medienzugang und Kommunikations-Chancen sorgen, sowie tätlichen Angriffen vorwiegend rechtsextremistischer Gruppen auf Journalistinnen und Journalisten sind staatliche Eingriffe zu nennen. Strafverfolgungsbehörden und unzureichend kontrollierte Geheimdienste, mitunter sogar das Bundesinnenministerium, haben individuelle Kommunikationsfreiheit und institutionelle Medienfreiheit in den letzten Jahrzehnten wiederholt in frag- und kritikwürdiger Weise eingeschränkt, sodass Gerichte einschreiten mussten. Als vermeintliche Begründungen werden Sicherheitsinteressen, insbesondere in Zeiten terroristischer Bedrohungen (vgl. Beck 2021, S. 50–56), ausländische Staatspropaganda (wie beim Verbot des russischen ‚RT Deutsch' bzw. ‚RT DE' 2022) und das Erstarken politisch extremer Medien, die regelrechte Hetzkampagnen betreiben (wie beim Verbot der Trägervereine des Magazins ‚Compact' 2024), angeführt (vgl. Borgers et al. 2022; Steinke 2024).

Die Bundesrepublik Deutschland ist Mitglied internationaler Organisationen, die ebenfalls Kommunikationsfreiheiten garantieren:

- In der *Deklaration der Menschenrechte der UNO* von 1948 werden Meinungs-, Meinungsverbreitungs- und Informationsfreiheit über nationale Grenzen hinweg garantiert (Art. 19).

- Die *Europäische Menschenrechtskonvention*[5] von 1950 deklariert in Art. 10 ebenfalls die grenzüberschreitende Kommunikations- und Medienfreiheit und räumt den Bürgern der 46 Europarats-Staaten ein individuelles Klagerecht vor dem Europäischen Gerichtshof für Menschenrechte in Straßburg ein. In einer Konvention über das grenzüberschreitende Fernsehen[6] wurden 1993 neben der Kommunikationsfreiheit nochmals explizit die Empfangsfreiheit und die Weiterverbreitungsfreiheit festgehalten.
- Deutschland ist wie 56 weitere Staaten Mitglied der OSZE (Organisation für Sicherheit und Zusammenarbeit in Europa) und hat 1975 die sog. Helsinki-Schlussakte (der damalige KSZE) unterzeichnet, in der vor allem die grenzüberschreitende Informationsfreiheit zugesagt wird. Die OSZE bestellt seit 1997 einen Beauftragten bzw. eine Beauftragte für Medienfreiheit; Aufgabe ist die Beobachtung der Entwicklung in den nationalen Mediensystemen und das Erkennen von Gefahren für die Medienfreiheit (vgl. OSCE 2024).
- Seit dem 2009 geschlossenen *Vertrag von Lissabon* gilt in der Europäischen Union die *Grundrechte-Charta,* die in Art. 11 die individuelle Meinungs- und Informationsfreiheit (gemäß der Europäischen Menschenrechtskonvention) bestätigt sowie Freiheit und Pluralität der Medien garantiert.
- Das 2024 beschlossene und 2025 in Kraft getretene *Europäische Medienfreiheitsgesetz* soll die institutionelle Medienfreiheit vor überschießenden oder illiberalen staatlichen Regulierungsmaßnahmen und dem Verlust von Vielfalt aufgrund von (Binnen-)Marktversagen schützen (vgl. Europäische Kommission 2024).

3.3   Weitere medienrelevante Grundrechte

Absatz 3 des Art. 5 GG ist für die gesellschaftliche Kommunikation und für die Medien ebenfalls relevant, auch wenn es auf den ersten Blick gar nicht um Medien geht. Medien sind aber in vielen Fällen, vor allem bei Literatur und Filmkunstwerken, Vermittler von Kunst, die letztlich auch als Kommunikationsprozess verstanden werden kann. Verfassungsrechtlich ist in diesem Zusammenhang von „Werkbereich" als künstlerischer Betätigung und von „Wirkbereich" als öffentlichem Zugang zur Kunst die Rede; und in diesem Wirkbereich sind neben Museen, Galerien etc. die publizistischen Medien von erheblicher Bedeutung. Im Gegensatz zu den Kommunikations- und Medienfreiheiten unterliegen *Kunst- und Wissenschaftsfreiheiten* keinen weiteren gesetzlichen Schranken (sog. „geschlossenes Grundrecht"), d. h. sie werden nur durch die Wechselwirkung mit anderen Grundrechten begrenzt. In der Praxis muss jeweils im Einzelfall eine Güterabwägung er-

---

[5] Konvention zum Schutze der Menschenrechte und Grundfreiheiten in der Fassung des Protokolls Nr. 11 Rom/Rome, 4.XI.1950; aktualisierte Fassungen mit den Protokollen online unter: http://conventions.coe.int/Treaty/ger/Treaties/Html/005.htm [15.11.2024].

[6] Aktualisierte Fassungen online unter: http://conventions.coe.int/treaty/ger/Treaties/Html/132.htm [15.11.2024].

folgen, mit dem Ergebnis, dass insbesondere die Kunstfreiheit weiter gesteckt ist als die Medienfreiheiten (vgl. Fechner 2006, S. 30, 48–52).

Das deutsche Grundgesetz garantiert weitere Freiheitsrechte, die für das Mediensystem bedeutsam sind, insbesondere die Berufsfreiheit (Art. 12 GG) und die Eigentumsfreiheit (Art. 14 GG): Die *Berufsfreiheit* betrifft insbesondere die Wahl des journalistischen Berufs, der in Deutschland von jedem ergriffen werden kann; es bedarf keiner staatlichen Zulassung oder Mitgliedschaft in einer Kammer. Das hindert Medienorganisationen nicht daran, bestimmte Berufsqualifikationen von Mitarbeitern (journalistische Ausbildung) zu fordern, aber auch niemanden daran, sich selbst als Journalist zu bezeichnen. Die Berufsfreiheit umfasst auch die *Gewerbefreiheit* von Medienunternehmern, die keinerlei Genehmigung oder Lizenz für die Gründung und den Betrieb benötigen.[7]

Das *Recht auf Eigentum* in Art. 14 GG ist ein gesetzlich beschränkbares Recht und an die Pflicht gebunden, zum Wohle der Allgemeinheit zu wirken; für die publizistischen Medien ist es in zweifacher Hinsicht bedeutsam: Zum einen ermöglicht und sichert es privatrechtliche Medienunternehmen, zum zweiten ist es Grundlage für das Urheberrecht am geistigen Eigentum.

Für die gesellschaftliche Kommunikation, zunehmend auch für die Kommunikation mittels Onlinemedien, ist Art. 10 GG besonders wichtig, der das *Brief-, Post- und Fernmeldegeheimnis* schützt, das nur in besonderen Fällen durch staatliche Ermittlungsbehörden und die Inlandsgeheimdienste zeitweilig verletzt werden darf. Ähnliches gilt für die Unverletzlichkeit der Wohnung (Art. 13 GG) – etwa bei sog. „digitalen Hausdurchsuchungen" durch staatliche Behörden oder Kriminelle. Für das Mediensystem bzw. die öffentliche Kommunikation sind auch diese auf das Individuum bezogenen Grundrechte insofern relevant, als mit Mitteln der Telekommunikation (Onlinemedien) viel einfacher als zuvor jeder gruppenöffentlich oder öffentlich kommunizieren kann. Andererseits eröffnen digitale Mediennetze aber der staatlichen und kommerziellen Überwachung von privater Kommunikation neuartige technische und organisatorische Möglichkeiten. Das automatisierte und meist für die Betroffenen nicht erkennbare und nachvollziehbare Sammeln von Profil- und Mediennutzungsdaten sowie die freiwillige und willentliche Preisgabe persönlicher Daten können zu erheblichen Beschränkungen der Kommunikationsfreiheit führen. Unter dem Schlagwort „Big Data" diskutierte Auswertungswerkzeuge und für die Nutzer weitestgehend undurchschaubare Algorithmen prägen das individuelle verfügbare Medienangebot und tendenziell auch die tatsächliche Mediennutzung. Diese Gefahren bedrohen die Freiheitlichkeit gesellschaftlicher Kommunikation nicht nur in autoritären oder totalitären Staaten und haben zu einer politisch kontrovers geführten Debatte geführt.

Eine zentrale Frage ist, wie das Verhältnis von Privatheit und Öffentlichkeit unter veränderten Medienbedingungen zu definieren ist. Das Bundesverfassungsgericht hat im

---

[7] Die Zulassungspflicht für die Veranstaltung von privatrechtlichen Rundfunkprogrammen ist daher sehr aufwändig begründet und vergleichsweise staatsfern durch öffentlich-rechtliche Landesmedienanstalten geregelt; vgl. Bd. 2, Kap. 7).

Streit um die Verfassungsmäßigkeit einer staatlichen Volkszählung das *Recht auf informa-tionelle Selbstbestimmung* begründet (sog. Volkszählungsurteil des BVerfG vom 15. Dezember 1983, vgl. BVerfG 1983), das unter den aktuellen Bedingungen digitaler Netzkommunikation erheblich an Relevanz gewonnen hat. Dieses Grundrecht ergibt sich aus den in Art. 1 und 2 GG garantierten Rechten auf Freiheit und Würde des Menschen, die durch das Gericht auf die Verfügungsrechte über die eigenen Daten bezogen wurden. Für die Einhaltung der Grundrechte wie für die Funktionsfähigkeit der Gesellschaft muss demnach gewährleistet sein, dass die Bürger „wissen können, wer was wann und bei welcher Gelegenheit über sie weiß … Hieraus folgt: Freie Entfaltung der Persönlichkeit setzt unter den modernen Bedingungen der Datenverarbeitung den Schutz des Einzelnen gegen unbegrenzte Erhebung, Speicherung, Verwendung und Weitergabe seiner persönlichen Daten voraus." (BVerfGE 65, 1).

Für die Kommunikationsfreiheit jenseits der medienvermittelten Kommunikation sind auch die *Versammlungsfreiheit* (GG Art. 8) und die *Vereinigungsfreiheit* (GG Art. 9) bedeutsam, denn sie garantieren (und begrenzen) die Möglichkeit direkt miteinander zu kommunizieren (auf friedliche Zusammenkünfte und nicht-kriminelle Zwecke).

3.4   Grundrechtsschranken, Jugendschutz und allgemeine Gesetze

Ausdrücklich als Grundrechtsschranke wird in Art. 5 GG der Jugendschutz genannt, dessen Ziel in der Gewährleistung einer ungestörten Persönlichkeitsentwicklung (ohne Gefahren einer sozialethischen Desorientierung) besteht, was sich wiederum aus den ersten beiden Artikeln des Grundgesetzes (Menschenwürde, allgemeines Freiheitsrecht) ergibt. Die (konkurrierende) Gesetzgebungskompetenz liegt beim Bund, der mit dem zuletzt 2024 geänderte *Jugendschutzgesetz (JuSchG)* eine einheitliche Rechtgrundlage für alle „Trägermedien" (neben Druckwerken auch Film, Video und digitale Speichermedien) geschaffen hat. Das gilt auch wenn die Inhalte der betreffenden Trägermedien über digitale Netze, z. B. als Mail-Attachment verbreitet werden. Die Kompetenz der Bundesländer betrifft hingegen die „trägerlosen" Rundfunk- und Mediendienste; zentrale normative Grundlage für den Jugendschutz im Fernsehen und den Onlinemedien ist der Jugendmedienschutz-Staatsvertrag in der Fassung von 2024 (vgl. Fechner 2023, S. 185–191).

- Jugendgefährdende oder entwicklungsbeeinträchtigende Trägermedien (Text-, Bild- und Tonträger, digitale Spiele, Kinofilme etc.) können nach dem Jugendschutzgesetz (*JuSchG*) indiziert, also auf Antrag des Bundesfamilienministeriums, der Landesjugendschutzbehörden oder der Jugendämter sowie von Selbstkontroll- und Beschwerdeeinrichtungen durch die *Bundeszentrale für Kinder- und Jugendmedienschutz* bzw. die dort unterhaltene *Prüfstelle für jugendgefährdende Medien* in eine Liste „jugendgefährdender Medien" (‚Index') aufgenommen werden. Diese Medien dürfen nicht an Kinder (bis 14 Jahre) oder Jugendliche (unter 18 Jahren) abgegeben, ihnen zugänglich gemacht, vorgeführt oder ihnen gegenüber beworben werden. Dasselbe gilt unabhängig von einer Listung für alle „schwer jugendgefährdende Medien", die gegen das Strafrecht verstoßen, den Krieg verherrlichen, leidende oder sterbende Menschen in Würde verletzender Weise darstellen, besonders realistische, grausame oder reißerische Gewaltdarstellungen enthalten oder „Kinder und Jugendliche in unnatürlicher, geschlechtsbetonter Körperhaltung" (§ 15, Abs. 2 JuSchG) zeigen. Auch periodisch erscheinende Publikationen sowie „trägerlose" Telemedien (insbesondere Online-Angebote) können auf die Liste jugendgefährdender Medien aufgenommen werden, wenn die dafür zuständigen Landesbehörden dies beantragen. Damit wird sichergestellt, dass dieselben Medieninhalte gleichbehandelt werden, unabhängig von ihrem Verbreitungs- und Nutzungsweg. Die Liste der jugendgefährdenden Medien besteht aus einem öffentlichen und einem nicht-öffentlichen Teil, um unerwünschten Werbeeffekten für indizierte Medien zu begegnen. Nach 25 Jahren oder ggf. auf Antrag werden indizierte Medien von der Liste gestrichen. Geschützt werden soll die „Entwicklung von Kindern oder Jugendlichen oder ihre Erziehung zu einer eigenverantwortlichen und gemeinschaftsfähigen Persönlichkeit" sowie ihre „persönliche Integrität" (10a JuSchG). Trägermedien und Kinovorführungen bedürfen der Altersfreigabe, wenn sie nicht ausschließlich Erwachsenen vorbehalten bleiben sollen. Diese Einstufung erfolgt in der Praxis durch Selbstkontrolleinrichtungen, insbesondere durch die FSK (vgl. Kap. 7) und bedeutet, dass Medien erst ab sechs, zwölf bzw. sechzehn Jahren, gar nicht oder für alle zugänglich sein dürfen. Bei Kinofilmen werden darüber hinaus die Aufführungszeiten und die Begleitung durch erziehungsberechtigte Personen geregelt.

- Die Indizierung ist eine Form *staatlicher Nachzensur*, weil sie zu Vertriebs- und Werbebeschränkungen führt; sie bedeutet aber *kein* Verbot der Medien, die auch weiterhin unter bestimmten Bedingungen (und wenn sie nicht gegen das Strafrecht verstoßen) an volljährige Mediennutzer verbreitet werden dürfen. Bei der Bundeszentrale handelt es sich um eine staatliche Behörde, Vor- und Beisitz der Prüfstelle werden von den Bundesländern und dem für Jugend zuständigen Bundesministerium bestimmt, wobei das Bundesministerium auch Beisitzende aus den Medienverbänden (Kunst, Literatur, Verlage etc.), der Jugendhilfe sowie der Lehrerschaft und den Kirchen bzw. Religionsgemeinschaften auf deren Vorschlag hin ernennt. An den Entscheidungen der Prüfstelle sind jeweils 12 Mitglieder beteiligt, es gibt die Möglichkeit der Stellungnahme von Medienproduzenten sowie der Klage gegen eine Indizierung. Im 12-köpfigen Beirat der Bundeszentrale sind zwei Sitze für Menschen unter 18 Jahren reserviert. Die wichtige Rolle, die Einrichtungen der Freiwilligen Selbstkontrolle, insbesondere die Freiwillige Selbstkontrolle Kinofilm, FSK (www.fsk.de) und die Unterhaltungssoftware Selbstkontrolle, USK (http://usk.de) für Games bei der Altersklassifikation spielen, verleiht der behördlichen Medienregulierung zumindest Züge der Co-Regulierung im Sinne einer Media Governance plus Government, weil nicht-staatliche Akteure mitregulieren.

- Der *Jugendmedienschutz-Staatsvertrag der Länder (JMStV)* von 2024 bezieht sich auf Rundfunk- und Telemedienangebote, wie die Online-Angebote genannt werden. Er enthält einen Katalog unzulässiger Angebote (Verstöße gegen das Strafrecht, bspw. Propaganda, Verherrlichung von Krieg, Nationalsozialismus und Gewalt, Kinderpornografie sowie Angebote, die inhaltsgleich mit durch die Bundeszentrale indizierten Medien sind). Darüber hinaus regelt der Staatsvertrag den Umgang mit entwicklungsbeeinträchtigenden Angeboten, die aufgrund von Altersklassifikationen (ab 6, 12, 16 und 18 Jahren) nur zu bestimmten Uhrzeiten (insbesondere bei Rundfunkprogrammen und Mediatheken) verbreitet oder durch technische Systeme ('Jugendschutzprogramme' bzw. 'Altersverifikationssysteme', z. B. über verifizierte Accounts auf der Grundlage von Personalausweisen) zugangsbeschränkt werden müssen. Die Medienanbieter und Programmveranstalter müssen Beschwerdestellen einrichten und Jugendschutzbeauftragte bestellen, weniger reichweitenstarke Anbieter können sich ersatzweise einer Freiwilligen Selbstkontrolleinrichtung, z. B. der Freiwilligen Selbstkontrolle Multimedia, FSM (www.fsm. de) anschließen. Zuständig sind die Landesmedienanstalten, die eine gemeinsame Kommission für Jugendmedienschutz (KJM) gebildet haben. Die KJM zertifiziert wiederum Freiwillige Selbstkontrolleinrichtungen, wenn diese bestimmte qualitative und rechtliche Voraussetzungen erfüllen. Im öffentlich-rechtlichen Rundfunk muss der Jugendschutz intern garantiert werden, hierfür ist die KJM nicht zuständig (vgl. Bd. 2, Kap. 7). Gemeinsam mit den Jugendschutzbehörden der Länder organisieren und finanzieren die Landesmedienanstalten bzw. die KJM eine zentrale Stelle für den Jugendschutz (jugendschutz.net), die als Beschwerdeinstanz und Prüfstelle für Telemedienangebote dient. Die Kriterien für Trägermedien bzw. den Geltungsbereich des Jugendschutzgesetzes sowie für Rundfunk- und Telemedien (Geltungsbereich des Jugendmedienschutz-Staatsvertrags) wurden in einem langwierigen politischen Prozess weitgehend vereinheitlicht, sodass inhaltsgleiche Angebote auch gleichbehandelt werden können, der Konvergenz der Medienangebote und der Diversifizierung der Nutzungsformen besser Rechnung getragen werden kann. Der Einbezug Freiwilliger Selbstkontrollinstitutionen begegnet dem Zensurvorwurf, denn es handelt sich um *Nachzensur* (auf der Grundlage konkreter Beschwerden), die zudem *nicht* von staatlichen Behörden ausgeübt wird. Der öffentlich-rechtlichen (nicht behördlichen) KJM kommt eine Qualitätssicherungsfunktion zu: Sie beaufsichtigt die Freiwilligen Selbstkontrolleinrichtungen und kann im Einzelfall deren Entscheidungen korrigieren. Bei Verstößen gegen den Staatsvertrag können die Landesmedienanstalten u.a. Geldbußen verhängen oder Angebote sperren.

Wie der Jugendschutz so wird das *Recht der persönlichen Ehre* explizit als Grundrechtsschranke, also Grenze der Pressefreiheit, genannt. Die allgemeingesetzlichen Regelungen hierzu finden sich im Strafrecht (§ 185 ff. StGB), in der Praxis sind darüber hinaus zivilrechtliche Schadensersatz- oder Schmerzensgeldansprüche bedeutsam. Medienrelevant sind zudem die Ansprüche auf Unterlassung (ggf. kurzfristig per Einstweiliger Verfügung sowie durch eine Unterlassungsklage durchsetzbar), Widerruf, Berichtigung, Ergänzung und Gegendarstellung, die auch in den Pressegesetzen geregelt sind. Die medienrelevanten Ehrschutzdelikte sind Verleumdung (als nachweislich unrichtige Aussage über eine Person), üble Nachrede und Beleidigung als gezielte Missachtung einer Person.

Eine wichtige Rolle in der medienrechtlichen Praxis spielt das *Recht am eigenen Bild*, das im Kunsturhebergesetz (§ 22 ff. KUG) geregelt ist. Grundsätzlich dürfen „Bildnisse" nur mit expliziter oder impliziter Einwilligung (bei einem Interview o. ä.) der Abgebildeten publiziert werden. Das KUG und die Rechtsprechung unterscheidet dann weiter zwischen verschiedenen sozialen Sphären einerseits und zwischen verschiedenen Personengruppen andererseits: Der Intim- und Privatbereich aller Personen ist grundsätzlich geschützt. Für Personen der absoluten Zeitgeschichte („Prominente") und vorübergehend bezogen auf bestimmte Ereignisse auch für Personen der relativen Zeitgeschichte gelten andere Maßstäbe, d. h. es dürfen Fotos auch ohne Genehmigung veröffentlicht werden, allerdings nicht unbegrenzt. Nach der Rechtsprechung des Bundesverfassungsgerichts gilt die Publikationserlaubnis nicht für die Kinder von Prominenten oder wenn diese erkennbar versuchen, nicht öffentlich in Erscheinung zu treten, also eine private Situation vorliegt. Nach europäischer Rechtsprechung ist das ausschlaggebende Kriterium, ob die jeweilige Abbildung einen Beitrag zur öffentlichen Meinungsbildung bzw. zur „Debatte von allgemeinem Interesse" leistet oder nur die (möglicherweise weit verbreitete) individuelle Neugier befriedigt. Fotos aus dem privaten Alltagsleben dürfen auch von Prominenten nicht ohne Einwilligung publiziert werden, wobei für politische Amtsträger ein stärkeres öffentliches Interesse vermutet wird (vgl. Fechner 2006, S. 70–78).

Neben dem Jugendschutzgesetz und dem Recht der persönlichen Ehre als explizite Grundrechtsschranken regeln weitere *allgemeine Gesetze des Straf- und Zivilrechts* medienfreiheitsrelevante Fragen. Strafrechtlich verboten sind Pornografie (§ 184 StGB), Propagandamittel verfassungsfeindlicher Organisationen (§ 86 StGB), die Verunglimpfung des Staates und seiner Symbole (§ 90a StGB), das Offenbaren von Staatsgeheimnissen (§ 95 StGB) sowie die Verletzung des Wahlgeheimnisses (§ 107c StGB). Außerdem steht die Verbreitung von Medieninhalten unter Strafe, die zu Straftaten und Gewalt anleiten, für terroristische Vereinigungen werben oder volksverhetzend wirken könnten (§ 130 ff. StGB). Vor Verunglimpfung und Verächtlichmachung religiöser und weltanschaulicher Bekenntnisse schützt § 166 StGB, und die nicht genehmigte Publikation nicht-öffentlicher Äußerungen stellt § 201a StGB unter Strafe (vgl. Fechner 2006, S. 159–160). Allerdings folgt hieraus nicht die Pflicht, von vornherein zum Zwecke der Publikation geführte journalistische Interviews von den Interviewpartnern autorisieren zu lassen. Grenzen der Publikation enthält auch das Wertpapierhandelsgesetz (§ 20a WpHG), denn es soll verhindert werden, dass Wirtschaftsjournalisten durch ihre Berichterstattung gezielt Kursentwicklungen auslösen, auf die sie sich zuvor bereits durch den Kauf oder Verkauf entsprechender Wertpapiere eingestellt haben, um daraus ihren privaten Nutzen zu ziehen.

Die Durchsetzung der allgemeinen Gesetze, die auch ‚im Netz' gelten, ist zwar eine staatliche Aufgabe, erfordert aber aufgrund der großen Menge an Kommunikationsprozessen und Aussagen die Kooperation der Plattformbetreiber. 2017 wurde deshalb durch den Bund, der für Telekommunikation (vgl. auch das Telekommunikationsgesetz, TKG) und damit auch für Onlinedienste zuständig ist, das Gesetz zur Verbesserung der

Rechtsdurchsetzung in sozialen Netzwerken (Netzwerkdurchsetzungsgesetz, NetzDG)[8] beschlossen. Darin werden kommerzielle Online-Plattformbetreiber verpflichtet, bestimmte Inhalte zu löschen sowie eine Beschwerdestelle einzurichten (vgl. Bd. 2).

3.5   Landespressegesetze

Auf der Ebene der Länder besitzen neben den Landesverfassungen und der medienspezifischen Rundfunkgesetzgebung die Landespressegesetze grundlegende und medienübergreifende Bedeutung. Der Pressebegriff ist dort nämlich (wie im GG) weit gefasst und bezeichnet nicht nur Periodika, sondern „alle mittels der Buchdruckerpresse oder eines sonstigen zur Massenherstellung geeigneten Vervielfältigungsverfahrens hergestellten und zur Verbreitung bestimmten Schriften, besprochene Tonträger, bildlichen Darstellungen mit und ohne Schrift und Musikalien mit Text oder Erläuterungen" einschließlich aller Agentur- und Mediendienste von „presse-redaktionellen Hilfsunternehmen … ohne Rücksicht auf die technische Form" (§ 6 Pressegesetz M-V, ebenso § 6 Berliner Pressegesetz). In den Gesetzen wird dann weiter zwischen periodischen und nicht-periodischen Medien unterschieden; einige Landespressegesetze besitzen zudem eine Teilgeltung für den Rundfunk (z. B. § 23 des Berliner Pressegesetzes). Die Landespressegesetze weisen der Presse eine der Demokratie dienende Funktion und *öffentliche Aufgabe* zu: wahrheitsgemäße Berichterstattung, Information der Öffentlichkeit sowie Kritik und Beitrag zur Meinungsbildung sowie Bildung (vgl. §§ 1 u. 3 Pressegesetz M-V). Vor dem Erfahrungshintergrund der Presselenkung im Nationalsozialismus (Zwangsmitgliedschaft in der Reichspressekammer) und in der DDR (Lizenzpflicht bis 1990) hält z. B. das Pressegesetz für Mecklenburg-Vorpommern fest, dass „Berufsorganisationen der Presse mit Zwangsmitgliedschaft" nicht erlaubt sind und die Presse „keiner Zulassung" bedarf (vgl. §§ 1–2 Pressegesetz M-V).

Verbunden mit dieser herausgehobenen gesellschaftlichen Funktion sind besondere Rechte (Privilegien) und Pflichten, vor allem die Sorgfaltspflicht und formale Auflagen des Presseordnungsrechts. Die *Sorgfaltspflicht* besagt, dass alle Nachrichten vor ihrer Publikation auf Inhalt, Wahrheit und Herkunft zu prüfen sind. Werbung muss gekennzeichnet und vom redaktionellen Teil getrennt werden. Das Presseordnungsrecht erlegt den Medienorganisation eine *Impressumspflicht* zur Identifikation der straf- und zivilrechtlich Verantwortlichen auf, bei periodischen Medien darüber hinaus die Bestimmung eines verantwortlichen Redakteurs. Zudem müssen meist die Eigentumsverhältnisse regelmäßig offengelegt werden. Geregelt ist die *Haftung* für die Inhalte und das Recht auf (eine unverzüglich abzudruckende) *Gegendarstellung* für Personen, die von einer Tatsachen-Berichterstattung betroffen sind (das Gegendarstellungsrecht gilt nicht für die Meinungsäußerung). Die Presse hat einen Anspruch auf Auskunft gegenüber den Behörden (und öffentlichen Betrieben z. B. der Kommunen) und sie genießt besonderen Schutz vor der

---

[8] https://www.gesetze-im-internet.de/netzdg/BJNR335210017.html.

Exekutive: Eine *Beschlagnahme* von Presseerzeugnissen darf nur aufgrund eines richterlichen Beschlusses unter Maßgabe der Verhältnismäßigkeit erfolgen (vgl. § 12–18 Pressegesetz M-V). Laut einem Urteil des Bundesverfassungsgerichts darf eine *Durchsuchung* von Redaktionsräumen nicht vorrangig der Aufklärung von mutmaßlichen Straftaten von Informanten dienen, sondern nur erfolgen wenn es um konkrete Straftaten von Redaktionsangehörigen geht (1 BvR 1089/13, 1 BvR 1090/13; 1 BvR 2480/13). In der Praxis versuchen Staatsanwaltschaften und Polizeibehörden immer wieder, das Redaktionsgeheimnis zu unterlaufen; sie verstoßen damit nach höchstrichterlicher Auffassung wiederholt gegen die Pressefreiheit und das in der Strafprozessordnung festgelegte *Zeugnisverweigerungsrecht* als Mittel des Informantenschutzes; §§ 53 f. der StPO räumt Presseangehörigen ein erweitertes Zeugnisverweigerungsrecht ein, sodass sie auch im Rahmen eines Strafverfahrens ihre Informanten nicht preisgeben müssen. Nur so ist es der Presse vielfach möglich, überhaupt an wichtige Informationen von öffentlichem Interesse zu gelangen, ohne dass Informantinnen und Informanten Gefahr laufen, ihren Job zu verlieren oder andere Nachteile zu erleiden und daher Informationen nicht an die Presse geben. Da die Strafverfolgungsbehörden in den letzten Jahren wiederholt zu Durchsuchungen, Beschlagnahmen und Ermittlungsmethoden gegriffen haben, die als unverhältnismäßig eingestuft werden können, wurden im Gesetz zur Stärkung der Pressefreiheit im Straf- und Strafprozessrecht (PrStG) vom 25. Juni 2012 entsprechende Klarstellungen nachgeholt und ggf. die Landespressegesetze angepasst.[9] Demselben Zweck dient auch der erweiterte Schutz vor Durchsuchungen von Redaktions- und Arbeitsräumen und gegen die Beschlagnahme (§ 97 u. 105 StPO). Unzureichend erscheint der Schutz journalistischer Tätigkeit und Quellen im Inland auch aufgrund der Praktiken und der gesetzlichen Regelungen des Bundesnachrichtendienstes, wie *Reporter ohne Grenzen* feststellte.[10]

Die Geltung des Bundesdatenschutzgesetzes (BDSG) wird für die Presse eingeschränkt; ebenfalls um Informanten zu schützen, können Redaktionen den Datenschutz ausnahmsweise organisationsintern sichern (Redaktionsdatenschutz).

3.6   Urheber- und Leistungsschutzrechte sowie weitere relevante rechtliche Normen

Das *Urheberrecht* ist für Medien von erheblicher Bedeutung, weil Medienorganisationen einerseits geistige Werke Dritter verwerten und andererseits selbst Urheber geistigen Eigentums sind bzw. Leistungen bei der Vermittlung geistigen Eigentums erbringen. Das Urheberrecht entsteht zwangsläufig mit der Schöpfung von Sprach- und Druckwerken,

---

[9] Vgl. BGBl 2012, Teil I, Nr. 28; S. 1324; https://www.bgbl.de/xaver/bgbl/start.xav#__bgbl__%2F%2F*%5B%40attr_id%3D%27bgbl112s1374.pdf%27%5D__1731681861650 [15.11.2024].

[10] Vgl. Reporter ohne Grenzen: https://www.reporter-ohne-grenzen.de/themen/internetfreiheit/kritik-am-bnd-gesetz [12.11.2024].

Fotos, Filmen, Musik, bildender Kunst usw. und muss nirgends beantragt, eingetragen oder gekennzeichnet werden. Urheberrechtlich geschützt können Werke der Literatur, Wissenschaft und Kunst (de facto auch alle Medienprodukte) werden, sofern sie einen persönlichen geistigen Schöpfer haben, sinnlich wahrnehmbar (also keine bloßen Ideen) sind und eine bestimmte, allerdings schwer zu bestimmende, „Schöpfungshöhe" aufweisen: Medienunternehmen können also keine Urheberrechte erwerben, weil diese bei den persönlichen Urhebern (ggf. ihren Angestellten) verbleiben, aber sie können die Verwertungsrechte erwerben oder erwerben sie durch die Anstellung des geistigen Schöpfers automatisch, sofern die Urheberleistung im Rahmen der Beschäftigung erbracht wird.

In Deutschland gibt es seit 1965 das *Urheberrechtsgesetz (UrhG),* das mehrfach (zuletzt 2024) aufgrund der medientechnischen und der europarechtlichen Veränderungen sowie aufgrund politischen Drucks der Presseverlage novelliert wurde. Das Urheberrecht ist seit langem Gegenstand des internationalen Rechts, das auch in Deutschland gilt: 1886 wurde die *Berner Übereinkunft* zum Schutz von Werken der Literatur und Kunst getroffen und mittlerweile mehrfach überarbeitet sowie durch eine Reihe weiterer Abkommen seit den 1950er-Jahren ergänzt. Seit den 1990er-Jahren ist die Welthandelsorganisation mit den Vertragswerken *TRIPS* (Agreement on Trade-Related Aspects of Intellectual Property Rights Including Trade in Counterfeit Goods) und dem *GATS* (General Agreement on Trade in Services) bedeutsam. Ausländische Urheberrechtsinhaber sind demnach den deutschen Urhebern gleichzustellen. Die *World Intellectual Property Organization (WIPO)* ist 1967 Nachfolgerin des Büros der Berner Konvention (BIRPI) geworden und seit 1974 die für Urheberrecht zuständige Einrichtung der UNO. Die WIPO hat zwei Vertragswerke zu Software und Tonträgern hervorgebracht (vgl. Fechner 2006, S. 185–189; WIPO 2016).

Das Ziel des Urheberrechts besteht darin, den geistigen Urheber in zweifacher Hinsicht zu schützen und damit die Kreativität zu fördern. Als Hervorbringer („Schöpfer") soll der Urheber zum einen angemessen an der wirtschaftlichen Verwertung, also an den Erlösen beteiligt werden, damit sich Kreativität lohnt (Verwertungsrecht und angemessene Vergütung). Zum anderen geht es um die Verfügungsrechte an der persönlichen Schöpfung (Urheberpersönlichkeitsrecht), also den Schutz vor Verfremdung, Verfälschung, Entstellung oder sonstigem Missbrauch (vgl. Fechner 2006, S. 107–113). Urheberrechte sind in Deutschland (anders als im angelsächsischen Recht) unveräußerlich und nicht übertragbar, aber vererbbar, denn sie gelten 70 Jahre über den Tod des Urhebers hinaus. Diese lange Schutzfrist wird immer wieder kritisiert; der Gesetzgeber wollte den Anreiz für kreatives Schaffen dadurch erhöhen, dass der Urheber seine Rechte vererben kann. Nach Ablauf der Frist wird das Werk „gemeinfrei" und darf ohne Genehmigung von jedermann auch kommerziell verwertet und inhaltlich verändert, z. B. gekürzt werden, wie dies beispielsweise Buchverlage für Klassikerausgaben oder Film- und Fernsehproduzenten bei der Verfilmung literarischer Vorlagen nutzen.

Die *Nutzungs- und Verwertungsrechte* an seinem Werk kann ein Urheber als einfaches Recht (Lizenz) für eine bestimmte mediale Verwertungsform verkaufen oder er kann die ausschließlichen, also vollständigen Verwertungsrechte (einschließlich der Rechte für noch nicht bekannte Verwertungsformen) veräußern, wie dies beispielsweise in vielen Verlagsverträgen geschieht. Die Verwertungsrechte umfassen körperliche (Vervielfältigung, Verbreitung, Ausstellung) und unkörperliche Formen (Vortrag, Aufführung, Vorführung, Sendung, Wiedergabe und Zugänglichmachung), also alle erdenklichen Medientypen. Die Wahrnehmung der Verwertungsrechte übertragen die meisten Urheber speziellen *Verwertungsgesellschaften,* die in den Darstellungen zu den einzelnen Medien behandelt werden. Die Verwertungsgesellschaften vereinnahmen auch die pauschalen Geräte- und Trägerabgaben, die auf Leerkassetten und DVD sowie Fotokopierer erhoben bzw. von Bibliotheken und Mediatheken gezahlt werden. Die Tätigkeit der Verwertungsgesellschaften (z. B. GEMA für Musik, VG Wort, VG Bild-Kunst) ist seit 2016 im Gesetz über die Wahrnehmung von Urheberrechten und verwandten Schutzrechten durch Verwertungsgesellschaften (VGG) geregelt.

Medien bzw. dort tätige Personen sind nicht (immer) geistige Urheber von Werken, sondern in vielen Fällen primär Vermittler. Auch diese Leistungen sind durch *Leistungsschutzrechte,* allerdings deutlich schwächer als die Urheberrechte im UrhG geschützt. Auf massiven und erfolgreichen politischen Druck der Presseverleger hin hat die Bundesregierung in einer Novelle des Urhebergesetzes 2013 den Verlegern (nicht den von ihnen beschäftigten Journalisten als Urhebern) das ausschließliche Recht eingeräumt, Pressearikel öffentlich zugänglich zu machen – sofern es sich nicht um einzelne Wörter oder kleinste Textausschnitte (,Snippets') handelt; auch kurze Vorschaubilder (,Thumbnails') sind legal. Urheberrechtlich unproblematisch ist ferner die Verlinkung auf den Originalbeitrag, umstritten ist mitunter die Haftung bei möglicherweise strafbaren Inhalten, auf die verlinkt wird. Die Wahrnehmung der Leistungsschutzrechte, insbesondere gegenüber Suchmaschinen und anderen intermediären Onlineanbietern, erfolgt durch die Verlage selbst oder die Verwertungsgesellschaft Corint Media. Copyright International Media (Corint) vertritt medienübergreifend die Interessen von Presseverlagen, Hörfunk- und Fernsehanbietern (vgl. https://www.corint-media.com/). Private Nutzungen und begrenzte Weitergaben auch von Medienbeiträgen sind weiterhin legal (vgl. Fechner 2023, S. 177)

Für die Medien relevant sind auch bestimmte *Schranken des Urheberrechts,* denn die Nachrichtenberichterstattung der Medien darf unbegrenzt verwendet, zitiert und vervielfältigt werden, während dies für Kommentare und journalistische Eigenleistungen jenseits der Nachricht, also etwa Reportagen, Essays, Features usw. nicht gilt. Das Urheberrecht schützt beispielsweise keine nachrichtlichen Themen, es eignet sich also nicht dazu, die Exklusivität der Berichterstattung über politische oder sonstige Ereignisse zu garantieren. Insbesondere in der wissenschaftlichen und der Fachpublizistik dürfen Auszüge anderer Werke (Kleinzitate), aber auch vollständige Werke übernommen werden, sofern diese erläutert, analysiert oder kritisiert werden (Großzitat). Umstritten ist, gerade vor dem Hintergrund der Digitalisierung, das Recht auf die „Privatkopie" (das es formell nicht gibt), also die Vervielfältigung von urheberrechtlich geschützten Medieninhalten für den nicht gewerblichen, eigenen privaten Gebrauch (vgl. Fechner 2006, S. 128–130).

Sog. Social Media-Plattformen wie beispielsweise Youtube bieten die Möglichkeit, selbst Inhalte hochzuladen, bei deren Gestaltung mitunter urheberrechtlich geschütztes

Material (z. B. Musik) genutzt wird. Für die Plattformbetreiber bedeutet dies, dass sie entweder die Nutzungsrechte für solche Inhalte (wenn es sich um mehr als 15 s bzw. bei Texten um mehr als 160 Zeichen handelt) erwerben müssten oder dafür zu sorgen haben, dass
diese nicht abrufbar sind. Aufgrund der großen Anzahl von Uploads und des umfangreichen Materials sind die Plattformbetreiber dazu übergegangen, mithilfe von
Uploadfiltern vorab algorithmisch zu prüfen, ob urheberrechtlich relevantes Material betroffen ist. Gesetzlich sind sie zur Sperrung oder Entfernung solcher Inhalte verpflichtet,
allerdings wird von Kritikern des automatisierten Verfahrens ein Overblocking befürchtet,
also der Ausschluss von Kommunikaten, die bei genauer Prüfung durchaus zulässig wären
(vgl. Fechner 2023, S. 172–174).

Die meisten Medien sind in Deutschland privatrechtlich organisiert und unterliegen
damit denselben zivilrechtlichen Bestimmungen wie alle anderen Unternehmen, also dem
Vertragsrecht des BGB ebenso wie dem *Gesetz gegen unlauteren Wettbewerb (UWG),* das
auch der medialen Werbung bestimmte Regeln auferlegt. Insbesondere darf Werbung nicht
irreführen, unzumutbar belästigen oder die Unwissenheit, vor allem von Kindern und
Jugendlichen, gezielt ausnutzen. Werbung muss kenntlich gemacht und deutlich vom redaktionellen Teil getrennt werden (Trennungsgebot), um „Schleichwerbung" zu verhindern. Die Werbung für bestimmte Produktgruppen (Tabak, Alkohol, Arzneimittel) ist beschränkt (vgl. Fechner 2006, S. 146–158), um Konsumenten vor vermuteten Medienwirkungen zu schützen, die individuell wie gesamtgesellschaftlich negative Folgen nach
sich ziehen könnten.

Im Gesetz gegen unlauteren Wettbewerb (UWG) sind medienrelevante Fragen geregelt,
die in Zeiten zunehmender Finanznöte der Medien vermutlich an Bedeutung gewinnen,
weil sie den Medienunternehmen im Zuge des redaktionellen Marketings und des Content
Marketings sowie des Productplacements ökonomische Vorteile bieten. Alle drei Strategien basieren auf der Vermischung oder zumindest der Verwischung der Grenze zwischen
journalistisch-redaktioneller Leistung und gewerblichen Inhalten (Produktwerbung, Kauf-
beratungen, Lifestyle-Marketing, Reise"berichterstattung" usw.). Abgesehen vom mög-
lichen Verlust journalistischer Glaubwürdigkeit können solche Praktiken auch rechtliche
Konsequenzen haben. Im Anhang des UWG sind auf der ‚Schwarzen Liste' typische
Rechtsverstöße aufgeführt, von denen zwei medienrelevant erscheinen: die als Information getarnte Werbung (ohne hinreichende Kennzeichnung) sowie die unmittelbare Ansprache von Kindern, die auf den Kauf des beworbenen Gutes zielt (vgl. Fechner 2023,
S. 206–207).

Als Unternehmen sind Medien Gegenstand des *Kartellrechts (Gesetz gegen Wett-*
bewerbsbeschränkungen GWB), das die Aufgabe hat, die Marktkonzentration soweit zu
begrenzen, dass ein funktionsfähiger Wettbewerb gewährleistet wird. Im Falle der Medien
geht es dabei nicht nur um die ökonomische Marktmacht, die sich als Preissetzungsmacht
negativ bemerkbar macht. Vielmehr berücksichtigt das Kartellrecht die besondere publizistische Funktion der Presse und setzt hier eine deutlich niedrigere Schwelle fest, ab der
Verlagszusammenschlüsse (Fusionen) genehmigungspflichtig sind, als bei allen anderen
Branchen (vgl. Abschn. 6.4.2 sowie Fechner 2023, S. 217–218).

3.7   Europäischer Rechtsrahmen

Europäische Institutionen und EU-Recht haben in den letzten Jahren und Jahrzehnten stark an Bedeutung für das deutsche Mediensystem gewonnen. Ein wichtiger Ausgangspunkt waren die Überlegungen zu einem europäischen Fernsehen bzw. einem Binnenmarkt für Europäisches Fernsehen. Zentrales Ergebnis war die sog. *Fernsehrichtlinie der EU* von 1989, in der Fernsehen als Gewerbe und damit als Gegenstand der EU-Binnenmarktregulierung verstanden wurde. Geregelt wurden darin grenzüberschreitendes Fernsehen, einige Mindestanforderungen auch an kommerzielle Programme, Werbung und Jugendschutz. Die Richtlinie, die in nationalen Gesetzen der Mitgliedstatten (bzw. im damaligen Rundfunkstaatsvertrag der Länder) umzusetzen war, wurde mehrfach novelliert und seit 2007 als Richtlinie für Audiovisuelle Medien bezeichnet. Für die deutsche Rundfunkpolitik hatten die EU-Dokumente hohe Relevanz, beispielsweise hinsichtlich der Finanzierung des öffentlich-rechtlichen Rundfunks (vgl. Bd. 2, Kap. 7).

Den meisten Bürgerinnen und Bürgern bekannt sein dürfte die *Datenschutzgrundverordnung (DSGVO)* der Europäischen Union, die seit 2018 an Bedeutung für die Medien, insbesondere für die Onlinemedien und Plattformen gewinnt. Während für die journalistische Arbeit im Sinne des Informantenschutzes (s. o.) Ausnahmen gelten, greift die DSVGO bei allen Unternehmensaktivitäten – von der Abonnementendatei bis hin zur Erfassung personenbezogener Profile und Verhaltensdaten auf Social Media-Plattformen oder im Electronic Commerce. Grundsätzlich ist die Erhebung solcher Daten nicht erlaubt, allerdings kann dieses Verbot durch eine „informierte Zustimmung", also der (vermeintlich bzw. formal) freiwilligen Zustimmung der betroffenen Personen aufgehoben werden. Diese Zustimmung kann jederzeit widerrufen werden und die gespeicherten Daten sind dann zu löschen (‚Recht auf Vergessenwerden') (vgl. Fechner 2023, S. 193–199). Die informierte Einwilligung dürfte eine formaljuristische Fiktion darstellen, denn in der Nutzungspraxis müssten dafür Dutzende Seiten Kleingedrucktes gelesen und verstanden werden, dem man dann mit einem einfachen Klick in ein Kästchen „zustimmt." Hinzu kommt, dass gerade die großen Plattformen Monopolisten sind, die Nutzerinnen und Nutzern wenig Alternativen lassen.

Im Unterschied zu den Richtlinien wirken EU Acts unmittelbar als Gesetze auch in Deutschland. Hier sind vier für die Medien besonders relevante zu nennen:

- Das 2022 beschlossene Digitale Märkte-Gesetz (Digital Markets Act, DMA) verpflichtet zentrale Plattformen (aktuell sind Apple, Amazon, Alphabet, Meta, Microsoft, Bytedance und Booking gelistet), die den Marktzugang als ‚Gatekeeper' kontrollieren können, dazu auch kleineren Anbietern einen fairen Zugang zu digitalen Märkten zu gewähren (vgl. Bd. 2).
- Das Digitale Dienste-Gesetz (Digital Services Act, DSA) schafft einen Ordnungsrahmen für Onlinedienste, indem es die Nutzerinnen und Nutzer in ihren Rechten schützen und schädliche Inhalte regulieren soll. Sog. sehr großen Plattformen werden dabei besondere Pflichten hinsichtlich der Verwendung von Algorithmen, dem Löschen von rechtswidrigen Inhalten, z. B. Hate Speech auferlegt (vgl. Bd. 2).

- Das Europäische Medienfreiheitsgesetz (European Media Freedom Act, EMFA)[11] soll die redaktionelle Unabhängigkeit der Medien von nationalstaatlichen Eingriffen (Zensur, Lenkung durch Werbung etc.), die journalistischen Quellen vor staatlicher Überwachung sowie die Medienfreiheit insgesamt vor Beschränkungen schützen. Die Existenz öffentlich-rechtlicher Medien (Public Service Media) soll gewährleistet werden und Transparenz bei den kommerziellen Medienunternehmen hergestellt werden. Der EMFA ist allerdings in Deutschland nicht unumstritten, u.a. weil er in die Kompetenzverteilung zwischen Bund und Ländern einzugreifen droht.
- Das Europäische KI-Gesetz (AI Act) klassifiziert sog. Künstliche Intelligenz-Anwendungen nach dem Risiko, das von ihnen ausgeht: Als KI mit unannehmbaren Risiken verboten sind demnach Softwaretools und -technologien, die manipulativ wirken, Schwachstellen bestimmter Nutzergruppen gezielt ausnutzen, aber auch biometrische Systeme (insbesondere die anlasslose Gesichtserkennung etwa aufgrund von Fotos im Netz sowie der Aufbau entsprechender Datenbanken), Personenbewertungs- und Klassifikationssysteme (Social Scoring) und das sog. Predictive Policing, also die Einstufung von Menschen bestimmter Gruppen hinsichtlich ihres Kriminalitätsrisikos. KI-Tools mit hohem Risiko beziehen sich z. B. auf die Steuerung kritischer, d. h. sicherheits- und versorgungsrelevanter Infrastruktur (Bauteile, Steuerungssoftware, die biometrische Fernidentifikation, Anwendungen am Arbeitsplatz, in der Verwaltung sowie in Schule und Bildung). Für diese KI-Technologien gelten Regulierungen. Lediglich Transparenzpflichten bestehen für KI mit begrenztem Risiko, bspw. für Chatbots, und für die bislang meisten Anwendungen, zum Beispiel für Spamfilter oder Videospiele gelten aufgrund des sehr geringen Risikos keinerlei Beschränkungen.[12]
- Der Data Governance Act (DGA) regelt, wie Daten durch kommerzielle Unternehmen, aber auch durch Forschungseinrichtungen genutzt werden können. Hier geht es also auch um den Datenzugang für wissenschaftliche Zwecke.
- Der Data Act soll auch die Verwendung und Nutzung von nicht personenbezogenen Daten regeln, um einen fairen Wettbewerb sicherzustellen.[13]

Die Kommission der EU, also die Exekutive, ist ebenfalls eine medien(ordnungs)relevante Institution, denn als ‚Hüterin der Verträge‘ ergreift sie ordnungspolitische Maßnahmen im und für den EU-Binnenmarkt. Eine Reihe von Entscheidungen, insbesondere der EU-Wettbewerbskommissarin haben zu Millionenstrafen für internationale Plattformkonzerne und der Veränderung ihrer Geschäftspraxis geführt. So wurde beispielsweise im November 2024 der Meta-Konzern (Facebook, Instagram) von der EU-Kommission zur Zahlung von 792,72 Mio. Euro wegen der Diskriminierung von Wettbewerbern auf Face-

---

[11] https://eur-lex.europa.eu/legal-content/DE/TXT/PDF/?uri=OJ:L_202401083.

[12] https://artificialintelligenceact.eu/de/high-level-summary/ bzw. den Gesetzestext unter: https://eur-lex.europa.eu/legal-content/DE/TXT/PDF/?uri=OJ:L_202401689.

[13] https://netzpolitik.org/2024/eu-gesetze-in-der-warteschlange/ [18.11.2024].

book Marketplace verurteilt,[14] wogegen der Konzern vermutlich Klage einreichen wird. Untersagt wurden auch immer wieder große Unternehmenszusammenschlüsse im Mediensektor, um dort eine weitere Marktkonzentration (mit der Gefahr publizistischer Konzentration) zu verhindern.

3.8   Zusammenfassung

Die normativen Grundlagen des deutschen Mediensystems bestehen aus kodifizierten Gesetzen und Staatsverträgen sowie ethischen Normen und Standards. Wichtigste Rechtsquelle ist Art. 5 GG, der umfassende Meinungs-, Informations- und Medienfreiheiten garantiert sowie staatliche Vorzensur verbietet. Vor allem in den Landespressegesetzen und dem Jugendschutzgesetz sowie dem Jugendmedienschutzstaatsvertrag, dem Strafrecht und dem Urheberrecht des Bundes werden medienübergreifende Normen festgeschrieben. Für den Rundfunk sind die Bundesländer zuständig, die Landesrundfunk- und Landesmediengesetze sowie Staatsverträge hierzu abgeschlossen haben. Der Medienstaatsvertrag, den alle 16 Länder unterzeichnet haben, stellt eine bundeseinheitliche Regulierung des „Dualen Rundfunksystems" sowie der Telemedien (öffentliche Onlinekommunikation) sicher.

Die Bundesrepublik ist zunehmend durch transnationale Institutionen, vor allem die Europäische Union, sowie weitere internationale Vertragswerke (z. B. zu den Kommunikationsgrundrechten sowie zum Urheberschutz) geprägt. Die Richtlinien der Europäischen Union machen Vorgaben für das nationale Medienrecht; die Gesetze über die Onlineplattformen (DSA, DMA, AI Act) sowie die Medienfreiheit (EMFA) entfalten unmittelbare Wirkung. In den einzelnen Mediensektoren gewinnen Institutionen der Medienselbstkontrolle als staatsferne Akteure der Media Governance an Bedeutung (vgl. hierzu Kap. 6 und 7 sowie Bd. 2). Durch Praktiken der Co-Regulierung, bei denen nichtstaatliche Akteure konkrete Aufsichts- und Kontrollfunktionen übernehmen, staatliche Akteure aber für die (einheitlichen) Qualitätsstandards dieser Medienaufsicht zuständig bleiben, wird dem Problem staatlicher Medienzensur und -lenkung begegnet.

Wichtige Quellen zu den normativen Grundlagen
- Beck (2021), Fechner (2023), Seufert und Gundlach (2017).

Gesetze und Staatsverträge
- *Berliner Pressegesetz:* Berliner Pressegesetz vom 15. Juni 1965 (GVBl. S. 744); zuletzt geändert durch Artikel 9 des Gesetzes vom 27.09.2021 (GVBl. S. 1117); https://gesetze.berlin.de/bsbe/document/jlr-PresseGBErahmen [12.11.2024].
- *Betriebsverfassungsgesetz:* Betriebsverfassungsgesetz in der Fassung der Bekanntmachung vom 25. September 2001 (BGBl. I S. 2518), das zuletzt durch Artikel 1 des Ge-

---

[14]Vgl. „EU-Strafe gegen Meta", *Süddeutsche Zeitung,* 15. November 2024, S. 17.

setzes vom 19. Juli 2024 (BGBl. 2024 I Nr. 248) geändert worden ist; https://www. gesetze-im-internet.de/betrvg/BetrVG.pdf [15.11.2024].

- *Digitale Dienste-Gesetz (Digital Services Act, DSA):* Verordnung (EU) 2022/2065 des Europäischen Parlaments und des Rates vom 19. Oktober 2022 über einen Binnenmarkt für digitale Dienste und zur Änderung der Richtlinie 2000/31/EG (Gesetz über digitale Dienste). https://eur-lex.europa.eu/legal-content/DE/TXT/PDF/?uri=CELEX:32022R2065 [15.11.2024].
- *Digitale Märkte-Gesetz (Digital Markets Act, DMA):* Verordnung (EU) 2022/1925 des Europäischen Parlaments und des Rates vom 14. September 2022 über bestreitbare und faire Märkte im digitalen Sektor und zur Änderung der Richtlinien (EU) 2019/1937 und (EU) 2020/1828 (Gesetz über digitale Märkte) https://eur-lex.europa.eu/legal-content/DE/TXT/PDF/?uri=CELEX:32022R1925 [15.11.2024].
- *Europäisches Medienfreiheitsgesetz:* Verordnung (EU) 2024/1083 des Europäischen Parlaments und des Rates vom 11. April 2024 zur Schaffung eines gemeinsamen Rahmens für Mediendienste im Binnenmarkt und zur Änderung der Richtlinie 2010/13/EU; https://eur-lex.europa.eu/legal-content/DE/TXT/PDF/?uri=OJ:L_202401083 [15.11.2024].
- *Gesetz gegen Wettbewerbsbeschränkungen:* Gesetz gegen Wettbewerbsbeschränkungen in der Fassung der Bekanntmachung vom 26. Juni 2013 (BGBl. I S. 1750, 3245), das zuletzt durch Artikel 25 des Gesetzes vom 15. Juli 2024 (BGBl. 2024 I Nr. 236) geändert worden Ist; https://www.gesetze-im-internet.de/gwb/GWB.pdf [12.11.2024].
- *Netzwerkdurchsetzungsgesetz:* Gesetz zur Verbesserung der Rechtsdurchsetzung in sozialen Netzwerken (Netzwerkdurchsetzungsgesetz); https://www.gesetze-im-internet. de/netzdg/BJNR335210017.html [15.11.2024].
- *Informationsfreiheitsgesetz:* Informationsfreiheitsgesetz vom 5. September 2005 (BGBl. I S. 2722), das zuletzt durch Artikel 44 der Verordnung vom 19. Juni 2020 (BGBl. I S. 1328) geändert worden ist; www.gesetze-im-internet.de/bundesrecht/ifg/ gesamt.pdf [15.11.2024].
- *Grundgesetz:* Grundgesetz für die Bundesrepublik Deutschland in der im Bundesgesetzblatt Teil III, Gliederungsnummer 100-1, veröffentlichten bereinigten Fassung, das zuletzt durch Artikel 1 des Gesetzes vom 19. Dezember 2022 (BGBl. I S. 2478) geändert worden ist; www.gesetze-im-internet.de/bundesrecht/gg/gesamt.pdf [15.11.2024].
- *Jugendmedienschutzstaatsvertrag:* Staatsvertrag über den Schutz der Menschenwürde und den Jugendschutz in Rundfunk und Telemedien (Jugendmedienschutz-Staatsvertrag – JMStV) in der Fassung des n der Fassung des Fünften Staatsvertrages zur Änderung medienrechtlicher Staatsverträge (Fünfter Medienänderungsstaatsvertrag) in Kraft seit 1. Oktober 2024; https://www.die-medienanstalten.de/fileadmin/user_upload/Rechtsgrundlagen/Gesetze_Staatsvertraege/JMStV/Jugendmedienschutzstaatsvertrag_JMStV.pdf [11.11.2024].
- *Jugendschutzgesetz:* Jugendschutzgesetz vom 23. Juli 2002 (BGBl. I S. 2730), das zuletzt durch Artikel 12 des Gesetzes vom 6. Mai 2024 (BGBl. 2024 I Nr. 149) geändert worden ist; https://www.gesetze-im-internet.de/juschg/JuSchG.pdf [11.11.2024].

- *Pressegesetz für das Land Mecklenburg-Vorpommern:* Landespressegesetz (LPrG M-V) vom 6. Juni 1993 zuletzt geändert am 22. Mai 2018 (GVOBl. M-V S. 193, 204); https://www.landesrecht-mv.de/bsmv/document/jlr-PresseGMVV2P18a [12.11.2024].
- *Telekommunikationsgesetz:* Telekommunikationsgesetz vom 23. Juni 2021 (BGBl. I S. 1858), das zuletzt durch Artikel 35 des Gesetzes vom 6. Mai 2024 (BGBl. 2024 I Nr. 149) geändert worden ist; https://www.gesetze-im-internet.de/tkg_2021/TKG.pdf [15.11.2024].
- *Unlauterer Wettbewerb-Gesetz (UWG):* Gesetz gegen den unlauteren Wettbewerb in der Fassung der Bekanntmachung vom 3. März 2010 (BGBl. I S. 254), das zuletzt durch Artikel 21 des Gesetzes vom 6. Mai 2024 (BGBl. 2024 I Nr. 149) geändert worden ist; online verfügbar: https://www.gesetze-im-internet.de/uwg_2004/UWG.pdf [12.11.2024].
- *Urheberrechtsgesetz:* Gesetz über Urheberrecht und verwandte Rechte (UrhG) vom 9. September 1965 (BGBl. I S. 1273), das zuletzt durch Artikel 28 des Gesetzes vom 23. Oktober 2024 (BGBl. 2024 I Nr. 323) geändert worden ist; https://www.gesetze-im-internet.de/urhg/UrhG.pdf [13.11.2024].
- *Verwertungsgesellschaftengesetz (VGG):* Gesetz über die Wahrnehmung von Urheberrechten und verwandten Schutzrechten durch Verwertungsgesellschaften (Verwertungsgesellschaftengesetz) vom 24. Mai 2016 (BGBl. I S. 1190), das zuletzt durch Artikel 29 des Gesetzes vom 23. Oktober 2024 (BGBl. 2024 I Nr. 323) geändert worden ist; https://www.gesetze-im-internet.de/vgg/VGG.pdf [12.11.2024].

Literatur

Beck, Klaus. 2021. *Kommunikationsfreiheit.* Wiesbaden: Springer VS.

Berghofer, Simon. 2017. *Globale Medien- und Kommunikationspolitik. Konzeption und Analyse eines Politikbereichs im Wandel.* Baden-Baden: Nomos.

Borgers, Michael, Stephan Weichert, und Sebastian Wellendorf. 2022. „Wir erleben einen Informationskrieg". EU-Verbot von RT und Sputnik. *Deutschlandfunk.* https://www.deutschlandfunk.de/eu-verbot-rt-de-debatte-reaktionen-100.html. Zugegriffen am 03.03.2022.

Bundesverfassungsgericht (BVerfG). 1983. Urteil des Ersten Senats vom 15. Dezember 1983, 1 BvR 209/83 u. a. – Volkszählung, BVerfGE 65, 1. https://web.archive.org/web/20101116085553/http://zensus2011.de/fileadmin/material/pdf/gesetze/volkszaehlungsurteil_1983.pdf. Zugegriffen am 15.11.2024.

Donges, Patrick, Hrsg. 2007. *Von der Medienpolitik zur Media Governance.* Köln: Halem.

Europäische Kommission. 2024. Verordnung (EU) 2024/1083 des Europäischen Parlaments und des Rates vom 11. April 2024 zur Schaffung eines gemeinsamen Rahmens für Mediendienste im Binnenmarkt und zur Änderung der Richtlinie 2010/13/EU (Europäisches Medienfreiheitsgesetz). https://eur-lex.europa.eu/legal-content/DE/TXT/PDF/?uri=OJ:L_202401083. Zugegriffen am 11.11.2024.

Fechner, Frank. 2006. *Medienrecht,* 7. Aufl. Tübingen: Mohr Siebeck & UTB.

Fechner, Frank. 2023. *Medienrecht,* 22. überarb. Aufl. Tübingen: Mohr Siebeck & UTB.

Holtz-Bacha, Christina. 2006. *Medienpolitik für Europa.* Wiesbaden: Springer VS.

Holtz-Bacha, Christina. 2011. *Medienpolitik für Europa II. Der Europarat.* Wiesbaden: Springer VS.

KEK (Kommission zur Ermittlung der Konzentration im Medienbereich). 2022. *Zukunftsorientierte Vielfaltssicherung im Gesamtmarkt der Medien. Bericht der Kommission zur Ermittlung der Konzentration im Medienbereich (KEK) über die Entwicklung der Konzentration und über Maßnahmen zur Sicherung der Meinungsvielfalt im privaten Rundfunk.* https://www.kek-online.de/publikationen/medienkonzentrationsberichte/siebter-konzentrationsbericht-2021/. Zugegriffen am 11.11.2024.

OSCE (Organization for Security and Co-Operation in Europe). 2024. *OSCE Representative on Freedom of the Media.* https://www.osce.org/representative-on-freedom-of-media. Zugegriffen am 11.11.2024.

Puppis, Manuel. 2023. *Medienpolitik. Grundlagen für Wissenschaft und Praxis*, 3. vollst. überarb. u. erw. Aufl. München: UVK.

Seufert, Wolfgang, und Hardy Gundlach. 2017. *Medienregulierung in Deutschland. Ziele, Konzepte, Maßnahmen*, 2. akt. Aufl. Baden-Baden: Nomos.

Steinke, Ronen. 2024, Juli 20. Durfte „Compact" belauscht werden? *Süddeutsche Zeitung*, S. 17.

WIPO. 2016. *WIPO – A brief history.* http://www.wipo.int/about-wipo/en/history.html. Zugegriffen am 15.11.2024.

Infrastrukturen des deutschen Mediensystems

4

▶ Alle publizistischen Medien sind auf Infrastrukturen angewiesen, um an Themen, Nachrichten und andere Medieninhalte zu gelangen, die sie für die öffentliche Kommunikation zur Verfügung stellen: Redaktionen der Presse und des Rundfunks sowie der Onlinemedien fungieren als Vermittler, d. h. sie benötigen selbst Quellen für Nachrichten, die sie nicht selbst recherchieren. Hierfür greifen sie vor allem auf Nachrichtenagenturen zurück. Auch PR-Agenturen und die Kommunikationsabteilungen von Organisationen beliefern Medien mit Inhalten, die sie im Interesse von Unternehmen, Verbänden, Organisationen oder Regierungen verbreiten. Und schließlich zählt auch Werbung nicht nur zu den weit verbreiteten Medieninhalten, sondern stellt eine wichtige Finanzierungsquelle des deutschen Mediensystems dar. Für alle drei Zwecke greifen die meisten Medien in Deutschland auf spezialisierte Agenturen zurück, die jedoch nach ganz unterschiedlichen Logiken und Normen arbeiten, weil sie verschiedene Ziele verfolgen. Diese medienübergreifenden Infrastrukturen auf der Beschaffungsseite werden in diesem Kapitel dargestellt. Abschließend geht es dann um die wichtigsten Infrastrukturen für Verbreitung und Vertrieb von Medien.

4.1   Nachrichtenagenturen

4.1.1   Internationale Nachrichtenagenturen

Nachrichtenagenturen gehören zu den zentralen Quellen der überregionalen und internationalen Berichterstattung der publizistischen Medien. 2021 gingen beispielsweise in Nordrhein-Westfalen 40,5 % der Beiträge im Lokalradio auf Agenturmeldungen, bei den Lokalzeitungen waren es 13,1 % und bei den überregionalen Zeitungen 7,8 % (Meißner

K. Beck, *Das Mediensystem Deutschlands*, Studienbücher zur Kommunikations- und Medienwissenschaft, https://doi.org/10.1007/978-3-658-50033-7_4

et al. 2024, S. 407; Basis 4150 Medienbeiträge) zurück; bei Onlinemedien wurden deutlich höhere Agenturanteile von zum Teil 40 bis über 50 % gemessen (vgl. zusammenfassend Meißner et al. 2024, S. 400). Agenturen folgen in hohem Maße dem angelsächsischen Journalismusideal ‚objektiver Nachrichten' (vgl. Jukes 2022, S. 18–19), in denen orientiert an den journalistischen W-Fragen Fakten geliefert und von Meinungen getrennt werden sollen. Der aus dem 19. Jahrhundert stammende ‚Telegraphenstil' hat als professionelles Format den Nachrichtenjournalismus insgesamt geprägt. Meldungen der Nachrichtenagenturen lassen sich von Medien unterschiedlicher politischer Ausrichtung verwenden (was für die Agenturen den Absatzmarkt erweitert) und sie lassen sich bequem ‚von hinten kürzen' und so in den verfügbaren Publikationsraum der Medien einpassen. Das sog. Agenturprivileg sorgt für eine hohe Übernahmequote, denn Agenturmaterial gilt bereits als faktengeprüft und vereinfacht für die Medienredaktionen damit die Einhaltung der Sorgfaltspflicht. Vor allem bei aktuellen Meldungen ist dies ein großer Vorzug. Der größte Nachteil von Agenturmeldungen besteht in ihre Nicht-Exklusivität. Darüber hinaus bieten Sie ‚Newsticker' und Dienste an, die vor allem für Onlinemedien und -portale die Möglichkeit bieten, ohne großen redaktionellen Aufwand aktuelle Nachrichten anzubieten, die für Nutzerinnen und Nutzer attraktiv erscheinen. Nachrichtenagenturen sammeln weltweit Nachrichten und recherchieren dabei aktiv nach journalistischen Maßstäben und Normen, d. h. sie versuchen auch den Wahrheitsgehalt zu prüfen, bevor sie Nachrichten möglichst schnell verbreiten (vgl. Schulten-Jaspers 2013, S. 58). Zugleich sind sie Adressaten von Pressemitteilungen politischer, wirtschaftlicher und zivilgesellschaftlicher Akteure (Regierungen, Parteien, Behörden, Unternehmen, Organisationen, Verbände etc.). Den Agenturen kommt damit eine sehr wichtige Selektionsfunktion zu, denn sie wählen oft als erste im Kommunikationsprozess aus, über welche Ereignisse Nachrichten verfasst und verbreitet werden. Nachrichten, die nicht über die Agenturen verbreitet werden, gelangen nur dann in die Medien, wenn diese selbst bzw. ihre Korrespondenten davon erfahren. Die Agenturen besitzen aber ein sehr viel dichteres Netz von Korrespondenten und Regionalbüros als es sich ein einzelnes Medienunternehmen, auch mit hohen Qualitätsansprüchen und guter Personalausstattung leisten könnte. Je geringer die eigenen Ressourcen der Medien sind, umso wichtiger sind daher die Leistungen der Nachrichtenagenturen als primäre „Lieferanten" von Nachrichten und zunehmend auch von vollständigen Beiträgen, die mitunter aus Kostengründen unverändert in die Zeitung, das Rundfunkprogramm oder ein Online-Angebot übernommen werden. Mit wachsendem Kostendruck nimmt die Übernahmequote zu und die Quellenvielfalt ab, was aus publizistischer Sicht problematisch ist, weil Vielfalt verloren geht. Durch Sparten- bzw. Ressortkennungen der Agenturtexte[1] wird der Nachrichtenfluss zudem vorstrukturiert (vgl. Meier 2002, S. 412–413).

---

[1] „Pl" für Politik, „wi" für Wirtschaft, „ku" für Kultur, „sp" für sport und „vm" für Vermischtes; (vgl. Meier 2002, S. 416–417).

In den meisten Staaten arbeiten *nationale Nachrichtenagenturen* für einen vorwiegend heimischen Markt. In etwa drei Viertel der Fälle handelt es sich um staatliche oder staatlich beeinflusste oder kontrollierte Agenturen, während staatsunabhängige Agenturen vor allem in Europa sowie in Kanada, Japan, Australien und Indien existieren (vgl. Vyslozil 2014; Grüblbauer und Wagemann 2020, S. 802–803). Vor allem für internationale oder sog. ‚Weltnachrichten' sind die großen *globalen Nachrichtenagenturen* von weitaus höherer Bedeutung, weil sie ein größeres Netz von Korrespondentinnen bzw. Korrespondenten sowie Auslandsbüros unterhalten und weniger abhängig von den nationalen Regierungen sind. Sie gelten aufgrund ihrer journalistischen Standards als verlässliche Quellen. Allerdings sind die großen Weltagenturen als westliche Unternehmen mit Sitz in New York, London oder Paris Teil einer Weltnachrichtenordnung, die durch eine westliche Perspektive auch auf den Globalen Süden geprägt ist. Die Selektion von Nachrichten dürfte daher den Relevanzkriterien der vorwiegend westlichen Redaktionen folgen, die zahlungskräftige Nachfrage erzeugen und für ein Publikum vorwiegend in Nordamerika und Europa arbeiten. Die Deutsche Presseagentur (dpa) gilt wie die italienische ANSA und die spanische EFE als internationale Nachrichtenagentur, weil sie neben den nationalen auch Weltnachrichten liefert, ohne jedoch eine weltweite Bedeutung wie Reuters, Agence France Press oder Associated Press zu besitzen. Die Nachrichtenagenturen tauschen Nachrichten untereinander aus bzw. handeln mit ihnen, sodass eine flächendeckende Berichterstattung und Versorgung mit Nachrichten erst möglich wird (vgl. Grüblbauer und Wagemann 2020, S. 809–810; Surm 2020, S. 1870–1871 rechnet abweichend AFP, dpa und EFE zu den internationalen Agenturen).

Aufgrund des Medienwandels sind visuelle und audiovisuelle Angebote, vor allem die Videoberichterstattung zu einem wichtigen Tätigkeitfeld der Agenturen sowie ihrer Tochterunternehmen geworden. Reuters, AP, dpa bieten Videonachrichten und -beiträge an sowie Pressefotodienste, einschließlich Fotoarchiven, die auch für andere Zwecke verwertet werden können (vgl. Grüblbauer und Wagemann 2020, S. 824).

Nachrichtenagenturen sind in den meisten Fällen staatlich finanziert, sie können aber auch privatwirtschaftlich als AG (Reuters) oder GmbH (dpa), d. h. gewinnorientiert, oder genossenschaftlich (wie die österreichische Austria Presse Agentur oder AP) organisiert sein (vgl. Grüblbauer und Wagemann 2020, S. 809).

Auf dem deutschen Markt Reuters, Agence France Press (afp) und (in Kooperation mit dpa) Associated Press (ap) als Weltagenturen mit deutschsprachigen Diensten sowie die Deutsche Presseagentur (dpa) als (inter)nationale Nachrichtenagentur und Marktführer tätig. Ergänzende Angebote stammen vom Evangelischen Pressedienst (epd), der Katholischen Nachrichtenagentur (KNA) sowie spezialisierten Agenturen wie dem Sportinformationsdienst (sid), Bild- und Videoagenturen (z. B. ddp images) sowie international tätigen Agenturen für Wirtschafts- und Finanzmarktnachrichten (Dow Jones Newswire, Bloomberg). Von den Nachrichtenagenturen, die selbst journalistisches Personal beschäftigen und redaktionell selektieren müssen ‚*Presseportale*' (manchmal auch ‚Presseagentur' genannt) unterschieden werden, die von PR-Abteilungen und Pressestellen mit Beiträgen bestückt werden. So speist sich beispielsweise der Informationsdienst Wissenschaft (iwd) aus den Beiträgen von Universitäten und Forschungseinrichtungen. Als Quelle für die Wissenschafts-, Gesundheits-, Umwelt- und Klimaberichterstattung spielt der idw durchaus eine Rolle, allerdings verfolgen die Autorinnen und Autoren der Beiträge nicht nur das Ziel, wissenschaftliche Ergebnisse zu vermitteln (,Third Mission'), es geht auch um das Eigeninteresse der dahinterstehenden Organisation (Legitimation und Reputation, Drittmittelakquise). Auch Nachrichtenagenturen wie dpa betreiben separate Geschäftsbereiche, die primär nicht nach journalistischen Kriterien und Normen arbeiten, sondern der Verbreitung von PR-Texten dienen (vgl. unten).

4.1.2   Entwicklung des Agentursystems

Die zentrale Stellung der Nachrichtenagenturen, insbesondere für internationale Nachrichten aus Politik und Wirtschaft, war historisch und ist bis heute der Grund für das intensive politische Interesse staatlicher Akteure an den Agenturen. Das seit Mitte des 19. Jahrhunderts entstandene Agentursystem (vgl. Palmer 2019; Jukes 2022, S. 15–38)[2] basierte auf nationalen Agenturen der damaligen Groß- und Mittelmächte bzw. der Kolonialreiche: Bestimmend waren Großbritannien, Frankreich, Deutschland und die USA, später dann die westlichen Agenturen in New York, London und Paris, über die 80 % der Weltnachrichten liefen.[3] Neben der britischen Reuters und der französischen Havas-Agentur (heute Agence France Press) entstand in Berlin bereits 1849 das anfangs privatwirtschaftlich organisierte Wolff'sche Telegraphenbüro (WTB; „Telegraphische Correspondenzenbüro"), das jedoch rasch eng mit preußischen Regierungsbehörden kooperierte. Die Monopolstellung des WTB wurde staatlich gefördert und im Gegenzug unterwarf sich die Agentur den politischen Vorstellungen Bismarcks. International wurde der Weltnachrichtenfluss zwischen Reuters, Havas, WTB und der amerikanischen Associated Press „aufgeteilt"; dieses Kartell wirkte bis 1933 fort. In Deutschland entwickelte sich ab 1914 mit der Telegraphen Union (TU) des rechtsnationalistischen Hugenberg-Konzerns und dem durch das Auswärtige Amt und Wirtschaftskreise gegründete Deutschen Überseedienst (DÜD) allenfalls eine wirtschaftliche Konkurrenz, aber keine publizistische. Die Nationalsozialisten fusionierten WTB und TU zum Deutschen Nachrichtenbüro (DNB), das sie vollständig kontrollierten (vgl. Pürer und Raabe 2007, S. 76–79). Spätestens mit Ende des Zweiten Weltkriegs war die Vormacht des europäischen ,Kartells' der Nach-

---

[2] Vgl. zur Geschichte der Agenturen und zum Forschungsstand die Bibliographie unter: https://www.lse.ac.uk/media-and-communications/assets/documents/research/projects/news-agencies/LSE-news-agencies-bibliography-15-06-20.pdf [20.11.2024].

[3] MacBride 1980, S. 145. Das hat zusammen mit den empirisch feststellbaren Ungleichgewichten im Nachrichtenfluss und einer Zentrierung des Nachrichtenstroms auf New York, London und Paris auch zu internationalen Debatten um die „Weltinformationsordnung" geführt, die vor allem im Rahmen der UNESCO geführt wurde.

richtenagenturen beendet: Zunächst waren es die amerikanischen Agenturen AP und United Press (UP, später UPI), die weltweite Geltung erlangten, später kamen vor allem staatliche Agenturen, etwa der Sowjetunion (Tass) und Chinas sowie ab den 1980er-Jahren internationale Fernsehnachrichtenprogramme (wie CNN, Al-Jazeera, Al Arabija, RT), von denen einige staatlich finanziert werden, hinzu (vgl. Jukes 2022, S. 21–29; 86–87; 97–100).

Nach dem Zweiten Weltkrieg bemühten sich die Alliierten, die deutschen Nachrichtenagenturen in ihrem Sinne zu formen, um die kommunikationspolitischen Ziele durchzusetzen: In allen vier Zonen wurden zunächst eigene Nachrichtenagenturen gegründet, die dann in deutsche Hände überführt wurden: in der US-Zone der German News Service, der bald in DANA und schließlich in DENA (Deutsche Nachrichtenagentur) umbenannt wurde; in der britischen Zone entstand der Deutsche Pressedienst (dpd); in der französischen Zone die RHEINA (ab 1947 als SÜDENA) und in der sowjetischen Zone das Sowjetische Nachrichtenbüro (SNB), das 1946 zum Allgemeinen Deutschen Nachrichtendienst (ADN) wurde (vgl. Wilke 1999, S. 470–471). Die Presseverleger zogen ebenfalls Konsequenzen aus der Geschichte der politischen Zensur und Selbstzensur der Nachrichtenagenturen und gründeten die Deutsche Presseagentur dpa 1949 zunächst als Genossenschaft, in der die Agenturen der drei Westzonen aufgingen. Tatsächlich versuchen auch demokratisch gewählte Politiker, wie das Beispiel der Bundesregierung Adenauer zeigt (vgl. Wilke 1999, S. 478), Einfluss auf die Agenturen zu nehmen. Die geschichtliche Entwicklung der dpa ist mittlerweile gut erforscht (vgl. Wagner 2024), kann hier aber nicht vertieft werden.

Die dpa zählt zwar zu den Nachrichtenagenturen mit einem weltweiten Netz und sie verbreitet auch globale Nachrichten, aber sie gehört nicht zu den globalen Agenturen, die internationale Nachrichtenströme grundlegend strukturieren. Neben der amerikanischen AP und der französischen AFP sind dies Reuters und zumindest in Bezug auf Wirtschaftsnachrichten auch Bloomberg News (vgl. Jukes 2022, S. 2–3). Der beträchtliche Aufwand, der für das klassische Geschäft mit journalistischen Nachrichten notwendig ist, trifft auf eine tendenziell sinkende Nachfrage, zum Beispiel aufgrund von Medienkonzentration, redaktionellen Sparprogrammen oder der freien Verfügbarkeit von Onlinenachrichten (vgl. Jukes 2022, S. 8–9). In den letzten beiden Jahrzehnten gerieten die Agenturen zunehmend unter wirtschaftlichen Druck und haben ihre internationalen Korrespondentennetze aus Kostengründen ausgedünnt. Sie greifen häufiger auf lokale Kräfte, sog. ‚Stringer‘ oder ‚Fixer‘ zurück, die sich leichter auch in Konfliktregionen frei bewegen können, Kosten sparen, aber ggf. auch eigene Interessen und politische Positionen vertreten (vgl. Jukes 2022, S. 68–72). Der überwiegende Teil der Erlöse stammt derzeit meist nicht mehr aus diesem klassischen Geschäftsfeld (vgl. Vyslozil 2014; Grüblbauer und Wagemann 2020, S. 824). Die Nachrichtenagenturen haben darauf mit *veränderten Geschäftsmodellen* reagiert (vgl. auch Vyslozil und Sturm 2019 sowie Atte Jääskeläinen und Yanatma 2019). Dazu zählen die bereits erwähnten Dienste zur Verbreitung von PR-Meldungen, aber auch die Nutzung ihrer Archive sowie das Erschließen neuer, nicht-medialer Kunden. So beliefert Reuters, die mit dem Mediengeschäft nur noch 2,5 % ihres Umsatzes erwirtschaften, beispielsweise direkt Endkunden wie Unternehmen, Banken oder Börsen mit Wirtschafts- und Finanznachrichten. Nachrichtenagenturen bieten auch spezialisierte Nachrichtenzusammenstellungen für Verbände, Organisationen, Parteien, NGO etc. an und betreiben Medienbeobachtung und -auswertung sowie Social Media Monitoring (vgl. Grüblbauer und Wagemann 2020, S. 812–814). Auch der Sportinformationsdienst verbreitet seine Nachrichten online und mobil an nicht-redaktionelle Kunden.

Reuters und der 1980 gegründete Anbieter Bloomberg kombinieren ihr Angebot an Wirtschafts- und Finanznachrichten mit der Möglichkeit direkt am Finanzmarkt zu agieren (vgl. Jukes 2022, S. 3).

Social Media und User Generated Content, der mitunter direkt von Ereignisorten stammt, an denen zumindest zum Zeitpunkt des Geschehens keine Korrespondentinnen oder Fotografen der Agentur waren, stellen für die Agenturen eine Konkurrenz aber auch eine neue Quelle dar. Das nicht von professionellen Journalistinnen oder Journalisten stammende Material, dessen Urheber meist völlig unbekannte Augenzeugen sind, bedarf allerdings der Verifikation und des Fact Checking. Die großen Agenturen haben hierfür spezialisierte Abteilungen eingerichtet, so zum Beispiel AFP mit rund 100 Mitarbeitenden (vgl. Jukes 2022, S. 61–71 u. S. 55). Damit haben sich die Funktionen der Agenturen partiell vom ‚News Gathering‘ (Nachrichtenbeschaffung) hin zum Monitoring und der Prüfung von User Generated Content auf Social Media-Plattformen verlagert (vgl. Jukes 2022, S. 78).

Zu beobachten ist neben der Veränderung des Geschäftsmodells insgesamt eine Marktkonzentration im Agenturgeschäft. Zu den aktuellen Fragen zählt auch die Bedeutung von sog. Künstlicher Intelligenz für die Recherche, Aggregation und Faktenprüfung von Nachrichten, aber auch für das Erstellen von Texten und anderen Angebotsformaten.[4] Gleichwohl sind die Dienste der Agenturen für die Nachrichtenmedien eine wertvolle Quelle, denn AP unterhält weltweit 250 Korrespondenten, Reuters über 200 und AFP sowie Bloomberg jeweils rund 150 (vgl. Jukes 2022, S. 108–109), die nach professionellen Standards arbeiten.

Rechtlich unterstehen die Nachrichtenagenturen – neben den allgemeinen Gesetzen – den Landespressegesetzen[5] (z. B. § 6, 2 des Berliner Landespressegesetzes).

Technisch haben im Agenturwesen Telegraf und Fernschreiber („Ticker“) längst ausgedient; die Redaktionen arbeiten mit vernetzen Onlinesystemen, Beschaffung und Verbreitung der Nachrichten erfolgen über das Internet und per Satellit.

---

[4] Vgl. zu den aktuellen und den Zukunftsfragen auch ein Forschungsprojekt der London School of Economis: https://www.lse.ac.uk/media-and-communications/research/research-projects/news-agencies/publications [20.11.2024].

[5] So heißt es beispielsweise im Berliner Landespressegesetz, § 6 „(2) Zu den Druckwerken gehören auch die vervielfältigten Mitteilungen, mit denen Nachrichtenagenturen, Pressekorrespondenzen, Materndienste und ähnliche Unternehmungen die Presse mit Beiträgen in Wort, Bild oder ähnlicher Weise versorgen.“ Als Druckwerke gelten ferner die von einem presse-redaktionellen Hilfsunternehmen gelieferten Mitteilungen ohne Rücksicht auf die technische Form, in der sie geliefert werden.

4.1.3 Die Deutsche Presseagentur (dpa)

Für die deutschen Medien gilt dpa als Primäragentur, weil hier das Angebot an Nachrichten über das eigene Land am umfangreichsten ist, regional differenziert werden kann und zusätzlich auch internationale Nachrichten angeboten werden. Für Nordrhein-Westfalen konnte ein dpa-Anteil von 87 % an den verwendeten Agenturquellen nachgewiesen werden (vgl. Meißner et al. 2024, S. 408; Basis: 1333 Medienberichte mit Agenturquellen). Weitere Agenturen und Dienste werden je nach thematischer Notwendigkeit und Schwerpunktsetzung des Mediums genutzt, wobei tendenziell schrumpfende Redaktionsbudgets den Bezug mehrerer großer Agenturdienste wirtschaftliche Grenzen setzt. Immer wieder versuchen Medienunternehmen, auf teure Agenturdienstleistungen zu verzichten. Viele dieser Versuche sind in der Vergangenheit gescheitert (vgl. Segbers 2007, S. 142; HBI 2017, S. 117). Unter Onlinebedingungen besteht allerdings die Möglichkeit, auf aktuelle und frei verfügbare Nachrichten im Netz zurückzugreifen, um Kosten zu sparen. Die Nicht-Exklusivität von geprüften und seriösen Nachrichten stellt für die Nachrichtenagenturen ein erhebliches wirtschaftliches Problem dar (vgl. Grüblbauer und Wagemann 2020, S. 807), weshalb sie ihr Geschäftsmodell erweitern in Richtung nicht-mediale Kundschaft und nicht-journalistische-Dienstleistungen (vgl. unten). Nachrichtenagenturen bieten über die ‚Tickermeldungen' hinaus auch umfangreichere journalistische Beiträge (Reportagen, Features. Bild- und Bewegtbildmaterial, Dokumentationen etc.), die gegen Bezahlung von den Redaktionen als komplette Beiträge oder in Teilen genutzt werden können (vgl. Schulten-Jaspers 2013, S. 108). Auf diese Weise können feste Stellen eingespart werden, womöglich ohne große Qualitätsverluste (ggf. sogar Verbesserungen), allerdings auf Kosten der externen Vielfalt im Gesamtmedienangebot.

Die Preise der Nachrichtenagenturen orientieren sich an den Auflagen und Reichweiten der Abnehmermedien. Der Bezug der dpa-Dienste ist teuer und machte durchschnittlich 5 % des Redaktionsetats aus (vgl. Pürer und Raabe 2007, S. 331). Aktuelle Marktdaten sind nicht frei verfügbar, weil hier ein erhebliches Foschungsdefizit besteht. 2010 belief sich der Gesamtmarkt sich auf 170 Mio. €), wobei dpa einen Marktanteil von 52 % erreichte, der Sportinfomationsdienst (sid) acht und die beiden kirchlichen Agenturen jeweils 7 %; der mittlerweile vom Markt gegangene Anbieter dapd kam auf 18 % (vgl. epd. 2011b, S. 2). Die deutschen Dienste von AFP und von Reuters kamen 2011 auf einen Marktanteil von jeweils 4 % (vgl. Goldhammer und Lipovski 2011, S. 7).

Die 1949 zunächst als genossenschaftliches Gemeinschaftsunternehmen deutscher Verlage gegründete *Deutsche Presseagentur dpa* ist heute eine GmbH (Gesamtkapital rund 16,5 Mio. €) mit 172 Gesellschaftern (Zeitungs- und Zeitschriftenverlage sowie Rundfunkveranstalter) und zehn Tochterunternehmen. 2023 beschäftige dpa 716 Personen (davon schätzungsweise 60 % Journalistinnen und Journalisten), die gesamte Unternehmensgruppe 1343; bei einem Umsatz von 104 Mio. bzw. rund 170 Mio. € (gesamte Gruppe) betrug der Gewinn 1,4 Mio. In Deutschland unterhält die Agentur den zentralen Newsroom in Berlin sowie 54 Büros, die 12 regionale Landesdienste produzieren, im Ausland werden in 83 Büros internationale Nachrichten gewonnen (https://www.dpa.

com/de/ueber-die-dpa/historie-fakten). Die einzelnen Gesellschafter aus dem Pressesektor dürfen max. 1,5 % des Stammkapitals halten, der öffentlich-rechtliche Rundfunk
insgesamt nicht mehr als 15, und alle Rundfunkveranstalter zusammen höchstens ein
Viertel der Anteile. Die Chefredaktion besteht aus einem Chefredakteur und drei Stell-
vertreterinnen, im 20-köpfigen Aufsichtsrat sind Führungskräfte aus den Verlagen und
dem öffentlich-rechtlichen Rundfunk vertreten (https://www.dpa.com/de/ueber-die-dpa/
leitung-aufsichtsgremien).

Die Redaktionen von dpa erstellen

- den Basisdienst, der weitgehend zum Standard der Qualitätsmedien gehört,
- zwölf regionale Landesdienste für die Bundesländer,
- dpa-Auslandsdienste in sieben Sprachen, darunter Deutsch, Englisch, Spanisch und
  Arabisch,
- Themenpakte für die Produktion von Sonderseiten,
- den zielgruppenbezogenen „dpa-Nachrichten für Kinder" (https://www.dpa.com/de/
  kindernachrichten),
- tägliche, wöchentliche und monatliche Terminvorschauen sowie Themendispositionen,
  mit denen die pünktliche Lieferung bestimmter Beiträge angekündigt wird

Die deutschsprachigen „Weltnachrichten" der über dpa in Deutschland verbreiteten
US-amerikanischen Agentur AP umfassen 60 bis 80 internationale Nachrichten und 5 bis
6 Korrespondentenberichte pro Tag. Die Schwerpunkte liegen auf der internationalen Po-
litik- und Krisenberichterstattung, vor allem aus Nord- und Südamerika, dem Nahen Osten, Asien und dem pazifischen Raum. AP kann dafür weltweit auf 3200 Korrespondenten
an 280 Orten zurückgreifen.[6]

Die Tochterunternehmen liefern Schaubilder und Diagramme (dpa-Infografik), Liveti-
cker, Daten und Faktenchecks für Onlinemedien (dpa-infocom), über 130 Mio. Bilder
(dpa Picture Alliance), fertige Audio- und Videoformate für Hörfunk, Fernsehen und Onlinemedien (dpa-Rufa Rundfunkagentur-Dienste) und die dpa-Tochter ‚UseTheNews produziert Nachrichten für verschiedene Social Media' (https://www.usethenews.de/de/
social-news-daily) (https://www.dpa.com/de/ueber-die-dpa/gruppe).

Das dpa-Tochterunternehmen *news aktuell* sorgt durch die Verbreitung von PR-
Meldungen (euphemistisch als Original-Text-Service, ots bezeichnet), aber auch die Platzierung sog. ‚Native Ads' für Erlöse (2023: 11 Mio. €), die das eigentliche Nachrichtengeschäft bezuschussen (2023 mit über 11 Mio. €) (https://www.newsaktuell.de/ueberuns/;
dpa 2023, S. 9 u. 65). Geworben wird damit, dass Werbeinhalte (‚Native Ads') direkt „in
Nachbarschaft zu redaktionellen Inhalten" (https://www.newsaktuell.de/native-adverti-
sing/) platziert werden. Vorhandene technische Verbreitungswege und organisatorische

---

[6]Vgl. www.dpa.com/fileadmin/user_upload/Produkte_Services/AP/140509_PI_AP-Weltnachrichten.
pdf [20.12.2016].

Netzwerke werden genutzt, um Umsätze zu erwirtschaften, die mit journalistischen Nachrichten nichts zu tun haben, dieses Nachrichtengeschäft aber wahrscheinlich querfinanzieren.

4.1.4 Weitere Nachrichtenagenturen im deutschen Mediensystem

Die französische Nachrichtenagentur *Agence France Press (afp)* ist als vergleichsweise staatsnahes öffentliches Unternehmen organisiert, deren Wurzeln auf die bereits 1835 gegründete Havas zurückgehen (siehe Abschn. 4.1.3). Die Unabhängigkeit soll durch ein Statut und einen Aufsichtsrat gewährleistet werden, sodass AFP als internationale bzw. globale Nachrichtenagentur mit 2600 Mitarbeitenden sowie Angeboten in sechs Sprachen und Korrespondenten in rund 150 Ländern[7] (großes Ansehen genießt. Die deutsche Tochter AFP GmbH produziert auch in deutscher Sprache jeden Tag etwa 2300 Textmeldungen sowie Fotos, Videos, Infografiken, Audio- und Multimediabeiträge und komplette Stories. AFB Deutschland bietet auch Fact Checking, Themenvorschauen und Sportnachrichten (durch die Tochter sid, siehe auch unten) an. AFP ergänzt damit das dpa-Angebot, insbesondere um internationale Nachrichten.

Die traditionsreiche, 1851 gegründete britische Agentur *Reuters* ist Teil des börsennotierten kanadischen Medienkonzerns Thomson Reuters. Das klassische Mediengeschäft mit Nachrichten macht nur einen geringen Teil des Konzernumsatzes aus (zwischen 2,5 und 10 %) und von den insgesamt 60.000 Konzernbeschäftigten arbeiten weltweit ‚nur‘ 2500 journalistisch. Gleichwohl ist Reuters die wohl größte globale Nachrichtenagentur, die in 165 Ländern vertreten ist und in 11 Sprachen Agenturdienste anbietet.[8] Neben spezialisierten Wirtschaftsinformationen enthält das deutschsprachige Angebot auch politische und andere Textnachrichten, Fotos, Videos, komplette Beiträge u. v. a. m.

Associated Press (AP) (www.ap.org) wurde 1846 in New York als Genossenschaft von Zeitungsverlegern gegründet, ist heute eine der größten globalen Nachrichtenagenturen mit Büros in rund 100 Ländern. Und noch immer als Non-Profit-Unternehmen tätig[9] Bis 2009 hatte AP in Frankfurt am Main ein eigenständiges Büro für den deutschen Dienst, beides wurde dann zunächst vom damaligen ddp (Deutscher Depeschendienst) übernommen. Seit 2013 verbreitet die dpa die internationalen Nachrichten sowie Fotos von AP in Deutschland.[10]

---

[7] https://www.afp.com/de/die-agentur/ueber-afp/ueber-uns?_gl=1*d0hm2v*_up*MQ..*_ga*MTE5M-DY2MDk5Ni4xNzMyMDkzNTAx*_ga_9NGK0BQW11*MTczMjA5MzUwMC4xLjAuMT-czMjA5MzUwMC4wLjAuMA [20.11.2024].

[8] Vgl. https://www.reutersagency.com/en/about/reuters-about-us/ [20.11.2024].

[9] https://www.ap.org/about/annual-report/2023-report/ [20.11.2024].

[10] https://www.dpa.com/de/ap-weltnachrichten#leistungen [20.11.2024].

Eine nationale Ergänzung zu dpa und zu den Weltnachrichtenagenturen bieten einige kleinere Agenturen wie der epd, die KNA oder Interpress u. a.:

Der *Evangelische Pressedienst epd* (https://www.epd.de/) wird seit rund 100 Jahren von der Ev. Kirche finanziert und liefert „Texte, Fotos und Videos aus Kirche und Religion, Ethik, Kultur, Medien und Bildung, Gesellschaft, Soziales und Entwicklung." Die Zentrale in Frankfurt am Main verfügt über rund 20 Journalistinnen und Journalisten, sie arbeitet mit 30 deutschen Regionalbüros sowie Zweigstellen in Brüssel, Genf und Berlin zusammen. Es werden neun Landesdienste erstellt, neben Texten, Tickermeldungen und Fotos auch Videos und vier Fachdienste. Aus kommunikationswissenschaftlicher Sicht sind epd medien (https://www.epd.de/fachdienst/medien/startseite) sowie epd film (https://www.epd-film.de/) besonders hervorzuheben, weil es sich um hervorragende Quellen für die Medienforschung und den Medienjournalismus handelt.

Auch die Katholische Kirche unterhält eine für die allgemeine Berichterstattung in Deutschland relevante Agentur, die 1952 gegründete *Katholische Nachrichtenagentur KNA* mit Sitz in Bonn betreibt elf Büros in Deutschland sowie fünf (zum Teil in Kooperation mit anderen Agenturen) im Ausland. Die KNA verfügt über 75 festangestellte und 350 freie Mitarbeiterinnen und Mitarbeiter, die rund 110 Texte sowie Bilder produzieren.[11] Vier Regionaldienste und neun Themendienste, Newsticker u. a. ergänzen den Basisdienst. Ein 2021 verabschiedetes Redaktionsstatut[12] soll dafür sorgen, dass die journalistischen Standards und die Unabhängigkeit der Nachrichten von den kirchlichen Eigentümern der GmbH gewährleistet wird (vgl. zur Entwicklung der KANN auch Klenk 2012).

Die *Inter Press Service News Agency* (http://www.ipsnews.net/about-us/) verfolgt das Anliegen Nachrichten aus dem Globalen Süden, die im Weltnachrichtesystem zu kurz kommen, sowie zu zivilgesellschaftlichen Themen (Umwelt, Menschenrechte, Gender) anzubieten.

Der *Sportinformationsdienst sid* (https://sid.de/) ist ein Tochterunternehmen der AFP und beschäftigte 53 feste Redakteurinnen und Redakteure sowie über 100 Freie. Er bietet 200–300 Sportmeldungen sowie Bild- und Videoberichte, Sportdaten, Tickermeldungen in deutscher Sprache und ist für Sportberichterstattung von großer Bedeutung.

Für Unternehmens- und Wirtschaftsnachrichten sind neben Reuters auch *Bloomberg, Dow Jones Newswire* und *dpa-AFX* relevant: Bloomberg (https://www.bloomberg.com/europe) mit Sitz in New York City beschäftigt weltweit 2700 Journalistinnen und Journalisten, die über Unternehmen, Märkte, Börsen und Finanzen berichten. Dow Jones Newswire (https://www.dowjones.com/professional/de/newswires/) ist Teil von Murdochs News Corporation, einem der weltweit größten Medienkonzerne und dpa-AFX (https://www.dpa-afx.de/), ein Gemeinschaftsunternehmen von dpa (76 %) und der österreichischen Austria Presse Agentur (24 %)bietet u. a. ein Wirtschaftsradio. Die Anbieter

---

[11] https://www.kna.de/agentur/zahlen-fakten [20.11.2024].

[12] https://www.kna.de/fileadmin/user_upload/Dokumente/PDF-Muster/KNA-Redaktionsstatut_2021.pdf [20.11.2024].

von Wirtschafts- und Börsennachrichten versorgen nicht nur journalistische Medien mit Informationen und Daten, in der Regel vermarkten sie diese direkt an Unternehmen und Anleger, womit sie einen Großteil ihrer Erlöse erwirtschaften.

Die Bedeutung der Bilderdienste für die gedruckte wie die Onlinepresse nimmt zu, der Weltmarkt wird von wenigen Anbietern beherrscht, die riesige Bildarchive besitzen: Getty Images verfügt über das größte Bildarchiv der Welt (https://www.gettyimages.de/ueber-uns) und hat vor einigen Jahren den die Bildrechte des Wettbewerbers Corbis (Bill Gates) außerhalb Chinas übernommen. Die dpa Picture-Alliance ist Teil eines internationalen Netzwerkes, bietet 130 Mio. Fotos und Illustrationen an und übernimmt auch externe Fotoaufträge.[13] Als weiterer Anbieter hat sich ddp, vor allem als Bildlieferant zu Soft News etabliert (https://www.ddp.de/).

Für die Rundfunkmedien bieten Nachrichtenagenturen spezielle Dienste, insbesondere aktuelles Bildmaterial seitens der globalen Agenturen AP und Reuters (APTV und Reuters TV) sowie über Verbundnetzwerke von Programmveranstaltern (Programmaustausch-dienste), z. B. Eurovision World Link.[14] Seit 1961 tauschen die mittlerweile 68 Mitglieder der European Broadcasting Union (EBU) Nachrichtenbeiträge via Satellit aus; die EBU-Mitglieder arbeiten in 56 Ländern rund um das Mittelmeer, zusammengeschlossen sind in der EBU vor allem öffentliche (öffentlich-rechtliche oder staatliche) Programmver-anstalter. ARD, ZDF und Deutschlandradio sind Teil dieses Netzwerkes. Dem European News Exchange-Verbund ENEX gehören 75 private Fernsehveranstalter aus Europa, Japan und den USA an (https://enex.news/).

Keine klassische Nachrichtenagentur, aber eine kostensparende Bezugsquelle für über-regionale Nachrichten und Beiträge sind Kooperationen wie das 2013 durch den Großver-lag Madsack (Hannover) gegründete *Redaktionsnetzwerk Deutschland RND*, das rund 60 Regionalzeitungen(darunter Hannoversche Allgemeine, Leipziger Volkszeitung, Badische Zeitung, Frankfurter Rundschau) mit Nachrichten aus der Hauptstadt (zentrales Büro) oder aus den Regionen bedient sowie Nachrichten online für Endnutzerinnen und -nutzer anbietet (www.rnd.de). Aus ökonomischer Sicht erscheint es vernünftig, dass nicht jede Regionalzeitung eigene Hauptstadt- oder Regionalkorrespondenten unterhält und auf-grund der zentralisierten Ressourcen ist auch eine hohe journalistische Qualität erwartbar. Unter publizistischen Vielfaltsgesichtspunkt ist es aber nicht unbedenklich, wenn rund ein Fünftel der deutschen Tageszeitungsauflage teilweise mit denselben Inhalten zu Politik, Wirtschaft und Kultur erscheint.

Journalistische Inhalte können auch über kleinere Zentralredaktionen, bi- oder multi-laterale Kooperationen oder Tauschringe wie die Arbeitsgemeinschaft Regionalzeitungen RZP mehrfach verwertet werden.

---

[13] https://www.dpa.com/de/ueber-die-dpa/gruppe#dpa-picture-alliance [20.11.2024].

[14] https://www.eurovision.net/products/services/contribute-and-distribute/eurovision-worldlink?fil-ter=all [20.11.2024].

4.1.5   Nichtprofessionelle Onlinequellen (User Generated Content)

Beim Material von Nachrichtenagenturen handelt es sich in der Regel (und mit der Ausnahme staatlich kontrollierter Propaganda-Agenturen) um faktengeprüfte Nachrichten und professionelle Berichte handelt, die den journalistischen Standrads genügen und daher von den Redaktionen auch unter Zeitdruck gerne übernommen werden können. Anders verhält es sich mit Material aus dem Internet, insbesondere von Social Media-Plattformen, auf denen User Generated Content (UGC) ,geteilt wird.' Je nach Ereignisort und -umständen (Kriege, Terroranschläge, Katastrophen) können solche Textmitteilungen, Fotos oder Handyvideos die einzig verfügbaren Quellen sein, die aber nicht aus professionellen und bekanntermaßen zuverlässigen Personen stammen. Äußerungen des politischen Personals auf X mögen gut zitierbar sein, und bei verifizierten Accounts auch kein großes Risiko darstellen. Hinter UGC von unbekannten Laien können sich aber auch Desinformations- und Propagandastrategien und damit ge- oder verfälschte bzw. mithilfe sog. KI fabrizierte Kommunikate verbergen (Fake News). Der Zugang zu diesen grundsätzlich fragwürdigen Quellen ist offen und meist kostenfrei oder -günstig, aber journalistische Qualitätsstandards setzen eine Prüfung von Wahrheit (Faktencheck) und Wahrhaftigkeit (Identität und Authentizität der Anbieter) vor einer Publikation voraus. Die Prüfung (Verifikation) ist oftmals schwierig, aufwändig und sie macht neue Kompetenzen der Redaktion (oder der Nachrichtenagenturen) notwendig.

Weitere webbasierte Quellen von Nachrichten und Dokumenten sind mit Wikileaks und Openleaks entstanden, die es Informanten aus Behörden, Organisationen oder Unternehmen erleichtern, den Journalisten Dokumente und Informationen anonymisiert zur Verfügung zu stellen. Auf diese Weise sollen Informanten besser ihre Position oder gar ihr Leben schützen können (Informantenschutz). Wie nicht weiter verwunderlich gehen Regierungen mit zum Teil rechtlich zweifelhaften Mitteln gegen diese Praxis des Online-Leaking vor. Die Betreiber solcher Plattformen stehen allerdings vor der Frage, ob und wie sie tatsächlich ihre Informanten schützen sowie ob und wie sie das gelieferte Material prüfen (können). Wikileaks mit den Belegen für US-Kriegsverbrechen sowie die ,Panama Papers', die ,Paradise Papers' oder die ,Pandora Papers,' die Korruption und Geldwäsche belegen, haben erheblichen Einfluss auf die Medienberichterstattung genommen. Einer der Protagonisten, Julian Assange wurden aufgrund ihrer Enthüllungen jahrelang politisch (und strafrechtlich wegen Spionage) verfolgt sowie in britischer Isolationshaft gefoltert. Aus journalistischer Sicht berechtigte Kritik bezieht sich hingegen auf Fragen des Informantenschutzes (bei nichtgeschwärzten Quellen) und der Einbindung in staatliche Propagandainteressen.

Auch die Web- und Social Media-Angebote von Organisationen (Unternehmen, Verbänden, Parteien, Kirchen, NGO usw.), Regierungen und Behörden sowie Personen des öffentlichen Lebens stellen wichtige Quellen für den Journalismus professioneller Medien dar. Die Qualität der Medien erweist sich daran, diese Quellen zwar zu nutzen, sie aber auch kritisch zu bewerten und vielleicht nur zum Ausgangspunkt eigener Recherche zu nehmen. Aufgrund knapper personeller, finanzieller und zeitlicher Ressourcen im

Redaktionsalltag besteht die Gefahr, dass online kurzfristig und frei zugängliches Material unkritisch verwendet oder einfach übernommen wird. Ähnliches gilt für die Verwendung von Suchmaschinenantworten sowie künftig Erzeugnisse von KI-Chatbots. Auch hier bedarf es eingeübter und neuer journalistischer Kompetenzen und Arbeitszeit, damit es nicht beim reinen ‚Desktop-Journalismus' oder gar dem ‚Redakteur Google' bleibt.

4.2 Kommunikationsabteilungen von Organisationen und Public Relations-Agenturen

Nachrichtenagenturen sowie die redaktionelle Eigenrecherche sind wesentliche Quellen journalistischer Medien. In pluralistischen Gesellschaften werden den Medienredaktionen viele Nachrichten und Themen aber auch von allen politischen, wirtschaftlichen und zivilgesellschaftlichen Organisationen und Akteuren mit strategischer Absicht zur Verfügung gestellt. Dabei geht es nicht alleine um die Beantwortung journalistischer Anfragen durch Pressesprecherinnen bzw. Pressestellen oder die Befriedigung eines öffentlichen Informationsbedürfnisses. Die Kommunikationsabteilungen von Unternehmen und Verbänden, von Regierungen und Parteien, Kirchen und Gewerkschaften sowie zivilgesellschaftlichen Organisationen und Protestgruppen versuchen, je nach Ressourcenstärke der Akteure mit zum Teil erheblichen Aufwand in professionellen ‚Corporate Newsroom', ihre Themen und ihre Sicht auf diese Themen in die redaktionellen Medien oder die Social Media zu bringen (Agenda Building,[15] Issues Management[16]). Unliebsame Themen oder (für sie jeweils) schlechte Nachrichten sollen gezielt aus der öffentlichen Wahrnehmung und den Medien herausgehalten werden (Dethematisierung, Desinformation). Den etwas euphemistisch ‚Kommunikations' abteilungen genannten Organisationseinheiten oder den beauftragten PR-Agenturen geht es im Zuge ‚Integrierter Kommunikation' (vgl. Bruhn 2016b) primär um die Durchsetzung von (ethisch zunächst einmal unproblematischen) Partialinteressen und bestenfalls sekundär oder ausnahmsweise (etwa bei einzelnen zivilgesellschaftlichen Nonprofit-Organisationen) um kommunikative Verständigung im Sinne eines herrschaftsfreien Diskurses. Schließlich verwenden sie meist erhebliche personelle und finanzielle Mittel ihrer Organisation, und das natürlich im Interesse dieser Organisation, das mit dem öffentlichen oder allgemeinen Interesse bzw. dem ‚Gemeinwohl' nicht übereinstimmen muss (aber im Einzelfall durch übereinstimmen kann).[17] Aus einer betriebswirtschaftlichen Logik zielt die ‚Medienarbeit' (Media Relations) auf die Nutzung

---

[15] Zum Zusammenhang kapitalistischer Presse und Agenda Building durch PR vgl. Curtin 1999.

[16] Issues stellen öffentlich und für die betreffende Organisation relevante und potentiell kontroverse Themen dar, vgl. zum Issue Management einführend Röttger et al. 2018, S. 159–167.

[17] Vgl. zu dieser hier nicht weiter zu vertiefenden Debatte Thummes et al. 2022.

sog. *Earned Media*, bei der die Publikation nicht bezahlt wird wie bei der Werbung (Paid Media) oder mithilfe eigener Medien (Kundenzeitschrift, Newsletter, eigene Website, Mailings etc.) als Owned Media.[18]

Normativ unterscheiden sich Public Relations und strategische Kommunikation (vgl. Bruhn 2016a) grundlegend von Journalismus, aber sie hängen funktional sehr eng zusammen, denn beide Seiten (Journalismus und PR) sind aufeinander angewiesen: Der Journalismus benötigt Themen und Informationen, die er zum überwiegenden Teil nur von den Kommunikationsabteilungen oder -beauftragten der Organisationen erhalten kann, die Organisationen benötigen – auch in Zeiten direkter Online- und Social Media-Kommunikation – die journalistischen Medien noch immer als die *glaubwürdigeren Vermittler* ihrer Kommunikation. Um die Erfolgsaussichten strategischer Kommunikation zu erhöhen, berücksichtigen sie eine ganze Reihe professioneller journalistischer *Gestaltungsregeln*, bringen ihre Botschaften also in eine hochgradig mediengeeignete Form, ohne notwendigerweise den normativen Hintergrund des Journalismus zu teilen.

Faktisch greifen Journalistinnen und Journalisten auf eine Fülle von informationsreichem, kompetent verfassten und professionell aufbereiten ‚Content‘ zurückgreifen, was ihnen die Arbeit unter Zeitdruck und bei Personalmangel erheblich erleichtert. Mitunter sorgen auch die Manager der Medienbetriebe dafür, dass im Zuge des ‚Content Marketing‘[19] komplette Beiträge der PR unter falscher Flagge als Journalismus segeln (und fügen damit dem Journalismus wahrscheinlich schwere Glaubwürdigkeitsschäden zu). Tatsächlich könnten journalistische Medien, vermutlich sogar in zunehmendem Maße, nicht ohne die Akteure der strategischen Kommunikation und ihre Angebote auskommen, die damit eine äußerst wichtige Infrastruktur des Mediensystems darstellen.

▶   Öffentlichkeitsarbeit bzw. Public Relations (PR) richtet sich direkt an Entscheidungsträger in Politik und Gesellschaft (Lobbying) sowie an Bürgerinnen und Bürger, Kunden und die Fachöffentlichkeit (Public Diplomacy), die zum Teil direkt mit Veranstaltungen (Events, Sponsoring) und eigenen Medien (Corporate Publishing: Broschüren, Kundenzeitschriften, Flyer, Website, Social Media Accounts etc.) erreicht werden. In Mediengesellschaften (und daher für diese

---

[18] Solche durchaus informativen und unterhaltsamen Publikationen imitieren vielfach journalistische Genres und Produkte und versuchen durch diese Anmutung (oder Vortäuschung) als ebenso glaubwürdig zu erscheinen wie journalistische Medien. Normativ fragwürdig ist nicht nur die Verschleierung der Kommunikationsabsicht (Wahrhaftigkeit) gegenüber dem Publikum, sondern auch die Kollaboration einiger Medienunternehmen, die mit ihrer redaktionellen und journalistischen Expertise die Produktion im Auftrag (‚Corporate Publishing‘) übernehmen.

Aus der weiteren Betrachtung des Mediensystems Im Rahmen dieses Buches werden solche ‚Corporate Media‘ ausgeschlossen.

[19] Vgl. Vinerean 2017 für eine instrumentelle Anwendungsorientierung sowie kritisch Seiffert-Brockmann et al. 2022.

Analyse des Mediensystems) besonders relevant sind aber die Media Relations, also die Presse- und Medienarbeit, die auf die publizistischen Medien sowie deren Berichterstattung und Kommentierung zielen.[20]

Public Relations-Akteure nutzen publizistische Medien, um im Interesse der jeweiligen Organisation unentgeltlich (wenngleich mit erheblichem Ressourceneinsatz) öffentlich zu kommunizieren. Dabei geht es um die Vermittlung von Informationen und vor allem um den Aufbau von öffentlichem Vertrauen; und gerade deshalb versucht man, das Vertrauen in Journalismus statt der bezahlten und schon daher wenig glaubwürdigen Werbung zu nutzen. PR stellt für die Medien anders als die Werbung (vgl. Abschn. 4.3) keine direkte Erlösquelle dar, bietet aber die Möglichkeit, redaktionelle Kosten zu reduzieren – freilich um den Preis publizistischer Freiheit und Qualität. Eine wichtige Rolle in diesem mehr-stufigen Vermittlungsprozesses spielen auch die Nachrichtenagenturen (vgl. Abschn. 4.1) als Vermittlungspartner: Sie nehmen überregional, national und international an Presse-konferenzen von Regierungen, Organisationen und Unternehmen teil, über die sie anschlie-ßend berichten; und sie nutzen ihre Netzwerke zur Verbreitung von Pressemitteilungen (,Originaltexten') durch Tochterfirmen. Deren Erlöse dienen u. a. wiederum dazu, das de-fizitäre oder zumindest prekäre journalistische Nachrichtengeschäft zu finanzieren.

Das Zusammenspiel zwischen Medienredaktionen und der Medienarbeit von Organisa-tionen wird manchmal als *Determination* beschrieben, weil Medien oftmals auf PR-Mate-rial zurückgreifen,.d. h. die Übernahmechancen von Pressemeldungen hoch sind (vgl. Ba-erns 1991). Allerdings determiniert die PR-Seite nur im Ausnahmefall (Content Marke-ting) wirklich vollständig den Medieninhalt (einschließlich Zeitpunkt und Bewertung von Meldungen), und vor allem ist der verallgemeinernde Umkehrschluss empirisch fragwür-dig, dass der gesamte Medieninhalt durch Public Relations von Organisationen bestimmt wäre (vgl. hierzu auch Röttger et al. 2018, S. 58–61). Die Relevanz von PR und ihren Pro-dukten für die Medieninhalte ist aber mengenmäßig und auch im Hinblick auf die Exklu-sivität und Autorisierung der Informationen (man denke etwa an Regierungsprecherinnen etc.) unzweifelhaft groß.

Die Interdependenz zwischen den beiden Seiten PR und Journalismus erscheint komple-xer und kann als *Intereffikation* beschrieben werden: PR induziert durch Pressemitteilungen, Pressekonferenzen, Journalistenreisen, Pseudoereignisse wie Partei-, Gewerkschafts- und Kirchentage, Kundgebungen und Protestaktionen usw. Medienberichterstattung. Sie erzeugt also journalistische Resonanzen in Gestalt von Themensetzungen, Nachrichten, Kommenta-ren. Dabei muss sie sich allerdings an den Medienregeln (Nachrichtenfaktoren, Redaktions-zeiten und -routinen, formale Genreregeln) orientieren und ihre Maßnahmen entsprechend anpassen (Adaption) (vgl. Bentele et al. 1997, S. 240–246 sowie kritisch Röttger et al. 2018,

---

[20]Abgrenzungs- und Systematisierungsprobleme von Öffentlichkeitsarbeit und Public Relations können an dieser Stelle nicht behandelt werden; vgl. hierzu Röttger (2004).

S. 61–64). In bestimmten Fällen verschieben sich die Macht- und Einflussverhältnisse jedoch, etwa wenn eine journalistische Recherche praktisch unmöglich und die Pressestelle oder PR-Agentur einer Organisation die einzige Quelle darstellt. Oder wenn umgekehrt die investigative Berichterstattung oder das „Durchsickern" (Leaking) von organisationsinternen Quellen die Organisation zu einer reaktiven Krisen-PR zwingt. Insgesamt verfügt die PR-Seite über größere Ressourcen, d. h. die an der Beeinflussung der öffentlichen Meinung interessierten Organisationen beschäftigen mehr Pressesprecherinnen und Öffentlichkeitsarbeiter als es Journalisten in Deutschland gibt,[21] sie besitzen zum Teil erheblich höhere Budgets für Honorare sowie vielfach einen strategischen Informationsvorsprung. In dem Maße, wie die redaktionellen Ressourcen publizistischer Medien und die journalistischen Qualifikationen aufgrund der Marktentwicklung und des Kostenwettbewerbs weiter sinken, verlagern sich die Gewichte weiter zulasten des unabhängigen Journalismus. Die Möglichkeiten der strategischen Kommunikation, Zielgruppen direkt mithilfe von Onlinemedien und vor allem von Social Media zu erreichen sowie tendenziell sinkendes Medienvertrauen der Bevölkerung, können die Machtgleichgewichte weiter zugunsten der Kommunikationsstrateginnen und -strategen in Richtung Determination verschieben.

Intereffikation meint aber auch, dass Pressesprecherinnen und PR-Berater bzw. PR-Agenturen im Prozess der öffentlichen Kommunikation eine indirekte Vermittlungsfunktion einnehmen: Sie nutzen und werten journalistische Medien und (zum großen Teil automatisiert) Social Media aus (Media Monitoring), um die Organisation über ihre gesellschaftliche Umwelt und das Fremdbild der Organisation in der öffentlichen Meinung zu informieren. Und sie versuchen strategisch, diese öffentliche Meinung im Interesse der Organisation positiv zu beeinflussen.

Pressearbeit und Media Relations können je nach Organisation und den verfügbaren Ressourcen unterschiedlich organisiert sein: Große Unternehmen verfügen über ‚Kommunikationsabteilungen', in denen alle internen und externen Kommunikationsströme strategisch ausgerichtet und koordiniert werden (sollen), um mit hoher Effizienz und einheitlich im Sinne einer ‚integrierten Kommunikation' wirken zu können. Die Media Relations können auch als *organisationsinterne Stabsstellen und Fachabteilungen* organisiert sein oder durch eine *PR-Agentur,* die auf Vertragsbasis ein treuhänderisches Mandat sowie ein Budget erhält, erfüllt werden. Insbesondere bei (kleineren) zivilgesellschaftlichen Akteuren übernehmen meist einzelne *Pressesprecherinnen* oder -sprecher, ggf. sogar demokratisch gewählt und ohne spezielle Ausbildung, diese Funktion.

Kommunikations- oder PR-Agenturen können für die gesamte strategische und operative Öffentlichkeitsarbeit, für bestimmte Projekte (Online- oder Social Media-PR, Bilanzpressekonferenz, Parteitag etc.), und Phasen (Krisen-PR, Wahlkampf-PR) oder für die

---

[21] Szyszka et al. (2009, S. 200) gingen 2009 bereits von 40.000 bis 50.000 PR-Fachkräften in Deutschland aus, von denen ein Fünftel in Agenturen oder als externe Berater arbeitet. Für 2023 beläuft sich die „qualifizierte Schätzung" (Loosen et al. 2023, S. 7) auf knapp 40.000 Journalistinnen und Journalisten in Deutschland, für die PR liegen keine vergleichbaren Zahlen vor.

strategische Beratung, das permanente (Social) Media Monitoring usw. engagiert werden und arbeiten dann mit organisationsinternen Akteuren zusammen. Der Vorteil der Agenturen liegt in den umfangreichen Erfahrungen, in der speziellen Expertise sowie einer gewissen Neutralität des externen Blicks auf die Organisation, was bei unzureichender Kenntnis aber auch zum Nachteil gereichen kann. Agenturen nutzen bestehende Journalistenkontakte und -netzwerke für weitere Mandanten (vgl. Szyska et al. 2009, S. 197–199, 304). Vergleichbar mit den Werbeagenturen müssen PR-Agenturen analytische und konzeptionelle Aufgaben einerseits und kreative Leistungen andererseits erbringen. Ähnlich wie Werbeagenturen wirken in PR-Agenturen daher Kundenberater (Kontakter) und Kreative (Texter, Fotografen, Grafiker, Eventmanager) zusammen (vgl. Leipziger und Lempart 1993, S. 145–147). Im PR-Sektor arbeiten viele *Freelancer,* darunter vielfach auch Journalisten, die dauerhaft oder teilweise „die Seiten gewechselt haben." Normativ ist dies durchaus problematisch, weil eine unabhängige fachliche Berichterstattung nur schwer möglich ist, wenn eine persönliche wirtschaftliche Abhängigkeit durch die vergleichsweise üppigen PR-Honorare entstanden ist. Die Berufsrollen von Journalisten und Öffentlichkeitsarbeitern mögen sich systematisch ergänzen, persönlich sind sie unvereinbar. In der einschlägigen Richtlinie des Deutschen Rats für Public Relations (vgl. unten) heißt es dazu: „Wenn festangestellte oder freie Journalisten zu bestimmten Themen PR-Aufträge übernehmen, können sie nicht dasselbe Thema gleichzeitig in ihrer Journalistenrolle bearbeiten. Von Auftraggebern, also PR-Agenturen, Unternehmen etc., darf dies weder initiiert noch honoriert oder auch nur geduldet werden."[22] Die Journalistenverbände sehen das ähnlich, allerdings scheinen sich die Normen den Fakten zunehmend zu beugen: Im Berufsbild des Deutschen Journalistenverbandes von 2015 werden zwar noch die „[J]ournalistische Berichterstattung und PR-Aktivitäten in ein und derselben Sache" als „unzulässig" betrachtet, die Tätigkeit in der Presse- und Öffentlichkeitsarbeit wird aber als eines der „journalistischen Arbeitsfelder" betrachtet (vgl. u. zit. DJV 2015, S. 3 u. 5–6) und der Verband unterhält auch einen entsprechenden Fachausschuss. Die deutsche Journalistinnen- und Journalistenunion (dju) betont in ihrem aktuell gültigen „Berufsbild Journalismus" die „strikte Trennung" zwischen journalistischen und PR-Tätigkeitgen und ggf. Offenlegung gegenüber „journalistischen Auftraggebern" (dju 2010, S. 8).

Die beiden für PR und Pressearbeit wichtigsten Berufsverbände sind jedoch der *Bundesverband der Kommunikatoren (BdKom; bdkom.de)* und die *Deutsche Public Relations Gesellschaft e. V. (DPRG: www.dprg.de).* Der BdKom bzw. seine Vorgängerorganisation (BdP) bringt regelmäßig Berufsfeldstudien auf der Basis (nicht repräsentativer) Onlinebefragungen heraus, die Einblicke in die Berufspraxis und Organisationsstrukturen der Kommunikationsabteilungen. Laut der letzten Studie (2024 mit 1719 Befragten) war in 11 % der Organisationen die Kommunikationsverantwortung auf der Geschäftsführungs-

---

[22] https://drpr-online.de/wp-content/uploads/2023/07/2021-03-02_DRPR_Richtlinie-zu-PR-und-Journalismus.pdf [22.11.2024].

oder Vorstandseben angesiedelt, in den meisten Fällen (78 %) direkt darunter (BdKom 2024, S. 35). Rund ein Drittel der Organisationen verfügen über einen Newsroom, in dem zumindest Teile der PR konzentriert sind. Mitunter arbeiten dort bis zu 100 Menschen, im Durchschnitt aber lediglich vier (vgl. BdKom 2024, S. 96–97), was die Heterogenität der Arbeitsweise und Ressourcen verdeutlicht.

Neben BdKom und DPRG ist als Branchenverband die GPRA (www.grpa.de), laut Selbstbezeichnung Gesellschaft der führenden PR- und Kommunikationsagenturen in Deutschland, zu nennen: „Die GPRA repräsentiert 31 Agenturen mit circa 2800 Mitarbeiterinnen und Mitarbeitern und einem Marktanteil von 54 %."[23] Allen drei verbänden geht es um Professionalisierung und Vernetzung nach innen, die Lobbyarbeit und PR in eigener Sache und sicherlich auch um die Verbesserung des fragwürdigen Branchenimages. Ein wichtiges Instrument hierfür stellt der *Deutsche Rat für Public Relations (DRPR: https://drpr-online.de/)* dar, der sich als Organ der Selbstkontrolle versteht und von den vier großen Branchenverbänden getragen wird Grundlage seiner Arbeit ist primär der 2012 in Kraft getretene Deutsche Kommunikationskodex,[24] der durch derzeit zehn Richtlinien zu speziellen Problemfeldern ergänzt wird. In den 15 Punkten des Kommunikationskodex geht es u. a. auch um Transparenz und Wahrhaftigkeit. So soll „der Absender ihrer Botschaften klar erkennbar" sein, allerdings nur „soweit dies die rechtlichen Bestimmungen und die Verschwiegenheitsverpflichtungen gegenüber den jeweiligen Arbeits- und Auftraggebern zulassen" (DRPR 2012, S. 2) Die Trennung redaktioneller und werblicher Inhalte soll respektiert werden, Schleichwerbung wird ausgeschlossen und hierzu auf eine eigene Richtlinie verwiesen vgl. DRPR 2012, S. 2). Diese Richtlinie[25] definiert detailliert, was unter Schleichwerbung zu verstehen ist; als zulässig gilt aber durchaus, den Medien fertig vorproduzierte Inhalte oder Waren und Dienstleistungen „zu Testzwecken" zur Verfügung zu stellen, solange keine Zahlungen erfolgen und die Medien selbst über die Verwendung entscheiden können (vgl. DRPR 2011, S. 4).

Während die recht abstrakt formulierten und sich inhaltlich überschneidenden internationalen Kodizes wie beispielsweise der Code d'Athènes, der Code de Lisbonne und der Code of Venice (vgl. https://drpr-online.de/kodizes/pr-kodizes/) keine weiteren Kontrollgremien vorsehen oder eine Beschwerdestelle vorsehen, fungiert der PRPR auch als Beschwerdestelle. Beschwerden können von jedermann eingereicht werden; der DRPR prüft sie und kann Rügen, Mahnungen oder Missbilligungen aussprechen, die in der Regel veröffentlicht werden.[26]

---

[23] https://www.gpra.de/ueber-die-gpra/dafuer-stehen-wir/missionstatement/ [22.11.2025].

[24] https://drpr-online.de/wp-content/uploads/2023/10/DRPR_Deutscher-Kommunikationskodex-_.pdf [22.11.2024].

[25] https://drpr-online.de/wp-content/uploads/2023/07/2021-03-02_DRPR_Richtlinie-zur-Schleichwerbung.pdf [22.11.2024].

[26] Vgl. die Beschwerdeordnung des DRPR von 2015: https://drpr-online.de/wp-content/uploads/2015/05/DRPR-BESCHWERDEORDNUNG-052015.pdf [22.11.2024].

4.3   Werbe- und Mediaagenturen

4.3.1   Medien als Werbeträger

Aus der Sicht der werbetreibenden Wirtschaft und der werbeausführenden Agenturen sind publizistische Medien und Social Media-Plattformen vor allem *Werbeträger*, die mit anderen Werbeträgern und Werbeformen (Außenwerbung, Direktwerbung, Ambient-Werbung, hybride oder programmintegrierte Werbung etc.)[27] im Wettbewerb stehen.

▶   Unter Werbung wird eine Form der strategischen Kommunikation mit dem Ziel der Persuasion verstanden. Werbekommunikation soll die Rezipientinnen und Reuipienten zu einer Einstellungs- und Verhaltensänderung (oder -verstärkung) überreden oder überzeugen. Werbung wird gegen Bezahlung als Auftragskommunikation von Dritten geleistet.[28]

Meist handelt es sich um kommerzielle Werbung für Produkte und Dienstleistungen (Absatz- oder Wirtschaftswerbung); für die Medien wirtschaftlich relevant sind ferner weltanschauliche und politische Werbung (von Parteien, Verbänden, Bürgerinitiativen) sowie öffentlich finanzierte Aufklärungskampagnen (z. B. Gesundheit, Umwelt, Suchtprävention etc.).

In den Medien wird Werbung entweder in gestalteter und gekennzeichneter Form platziert oder sie wird in das Programm bzw. den redaktionellen Textteil integriert (Product Placement, Social Media Influencing/Inflencer Marketing) und gegen Bezahlung verbreitet, wobei der zahlende Auftraggeber in diesem – normativ bedenklichen – Fall über die Aussagen und damit über Teile des Medieninhalts entscheidet.

Der Vorteil der Publikumsmedien besteht in der kontrollierten Reichweite und der – zumindest unterstellten – hohen Kontaktqualität bzw. Aufmerksamkeit, mit der diese Medien wegen ihres redaktionellen Inhaltes und vergleichsweise hohen Glaubwürdigkeit rezipiert werden. Es lässt sich vergleichend messen bzw. hochrechnen, in welchem Maße Anzeigen, Spots, Banner oder Produktplatzierungen potenziell wahrgenommen werden.[29] Die Medienunternehmen finanzieren zum Teil branchenweit aufwendige Mediennutzungs-

---

[27] Die begrifflichen Einteilungen sind uneinheitlich; auch die modische „Above-the-line" vs. „Below-the-line"-Nomenklatur trägt wenig zur Klärung bei, zumal Plakat-, Verkehrsmittel- und Verzeichnismedienwerbung (also Adress- und Telefonbuchanzeigen) verschieden zugeordnet werden; vgl. Siegert und Brecheis (2017, S. 18–18) sowie Schweiger und Schrattenecker (2021, S. 142).

[28] Zur Definition von Werbung vgl. Siegert und Brecheis 2017, S. 8–12, zur Abgrenzung von anderen Formen der Kommunikation vgl. Siegert und Brecheis 2017, S. 28–45 und zur Problematik der publizistik- und kommunikationswissenschaftlichen Einordnung von Werbung sowie der fragwürdigen Begründung eines Systems Werbung; vgl. Siegert und Brecheis (2017, S. 99–110).

[29] Die Wirkungsannahmen sind aus kommunikationswissenschaftlicher Sicht unbefriedigend fundiert, weil von Präsentation auf Rezeption und Wirkung geschlossen wird. Entscheidend ist aber, dass die Entscheider der Wirtschaft aus pragmatischen Gründen mit unterkomplexen Modellen arbeiten (müssen), und dass die mangelhafte Validität für alle alternativen Werbeträger gleichermaßen gilt.

forschungen, um den Werbetreibenden vergleichbare Daten zur Verfügung zu stellen. Hier sind neben einzelnen Leser- und Mediennutzeranalysen vor allem die Interessengemeinschaft zur Feststellung der Verbreitung von Werbeträgern (IVW), die Media Analyse (AG. MA), die Allensbacher Werbeträger-Analyse (AWA), die AGF Videoforschung und die Gesellschaft für Konsumforschung (GfK) zu nennen.

Beispiel

Der 1949 gegründeten Informationsgemeinschaft zur Feststellung der Verbreitung von Werbeträgern e. V. (IVW) gehören unter anderem rund 698 Verlage, 330 Onlineanbieter, 23 Rundfunkveranstalter, 15 Werbeagenturen, 31 Paid Content-Anbieter, 4 werbungtreibende Unternehmen sowie 16 Mitgliedsverbände und 16 sonstige Mitglieder[30] an; insgesamt wird sie von knapp 1133 Mitgliedern finanziert. Sie kontrolliert (quartalsweise) Auflagen- und Besuchszahlen von Pressemedien (Zeitungen einschließlich E-Paper, Zeitschriften) und Onlinemedien (einschließlich Paid Content) sowie der Kinos (Besucherzahlen sowie korrekte Vorführung von Werbespots) und stellt diese Daten ihren Mitgliedsunternehmen aus werbetreibender Wirtschaft und Medien für die Werbevermarktung zur Verfügung.

Für die Allensbacher Werbeträger-Analyse (AWA) werden jährlich rund 23.000 Personen mündlich zur Nutzung[31] von rund 171 Zeitschriften und 5 Wochenzeitungen[32] befragt; die ma Pressmedien erhebt durch rund 40.000 standardisierte computergestützte Interviews die Nutzung von ca. 150 Zeitschriften[33] sowie in der ma Tageszeitungen die Nutzung von rund 670 Tageszeitungstiteln.[34] Die ma Radio basiert auf über 67.000 computergestützten Telefoninterviews[35] und Rekonstruktionen des Tagesablaufs.[36]

Die Nutzung des Fernsehens wird durch GfK-Meter-Geräte in mindestens 5265 repräsentativ für die „Wohnbevölkerung in der Bundesrepublik Deutschland in Privathaushalten mit mindestens einem Fernsehgerät in Gebrauch und einem deutschsprachigen Haupteinkommensbezieher"[37] – also nicht bevölkerungsrepräsentativ – gemessen.

---

[30]Vgl. IVW 2024: IVW-Geschäftsbericht 2023/2024, S. 7; https://ivw.de/sites/default/files/ivwgb_2023-2024.pdf [02.12.2024].

[31]Vgl. https://www.ifd-allensbach.de/awa/konzept/uebersicht.html [02.12.2024].

[32]Vgl. https://www.ifd-allensbach.de/awa/medien/uebersicht.html#c1611 [02.12.2024].

[33]Vgl. ma Pressemedien. http://dev.agma-mmc.de/media-analyse/ma-pressemedien [02.12.2024].

[34]Vgl. Datenerhebung der ma Radio. http://dev.agma-mmc.de/media-analyse/ma-radio/datenerhebung [02.12.2024].

[35]Vgl. ma Radio. http://dev.agma-mmc.de/media-analyse/ma-radio [02.12.2024].

[36]Vgl. Datenerhebung der ma Radio. http://dev.agma-mmc.de/media-analyse/ma-radio/datenerhebung [02.12.2024].

[37]AGF 2024: TV. https://www.agf.de/bewegtbildforschung/methode/tv [02.12.2024].

Die Nutzung von Online- und Social Media kann durch die Anbieter direkt und automatisch protokolliert werden (Logfiles, Cookies etc.). Darüber hinaus bietet beispielsweise die GfK ein Haushaltspanel an, in dem mithilfe von Hardware (Router) und Software die Nutzung aller Geräte einschließlich der mobilen gemessen und mit soziodemografischen Daten verknüpft werden.[38] ◄

Der Nachteil der Publikumsmedien als Werbeträger liegt in der ungenauen Adressierung von potenziellen Kunden, die zwar als soziodemografisch umschriebene Zielgruppe angesprochen werden können, aber nicht individuell und persönlich. Im Ergebnis weisen die publizistischen Medien größere „Streuverluste" auf, weil immer auch eine Vielzahl von Menschen erreicht wird, die gar nicht konkreter Zielpartner der persuasiven Kommunikation sind. Andere Werbeformen gewinnen daher seit Jahren zulasten der klassischen Medien an Bedeutung. Dies gilt vor allem für Onlinewerbung, die aufgrund von persönlichen Profil- und Verhaltensdaten aus der vorangegangen Onlinenutzung (Behavioral Advertising) – ggf. kombiniert mit Konsumdaten – der Nutzerinnen und Nutzer sehr zielgenau an bestimmte Personen adressiert werden kann („Targeting"; vgl. Schweiger und Schrattenecker 2021, S. 361).

Aus der Sicht der publizistischen Medien stellen Einnahmen aus der Werbung eine Erlösmöglichkeit dar, die in den meisten Fällen fundamentaler Bestandteil des Geschäftsmodells ist (z. B. kommerzielle Fernseh- und Radioprogramme) oder über Jahrzehnte war (insbesondere in den Printmedien). Der Vorteil von Werbeerlösen liegt in der ökonomischen und publizistischen Unabhängigkeit von staatlichen Mitteln und politischen Einflussnahmen; insofern kann Werbefinanzierung die Medienfreiheit sichern helfen. Der Nachteil der teilweisen oder vollständigen Werbefinanzierung besteht in der Abhängigkeit von diesen Erlösen und einer strukturellen Macht der Werbewirtschaft, die publizistische Freiheiten einschränken kann: Die vor allem im Lokalen vorhandene Abhängigkeit von bestimmten (insbesondere lokalen) Anzeigenkunden sowie das generelle Bemühen um ein konsumfreundliches und wirtschaftsunkritisches redaktionelles Umfeld stellen Risiken für die Innere Pressefreiheit dar. Im Ergebnis kann dies bedeuten, dass sich Medienangebote für Menschen, die nicht als kaufkräftige Konsumenten gelten, nicht „lohnen" und folglich marktwirtschaftlich nicht angeboten werden (können). Führt man sich vor Augen, dass als „werberelevante Zielgruppen" oftmals noch immer die vermeintlich innovationsfreudigeren 14- bis 49-Jährigen gelten, so gibt dies vor dem Hintergrund der demografischen Entwicklung zu denken. Sozial und wirtschaftlich benachteiligte Bevölkerungsgruppen und Minderheiten fallen mit großer Wahrscheinlichkeit durch das grobe und sozialwissenschaftlich nicht eben valide Relevanzraster der Werbetreibenden. Insgesamt sind die publizistischen Medien in erheblichem Umfang von der Werbung abhängig; das betrifft insbesondere den Rundfunk und die periodische Presse sowie die Onlinemedien,

---

[38] https://www.gfk-media-measurement.com/de/media-measurement/digital-audience-measurement [28.11.2024].

während Buch und Film in weitaus geringerem Maße auf Werbeerlöse angewiesen sind. Veränderungen im Werbemarkt, sowohl die Gesamtinvestitionen in Werbung als auch die Verteilung auf Medienwerbung vs. sonstige Werbung und die Verteilung des Werbebudgets im Mediamix stellen damit strukturelle Schlüsselfaktoren des deutschen Mediensystems dar. Diese überaus bedeutsamen Verteilungsentscheidungen liegen in der „unsichtbaren Hand" des Werbemarktes als Institution, zunehmend aber in der Hand von Mediaagenturen als besonders einflussreiche Organisationen mit erheblicher Nachfragemacht und Steuerungsfunktion.

Die ideologisch überhöhte Vorstellung der quasi natürlichen und neutralen „unsichtbaren Hand des Marktes" kann nicht darüber hinwegtäuschen, dass bei der Mediaplanung Entscheidungen durch Menschen getroffen werden, die hierdurch eine Machtposition einnehmen und unterschiedliche Ziele verfolgen können. In Deutschland weniger von Bedeutung als beispielsweise in Österreich und vor allem in vielen anderen, eher illiberalen Staaten verfügen staatliche Akteure über erhebliche Werbebudgets, mit denen sie Medien gezielt alimentieren oder eben im Wettbewerb um Werbegelder benachteiligen können. Entschieden wird in solchen Fällen nicht mehr nach marktlichen, sondern nach politischen Gesichtspunkten. Es müssen aber nicht immer staatliche Stellen sein, die mit der Entscheidung über Werbeinvestitionen publizistische oder politische Ziele verfolgen: Mediaplaner und -planerinnen entscheiden, ob Werbung bevorzugt in den Medien geschaltet wird, die journalistische Leistungen erbringen oder ob die Werbebudgets überwiegend zu den Online- und Social Media-Plattformen fließen, die ihre Reichweiten eher mithilfe von Fake News und Hate Speech maximieren. Sie entscheiden, vielleicht ohne sich dieser Verantwortung immer bewusst zu sein, dabei letztlich mit über die Leistungsfähigkeit öffentlicher Kommunikation (vgl. Altmeppen und Lauerer 2022. Die Erfahrungen der letzten Jahre haben gezeigt, dass beispielsweise die Werbung auf Twitter bzw. X als zunehmend fragwürdig und rufschädigend wahrgenommen wird. Der Entzug von Werbegeldern hat auch hier eine – vielleicht verantwortbare – publizistische und politische Wirkung.

4.3.2   Organisation der Werbekommunikation

Werbekommunikation ist ein komplexer arbeitsteiliger Prozess, der nach wirtschaftlichen Effektivitäts- und Effizienzgesichtspunkten geplant und durchgeführt wird. Die Produktion von Werbeaussagen und damit die Rolle des Kommunikators (Ausgangspartners) ist dabei kaum von der Rolle der Vermittlungspartner zu trennen, die in einem koordinierten und organisierten Prozess gemeinsam „Werbebotschaften" kampagnen- und medienspezifisch gestalten. Es müssen also Planungs- und Managementfunktionen einerseits und kreative Funktionen andererseits miteinander in effizienter Weise koordiniert werden. Diese Aufgabe wird in der Regel nicht vom eigentlichen Auftraggeber der Werbung, dem werbetreibenden Unternehmen selbst, erbracht, sondern von einem Auftragnehmer bzw. einem Netzwerk von Auftragnehmern.

Werbe- und Mediaagenturen sowie die *Werbevermarkter* der Medien nehmen zentrale Rollen ein, weil sie bereits vor dem eigentlichen Werbekommunikationsprozess die Interessen bzw. die Nachfrage der werbetreibenden Wirtschaft mit den Werbeplatz- und -zeitangeboten der publizistischen Medien, der Plattformen (und aller anderen Werbeträger) in einem spezifischen Mediamix vermitteln. Ausgangspunkt des *Werbemanagements* ist die Situationsanalyse, die mehr oder weniger methodisch fundiert (aufgrund von Markt- und Trendforschung) Auskunft über den Markt (Wettbewerber), den potenziellen Kundennutzen (Unique Selling Proposition) und die Käufergruppe (Zielgruppe nach soziodemografischen Kriterien und Milieus) sowie die vom Auftraggeber angestrebten Kommunikationsziele (Produkteinführung und -bekanntheit, Markenimage, Umsatz- oder Marktanteilssteigerung etc.) gibt und diese im besten Falle auch quantifiziert. Aus der Situationsanalyse erwächst eine strategische Planung, in der die Kommunikationsziele definiert werden. Als Grundlage gelten sog. Briefings der Auftraggeber (Werbekunden), die meist der weiteren Klärung und eines Rebriefings seitens der Agentur bedürfen. Zur Umsetzung der schließlich beschlossenen Strategie erfolgt dann durch die Werbeagenturen eine operative Planung, bei der es um konkrete Kommunikationsmaßnahmen bis hin zum Mediamix sowie der Gestaltung von Werbekommunikaten geht (textliche Vorgaben, Slogans, Claims, Visualisierung etc.). Nach der Umsetzung erfolgt eine meist anhand von Kennzahlen formalisierte Evaluation und ggf. eine Strategieänderung (vgl. Siegert und Brecheis 2017, S. 156–186). Die *Werbevermarkter* bieten Werbezeiten und -plätze in einzelnen Medien an, sie bündeln aber oft auch verschiedene Medien zu regionalen oder zielgruppenspezifischen ‚Werbekombis.‘ Zudem betreiben sie Werbung für Werbung und akquirieren Werbegelder mithilfe von angewandter Medienforschung. Um gegenüber potenziellen Kunden die Reichweite und (mögliche) Wirksamkeit von Werbung nachzuweisen betreiben sie aufwändige Mediennutzungsforschungsstudien, die Auskunft über den Werbewert – auch im Vergleich – mit konkurrierenden Medien geben sollen. Die Evaluation erfolgt also in weiten Teilen in standardisierter und auf Vergleichbarkeit sowie Berechenbarkeit ausgelegten Studien neutraler Drittanbieter (vgl. oben).

Eine zentrale Aufgabe von *Werbeagenturen* (auch diese bezeichnen sich gerne euphemistisch als Kommunikationsagenturen) besteht neben der Kundenberatung und Strategieentwicklung in der Gestaltung von Werbung, die sich der publizistischen Medien als Werbeträger (für Anzeigen, Beilagen, Spots, Banner etc.) bedient oder über andere Werbeträger wie Plakate, Direct-Mail, Postwurfsendungen, Kataloge etc. verbreitet wird. Das Gesamtkonzept einer Kampagne umfasst neben der Werbeidee und den Textbotschaften (Slogan, Headlines, Anzeigen- und Werbetexte) sowie den übrigen kreativen Werbemitteln (etwa Anzeigen- und Plakatmotiven, Radio- und Fernsehspots, Online-Banner) die Zeit-, Budget- und Mediaplanung. Festgelegt wir, wann welche Werbemittel und Werbeträger mit welchem Ressourceneinsatz (Budget des Auftraggebers) eingesetzt („geschaltet") und verbreitet („gestreut") werden, um Kontakt- und Wirkungschancen zu optimieren. Der mittlerweile auf der Grundlage spezieller Software erstellte Mediaplan enthält damit das Zeit-Mengen-Gerüst der Werbung (vgl. Schweiger und Schrattenecker 2021, S. 352–391). Bei großen Kampagnen werden die Werbemittel vorab im Labor getestet oder im Nachhinein evaluiert.

Das Leistungsspektrum der beauftragten Agenturen fällt sehr unterschiedlich aus: Einige *Full-Service-Agenturen* erstellen neben den Analysen, Konzepten und kreativen Komponenten die gesamte Mediaplanung und übernehmen im Auftrag des Werbekunden die Buchung von Anzeigen, Bannern oder Spots. Zum Teil beauftragen sie selbst wiederum *spezielle Dienstleister* (beispielsweise für Events, Direktmarketing, Online-Komponenten, Produktion von Werbespots)[39] und kleinere Agenturen sowie *freie Texter und Grafiker (Freelancer)*.

Innerhalb der Agenturen (bzw. innerhalb des Netzwerkes) spielen unterschiedliche Berufsrollen und Akteursprofile zusammen. Die beiden Hauptabteilungen, die Full-Service-Agenturen von bloßen Grafikbüros oder Werbeberatern unterscheiden, sind die Kreation und die Kundenberatung (Kontakter). Die *Kontakter* sind sowohl für die Beratung und Kundenkommunikation nach außen als auch für die Vermittlung der Kundenwünsche an die kreativen Kollegen (Briefing) zuständig. Die Professionalisierung der nach wie vor zugangsoffenen Werbeberufe und die Spezialisierung macht die Agenturen zu komplexen Organisationen mit einer spezifischen Sprache und speziellen Hierarchiebezeichnungen, z. B. Junior-Texter, Texter, Konzeptionstexter sowie in den leitenden Gestaltungspositionen Art Director (als Chefgrafiker) und Creative Director (als Leiter des kreativen Teams aus Text und Grafik). Große Agenturen arbeiten mit zum Teil deutlich mehr als einhundert Mitarbeitern, sodass eine eigene „Traffic"-Abteilung die Binnenkoordination zwischen den Kollegen übernimmt; große Agenturen verfügen über eigene FFF-Abteilungen für Funk-, Film- und Fernsehspots (vgl. Schierl 2002, S. 429–438).

Die Hauptwerbekunden (und damit maßgeblichen Medienfinanciers) stammen in Deutschland klassischerweise aus der Autoindustrie, der Markenartikelindustrie und dem (Online-)Handel. Das Werbeträgerprofil der einzelnen Medien unterscheidet sich: In Zeitungen dominiert die Werbung für Zeitungen (auch Eigenwerbung des Verlages) und die Werbung des (stationären) Lebensmitteleinzelhandels sowie Möbel- und Autohandel, beim öffentlich-rechtlichen Fernsehen sind es rezeptfreie Arzneimittel, d. h. die Zielgruppenorientierung bestimmt auch die Möglichkeiten der Medien, mithilfe von Werbung Einnahmen zu erzielen, und die Konjunktur bestimmter Branchen kann sich unterschiedlich auf die medialen Werbeträger auswirken. Internationale Dienstleistungskonzerne und Markenartikler arbeiten bevorzugt mit globalen *Agenturverbünden und -netzwerken* zusammen. Dies sichert zum einen Kundennähe durch die regionalen Agenturen, zum anderen erleichtert es einen einheitlichen „Auftritt" des Unternehmens und senkt die Transaktionskosten, weil nur mit einem Auftragnehmer zentral verhandelt werden muss. Solche Agenturverbünde können vergleichsweise lose Zusammenschlüsse für die Kooperation sein, sie können aber auch als Holding mit erheblichen Kostenvorteilen organisiert werden. Der Weltmarkt wird von Konzernen,

---

[39] Werbetreibende und Agenturen werden damit wiederum zu Auftraggebern der Medienunternehmen.

sog. Agenturnetzwerken, wie beispielsweise Publicis (17.000 Mitarbeiter in 60 Ländern[40]) oder Dentsu dominiert. Sie erzielen erhebliche Jahresumsätze, wie beispielsweise die JOM Group mit 390 Mio. € im Jahr 2023.[41]

Die Mediaagenturen spielen eine ökonomische Schlüsselrolle, weil in Deutschland etwa 90 % der Werbebudgets von ihnen verwaltet werden, während kaum noch Unternehmen direkt bei den Medien Werbeplätze kaufen. Vor allem für die Presse und den Rundfunk treten die großen Mediaagenturen, die zudem ein Oligopol bilden, als sog. „Trader" auf, d. h. sie kaufen auf eigene Rechnung Werbeplätze und -zeiten in großen Mengen, erhalten entsprechende Rabatte von den Medien und verkaufen den Werberaum dann mit Gewinn an ihre Kunden aus der werbetreibenden Industrie weiter. Sie handeln also nicht mehr nur im Auftrag des Kunden auf Grundlage eines Mediaplans, sondern auf eigene Rechnung und verfolgen dabei möglicherweise eigene Interessen. Vor allem aber besitzen sie zunehmend preisgestaltende Nachfragemacht gegenüber den Medien als Werbeträger. Den Agenturen kommt auch eine publizistische Macht zu, weil die Medien auf die Agenturen angewiesen sind (vgl. Siegert und Brecheis 2017, S. 131–132 sowie Ukrow und Cole 2017, S. 15–17 u. 23–24).

Bei der *programmintegrierten Werbung, also dem Product, Location oder Themen Placement* sowie dem sogenannten *Native Advertising* in den dramaturgischen oder gar redaktionellen Angeboten kooperieren Werbeagenturen oder spezialisierte Product Placement-Agenturen von Anfang an mit den Film- und Fernsehproduzenten bzw. Presseredaktionen; zum Teil geht die Initiative zur Erschließung dieser Finanzierungsquelle von den Produzenten oder Verlagen selbst aus. Normativ sind solche Praktiken, wenngleich mittlerweile grundsätzlich in der EU legal, aus zwei Gründen bedenklich: Zum einen ist nicht immer sicher, ob Rezipienten das Placement als Werbung erkennen, das Trennungsgebot sowie die Kennzeichnungspflicht also ausreichend beachtet werden. Zum anderen erlangen werbetreibende Unternehmen vermittelt über die Agenturen über den finanziellen Einfluss hinaus Einfluss auf die Medieninhalte, d. h. sie bestimmen Themen, Plots, Handlungsträger und -verläufe von Unterhaltungsangeboten – meist auf nicht sehr transparente Weise – mit, sodass redaktionelle und künstlerische Autonomie verloren gehen (vgl. Siegert und Brecheis 2005, S. 155, 256). Beim Behavioral Advertising in den Onlinemedien basiert hochgradig individualisierte bzw. personalisierte Werbung auf der Grundlage großer Datenbestände, die algorithmisch ausgewertet werden können (‚Big Data'); die einzelnen Werbeplätze (z. B. für Bannerwerbung) werden automatisiert anhand zuvor festgelegter Parameter in Sekundenbruchteilen vergeben. Die klassischen Mediaagenturen mit ihren Mediaplänen bleiben weitestgehend außen vor, denn diese Serviceleistungen werden von den großen Plattformkonzernen, insbesondere Google AdSense (Alphabet) und Facebook (Meta), selbst angeboten – auch für konzernfremde Onlinemedien (vgl. Siegert und Brecheis 2017, S. 133)

---

[40] Vgl. OMG 2023, S. 149/141.
[41] Vgl. OMG 2023, S. 122/123.

Die Aufgabe der *Mediaplanung* kann von *Mediaagenturen* erfüllt werden, also getrennt von den kreativen Tätigkeiten der Werbeagentur. Diese Mediaagenturen können eigenständige Unternehmen oder Tochterunternehmen von Werbeagenturen sein und finanzieren sich über Provisionen, in der Regel 15-prozentige Anteile am Werbebudget, das sie im Kundenauftrag verwalten. Mediaagenturen verhandeln mit den Werbevermarktern der Medien, entweder mit einzelnen Werbeabteilungen von Verlagen und Rundfunkunternehmen oder mit Vermarktungsagenturen. Weil die Mediaagenturen eine Vielzahl von Kunden vertreten, besitzen sie gegenüber den Medien eine erhebliche Verhandlungsmacht und können Rabatte auf die Bruttowerbepreise erzielen, die beträchtlich sind. Hier werden also Größenvorteile wirksam, die eine Konzentration des Mediaagenturmarktes fördern (vgl. Siegert und Brecheis 2005, S. 140; Holznagel et al. 2008, S. 80–81; KEK 2010, S. 373).

4.3.3   Werbemarkt

In Werbung waren in Deutschland 2023 rund 900.000 Menschen beschäftigt und es wurden insgesamt (brutto) fast 49 Mrd. € (netto rund 26 Mrd. €) investiert, was 1,2 % des Bruttoinlandsprodukts (BIP) entspricht. Die Medien erzielten aus der Werbung Einnahmen in Höhe von 25,87 Mrd. €,[42] was die Bedeutung der Werbefinanzierung hervorhebt. Rund die Hälfte der Werbeeinnahmen entfällt auf Online-Werbung, davon knapp 6 Mrd. € auf die Suchmaschinenwerbung, d. h. diese Werbegelder dienen nicht der Finanzierung von journalistischen Redaktionen. Die Verlagerung der Werbeinvestitionen weg von den publizistischen Medien hin zu den großen Plattformbetreibern und Tech-Konzernen schwächt den Teil des Mediensystems, der eine öffentliche Aufgabe durch Journalismus erfüllt. Die Printmedien verzeichnen seit Jahren rückläufige Werbeeinnahmen, 2023 waren es noch 7,3 Mrd. €, beim Fernsehen und anderen Bewegtbildmedien waren es noch rund 5,1 Mrd. und beim Hörfunk (einschließlich Streaming) rund 800 Mio. € an Einnahmen.[43] Der strukturelle Wandel des Werbemarktes hat zu einer monopolistischen Situation geführt, weil Alphabet (Google, Youtube), Meta (Facebook, Instagram) sowie Amazon von ihren technischen und ökonomischen Netzwerkvorteilen profitieren: Mit Google und Youtube erzielte Alphabet 2023 6,160 Mrd. € Werbeeinnahmen, bei Meta waren es rund 1,7 Mrd. und bei Amazon 2,127 Mrd. €.[44] Der bedeutsame Onlinewerbemarkt ist damit nahezu vollständig in der Hand weniger Wettbewerber, solange nicht beispielsweise der EU hier regulierend eingreift. Auch global besitzen die Plattformkonzepte Alphabet/Google (mit 39 %), Meta (18 %), Amazon (7 %) und TikTok (3 %) eine über-

---

[42] https://zaw.de/wirtschaft-und-werbung/ [18.12.2024].

[43] https://zaw.de/branchendaten/werbemarkt-nach-medien/ [18.12.2024].

[44] https://diemediaagenturen.de/pressemitteilungen/omg-analyse-werbemarkt-2023-60-prozent-der-nettoumsaetze-sind-digital/ [18.12.2024].

ragende Stellung. Neben den publizistischen Folgen, die sich durch die Konzentration von Werbemitten auf den Plattformen abzeichnet, gibt es auch die Vermutung des wirtschaftlichen Machtmissbrauchs durch Wettbewerbsverzerrung bzw. Bevorzugung konzerneigener Werbung. 30 Medienunternehmen haben 2024 daher eine Schadenersatz-Klage bei einem niederländischen Gericht eingereicht.[45]

Marktanteile der verschiedenen Medien sowie der Direkt- und Außenwerbung zeigt für das Jahr 2023 die Abb. 4.1.

4.3.4   Normen und Institutionen

Werbekommunikation ist in Deutschland durch die im Grundgesetz (Art. 5) garantierten Kommunikationsfreiheiten geschützt. Diese Grundrechte werden durch medienspezifische Werbe-, Product Placement- und Sponsoring-Begrenzungen im Rundfunkstaatsvertrag (vgl. Bd. 2, Kap. 7), den Jugendschutz und den Verbraucherschutz eingeschränkt: So darf für jugendgefährdende Medien, aber auch für Alkohol, Tabakwaren, verschreibungspflichtige Medikamente und ärztliche Berufe nicht geworben werden. Für eine faire Werbepraxis soll das Gesetz gegen unlauteren Wettbewerb (UWG) sorgen, dass vor allem

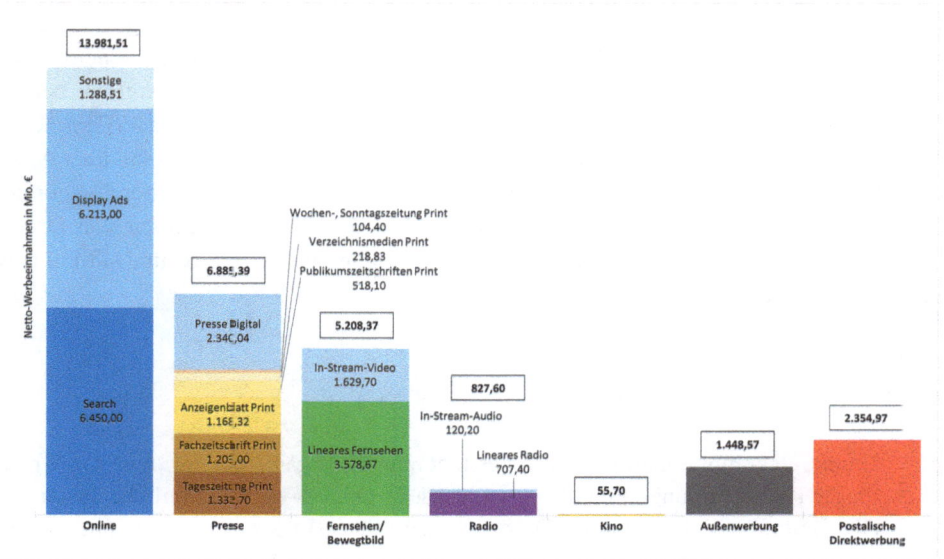

Abb. 4.1 Marktanteile der Medien und anderer Werbeträger 2023 in Prozent. (Quelle: ZAW; https://zaw.de/branchendaten/werbemarkt-nach-medien/)

---

[45]Vgl. „Werbe-Sammelklage gegen Google", Frankfurter Allgemeine Zeitung, 01.02.2024, S. 24.

irreführende Werbung und das Ausnutzen der Gutgläubigkeit von Konsumenten (insbesondere von Kindern und Jugendlichen) verhindern soll. Vor dem Hintergrund werbekritischer Diskussionen und einer Initiative des Europarats hat der Dachverband der Werbewirtschaft (ZAW) 1972 mit dem Deutschen Werberat eine Selbstkontrollinstitution begründet. Der *Werberat* dient als Anlaufstelle für Beschwerden und er hat eine Reihe von Verhaltensregeln für die Werbebranche erlassen; seine eigentliche Wirkung besteht allerdings in der Abwehr staatlicher Regulierung (vgl. Zurstiege 2007, S. 51–69; Siegert und Brecheis 2005, S. 89–92). Im Jahr 2023 erhielt der Werberat 355 Beschwerden gegen 718 Werbemittel; meist ging es dabei um sexistische Werbung (141 Fälle); es wurden insgesamt nur acht öffentliche Rügen erteilt, in 85 Fällen wurden die Werbekampagnen zurückgezogen und in 262 Fällen wurde kein Verstoß festgestellt.[46]

Der *Zentralverband der deutschen Werbewirtschaft* ist ein Dachverband aus 41 Verbänden und großen Werbeakteuren; vertreten sind neben den Agenturen mit ihre Verbänden auch die Werbetöchter der öffentlich-rechtlichen Rundfunkanstalten, Branchenverbände von Markenartiklern sowie – als assoziierte Mitglieder – einzelne werbungtreibende Unternehmen.[47]

4.4   Telekommunikationsnetze und -dienste

Die sekundären Medien benötigen für die Produktion wie für die Verbreitung an die Rezipienten materielle Vertrieb- und Transportnetze, wie das Straßen- und Schienensystem, und Organisationen wie die Post und Pressezustelldienste. Seit langem werden bei der Produktion von Presse, Film und Buch aber auch Telekommunikationsnetze (Fernmeldenetze) intensiv genutzt, insbesondere für die aktuelle Nachrichtenbeschaffung über Agenturen (vgl. Abschn. 4.1) und Korrespondenten sowie die redaktionelle Recherche. Für den Austausch von Medieninhalten und Vorprodukten sowie die Übermittlung von Druckdaten u. v. a. m. werden Telekommunikationsdienste, allen voran Telefon und E-Mail bzw. File-Transferdienste benötigt.

4.4.1   Netze und Dienste

▶   Unter Telekommunikationsnetzen versteht man die organisierte Struktur von Wegen für die Fernkommunikation über – mehr oder weniger – große räumliche Distanzen. Die Boten- und Postdienste für den materiellen Transport von Speichermedien (Briefe etc.) bedienten sich bereits eines Telekommunikationsnetzes, das allerdings weitgehend identisch mit den Straßen- und Wegesystemen für Reise und Transport

---

[46] https://werberat.de/bilanzen/bilanz-2023/ [29.11.2024].

[47] https://zaw.de/der-zaw/mitglieder/ [18.12.2024].

war. Mit der Erfindung von Diensten wie Telegrafie, Telefonie und Rundfunk entwickelten sich materiell hiervon getrennte elektrische und elektronische Leitungs- und Funknetze für die schnelle bzw. synchrone Telekommunikation.

Geradezu essenzielle Bedeutung besitzen Telekommunikationsnetze für die tertiären Medien: Rundfunk und Onlinemedien sind ohne Telekommunikation gar nicht denkbar, weil weder die Produktions- noch die Distributionsfunktionen erfüllt werden könnten, ohne dass elektromagnetische Signale in analoger oder (zunehmend) digitaler Form entlang materieller Leitungen, über terrestrische Funkfrequenzen oder per Satellit übermittelt werden.

Das Leistungsspektrum (übermittelte Daten bzw. codierte Zeichentypen) und die Leistungsfähigkeit (Bandbreite) von Telekommunikationsnetzen sind zwar nicht die Ursache, aber eine wichtige Grundlage für die weitere Entwicklung der Medien. Technik und Organisation von Telekommunikationsnetzen und die Institutionalisierung von Telekommunikationsdiensten besitzen folglich einige Relevanz für das Verständnis eines Mediensystems, auch wenn hier die publizistischen Medien im Vordergrund stehen und wir uns nicht systematisch mit den Strukturen der Individual- und Organisationskommunikation beschäftigen.

Man unterscheidet grundsätzlich zwei Strukturen von Telekommunikationsnetzen:

*   *Vermittlungsnetze* verbinden viele Sender und Empfänger über ein Leitungsnetz miteinander, wobei aus den Empfängern jederzeit Sender werden können, was den kommunikativen Rollenwechsel wie beim Telefon erlaubt. Innerhalb des Netzes müssen die Signale deshalb vermittelt werden, d. h. es sind Vermittlungsstellen notwendig, die dafür sorgen, dass die Signale (Daten) auch den richtigen Empfänger (und nicht alle Netzteilnehmer) erreichen. Auf dem Vermittlungsnetz der Telefonie aufbauend bzw. diesem Prinzip folgend nutzen alle Tele- oder Onlinemedien solche Vermittlungsnetze: Individuelle Nutzer können über ihre Endgeräte (Client-Rechner) selektiv Daten von anderen Rechnern im Netz (Servern, Hosts) abrufen und in Kontakt mit allen anderen Clients treten; die Datenübermittlung erfolgt in beide Richtungen ohne Medienbruch.
*   *Verteilnetze* mit Baumstruktur hingegen dienen der hierarchischen Verbreitung von Signalen (Daten) von einem Sender an viele Empfänger bzw. Empfangsgeräte; das klassische Beispiel ist das Kabelfernsehnetz. Eine wechselseitige Datenübertragung (Rückkanal) ist, falls überhaupt, nur in sehr begrenztem Maße und nur zum Sender, aber nicht zu anderen Netzteilnehmern möglich.

Telekommunikationsnetze können physikalisch ganz unterschiedlich aufgebaut sein: Als *terrestrisches Funknetz* (Richtfunk, Rundfunk, Mobiltelefonie) kommen sie ebenso wie beim *Satellitenbetrieb* ohne materielle Leitung aus; als *Leitungsnetz* benötigen sie Kabel, die sich in Material und Bandbreite (also transportierbarer Datenmenge je Zeiteinheit; Kilo- oder Megabit/Sekunde) unterscheiden. Und schließlich können bei Funk- wie bei leitungsgebundenen Telekommunikationsnetzen die Daten in analoger Form, wie bislang noch beim UKW-Hörfunk oder in der komprimierten und daher effizienteren digitalen Form codiert übertragen werden. Die Digitalisierung der Übertragung und der Speicherung von Medieninhalten spielt nicht alleine in den Onlinemedien, sondern in allen Mediensektoren eine wichtige Rolle. Längst werden auch gedruckte Bücher, Zeitungen und Zeitschriften digital erstellt und archiviert, die digital vorliegenden Inhalte lassen sich leicht bearbeiten und in verschiedenen Versionen auf unterschiedlichen Plattformen verwerten. Digitale Speicherkapazitäten sind weitaus billiger als analoge, die Inhalte lassen sich automatisch durchsuchen und (neu) ordnen sowie mit Algorithmen bzw. sog. Künstlicher Intelligenz bearbeiten.

4.4.2 Vermittlungsnetze: Vom Telefon zum Internet

Das klassische Telefonnetz (PLOTS = Plain Old Telephone Service) bestand aus einem doppelten Kupferdraht („twisted pair") und wurde analog betrieben. Erst mit der Einführung von ISDN (Integrated Services Digital Network) und vor allem durch verschiedene DSL-Varianten (Digital Subscriber Line) entstand aus dem schmalbandigen Telefonnetz ein leistungsfähiges Datennetz, wie es für die komfortable Nutzung von Onlinemedien und den Abruf von Bewegtbildern notwendig ist. Die Grenze zwischen Schmal- und Breitband ist nicht eindeutig definiert und unterliegt einem Wandel, der sich nicht zuletzt an den gewünschten bzw. üblichen Anwendungen bemisst. Derzeit gelten Übertragungsraten von mehr als 50 Mbit meist schon als „Breitband", Anschlüsse mit bis zu 250 Mbit sind in vielen Regionen verfügbar. Mittlerweile erwarten auch private Nutzer ein reibungsloses Streaming von Videos mit hoher Auflösung über das Netz, und dies auch in Funknetzen (Smartphones). Im Festnetz müssen dafür die Vermittlungstechniken z. B. durch VDSL (bis 50 Mbit) optimiert, mittelfristig aber die Leitungen auf Glasfasertechnik umgerüstet werden. Ein Engpass bleibt bis auf Weiteres die „letzten Meile" zwischen digitaler Ortsvermittlungsstelle und Teilnehmer (TAL = Teilnehmeranschlussleitung, die meist noch immer als „twisted pair" vorliegt (24,7 Mio. Haushalte mit DSL-Zugängen). 2023 gab es 16,2 Mio. Glasfaseranschlüsse für Endkunden (vgl. Monopolkommission 2023, S. 17). 38,1 Mio. der rund 40 Mio. Haushalte verfügen über Breitbandzugänge im Festnetz, rund 10 % der Haushalte besitzen direkten Zugang zum Glasfasernetz (vgl. Monopolkommission 2023, S. 14). 23 Mio. Haushalte sind per DSL (also über Kupfer-Telefonkabel), 8,4 Mio. Haushalte sind über TV-Kabel im Netz; und das Ziel bis 2030 alle Kupferkabel durch Glasfaser zu ersetzen, wird nicht erreicht (Martin-Jung 2025, S. 15). Weite Teile der Fernverbindungen, insbesondere die nationalen und internationalen Hauptrouten (Backbones) verwenden keine Kupferleiter mehr, sondern weitaus leistungsfähigere Glasfaserkabel (Lichtwellenleiter). Alle Haushalte und Betriebe an Glasfasernetze anzuschließen, als auch die Leitungen sog. „letzte Meile" auf den neuesten Stand zu bringen, erfordert erhebliche Investitionen. Ende 2023 gab es in Deutschland 38,4 Mio. Breitbandanschlüsse, davon die Hälfte mit mindestens 50 Mbit. Es dominiert mit 64 % noch die DSL-Technik (vgl. Bundesnetzagentur 2024, S. 12–13).

Kommunikationspolitisch wichtig, auch unter dem Gesichtspunkt der Gleichheit und Versorgungsgerechtigkeit (Sozialstaatsgebot als Norm), erschien es der Bundesregierung schon 2008, „möglichst rasch eine annähernd vollständige Flächendeckung mit breitbandigen Internetzugängen zu erreichen" durch den „Ausbau aller öffentlichen Kommunikationsnetze (Festnetze, terrestrische Netze, mobile Netze, Satellitennetze) zu digitalen Triple-Play-Breitbandnetzen" für Rundfunk, Telekommunikation und Internetnutzung (BKM 2008, S. 29–30). Von einer flächendeckenden Breitbandversorgung ist Deutschland noch immer weit entfernt, wie die Jahresberichte der Bundenetzagentur sowie die Feststellungen von regionalen „Unterversorgungen" belegen.[48]

Das seit den 1960er-Jahren zunächst in den USA entwickelte *Internet* stellt ein mittlerweile globales Netzwerk von Netzen dar: Physikalisch recht unterschiedliche lokale Telekommunikationsnetze (Local Area Networks, LAN) und regionale Netze (Metropolitan Area Networks, MAN) sowie Wide Area Networks (WAN) auf nationaler oder kontinentaler Ebene werden auf der Grundlage festgelegter Datencodierungs- und Übertragungsprotokolle miteinander vernetzt. Dabei werden weltweit Kupfer- und Glasfaserleitungen über Land und unter den Meeren mit Funk- und Satellitenverbindungen kombiniert. Die Daten werden in Paketen gebündelt, die eine Adresse erhalten, und Routerserver sorgen dafür, dass die Datenpakete alle ihren Bestimmungsort erreichen. Auf diese Weise können die Leitungen gleichzeitig für viele parallele Übertragungen genutzt werden (vgl. Beck 2006, S. 7–11).

IP-basierte Dienste des Internets können stationär und mobil genutzt werden, entweder mit dem „Universalgerät" Mobiltelefon (Smart-Phone) oder mit portablen Computern (Notebook, Tablet). Mobile Internet-Zugänge ermöglichen neben der interpersonalen Telekommunikation die Nutzung von Social Media-Plattformen und Kurznachrichtendiensten sowie publizistischer Onlinemedien, meist in Gestalt von Apps. Der Markt für Apps ist hochgradig monopolisiert: Apple (App Store) und Google (PlayStore) sind die exklusiven Marktplätze und die beiden Tech-Konzerne diktieren die Bedingungen bis hin zu Umsatzanteilen, die einbehalten werden. Mittlerweile klagt die EU wegen Kartellverstößen z. B. gegen Apple[49] und die EU-Kommission hat ein Verfahren gegen Apple eingeleitet.[50]

Die großen Anbieter von Übertragungswegen für den internetbasierten Datenverkehr und hierauf basierenden Medien- und Kommunikationsleistungen besitzen selbst leistungsfähige Leitungsnetze, die das „Rückgrat" des Internets, das sog. „Backbone" bilden. Sie betreiben, mieten („Transit") oder vermieten extrem leistungsfähige Glasfasernetze mit

---

[48] https://www.bundesnetzagentur.de/DE/Fachthemen/Telekommunikation/Grundversorgung/ Unterversorgungsfeststellungen/start.html [19.12.2024].

[49] https://germany.representation.ec.europa.eu/news/verstoss-gegen-wettbewerb-kommission-ver-hangt-18-mrd-euro-geldbusse-gegen-apple-2024-03-04_de [20.12.2024].

[50] https://www.tagesschau.de/wirtschaft/eu-kommission-untersuchung-apple-100.html [20.12.2024].

Anbindungen an das globale Datennetz, und sie vereinbaren mit ähnlich starken Wettbewerbern wechselseitig eine gebührenfreie Weiterleitung („Peering"). In Deutschland bieten die Deutsche Telekom AG, Vodafone und Telefónica Mobilfunknetze an, seit 2023 baut auch 1&1 ein eigenes Netz auf. Marktführer ist Vodafone (41,7 %) vor dem Telekom (32,1 %) und Telefónica (26,2 %). Die drei großen Telekommunikationsunternehmen sind international tätig, während 1&1 (bis 2023) und Freenet Leitungskapazitäten der großen Netzbetreiber anmieten, um sie selbst weiter zu vermarkten (zusammen etwa 16 % Marktanteil) (vgl. Monopolkommission 2023, S. 71–72). Die leistungsfähigen Mobilfunkstandards 4G (LTE) mit rund 86.000 Funkmasten und 5G (mit rund 47.000 Stationen) sollen die Bundesrepublik flächendeckend versorgen, tatsächlich gibt es aber nach wie vor „Funklöcher" vor allem in ländlichen Gebieten (vgl. Monopolkommission 2023, S. 15). Die Mobilfunkfrequenzen sind ein öffentliches Gut, dessen befristete Nutzung von den Betreibern bezahlt werden muss. Die Vergabe erfolgt über Versteigerungen durch die Bundesnetzagentur, was zu hohen Einnahmen für den Staat führt. Allerdings steht Geld, dass für Frequenzen aufgewendet werden muss, nicht für Investitionen in den Netzaufbau zur Verfügung (vgl. Monopolkommission 2023, S. 90).

Das Hosting von Websites und der Betrieb von sog. Public Clouds, auf denen (Medien-)Unternehmen Speicherkapazitäten auch für ihre Online-Angebote anmieten, ist in der Hand von wenigen Betreibern: Amazon (AWS), Microsoft (Azure) und Google betreiben riesige und sehr energieintesive Serverfarmen, auf denen neben Speicherkapazitäten auch Software- und sog. KI-Dienste angeboten werden. Auch Hardware-Unternehmen wie Dell oder Telekommunikationsunternehmen wie die Deutsche Telekom AG sind in diesem Geschäft tätig.[51] Die Nutzung von Hosting- und Cloudanbietern stellt für Medienunternehmen vielfach die kostengünstigere Lösung dar, bringt sie aber auch in eine (weitere) Abhängigkeit von meist US-Tech-Konzernen, was mitunter auch datenschutzrechtliche Probleme aufwirft. Für Audio- und vor allem Videostreaming-Dienste sind leistungsfähige Serverkapazitäten entscheidend. Das gilt auch für Zahlungsdienstleister wie Paypal, Google bzw. Apple Pay etc., die das Inkasso für Medienleistungen übernehmen.

4.4.3 Verteilnetze: terrestrischer, Satelliten- und Kabelrundfunk

Für die Verbreitung des Rundfunks werden *Verteilnetze* betrieben, bei denen ein Sender viele Empfänger erreicht. Beim terrestrischen (also erdgebundenen, im Gegensatz zum Satelliten) Rundfunk bedient man sich spezifischer Frequenzbereiche (Wellenlängen) mit unterschiedlichen Ausbreitungscharakteristika:

---

[51] https://www.heise.de/news/Cloud-Geschaeft-waechst-und-waechst-Big-Tech-besitzt-80-Prozent-Marktanteil-7133549.html sowie Marktforschungsdaten: https://kinsta.com/de/blog/cloud-marktanteil/ [20.12.2024].

- Kurzwellen haben sehr große geografische Reichweiten, weshalb sie in Zeiten des Kalten Krieges häufig für den Auslands- und Propaganda-Rundfunk eingesetzt wurden. In den letzten Jahren wurden beispielsweise nach dem russischen Überfall auf die Ukraine 2022 von der BBC und Voice of America sowie Radio Fee Europe einige Kurzwellensender reaktiviert, um eine terrestrische Versorgung sicherzustellen.[52] Durch die US-Regierung unter Donald Trump wurde die Finanzierung der Auslandssender ab 2025 nahezu vollständig eingestellt. Wie die Mittelwellensender (mit mittleren bis großen Reichweiten) sind Kurzwellen aber sehr störungsanfällig und bieten keine heute noch akzeptable Klangqualität für den Hörfunk; für das Fernsehen sind sie ungeeignet.
- Qualitativ sehr gut für Hörfunk und Fernsehen sind Ultrakurzwellen (UKW: 30–300 MHz) geeignet, die wegen ihrer begrenzten Reichweite von hohen Sendemasten oder Fernsehtürmen ausgestrahlt werden. Seit 1949 dominiert UKW den Hörfunk, erst in den letzten Jahren beginnt sich die Digitalisierung des Hörfunks (DAB+) durchzusetzen. In Schleswig-Holstein beginnt 2025 die Umstellung von UKW auf DAB+, die bis 2030 abgeschlossen sein muss. Ein bundesweites Ende von UKW-Hörfunk ist (noch) nicht festgelegt[53]: Die weiter Verbreitung von (ggf. zu ersetzenden) Empfangsgeräten, die gute Empfangsqualität und die Investitionskosten für die Programmanbieter werden als Gegenargumente angeführt.
- Für den Fernsehrundfunk wird die analoge Technik und Übertragung per UKW in Deutschland nicht mehr genutzt: Auf der Basis des digitalen MPEG2-Standards werden im Kabel (DVB-C), per Satellit (DVB-S), terrestrisch (DVB-T) oder internetbasiert (IPTV) Fernsehprogramme verbreitet.

Die terrestrische Verbreitung von Hörfunk und Fernsehen im Ultra High Frequency-Wellenbereich (UHF) soll als Teil einer Grundversorgung und als krisenfeste Alternative zu den internet- und mobilfunkbasierten Wegen erhalten bleiben (vgl. Raab 2022, S. 26).

Der *Satellitenrundfunk* basiert ebenfalls auf elektromagnetischen Wellen, die von einem im Weltraum-Orbit stationierten Satellitensender (Transponder) zurück auf die Erde gestrahlt und mithilfe von relativ kleinen Parabolantennen („Satellitenschüssel") und Receivern von jedem Haushalt innerhalb des Abstrahlungsgebietes (Beam, aufgrund der ovalen Kontur auch „Sendekeule" genannt) empfangen werden können.

Alle terrestrischen Sender müssen ebenso wie die Einspeisungsstationen für das Kabelfernsehnetz und die Rundfunksatelliten im geostationären Orbit mit dem Rundfunksignal versorgt werden, das im Sendestudio produziert wird. Um diese Programmsignale heranzuführen nutzt man *Richtfunk,* also Punkt-zu-Punkt-Verbindungen im hochfrequenten Gigahertzbereich (vgl. Geretschläger 1983, S. 63–66).

---

[52] https://www.nytimes.com/2022/03/03/business/media/bbc-shortwave-radio-ukraine.html; https://www.welt.de/politik/deutschland/plus238474881/Kurzwellenradio-Wie-westliche-Medien-die-russische-Zensur-umgehen.html [20.12.2024].

[53] https://www.chip.de/news/Ende-fuer-UKW-Viele-Radios-werden-in-den-naechsten-Jahren-zu-Elektroschrott_185354014.html [20.12.2024].

4.4.4   Organisation der Telekommunikations- und Rundfunknetze

Die Organisation der Telekommunikations- und Rundfunknetze ist in Deutschland das Ergebnis eines spezifischen Entwicklungspfades und eines erst langsam schwindenden ehemaligen Staatsmonopols für die gesamte Telekommunikation. Wie in den meisten europäischen Staaten war die Telekommunikation seit der Einführung von Telegrafie und Telefonie in Deutschland bis zur Liberalisierung in den 1990er-Jahren in der Hand staatlicher Monopolunternehmen.

Beispiel

In Deutschland waren zunächst die Reichspost- und Telegrafenverwaltung, dann die Deutsche Post (DDR) bzw. die Deutsche Bundespost und schließlich die Deutsche Telekom Eigner und Betreiber der öffentlichen Telekommunikationsstruktur. Sie standen jeweils unter dem Schutz des staatlichen Fernmeldemonopols und waren dem Wettbewerb entzogen. Einerseits wurde damit der mehrfache parallele Aufbau von teuren Infrastrukturen mit entsprechenden Investitionen vermieden, was volkswirtschaftlich sinnvoll erscheint und als „natürliches Monopol" bezeichnet wird. Zudem wurde eine flächendeckende Versorgung des gesamten Landes zu erschwinglichen Preisen garantiert. Andererseits führt mangelnder Wettbewerb zu hohen Preisen und geringer Innovationskraft. Vor diesem Hintergrund hat die Europäische Union seit den 1990er-Jahren unter neoliberalem Vorzeichen maßgeblich eine Deregulierung oder Liberalisierung der nationalen Telekommunikationsmärkte im europäischen Binnenmarkt durchgesetzt. Die Deutsche Telekom wurde in eine Aktiengesellschaft umgewandelt und teilweise privatisiert (der Bund hält derzeit insgesamt noch 31,7 % der Aktien) und es wurde mit dem Telekommunikationsgesetz (TKG)[54] von 1996 schrittweise Wettbewerb zugelassen (vgl. für die Mobiltelefonie: Monopolkommission 2023, S. 93–97).

Die westlichen Alliierten übertrugen den öffentlich-rechtlichen Hörfunkanstalten auch die Befugnis zum Betrieb der Rundfunknetze, damit nicht erneut eine zentrale staatliche Postverwaltung zu viel Einfluss auf den Rundfunk erlangen sollte. Bis zum 1. Rundfunkurteil des Bundesverfassungsgerichts 1961 lag die Netzkompetenz bei den ARD-Anstalten, die den Fernsehrundfunk selbst betreiben. Das BVerfG räumte nun jedoch dem Bund diese technischen Betriebskompetenzen als Teil der Fernmeldehoheit für alle künftigen Rundfunkprogramme ein. Seit 1961 wurden die Rundfunknetze von der staatlichen Bundespost, ab 1992 unter dem Namen Telekom betrieben, mit Ausnahme der ARD-Netze, die bis heute von den Rundfunkanstalten betrieben werden. Alle anderen öffentlich-rechtlichen und privatrechtlichen Rundfunkprogramme werden terrestrisch von der Media Broadcast GmbH verbreitet, die de facto das Monopol der

---

[54] Das 150 Seiten umfassende TKG regelt auch Kunden- und Datenschutz, das Fernmeldegeheimnis, Fragen der Frequenzzuteilung u. v. a. m.

Bundespost fortführt: Die 1994 privatisierte Deutsche Telekom AG (DTAG) hatte den Rundfunkbetrieb zunächst an das Tochterunternehmen T-Systems Business Services GmbH gegeben, die 2007 wiederum als Tochterunternehmen die T-Systems Media&Broadcast gründete. Dieses Unternehmen wurde 2008 als Media Broadcast GmbH von der Deutschen Telekom an die Télédiffuison de France (TDF) verkauft.

Die Deutsche Telekom erzielt mit 43 % des Gesamtumsatzes in der Telekommunikation (2023) noch immer einen sehr hohen Marktanteil (vgl. Bundesnetzagentur 2023, S. 18)

Die Bundesnetzagentur kann zwar konkurrierenden Sendernetzbetreibern Frequenzen zuteilen, doch diese sind auf geeignete Standorte für Sendemasten angewiesen. Die hierfür technisch bzw. topografisch geeigneten Standorte und Sendetürme sind im Eigentum einer anderen Tochtergesellschaft der DTAG, nämlich der Deutschen Funkturm GmbH. Diese betreibt 35.200 Antennenstandorte für Richtfunk, Rundfunk und Mobilfunk, darunter beispielsweise den Berliner Fernsehturm am Alexanderplatz.[55] Die UPLIN Network GmbH übernimmt die Senderzuleitung (also den Weg vom Studio bis zum Sender) und die Hörfunkverbreitung über das Internet-Protokoll sowie UKW für rund 100 private Hörfunkprogramme.[56] ◄

Die Deutsche Bundespost hatte ihrer (teil)privatisierten Rechtnachfolgerin Deutsche Telekom AG das Monopol im Telefonnetz und beim Kabelfernsehen übergeben. Bis heute dominiert die Deutsche Telekom den Markt weite Teile des Telekommunikationsmarktes in Deutschland. Um den Wettbewerb zu stärken legte das 2016 geänderte *Telekommunikationsgesetzes (TKG)* von 2004 fest, dass der Marktführer Telekom anderen Wettbewerbern Zugang zur bestehenden, ehemals staatlichen Infrastruktur der Netze gewähren muss (§§ 20–28 TKG). Festgelegt sind im TKG auch Versorgungsansprüche der Endkunden (§ 156–161) sowie die Kompetenzen der dem Wirtschaftsminister unterstehende *Bundesnetzagentur für Elektrizität, Gas, Telekommunikation, Post und Eisenbahnen (BNetzA)* als Zulassungs- und Regulierungsbehörde. Sie ist unter anderem für die Kontrolle der Preise zuständig, vor allem im Verhältnis zwischen der Telekom und ihren Wettbewerbern, die von der Telekom Leitungen anmieten müssen. Die BNetzA stellt damit einen diskriminierungsfreien Marktzugang der Wettbewerber, das störungsfreie Zusammenwirken verschiedener Netze (Interoperabilität).

Die Märkte für die Kabel- und Satellitenrundfunknetze sind (ebenfalls) monopolistisch strukturiert:

- Die Deutsche Bundespost hatte – letztlich aus den Überschüssen des Telefongeschäfts und auf politische Weisung – seit den 1980er-Jahren neben dem Telefonvermittlungsnetz ein *Breitbandkabel-Verteilnetz* für Kabelfernsehen aufgebaut, auf das sich ihr Monopol

---

[55] https://www.dfmg.de/de/unser-unternehmen/ueber-uns.html [20.12.2024].

[56] https://www.regiocast.de/uplink-network-gmbh-uebernimmt-derutec-gmbh-co-kg/ [20.12.2024].

ebenfalls erstreckte. Lediglich die sog. Netzebene 4, also die haus- oder wohnanlagen-interne Verteilung war in der Hand anderer Betreiber, meist der Wohnungsbau-gesellschaften. Im Zuge der Deregulierung und Marktöffnung hat die Deutsche Tele-kom als Rechtsnachfolgerin diese Breitbandkabelnetze der Netzebene 3 in neun Regionalgesellschaften aufgegliedert und in den Jahren 2000 bis 2003 an Kabel Deutschland, Kabel BW und Unitymedia verkauft. Einige kleinere lokale Kabelnetzbe-treiber (Netzebene 4) haben sich Teilnetze auf der höheren Netzebene 3 gesichert und durch die Einspeisung von Satellitenprogrammen ein eigenes Angebot geschaffen. Wirtschaftlich von Vorteil sind jedoch möglichst große und zusammenhängende Kabel-regionen, sodass es immer wieder zu Fusionsbestrebungen kommt, die das Bundeskar-tellamt genehmigen muss. Vodafone übernahm 2014 zunächst Kabel Deutschland und fusionierte 2018 dann mit Unitymedia. Abgesehen von einigen kleineren regionalen Anbietern sowie von Telecolumbus (PYÜR) ist Vodafone damit Quasi-Monopolist.[57] Das Ergebnis der Regulierung des ehemals staatlichen Kabelnetz-Monopols ist somit ein privates Monopol, zudem durch ein internationales Telekommunikationsunter-nehmen, dass auch im Breitband-Internetgeschäft sowie im Mobilfunk sehr stark ist.

- Der *Satellitenrundfunkmarkt* wird von der SES ASTRA S.A., einem Tochterunterneh-men des luxemburgischen Weltmarktführers SES S.A., dominiert, der mit einer Flotte von 70 Satelliten 99,9 % der deutschen Wohnbevölkerung technisch erreichen kann. Zwei Drittel der Aktien sind im Besitz privater Anleger, ein Drittel gehört direkt oder indirekt dem luxemburgischen Staat. In Deutschland versorgt ASTRA über einen Satel-liten auf der Position 19,2° Ost knapp 98 % der Satellitenhaushalte direkt oder über Kabeleinspeisungen. Neben 2500 analogen und digitalen Rundfunkprogrammen bieten die 15 europäischen Satelliten Telekommunikations- und Internetdienste an. Weltweit versorgen ASTRA-Satelliten 291 Mio. Haushalte. Als zweites Unternehmen unterhält Eutelsat S.A. eine Flotte von 35 geostationären Rundfunksatelliten (GEO) für den Direktempfang (Direct Broadcasting Satellites DBS) mit mehr als 5000 Fernseh- und 1000 Radioprogrammen und über 600 sog. Low Earth Orbit (LEO). Die technische Reichweite beträgt 274 Mio. Haushalte in über 150 Ländern.[58] Die Verteilung der Marktanteile innerhalb dieses Duopols lässt sich nicht genau ermitteln, weil vielfach „Dual Feed"-Antennen genutzt werden, die Programme aus beiden Satellitensystemen empfangen; gleichwohl gilt ASTRA als klarer Marktführer.
- Satelliten spielen auch für internetbasierte Onlinedienste eine Rolle, wie das von Elon Musk betriebene Unternehmen Starlink zeigt, das 5000 kleinere Satelliten für schnelle Internetzugänge betreibt.[59]

---

[57] https://www.br.de/unternehmen/inhalt/technik/rundfunktechnik-kabel-kabelnetzbetreiber-100. html [20.12.2024].

[58] https://www.eutelsat.com/en/group/our-history.html [20.12.2024].

[59] Vgl. „Satelliten-Chefin fordert Starlink heraus.", Frankfurter Allgemeine Zeitung, 30.09.202, S. 23.

4.4.5   Konvergenz der Netze und Integration der Dienste

Die technische Konvergenz der Netze eröffnet neue Möglichkeiten der Medienorganisation. Aus der Organisationsstruktur des Telekommunikationssektors folgen zudem Marktzutrittsbarrieren im Rundfunk bzw. den Onlinemedien: Wer über die technischen Netze verfügt, besitzt Einfluss auf die dort übertragenen Daten und damit auf die Medienangebote, sofern nicht Regulierung für Netzneutralität und fairen Wettbewerb sorgen.

Die Digitalisierung der ehemaligen Telefon- und Kabelfernsehnetze, die Erhöhung der Bandbreiten und die Paketvermittlung auf der Basis des Internet-Protokolls führen de facto zu einer *Konvergenz der vormals getrennten Netze für Telekommunikation und Rundfunk.* Damit ergeben sich organisatorisch und vor allem ökonomisch neue Möglichkeiten: Rundfunkanbieter können Telekommunikations- und Onlinedienste anbieten und umgekehrt, weil all dies über dasselbe Netz als „Triple Play" (Rundfunk, Telekommunikation, Onlinemedien) oder gar unter Einbeziehung der mobilen Zugänge als „Quadruple Play" realisierbar ist.

In der Folge verschmelzen oder „konvergieren" auch Wertschöpfungsketten, Branchen und Märkte zumindest stufenweise. Dies kann zu mehr Wettbewerb, wahrscheinlich aber eher zur Nutzung von Synergie-Effekten durch die größten Anbieter und eine weitere Integration bzw. Konzentration führen. Für Telekommunikationsregulierung und Rundfunkregulierung, die ebenfalls konvergieren, entsteht vor diesem Hintergrund zunehmender Koordinations- und Regulierungsbedarf.

Wenn Netzbetreiber zu Diensteanbietern werden (oder umgekehrt), ist die Institution der Netzneutralität gefährdet: Für einem neutralen Netzbetreiber macht es keinen Unterschied, wessen Dienste er verbreitet. Im „eigenen" Netz kann es nun aber strategisch und wirtschaftlich sinnvoll sein, entweder nur noch die „eigenen" Medienangebote und -dienste zu verbreiten oder diese zumindest gegenüber der Konkurrenz zu bevorzugen.

4.5   Zusammenfassung

Für das deutsche Mediensystem, vor allem für die journalistische Berichterstattung über bundesweite und internationale Themen bieten die Nachrichtenagenturen eine wesentliche Grundlage. Nachrichtenagenturen beschaffen, prüfen und selektieren Text-, Bild- und Videonachrichten sowie Social Media-Quellen (Faktencheck), in zunehmendem Maße bieten sie auch selbst fertige Beiträge an. Die Auswahl an deutschsprachigen Textdiensten sowie an Bilder-, Hörfunk- und Fernsehdiensten ist vergleichsweise hoch; Marktführer und Erstagentur der meisten Publikumsmedien ist die Deutsche Presseagentur (dpa). Dpa ist wie viele Nachrichtenagenturen international vernetzt und befindet sich im genossenschaftlichen Besitz von Medienunternehmen, ist also staatsfern organisiert.

Einnahmen aus der Werbung stellten für die meisten publizistischen Medien einen wesentlichen Teil ihres Geschäftsmodells dar, das jedoch seit einigen Jahren zerfällt (Presse) oder stagniert (Rundfunk): Der redaktionelle Inhalt wird von den Rezipienten aktiv nachgefragt, die bei der Rezeption erzeugte Aufmerksamkeit und der Publikums-kontakt werden von den Medien an die werbetreibende Industrie verkauft. Als Ver-mittlungspartner spielen Werbe- und Mediaagenturen sowie in sehr hohem Maße die Tech-Konzerne Alphabet (Google) und Meta (Facebook) in diesem Prozess eine ent-scheidende Rolle, weil sie Werbemittel (Anzeigen, Spots etc.) im Rahmen einer Werbe-kampagne gestalten und die medialen Werbeträger nach strategischen Gesichtspunkten (Reichweiten, Kontaktchancen, Werbekosten) auswählen bzw. im Fall der Online- und Suchmaschinenwerbung mithilfe von Algorithmen zielgenau („Targeting") platzieren. Die Medien stellen den Agenturen hierfür Daten der Mediennutzungsforschung (Mediafor-schung) zur Verfügung, während die Onlineplattformen selbst über diese Daten verfügen. Der Anteil der Medien am Gesamtwerbemarkt geht zurück, besonders stark ist die Presse betroffen. Der Markt der Agenturen ist stark konzentriert, die drei größten vereinigen rund die Hälfte des Branchenumsatzes auf sich.

Journalismus und Öffentlichkeitsarbeit stehen trotz unterschiedlicher normativer Zielsetzungen (öffentliches Interesse an sachlicher Information und Kritik vs. private Interessen zur strategischen Erreichung von Organisationszielen) in einem wechsel-seitigen Abhängigkeitsverhältnis: extern beauftragte „Kommunikations-"Agenturen oder organisationsinterne „Kommunikationsabteilungen" mit Pressesprecherinnen, Medienmitteilungen und -konferenzen sind wesentliche Quellen für Nachrichten und Anlaufstellen für die journalistische Recherche. Die deutschen Medien sind mit einer sehr ressourcenstarken Public Relations konfrontiert und aufgrund wirtschaftlichen Drucks steigt die Gefahr der Vermischung von Journalismus und PR in den Medien sowie auf den Online-Plattformen.

Für die technische Verbreitung (Distribution) und die Herstellung (Produktion) von Me-dien sind Telekommunikationsnetze und digitale Dienstleistungen der Online-Plattformen unerlässlich. In besonderem Maße gilt dies für die Verbreitung von Rundfunk über terrestri-sche Sender, Kabelnetze und Satellit sowie für die publizistischen Onlinemedien (Internet), aber auch für die digitalen Formate der Presse. Ausgehend von einem traditionellen staat-lichen Fernmeldemonopol haben sich in Deutschland monopolistische und oligopolistische Strukturen bis heute erhalten: Die Vermittlungsnetze für die Tele- und Onlinekommunikation sind in der Hand weniger international operierender Konzerne, wobei der Marktanteil der Deutschen Telekom AG noch immer außergewöhnlich hoch ist. Beim Kabelfernsehen be-steht in Deutschland faktisch ein Monopol, bei Mobilfunk teilen sich drei Anbieter den Markt auf und auch beim Satellitenrundfunk bzw. Kommunikationssatelliten herrscht kaum Wettbewerb: Es dominieren drei internationale Anbieter (ASTRA, Eutelsat, Starlink).

Aufgrund der wachsenden Bedeutung von Algorithmen und sog. Künstlicher Intelli-genz dürfte die Abhängigkeit der Medienbranche von den großen Digitalplattformen und Tech-Konzernen eher steigen. Diese neigen, wie viele Beispiele der Intervention seitens der EU zeigen, dazu ihre Marktmacht und ihren technischen Vorsprung wettbewerbs- und verbraucherfeindlich zu missbrauchen. Wie das Beispiel der Geschäftsführung von Elon Musk zeigt, verhalten sich solche Infrastrukturanbieter in ihren Schlüsselpositionen poli-tisch nicht unbedingt neutral, was Fragen der politischen Legitimation aufwirft.

Wichtige Quellen zu den Infrastrukturen

* Siegert und Brecheis (2017), Schweiger und Schrattenecker (2021)

Literatur

Altmeppen, Klaus, und Corinna Lauerer. 2022. Die unsichtbaren Geldverteiler*innen. Zur Verantwortungs(losigkeit) von Medienplaner*innen. In Wert- und Interessenkonflikte in der strategischen Kommunikation. In *Kommunikationswissenschaftliche Analysen zu Organisationen im Spannungsfeld von Gemeinwohl und Partikularinteressen*, Hrsg. Kerstin Thummes, Anna Dudenhausen, und Ulrike Röttger, 229–245. Wiesbaden: Springer VS.

Baerns, Barbara. 1991. *Öffentlichkeitsarbeit oder Journalismus? Zum Einfluss im Mediensystem*, Überarb. Neuaufl. Aufl. Köln: Wissenschaft und Politik.

BdKom. 2024. Bundesverband der Kommunikatoren. In *Profession Kommunikation. Die Berufsfeldstudie 2024*, Hrsg. René Seidenglanz. Berlin: Quadriga Media. https://www.bdkom.de/app/uploads/2024/11/BdKom_Berufsfeldstudie_2024_Profession.pdf. Zugegriffen am 21.11.2024.

Beck, Klaus. 2006. *Computervermittelte Kommunikation im Internet*. München: Oldenbourg.

Bentele, Günter, Tobias Liebert, und Stefan Seeling. 1997. Von der Determination zur Intereffikation. Ein integriertes Modell zum Verhältnis von Public Relations und Journalismus. In *Aktuelle Entstehung von Öffentlichkeit*, Hrsg. Günter Bentele und Michael Haller, 225–250. Konstanz: UVK.

BKM Der Beauftragte der Bundesregierung für Kultur und Medien, Hrsg. 2008. *Medien- und Kommunikationsbericht der Bundesregierung 2008*. Berlin: BKM.

Bruhn, Manfred. 2016a. Grundlagen der Strategischen Kommunikation aus Sicht der Marketingkommunikation. In *Handbuch Strategische Kommunikation. Grundlagen, Innovative Ansätze, Praktische Umsetzungen*, Hrsg. Bruhn Manfred, Franz-Rudolf Esch, und Tobias Langner, 2. Aufl., 23–48. Wiesbaden: Springer Gabler.

Bruhn, Manfred. 2016b. In Konzepte der Integrierten Marketing- und Unternehmenskommunikation: Übersicht und kritische Würdigung. In *Handbuch Strategische Kommunikation. Grundlagen, Innovative Ansätze, Praktische Umsetzungen*, Hrsg. Bruhn Manfred, Franz-Rudolf Esch, und Tobias Langner, 2. Aufl., 75–100. Wiesbaden: Springer Gabler.

Bundesnetzagentur. 2023. Bundesnetzagentur für Elektrizität, Gas, Telekommunikation, Post und Eisenbahnen. In *Tätigkeitsbericht 2022/2023*. Bonn: BNetzA.

Bundesnetzagentur. 2024. Bundesnetzagentur für Elektrizität, Gas, Telekommunikation, Post und Eisenbahnen. 2024. In *Jahresbericht Telekommunikation 2023*. Bonn: BNetzA.

Curtin, Patricia A. 1999. Reevaluating public relations information subsidies: Market-driven journalism and agenda-building theory and practice. *Journal of Public Relations Research* 11(1): 53–90.

dju. Deutsche Journalistinnen- und Journalisten-Union. 2010. *Berufsbild Journalismus*. https://dju.verdi.de/++file++64c389019f6fb229b8de367b/download/dju_Berufsbild%20ohne%20Kontakte.pdf. Zugegriffen am 22.11.2024.

DJV. 2015. Deutscher Journalistenverband. Berufsbild Journalistin – Journalist. https://www.polsoz.fu-berlin.de/kommwiss/institut/cemil/schule/schule_inhaltselemente/22_journalist/b_djv_berufsbild.pdf. Zugegriffen am 22.11.2024.

dpa. 2023. Geschäftsbericht Deutsche Presseagentur. https://geschaeftsbericht.dpa.com/de/2023/geschaeftsbericht-2023. Zugegriffen am 19.11.2024.

DRPR. 2011. Deutscher Rat für Public Relations. *DRPR-Richtlinie zur Schleichwerbung*. https://drpr-online.de/wp-content/uploads/2023/07/2021-03-02_DRPR_Richtlinie-zur-Schleichwerbung.pdf. Zugegriffen am 22.11.2024.

DRPR. 2012. Deutscher Rat für Public Relations. *Deutscher Kommunikationskodex.* https://drpr-online.de/wp-content/uploads/2023/10/DRPR_Deutscher-Kommunikationskodex-_.pdf. Zugegriffen am 22.11.2024.

DRPR. 2015. *Beschwerdeordnung Deutscher Rat für Public Relations.* https://drpr-online.de/wp-content/uploads/2015/05/DRPR-BESCHWERDEORDNUNG-052015.pdf. Zugegriffen am 22.11.2024.

epd. 2011a. dpa schließt 2010 mit „planmäßigem" Fehlbetrag ab. *evangelischer pressedienstmedien aktuell* 2011(122a): 1–2. (29.06.2011).

epd. 2011b. Deutsche Nachrichtenagenturen setzten 2010 rund 170 Mio. € um. *evangelischer pressedienstmedien aktuell* 2011(171a): 2–3. (05.09.2011).

Geretschläger, Erich. 1983. *Medientechnik I. Nonprint-Medien.* München: Ölschläger.

Goldhammer, Klaus, und Jana Lipovski. 2011. *Markt der Nachrichtenagenturen in Deutschland und Europa. Kurzanalyse.* Berlin: Goldmedia.

Grüblbauer, Johanna, und Johannes Wagemann. 2020. Nachrichtenagenturen. In *Handbuch Medienökonomie,* Hrsg. Jan Krone und Tassilo Pellegrini, Bd. 1, 801–833. Wiesbaden: Springer VS.

HBI. Hans-Bredow-Institut, Hrsg. 2017. *Zur Entwicklung der Medien in Deutschland zwischen 2013 und 2016. Wissenschaftliches Gutachten zum Kommunikations- und Medienbericht der Bundesregierung.* Hamburg: Hans-Bredow-Institut.

Holznagel, Bernd, Dieter Dörr, und Doris Hildebrand. 2008. *Elektronische Medien. Entwicklung und Regulierungsbedarf.* München: Vahlen.

Jääskeläinen, Atte, und Servet Yanatma. 2019. *The future of national news agencies in Europe. Case Study* 4; https://www.lse.ac.uk/media-and-communications/assets/documents/research/projects/news-agencies/cs4-jaaskelainenyanatma.pdf. Zugegriffen am 15.12.2025.

Jukes, Stephen. 2022. *News Agencies. Anachronism or Lifeblood oft he Media Systems?* London: Routledge.

KEK. 2010. *Auf dem Weg zu einer medienübergreifenden Vielfaltssicherung. Bericht der Kommission zur Ermittlung der Konzentration im Medienbereich (KEK) über die Entwicklung der Konzentration und über Maßnahmen zur Sicherung der Meinungsvielfalt im privaten Rundfunk.* Potsdam 2010. http://www.kek-online.de/Inhalte/mkbericht_4_gesamt.html. Zugegriffen am 18.08.2011.

Klenk, Christian. 2012. „Objektiv, aber nicht neutral" Die katholische Nachrichtenagentur gibt es seit 60 Jahren, die Herausforderungen für die Zukunft sind gewaltig. *Communicatio Socialis* 45(4): 347–372.

Leipziger, Jürg W., und Richard Lempart. 1993. Die PR-Agentur als Mittler. In *Öffentlichkeitsarbeit und Werbung. Instrumente, Strategien, Perspektiven,* Hrsg. Gero Kalt, 4. Aufl., 145–148. Frankfurt a. M.: IMK.

Loosen, Wiebke et al. 2023. *Journalismus in Deutschland 2023: Aktuelle befunde zu Situation und Wandel.* Arbeitspapiere des Hans-Bredow-Instituts, 68. Hamburg: Verlag Hans-Bredow-Institut. https://doi.org/10.21241/ssoar.89555

MacBride, Sean. 1980. *Many Voices, one World: Towards a new more just and more effective world information and communication order.* Paris: UNESCO. https://waccglobal.org/wp-content/uploads/2020/07/MacBride-Report-English.pdf. Zugegriffen am 29.11.2024.

Martin-Jung, Helmut. 2025. Deutschlands beste Verbindung. *Süddeutsche Zeitung,* 23. Mai, S. 15.

Meier, Klaus. 2002. *Ressort, Sparte, Team. Wahrnehmungsstrukturen und Redaktionsorganisation im Zeitungsjournalismus.* Konstanz: UVK.

Meißner, Florian, et al. 2024. Kritische Infrastruktur für den Journalismus? Zur Rolle der Nachrichtenagenturen in einem sich wandelnden Medienmarkt. *Medien & Kommunikationswissenschaft* 72(4): 396–417.

Monopolkommission. 2023. Telekommunikation 2023: Gigabit-Ziele durch Wettbewerb erreichen! 13. Sektorgutachten, Gutachten der Monopolkommission gem. § 195, Abs. 2, 3 TKG, o. O. (Bonn). https://monopolkommission.de/images/PDF/SG/13sg_telekommunikation_voll-text.pdf. Zugegriffen am 15.12.2025.

OMG. 2023. Organisation der Mediaagenturen (Hrsg.): Jahr der Nachricht 2024. https://diemedia-agenturen.de/pressemitteilungen/omg-jahrbuch-2023/. Zugegriffen am 18.12.2024.

Palmer, Michael. 2019. *International news agencies: A history*. Palgrave Macmillan.

Pürer, Heinz, und Johannes Raabe. 2007. *Presse in Deutschland*, 3., völlig überarb. u. erw. Aufl. Konstanz: UVK.

Raab, Heike. 2022. Demokratie lebt von Medienvielfalt. Der Tagesspiegel, 25. August, S. 26.

Röttger, Ulrike, Hrsg. 2004. *Theorien der Public Relations. Grundlagen und Perspektiven der PR-Forschung*. Wiesbaden: Springer VS.

Röttger, Ulrike, Jana Kobusch, und Joachim Preusse. 2018. *Grundlagen der Public Relations. Eine kommunikationswissenschaftliche Einführung*, 3. Aufl. Wiesbaden: Springer VS.

Schierl, Thomas. 2002. Der Werbeprozess aus organisationsorientierter Perspektive. In *Die Gesellschaft der Werbung*, Hrsg. Herbert Willems, 429–443. Wiesbaden: Springer VS.

Schulten-Jaspers, Yasmin. 2013. *Zukunft der Nachrichtenagenturen. Situation, Entwicklungen, Prognose*. Baden-Baden: Nomos.

Schweiger, Günter, und Gertrud Schrattenecker. 2021. *Werbung. Einführung in die Markt- und Markenkommunikation*, 10. erw. Aufl. München: UVK.

Segbers, Michael. 2007. *Die Ware Nachricht. Wie Nachrichtenagenturen ticken*. Konstanz: UVK.

Seiffert-Brockmann, Jens, et al. 2022. Content Marketing – Kommunikationspraxis mit inhärentem Rollen- und Interessenkonflikt. In Wert- und Interessenkonflikte in der strategischen Kommunikation. In *Kommunikationswissenschaftliche Analysen zu Organisationen im Spannungsfeld von Gemeinwohl und Partikularinteressen*, Hrsg. Kerstin Thummes, Anna Dudenhausen, und Ulrike Röttger, 165–184. Wiesbaden: Springer VS.

Siegert, Gabriele, und Dieter Brecheis. 2005. *Werbung in der Medien- und Informationsgesellschaft. Eine kommunikationswissenschaftliche Einführung*. Wiesbaden: Springer VS.

Siegert, Gabriele, und Dieter Brecheis. 2017. *Werbung in der Medien- und Informationsgesellschaft. Eine kommunikationswissenschaftliche Einführung*, 3. Aufl. Wiesbaden: Springer VS.

Surm, Jasmin. 2020. AFP, EFE and dpa as international news agencies. *Journalism* 21(2): 1859–1876.

Szyska, Peter, Dagmar Schütte, und Katharina Urbahn. 2009. *Public Relations in Deutschland. Eine empirische Studie zum Berufsfeld Öffentlichkeitsarbeit*. Konstanz: UVK.

Telekommunikationsgesetz (TKG). *Telekommunikationsgesetz vom 23. Juni 2021 (BGBl. I S. 1858), das zuletzt durch Artikel 35 des Gesetzes vom 6. Mai 2024 (BGBl. 2024 I Nr. 149) geändert worden ist*. https://www.gesetze-im-internet.de/tkg_2021/TKG.pdf. Zugegriffen am 20.12.2024.

Thummes, Kerstin, Anna Dudenhausen, und Ulrike Röttger, Hrsg. 2022. *Wert- und Interessenkonflikte in der strategischen Kommunikation. Kommunikationswissenschaftliche Analysen zu Organisationen im Spannungsfeld von Gemeinwohl und Partikularinteressen*. Wiesbaden: Springer VS.

Ukrow, Jörg, und Mark D. Cole. 2017. *Zur Transparenz von Mediaagenturen. Eine rechtswissenschaftliche Untersuchung*. Bonn: Friedrich-Ebert-Stiftung.

Vinerean, Simona. 2017. Content Marketing Strategy. Definition, Objectives, Tactics. *Expert Journal of Marketing* 5(2): 92–98.

Vyslozil, Wolfgang. 2014. *Nachrichtenagenturen benötigen ein zweites Standbein*. https://www.newsroom.de/news/aktuellemeldungen/leute-6/wolfgang-vyslozil-nachrichtenagenturen-benoe-tigen-ein-zweites-standbein-818539/. Zugegriffen am 15.12.2025.

Vyslozil, Wolfgang, und Jasmin Sturm. 2019. *The Future of National News Agencies in Europe*, Case Study 1. London: LSE.

Wagner, Hans-Ulrich. 2024. *Im Dienst der Nachricht. Die Geschichte der dpa.* Frankfurt am Main: Societäts-Verlag.

Wilke, Jürgen. 1999. Nachrichtenagenturen. In *Mediengeschichte der Bundesrepublik Deutschland*, Hrsg. Jürgen Wilke, 469–488. Köln: Böhlau.

Zurstiege, Guido. 2007. *Werbeforschung.* Konstanz: UVK.

Buch

▶ **Wichtig** Im folgenden Kapitel wird das Buch als ältestes publizistisches Medium zunächst semiotisch und technisch charakterisiert: Herstellung und Verbreitung technisch und massenhaft mittels Druckpresse (und mittlerweile auch in digitalem Format) reproduzierte linearere Langtexte kennzeichnen die Buchkommunikation. Aus der Organisationsperspektive werden daher die Strukturen und Funktionen des Buchwesens vorgestellt: Ausgehend von den Autorinnen und Autoren werden in einem arbeitsteiligen Verfahren Texte durch Lektoren ausgewählt und für die Publikation vorbereitet sowie durch Verleger finanziert und vermarktet. An diesen herstellenden Buchhandel schließt mit einem für Deutschland sehr spezifischen und weltweit einzigartigen Groß- und Einzelhandelssystem der verbreitende Buchhandel an. Erläutert werden die Rollen der beteiligten Akteure sowie die Geschäftsmodelle und Strategien der Verlage und die besonderen Strukturen des Buchmarktes.

Ausführlich analysiert wird auch die Institutionalisierung der Buchkommunikation, die sich durch normative und organisatorische Besonderheiten wie die Buchpreisbindung, eine flächendeckende Versorgung bei einer extrem hohen Titelzahl, den traditionsreichen Börsenverein des Deutschen Buchhandels als spartenübergreifenden Akteur und eine Reihe weiterer Besonderheiten auszeichnet.

5.1 Das Buch als technisch basiertes Zeichensystem

Das Buch konnte lange Zeit über seine Materialität und technische Herstellung definiert werden:

▶ Es handelt sich um ein mechanisch mittels der Druckerpresse bzw. Druckmaschine auf einem materiellen Trägermedium (in der Regel Papier) in einer bestimmten

K. Beck, *Das Mediensystem Deutschlands*, Studienbücher zur Kommunikations- und Medienwissenschaft, https://doi.org/10.1007/978-3-658-50033-7_5

Auflage (Anzahl, Exemplare) hergestelltes Druckwerk (Printmedium), das einen gewissen Mindestumfang[1] besitzt und gebunden (oder geheftet, geklebt etc.) ist. Es bedient sich als „linearer Langtext" (Dietrich Kerlen)[2] grafischer Zeichensysteme, entweder in Textform (Buchstaben) oder in Bildform (Grafiken, Diagramme, Fotos etc.) oder in kombinierter Form.

Im Unterschied zur Presse handelt es sich nicht um ein periodisches Medium, d. h. Bücher erscheinen zunächst „einmalig" und nur im Erfolgsfalle, also nach Bedarf (und nicht vorab hinsichtlich der Erscheinungsperiode festgelegt) als Nachdrucke (Teilauflagen) oder – mitunter überarbeitete, korrigierte, erweiterte, aktualisierte – Neuauflagen. Grenzfälle stellen Jahrbücher, Kalender und Almanache dar, die einmal im Jahr (also periodisch) erscheinen, in ihrer Materialität aber dem Buch entsprechen.

Das Definitionskriterium der Materialität unterliegt sowohl einem historischen als auch einem aktuellen Wandel: Als Zeichenträger wurden auch Papyrus oder Pergament etc. verwendet, zur Aufbringung der Zeichen dienten vor der Gutenberg zugeschriebenen Erfindung der Druckerpresse und des Satzes mit beweglichen, d. h. wiederverwendbaren Lettern handschriftliche Verfahren oder Stempel- und Holzdruckverfahren. E-Books als digitale Buchformate werden seit 2019 auch steuerrechtlich als Buch bewertet, sodass auch für sie nur ein ermäßigter Mehrwertsteuersatz (sieben statt 19 %) erhoben wird. Die veränderte Materialität des Mediums Buch alleine bedeutet noch kein „Ende der Gutenberg-Galaxis", denn wesentliche Organisations- und Institutionalisierungsformen prägen das Medium Buch auch weiterhin.

5.2   Organisation und Institutionalisierung des Buchwesens

Aus kommunikationswissenschaftlicher Sicht sind Leserinnen und Leser als Zielpartner und Autorinnen bzw. Autoren als Ausgangspartner die zentralen Akteure im Prozess der Buchkommunikation. Allerdings treten wie bei allen Formen der Publizistik Vermittlungspartner hinzu, die als Akteure die Buchkommunikation organisieren und dabei bestimmte, institutionalisierte Rollen einnehmen. Sieht man von der Ausnahme des Selbstverlags („Self Publishing") ab, handelt es sich um einen komplexen Prozess vermittelter, d. h. or-

---

[1] Die UNESCO definiert Buch als „a non periodical printed publication of at least 49 pages excluding covers"; vgl. Schönstedt (1991, S. 9). Nicht-periodische Druckwerke von geringerem Umfang können als Broschüren bezeichnet werden, die aber letztlich denselben hier beschriebenen institutionellen und organisatorischen Bedingungen unterliegen. Anders verhält es sich mit nicht im eigentlichen Sinne verlegten Flugschriften und Flugblättern.
[2] Der Buchwissenschaftler Kerlen (2006, S. 282–285) unterscheidet weiter zwischen informativen Langtexten (Fachtexten) und performativen Langtexten, die Urteilsvermögen, Imaginationsfähigkeit und intellektuelle Sensibilität der Leser ansprechen.

Abb. 5.1 Wertschöpfungskette der Buchkommunikation

ganisierter und institutionalisierter, Mitteilung. Dabei wird traditionell zwischen dem herstellenden Buchhandel und dem verbreitenden Buchhandel unterschieden. In einem arbeitsteiligen Prozess wirken Lektorinnen, ggf. Übersetzerinnen und Literaturagenten, Verleger und Buchhändlerinnen zusammen. Sie organisieren den Buchkommunikationsprozess und bilden dabei medienspezifische Strukturen, die wir im Folgenden als Teil des Mediensystems beschreiben können. Aus medienökonomischer Perspektive kann Buchkommunikation vereinfachend entlang der Wertschöpfungskette[3] beschrieben werden, die parallel zum Kommunikationsprozess verläuft (vgl. Abb. 5.1). Sie veranschaulicht, welche Akteure oder Organisationen durch bestimmte Tätigkeiten (Leistungen) dem Produkt Buch einen Mehrwert zufügen, der sich schließlich beim Buchkonsumenten (oder ggf. beim Bibliotheksnutzer) realisiert.

Beim Selbstverlag, der in den letzten Jahren in Gestalt des digitalen ‚Self Publishing' an Bedeutung gewinnt, verlegen Autorinnen und Autoren ihre Bücher selbst oder mithilfe von Plattformen wie Amazon. Sie bzw. die Publishing-Plattformen übernehmen auch die Vermarktung und den Online-Vertrieb (Download von E-Books) selbst, fungieren also zugleich als Ausgangs- und Vermittlungspartner in Personalunion.

Neben den ökonomischen Grundfunktionen, wie sie die Wertschöpfungskette beschreibt, müssen für die Mediensystemanalyse die Handlungsrollen sowie die konkreten Entscheidungs- und Strategiemuster der Akteure im arbeitsteiligen Publikationsprozess detaillierter beschrieben werden:

Autorinnen und Autoren sind die geistigen Urheber von Büchern und damit die Ausgangspartner der Buchkommunikation; sie sind nur in Ausnahmefällen Teil der Verlagsorganisation. In der Regel handelt sich entweder um „freie Schriftsteller" oder um Verfasserinnen von Sach- und Fachtexten, die bei Universitäten, Forschungseinrichtungen und Museen, im Journalismus oder anderweitig angestellt sind. Insbesondere die freien Schriftsteller müssen ganz oder teilweise von Verlags- oder Aufführungshonoraren (Theater) sowie weiteren Verwertungsformen leben. Verlage zahlen entweder Pauschal- oder Erfolgshonorare bzw. eine Kombination beider Formen, verbreitet sind aber auch sog. Nullhonorare bzw. negative Honorare:

---

[3] Picot und Janello (2007, S. 20–21) entwickeln sogar eine 14-stufige Wertschöpfungskette, um deren potenziellen Wandel aufgrund von Digitalisierung und Vernetzung zu analysieren.

- Gegen *Pauschalhonorare* veräußern Autoren und Autorinnen einmalig alle oder bestimmte (geografisch oder medial begrenzte) Verwertungsrechte für ein Manuskript an den Verlag.
- Bei *Erfolgshonoraren* fließen Anteile des Verkaufserlöses an den Autor zurück, meist 5 bis 10 % des Nettoladenpreises, also des Buchpreises abzüglich der (auf 7 % reduzierten) Umsatzsteuer.
- Autorinnen und Autoren, die ökonomisch wenig Erfolg versprechende Manuskripte verlegt und gedruckt sehen wollen, oder als Verfasser von wissenschaftlichen und anderen Fachtexten über eine institutionelle Finanzierung (Universitätsmitarbeiter etc.) verfügen, erhalten oft gar kein Honorar *(Nullhonorar)*.
- Häufig müssen sie sogar einen „verlorenen Druckkostenzuschuss" als *„negatives Honorar"* zahlen, damit der Titel verlegt werden kann (vgl. Lucius 2007, S. 147–151), bzw. das verlegerische Risiko übernommen wird. Wenn kein Sponsor für dieses „negative Honorar" aufkommt, scheitert die Verlagspublikation.
- Im Rahmen von Open Access-Modellen, wie sie sich im Wissenschaftssektor zunehmend durchsetzen und bei denen Leserinnen und Leser kostenlos Zugriff auf die Texte haben, verlangen die Verlage von den Autorinnen und Autoren bzw. den Forschungseinrichtungen *Publikationsgebühren* (Publication Fees).

Als Alternative bietet sich insbesondere für wissenschaftliche Autorinnen und Autoren eine honorarfreie Publikation ohne einen Verlag als Vermittlungspartner an. Hochschulen und andere wissenschaftliche Institutionen gehen dazu über, Publikationen kostenlos zum Download in „Online Open Access"-Systemen bereitzuhalten. Ob diese Systeme für eine gute Auffindbarkeit und vor allem eine nachhaltige Verfügbarkeit der Publikationen sorgen, wird sich erst noch zeigen müssen. Zudem stellt sich die Frage, ob solche Online-Publikationen den Autoren einen ähnlichen Reputationsgewinn verschaffen wie Verlagspublikationen.

Literaturagentinnen und -agenten sind meistens verlagsexterne Dienstleister, die nationale und vor allem internationale Verwertungsrechte (Buch, Film, Fernsehen, Computerspiele etc.) im Auftrag von Autoren wahrnehmen. Sie verhandeln für diese mit Verlagen, die beispielsweise an der Publikation eines US-Bestsellers in deutscher Übersetzung interessiert sind. Nicht immer handelt es sich aber um bereits abgeschlossene Manuskripte oder gar verlegerische Erfolge aus dem Ausland. Bei der Belletristik werden auf der Grundlage kurzer Abstracts Lizenzen von Werken versteigert, die noch gar nicht geschrieben sind. Literaturagentinnen erhalten Provisionen in Höhe von etwa zehn Prozent des Vertragsvolumens. Sie drängen auf hohe Vorauszahlungen der Verlage oder der anderen Rechteerwerber an die Autoren, um deren Verwertungsinteresse und damit das Marketing für das Produkt zu steigern. Das Zentrum der europäischen Lizenzhändler ist Zürich, bedeutendster Marktplatz die Frankfurter Buchmesse. *Scouts,* die ebenfalls meist nicht fest beim Verlag angestellt sind, suchen im Auftrag der Verlage aktiv nach Autoren und Manuskripten und ergänzen damit die Arbeit von Verlagslektoren.

Bei fremdsprachigen Manuskripten, deren Lizenzen für den deutschen oder deutsch-sprachigen Markt erworben wurden, werden mit Ausnahme von wissenschaftlichen Fach-texten meist *Übersetzerinnen und Übersetzer* tätig, die in der Regel als externe Freiberuf-ler oder Angestellte von Übersetzungsagenturen und -büros beschäftigt sind.

Lektoren und vor allem *Lektorinnen* sind ein Spezifikum des Buchwesens, das es bei den anderen Printmedien in dieser Form nicht gibt und sich auch von Redakteurstätig-keiten in der Presse unterscheidet. Lektoren sind in Deutschland[4] überwiegend Frauen, die ein sehr hohes Bildungsniveau aufweisen; sie nehmen eine kommunikative Vermittlungs-rolle zwischen Autoren und Verleger ein. Institutionelle Rolle und Berufsbild der Lektorin haben sich gewandelt, denn sie übernehmen mehr oder weniger große Verantwortung nicht nur für das publizistische, sondern auch für das ökonomische Ergebnis (vgl. Lucius 2007, S. 93–96). Die rund 2300 in Deutschland fest angestellten Lektorinnen und Lekto-ren, deren Hauptaufgabe eigentlich das Lesen (lat. legere) ist, werden damit tendenziell zu Produktmanagern.[5] Sie akquirieren Autoren und Manuskripte (Beschaffungsaufgabe), sie sichten und bewerten auch die vielfach unaufgefordert eingesandten Manuskripte. In guten Verlagen korrigieren und redigieren Lektorinnen die Manuskripte in formaler, sprachlicher, ggf. auch didaktischer und inhaltlicher Hinsicht. Als „schreibende Lektoren" verfassen sie auch selbst Sachtexte, etwa für Schulbücher, Lexika, Reiseführer etc. und sind damit de facto fest angestellte Autoren (vgl. Lucius 2007, S. 99–100).

Verleger nehmen eine Schlüsselrolle bei der Buchkommunikation ein, die sich mit den Worten des Schriftstellers Alfred Döblin wie folgt beschreiben lässt:

„Der Verleger schielt mit einem Auge nach dem Schriftsteller, mit dem anderen nach dem Pu-blikum. Aber das dritte Auge, das Auge der Weisheit, blickt unbeirrt ins Portemonnaie".[6]

Diese Vermittlungsfunktion wird heute in den meisten Fällen arbeitsteilig durch den Verlag als Unternehmen des „herstellenden Buchhandels" erbracht.

Buchverlage können vor allem anhand wirtschaftlicher (Unternehmensgröße, Umsatz, Auflagen, Zielgruppen), rechtlicher (Unternehmensform) und bibliografischer Kriterien (Schöne Literatur, Fachbuch, Sachbuch, aber auch Kalender, Musikalien, Taschenbuch, Kunstbuch etc.) eingeteilt werden (vgl. Stiehl 1980, S. 36–38).

Zunehmende Bedeutung hat das Self Publishing erlangt, bei dem die Publikation nicht mithilfe eines Verlags erfolgt, sondern meist durch *Self Publishing-Plattformen* ermöglicht wird, die über gut eingespielte Vertriebskanäle verfügen und den Autorinnen und Autoren

---

[4]Vgl. auch für weitere Details der Berufsrolle die repräsentative Studie von Hömberg (2010).

[5]Vgl. Hömberg (2010, S. 206–209) sowie kritisch zur Charakterisierung als Produktmanager: Ker-len (2006, S. 72–73).

[6]Alfred Döblin (1878–1957); das Zitat stammt aus: Ders. 1985. Kleine Schriften. Bd. 1 Olten und Freiburg: Walter, und wurde hier Schönstedt (1991) entnommen. Kerlen (2006, S. 293) betont hin-gegen vor allem die gesellschaftliche Rolle der Verlage als Tutoren der Informationsgesellschaft und Schutzinstanzen des kulturellen Gedächtnisses.

auch technische Hilfestellungen geben. Amazon (Kindle Direct Publishing) bietet den Autoren für die E-Book-Titel einen Erlösanteil von 70 %, was weitaus attraktiver ist als die Angebote klassischer Verlage (vgl. Wirtz 2023, S. 288). Mithilfe von Algorithmen identifizieren Anbieter wie Nomad Publishing thematische Marktlücken insbesondere auf dem Ratgeber- und Sachbuchmarkt, um dann Autorinnen und Autoren mit der Produktion eines entsprechenden Titels zu beauftragen. Die Produkte werden dann zunächst auf Social Media-Plattformen getestet, ggf. optimiert und schließlich auf den Markt gebracht. Der Vorteil der großen Plattformen besteht also nicht nur im Vertrieb, sondern in der datenbasierten Marktkenntnis und der algorithmischen Auswertung. Mitunter bieten die Self Publishing-Plattformen auch (kostenpflichtige) Coachings und Writing Workshops an, um Autorinnen und Autoren für diese Art der Buchproduktion auszubilden (vgl. Thomalla 2024, S. 11).

Der *Buchhandel* erfüllt wesentliche Funktionen des Vertriebs von Büchern und anderen Druckwerken.

Die *Leserinnen* und (de facto ökonomisch weniger bedeutsam) die Leser von Büchern erzeugen nicht nur eine intellektuell oder affektiv motivierte „immaterielle", sondern jenseits von öffentlichen Bibliotheken und privatem „Leihverkehr" auch eine kaufkräftige Nachfrage an Büchern. Noch immer zählt die Buchlektüre trotz einer Vervielfachung der Freizeitmöglichkeiten und mit leicht nachlassender Häufigkeit zu den bevorzugten Aktivitäten der Deutschen (Rang 13 von rund 50)[7]: 19,1 % lesen mehrmals wöchentlich, weitere 36,3 % mindestens einmal im Monat, ein Fünftel der Befragten las „nie" Bücher. Für Hörbücher liegen die Befragungswerte bei 4,3 % wöchentlicher und 12,1 % mindestens monatlicher Nutzung (vgl. Börsenverein 2024, S. 35–36).

41 % der deutschsprachigen Bevölkerung nutzen im Jahr 2024 mindestens einmal wöchentlich ein gedrucktes Buch (täglich: 19 %), 13 % ein E-Book. Die durchschnittliche Lesedauer betrug 2024 ähnlich wie in den Vorjahren 12 min am Tag, bei den Jüngeren (14–29 Jahre) waren es 15, bei den Älteren (70+) waren es 21 min (vgl. Kupferschmitt und Müller 2023, S. 8, 17–18).

Herstellender Buchhandel

Die zentralen Teile der Wertschöpfung in der Buchkommunikation sind unternehmensförmig organisiert. Die mittleren und großen der etwa 3000 deutschen Buchverlage, die regelmäßig „Literatur im weitesten Sinne"[8] produzieren, koordinieren als kommerzielle Unternehmen wichtige Akteure und ihre Leistungserbringung. Einer betriebswirtschaftlichen Organisationslogik folgend müssen die Wertschöpfungsprozesse zeitlich und sozial

---

[7] Als Datenquelle dienen Befragungen im Rahmen der „Best for Practice b4p 2023", die ab September 2021 durchgeführt wurden und folglich noch Effekte der Coronaphase auf das Freizeitverhalten widerspiegeln.

[8] https://www.boersenverein.de/politik-positionen/was-verlage-leisten/ [30.12.2024]. insgesamt sind laut Börsenverein 22.000 Unternehmen und Institutionen zumindest auch verlegerisch tätig.

in effektiver und effizienter Weise koordiniert werden. Dabei bestehen die verlegerischen Kernaufgaben in der Produktentwicklung und -erstellung, im Marketing und Vertrieb sowie der Erfolgskontrolle und Abrechnung. Diese Leistungen können dabei innerhalb des Verlagsunternehmens zumindest teilweise durch externe Zulieferer und Kooperationspartner erbracht werden.[9]

Das Geschäft mit Büchern ist riskant, weil der Erfolg eines Buches bei Leserinnen bzw. Käufern unsicher und damit schwer prognostizierbar ist, der Verlag aber vorab investieren muss: Verlage gehen in Vorlage, legen also Geld vor, und heißen eben deshalb Verlage. Die Bindung von Kapital in Form einer gedruckten Buchauflage, die sich womöglich erst im Laufe der Jahre absetzen lässt (oder eben unverkäuflich ist) und dabei weitere Kosten für das Lager verursacht, wird damit zu einem zentralen Problem der Verlage. Bei Wissenschaftsverlagen, deren Titel sich viel langsamer „umsetzen" als Taschenbuch-Bestseller, können bis zu 40 % des Betriebskapitals in Büchern festliegen (vgl. Lucius 2007, S. 113).

Eine Risikominderung verspricht man sich im Verlagswesen durch die Institution des *Verlagsprogramms,* bei dem verkaufsstarke Bestseller oder gewinnträchtige Titel andere Titel mitfinanzieren sollen (Mischkalkulation). Ökonomisch hilfreich ist die Kombination von Buch- und (Fach-)Zeitschriftenverlag, wenn die Zeitschrift einen regelmäßigen Umsatz- und Gewinnstrom zur Grundfinanzierung liefert. Die Zusammenstellung des Verlagssortiments ist Gegenstand der Programmpolitik, bei der man die sog. Backlist, also die bereits am Markt eingeführten, stabil absetzbaren Titel, von den risikoträchtigeren Neuerscheinungen (Novitäten, Novas) und Neuauflagen unterscheidet (vgl. Lucius 2007, S. 73–85). Das Verlagsprogramm steht in hohem Maße für das inhaltliche, literarische, wissenschaftliche oder politische Profil eines Verlages. Die institutionelle Rolle des klassischen Verlegers ist daher keine rein ökonomische, sondern auch eine publizistische und kulturelle.

Eine weitere „Stellschraube" für Verlage ist die Festlegung der Auflagenhöhe, denn diese entscheidet letztlich über das Ausmaß der Kapitalbindung und der Lagerkosten. Durch die Digitalisierung von Druckvorlagen und Druck hat sich ein Trend zu kleineren Auflagen durchgesetzt, denn nun kann im Bedarfsfall rasch und ohne hohe Vorkosten nachgedruckt werden. Das reicht hin bis zum „Print on demand", bei dem nach Bestelleingang ein einzelnes Exemplar digital gedruckt und dann gebunden bzw. geklebt wird (vgl. Lucius 2007, S. 165–170). Auch die Verlagskalkulation[10] und die Preispolitik liegen weitgehend in der Hand des Verlegers, der sich hier die besonderen Guteigenschaften des Buches zunutze machen kann: Der Nutzen des Buches liegt ganz überwiegend im im-

---

[9] Im Rahmen dieses Überblicks kann nicht auf die kaufmännischen Details eingegangen werden; wir beschränken uns auf einige typische Besonderheiten, in denen sich der Buchverlag von anderen Unternehmen unterscheidet. In Details des Buchmanagements führt Wirtz (2006, S. 207–252, Kap. 4) ein.

[10] Vgl. hierzu Standardwerke wie Kerlen (2006) und Mundhenke und Teuber (2002) sowie zur Kostensystematik Heinold (2009, S. 134).

materiellen Inhalt; der Verlag erwirbt meist alle oder zumindest die verlagstypischen Verwertungsrechte und kann nun verschiedene materielle Produkte (Versioning) anbieten: eine Paperback-Ausgabe in Klebeheftung, ein in Leinen gebundenes Hardcover-Buch und eine in Leder gebundene, ggf. limitierte Schmuckausgabe – zu ganz unterschiedlichen Preisen. Die Digitalisierung der Medien eröffnet darüber hinaus die Möglichkeit, einzelne Buchkapitel oder ganze Bücher online gegen Bezahlung zu vermarkten, entweder durch die Lizenzierung gegen eine Pauschalgebühr (Campuslizenz für eine Universität, Firmenlizenz für eine Anwaltskanzlei oder Einzellizenz) oder im Einzelverkauf (Pay per view bzw. Pay per print). Zeitlich versetzt und nachdem die Kaufkraft für die teure Ausgabe abgeschöpft ist (sog. Windowing), werden preiswertere Taschenbuchausgaben angeboten. Hinzu kommen ggf. weitere materielle Verwertungen des immateriellen Buchinhalts: als Hörbuch bzw. Audio-Stream, als Film- oder Fernsehrecht usw. Aufgrund der Digitalisierung nahezu aller Wertschöpfungsstufen zeichnet sich auch im Buchverlag ein Trend zum plattformneutralen Inhalt ab, der digital vorliegt und auf unterschiedlichen materiellen Trägern bzw. Vertriebswegen verwertet wird (vgl. auch Wilking 2009, S. 28, 40).

Wachsende Bedeutung haben im wissenschaftlichen Publikationswesen verschiedene *Open Access-Modelle* erlangt, bei denen nicht die Leserinnen und Leser für die Lektüre bzw. den Erwerb bezahlen, sondern die Autorinnen und Autoren bzw. die Universitäten und Forschungseinrichtungen, an denen sie lehren und forschen. Open Access kann über unterschiedliche Wege erzielt werden: Beim sog. Goldenen Weg werden Zeitschriftenaufsätze und Monografien wie bislang mithilfe eines Peer Review begutachtet und frei zugänglich publiziert. Beim Diamantenen Weg fällt auch für die Publizierenden keine Gebühr an, weil die Publikationsleistungen von nicht-kommerziellen Wissenschaftseinrichtungen erbracht werden. Beim Grünen Weg ergänzt der kostenlose Onlinezugriff eine konventionelle, d. h. für die Lesenden kostenpflichtige Verlagspublikation (z. B. über die Webpage der Forschenden).[11] Die großen Wissenschaftsverlage, die als internationale Konzerne den Markt beherrschen (auch dieses Lehrbuch erscheint bei einem dieser Quasi-Monopolisten) kassieren beim klassischen Publikationsweg ebenso wie beim Open Access kräftig ab: Im Grunde erfolgen die Erarbeitung der Inhalte, ihre Aufbereitung und Darstellung für die Publikation sowie die Qualitätssicherung durch das Peer Review innerhalb und finanziert durch das Wissenschaftssystem. Die Leistung des Verlags beschränkt sich auf die weitgehend digitalisierte technische Produktion, das Marketing und die Bereitstellung (Vertrieb). Aufgrund ihrer Marktmacht gelingt es den Verlagskonzernen bislang erfolgreich, die Wissenschaftseinrichtungen zum (Rück-)Kauf der von der Wissenschaft erstellten Publikationen zu zwingen. Dabei nötigen sie den Bibliotheken teure und umfangreiche Buchpakete auf, die tatsächlich nur zu einem Teil genutzt werden. Beim Goldenen Weg erheben sie zum Teil beträchtliche Publikationsgebühren, die zulasten der Wissenschaftsinstitutionen gehen und die Frage aufwerfen, ob kleinere Einrichtungen und

---

[11] Vgl. https://www.dfg.de/de/foerderung/foerdermoeglichkeiten/programme/infrastruktur/lis/open-access/was-ist-open-access [30.12.2024].

die dort Forschenden noch gleiche Publikations-Chancen haben. Nach jahrelangen Verhandlungen haben die großen Konzerne Pauschalverträge mit den deutschen Universitäten und Forschungsinstituten geschlossen. Ob diese künftig nicht schon aus Kostengründen eine nicht-kommerzielle Publikationsplattform gründen sollten, wäre zu diskutieren.

Im Buchverlagswesen lassen sich verschiedene *Geschäftsmodelle* und *Verlagstypen* unterscheiden:

- Literarische und die meisten wissenschaftlichen Verlage sind *Autorenverlage,* weil sie für die Manuskripte auf externe Autoren (Schriftstellerinnen, Wissenschaftler) angewiesen sind, deren kreative Arbeit sie nur begrenzt planen und steuern können.
- Fach- und Sachbuchverlage hingegen können Lektorinnen und Redakteure selbst anstellen und mit der termin- und vorgabengerechten Erstellung von Manuskripten für Schulbücher, Lexika, Ratgeber, Wörterbücher etc. beauftragen. Solche *Lektoratsverlage* können die betrieblichen Abläufe weitaus besser planen und kontrollieren.
- Seit einigen Jahren im Trend liegen *Themen- und Zielgruppenverlage,* die ihre Programme sehr stark auf inhaltliche Spezialisierungen, zum Beispiel ein Wissen(schaft)sgebiet, oder bestimmte Zielgruppen (Traveller, Weinliebhaber und Hobbyköche, Tierfreunde, aber auch politische und weltanschauliche Gruppen) ausrichten (vgl. Lucius 2007, S. 84–89).
- *Original- und Lizenzverlage* konzentrieren sich auf Erstpublikationen meist literarischer Werke und sind international tätig: Sie kaufen auf dem weltweiten, angelsächsisch dominierten Markt Lizenzen für Deutschland und lassen die Werke übersetzen, um sie hier zu publizieren. Von großer Bedeutung sind bei diesem Verlagstyp also verlagsexterne „Lieferanten": Autoren, Scouts, Agenten und Übersetzer.
- *Kommissionsverlage* handeln primär als Vertriebspartner im Auftrage von Dritten, die das gesamte finanzielle Risiko tragen, weil die Bücher nur in Kommission genommen werden. Als „Kommissionsgeber" fungieren wissenschaftliche Institute oder andere Organisationen, die ein starkes Interesse an der Publikation haben und diese auch finanzieren können, selbst aber keine Kernkompetenz im Buchvertrieb besitzen.

Buchverlage verfolgen unterschiedliche unternehmerische *Strategien* (vgl. Kerlen 2006, S. 227–238; Lucius 2007, S. 75): Während kapitalstarke Großverlage meist eine Marktführerschaft anstreben, besetzen kleinere Verlage spezielle thematische bzw. zielgruppenorientierte Nischen (Nischenstrategie) oder sie konzentrieren sich auf ein klares Novitätenprofil (Innovationsstrategie). Erfolgreiche Buchprodukte und -ideen werden durch einige Verlage auch kopiert (Nachahmerstrategie), wenn der Markt als genügend groß eingeschätzt wird. Und schließlich können kleinere und mittlere Verlage auch kooperieren (Kooperationsstrategie), um wechselseitig die jeweiligen Schwächen zu kompensieren. Ein Beispiel ist die Kooperation von 19 wissenschaftlichen Verlagen aus drei Ländern unter der bekannten Vertriebsmarke „UTB".

Um den verlagsinternen Wertschöpfungsprozess effizient zu organisieren und die Kosten für die Entscheidungsfindung und Koordination (Transaktionskosten) zu senken, haben sich dauerhafte, je nach Verlag aber unterschiedliche Binnenstrukturen entwickelt: Grundlegend können Buchverlage nach Funktionsbereichen (Herstellung, Vertrieb, Controlling und Rechnungswesen, Personal etc.), nach Produktgruppen (wie im Verlagsprogramm) oder nach Märkten (bei großen Verlagen nach Ländern) gegliedert sein. Die klassische und bei kleineren Verlagen bis heute gängige Organisationsstruktur belässt die Verantwortung für das Programm bei der Verlagsleitung, während Lektoren einzelne Titel, Autoren oder Themen betreuen.

Eine zentrale Institution der Entscheidungsfindung und Koordination ist die *Verlagskonferenz,* „in der die Leiter aller Abteilungen zusammen mit der Geschäftsleitung über Programm, geeignetes Produktdesign, Preisfindung, Absatzkanäle, Werbemaßnahmen usw. entscheiden" (Lucius 2007, S. 179).

Das Kerngeschäft und die Kernkompetenzen des Buchverlages liegen vor und nach dem Druck bzw. der digitalen Herstellung des Buchs bzw. des E-Books. Neben der Beschaffung, Autorenbetreuung und Produktentwicklung durch das Lektorat müssen vertrags- und urheberrechtliche Fragen (mit Autorinnen und Autoren, aber zum Beispiel bei Bildrechten auch mit Dritten) geklärt und betriebswirtschaftliche Planungs- und Managementleistungen erbracht werden. Als *Core Assets* von Buchverlagen gelten daher neben einer bekannten Marke (Verlagsname, Reihentitel) die Netzwerke der Mitarbeiterinnen, vor allem auf der Beschaffungsseite (vgl. Wirtz 2006, S. 226–227).

Die meisten Verlage lagern hingegen die technische Herstellung aus. Dies betrifft insbesondere Druck und Bindung, mitunter auch die grafische Gestaltung und bei wissenschaftlicher Literatur sogar die technische Druckvorlagenherstellung, die von den Autorinnen selbst am PC übernommen wird. Der Austausch von Manuskripten und Druckvorlagen ist nahezu vollständig digitalisiert und erfolgt meist online. Autoren liefern vielfach bereits Dateien, die im Verlag weiterverarbeitet werden können, und die Druckereien greifen für die Herstellung der Druckformen (Offsetdruck) oder den direkten Digitaldruck auf die Druckdaten des Verlags zu. Die technischen Produktionskosten und damit der materielle Warenwert von Büchern macht nur acht bis 15 % des Ladenverkaufspreises aus, während die meisten Kosten vorher und nachher, nämlich bei Marketing und Vertrieb entstehen. Knapp ein Viertel des Umsatzes (23 %) entfallen auf Produktion und Auslieferung der gedruckten Exemplare, auf das Marketing zwölf und Gemeinkosten für die Verwaltung zehn Prozent. Die Gewinnmarge der Verlage beträgt durchschnittlich rund neun Prozent (vgl. Wirtz 2023, S. 295–296).

Beim Absatz von Büchern spielt neben den in allen Wirtschaftszweigen anzutreffenden Marketingstrategien und -maßnahmen die spezifische Eigenschaft von Büchern eine Rolle. Als Medien zählen sie nämlich zu den *Erfahrungs- und Vertrauensgütern,* d. h. man kann erst nach dem Lesen (und damit meist nach dem Kaufen) entscheiden, ob sich der Kauf gelohnt hat. Um dieses Risiko zu minimieren, greifen viele potenzielle Käuferinnen auf Rezensionen und Empfehlungen vertrauenswürdiger Bekannter und Freunde zurück. Für Verlage (und Buchhandlungen) bedeutet dies, dass sie neben der Werbung auch Produkt-PR betreiben und für (möglichst positive) Rezensionen in den anderen Medien sorgen müssen, indem sie Rezensionsexemplare kostenlos an die jeweils richtigen und wichtigen Rezensenten verschenken. Die gesellschaftliche Institution der Literaturkritik, zumindest in ihrer Schrumpfform als Rezensionswesen oder in Gestalt von BuchTok (#buchtok),[12] wird hier dienstbar gemacht, wobei neben einer Sperrfrist für die Publikation auch die Regel gilt, Rezensionsexemplare nicht weiterzuverkaufen. Ein ähnlicher Effekt wie mit Rezensionen kann, gerade bei Fach- und Wissenschaftsliteratur, durch den Versand kostenloser „Dedikations- oder Prüfexemplare" an Multiplikatoren und Meinungsführerinnen erzielt werden. Der verlagsseitig eingesetzte Materialwert der Bücher ist etwa im Vergleich zu einer Anzeigenkampagne marginal (vgl. Lucius 2007, S. 221, 242–243). Lange vor der Etablierung des sog. Social Web und anderer, ebenfalls für lancierte oder nicht lancierte Buchempfehlungen genutzter Online-Angebote, setzte schon die Logik der „Bestsellerliste" auf die angebliche „Schwarmintelligenz". Tatsächlich dürften viele Buchkonsumenten ihre Transaktionskosten senken, indem sie sich bei ihrer Kaufentscheidung an solchen methodisch mitunter fragwürdigen Rankings[13] und an Empfehlungen von – mehr oder weniger bekannten – „Peers" orientieren (vgl. Braun 2009, S. 277). In Deutschland dürfte die Bestsellerliste des SPIEGEL einen erheblichen Einfluss auf den Buchmarkt haben, denn letztlich wird hier eine begrenzte kaufkräftige Nachfrage auf nur wenige der jährlich neu erscheinenden 60.000 Titel (2023)[14] kumuliert und damit einer Titelkonzentration Vorschub geleistet.

Verbreitender Buchhandel

Der Handel mit Büchern kann direkt über digitale bzw. postalische Bestellwege („Verlagsbuchhandlung") zwischen Verlag und Endkunden (Käuferinnen und Lesern) erfolgen und hat in letzter Zeit vor allem für die eher selten nachgefragten Titel an Bedeutung gewonnen (vgl. Wirtz 2023, S. 279). Der klassische und noch immer bedeutsamste Vertriebsweg besteht in einem gestuften Verfahren des *verbreitenden Buchhandels und des Zwischenbuchhandels*. Mit Ausnahme sehr kleiner und sehr großer Verlage liefern diese ihre Bücher nicht selbst aus, sondern beauftragen eine der fünfzehn großen deutschen *Verlagsauslieferungen*,[15] die für jeweils 60 bis 200 Verlage und deshalb kostengünstig arbeiten. Schätzungsweise 90 % des Branchenumsatzes werden in Deutschland von rund 12 dieser externen Dienstleister abgewickelt (vgl. Lucius 2014, S. 192). Eine sehr wichtige Rolle nehmen speziell in Deutschland drei allgemeine (Zeitfracht, Libri, Umbreit) und kleinere

---

[12] Vgl. https://www.tiktok.com/tag/buchtok?lang=de-DE [28.07.2025].

[13] Neben der Frage der Repräsentativität stellt sich die Frage nach dem geeigneten Erhebungszeitraum; valide dürften vor allem Erhebungen sein, die durch eine automatische Erfassung an den Ladenkassen bzw. in aller Vertriebswegen erfolgen; vgl. Lucius (2007, S. 243).

[14] Börsenverein des Deutschen Buchhandels. Tabellenkompendium zur Wirtschaftspressekonferenz am 4. Juli 2024, S. 9.

[15] https://vlb.de/hilfe/vlb-buchhandel/barsortiment-auslieferung [02.01.2025].

spezialisierte *Barsortimenter*[16] als Groß- und Zwischenhändler ein. Bei ihnen bestellen die Ladenbuchhandlungen aus einem Sortiment von bis zu 590.000 vorrätigen Titeln (aus Gesamtkatalogen von mehreren Millionen Titeln) aus über 4000 Verlagen, und werden – vergleichbar wohl nur mit Apotheken – über Nacht beliefert. Das entlastet Lagerhaltung und Kapitalbindung und ist in Anbetracht der hohen Titelzahl auf dem deutschen Buchmarkt gerade für kleinere Buchhandlungen existenziell, die bis zu 45 % ihrer Bücher von einem Barsotimenter beziehen (vgl. Börsenverein 2024, S. 74). Aufgrund der hohen Bedeutung und Nachfragemacht der Barsortimenter (über 20 % des Verlagsumsatzes) müssen die Verlage ihnen hohe Handelsrabatte einräumen. Zudem verfügen die Barsortimenter über exzellente Marktdaten und sind in der Lage, standardisierte Buchpakte für bestimmte Themen und Buchhandlungstypen zu schnüren. Dieses Geschäftsmodell minimiert das Absatzrisiko für die Buchhandlung, führt allerdings tendenziell zu einer Standardisierung des Angebotes und verschlechtert die publizistischen wie die ökonomischen Chancen kleiner Verlage oder unbekannter Autoren (vgl. Lucius 2007, S. 197–198).

Der verbreitende Buchhandel ist stark ausdifferenziert: Neben den stationären Sortimentsbuchhandlungen bzw. deren Filialen gibt es Fachbuchhandlungen, Antiquariate und Moderne Antiquariate, den Bahnhofsbuchhandel, den Reise- und Versandbuchhandel sowie eine Reihe weiterer Verkaufsstellen – von Kaufhäusern über Tankstellen und Supermärkte bis hin zu Drogeriemärkten.

Einer der größten (Online-)Buchhändler in Deutschland ist Amazon. Die Handelsplattform erwirbt die Bücher direkt bei den Verlagen und teilt sich mit diesen die Gewinnanteile, die ansonsten den Zwischenhändlern zugekommen (vgl. Wirtz 2023, S. 280). Die Digitalisierung des Buchhandels führt hier zu Disintermediation, d. h. bestimmte Glieder der Wertschöpfungskette werden übersprungen.

5.3   Buchmarkt und organisationales Umfeld

5.3.1   Media Governance: Normative Grundlagen der Buchbranche

Herstellender und verbreitender Buchhandel genießen in Deutschland eine normative Sonderstellung, die ihren Ausdruck in einer Reihe von speziellen gesetzlichen Vorschriften und Privilegien sowie einem traditionsreichen Netzwerk von Institutionen rund um den Börsenverein des Deutschen Buchhandels findet.

Wie für alle publizistischen Medien in der Bundesrepublik Deutschland stellt Art. 5 des Grundgesetzes (GG) die wichtigste rechtliche Grundlage dar, weil hier staatliche Vorzensur verboten und die elementaren Meinungs- und Kommunikationsfreiheiten u. a. unter

---

[16] Der Begriff geht auf die Mitte des 19. Jahrhunderts entstandenen großen Buchzwischenhändler zurück, die Bücher Einzelhändlern nur gegen Bargeldzahlung verkauften.

Hinweis auf „Schrift und Bild" (also das Zeichensystem des Buchdrucks) garantiert und zugleich mit den Argumenten Jugendschutz, Recht der persönlichen Ehre sowie der allgemeinen Gesetze begrenzt werden.[17] Die gesetzlichen Schranken der Grundrechtsausübung ergeben sich wie für alle anderen Medien insbesondere aus dem Strafgesetzbuch, wobei vor allem Beleidigungsdelikte, Gewaltdarstellungen und Pornografie für das Buchwesen besonders relevant sind.[18] Die Bundeszentrale für Kinder- und Jugendmedienschutz (BzKJ) kann auf Antrag der Jugendschutzbehörden auch Bücher indizieren, d. h. diese Werke werden auf eine Liste der vertriebs- und werbebeschränkten Titel gesetzt. Diese Bücher dürfen nicht an Minderjährige abgegeben werden. Durch richterlichen Beschluss können Bücher dann auch „eingezogen" (StGB § 74d), beschlagnahmt und ihre Verbreitung unterbunden werden. Die Details solcher relativ selten durchgeführten Verfahren sind auf der Ebene der 16 Bundesländer durch im Kern nahezu identische Landespressegesetze geregelt.[19] Neben diesen Landesgesetzen regulieren vor allem Bundesgesetze den Buchsektor: Auf der Makroebene des Buchmarktes gilt wie für die periodische Presse eine *Sonderregelung des Gesetzes gegen Wettbewerbsbeschränkungen (GWB):* Der Zusammenschluss von Buch- wie Presseverlagsunternehmen ist schon ab einer gemeinsamen Umsatzsumme von jährlich 12,5 Mio. € genehmigungspflichtig, während für alle anderen Unternehmensfusionen eine Schwelle von 250 Mio. € gilt. Hiermit wird dem Doppelcharakter des Buchs als Ware und als Kulturgut mit dem Ziel Rechnung getragen, durch eine Vielzahl der Anbieter die strukturelle Voraussetzung für inhaltliche und formale Angebotsvielfalt zu schaffen bzw. zu bewahren. Dem „Schutz des Kulturgutes Buch" ist eine weitere Ausnahmeregelung geschuldet: das *Buchpreisbindungsgesetz (BuchPrG)* aus dem Jahre 2002 (in der Fassung v. 8. Oktober 2023).[20] Der Buchhandel ist hierdurch verpflichtet, Bücher und E-Books nur zu einem vom Verlag (oder Importeur) festgesetzten Preis an Endkunden abzugeben. Die Preisbindung gilt für mindestens 18 Monate und wird im Börsenblatt des Deutschen Buchhandels bekannt gegeben sowie ggf. später wieder aufgehoben. Auf diese Weise soll eine Vielzahl auch kleinerer Buchhandlungen vor der Konkurrenz durch Großanbieter geschützt und damit die flächendeckende Versorgung Deutsch-

---

[17] Lucius (2007, S. 25) weist zudem auf Art. 18 GG hin, der eine durch das Bundesverfassungsgericht festzustellende Verwirkung dieser Grundrechte regelt.

[18] Hinzu kommen: Verunglimpfungen und Beleidigungen des eigenen wie eines ausländischen Staates sowie seiner Symbole und Organe, Offenbarung von Staatsgeheimnissen, Aufforderungen zu Straftaten, Volksverhetzung und Kriegshetze; vgl. Abschn. 3.4.

[19] Diese beziehen sich nicht nur auf Belange der periodischen Presse, sondern auch die anderer „Druckwerke", zu denen neben dem Buch auch Ton- und Bildträger sowie Musikalien gezählt werden.

[20] Dieses Bundesgesetz ist aus EU-rechtlichen Gründen an die Stelle des sog. „Sammelrevers"-Systems als brancheninterne vertragliche Selbstregulierung getreten. Zum Wortlaut vgl. https://www.gesetze-im-internet.de/buchprg/BuchPrG.pdf [30.12.2024]. Die Preisbindung erstreckt sich auch auf E-Books, allerdings können die Verlage hierfür andere Preise festsetzen.

lands mit dem Kulturgut Buch gesichert werden. Dies ist auch Ziel und Legitimation der privilegierten Behandlung von Büchern bei der *Umsatzsteuer,* die für Bücher nur sieben (statt ansonsten derzeit 19 %) beträgt und den Kauf von Büchern verbilligen soll.

Gesetzlich geregelt sind auch *Urheber- und Verwertungsrechte* im Buchwesen: Nach deutschem Recht (Urhebergesetz UrhG) entsteht das Urheberrecht, beim Buch also das der Autorin oder des Autors, automatisch mit der Schaffung des Werkes, gilt bis 70 Jahre nach dessen Tod und kann auch nicht veräußert werden. Der Autor hat gesetzlichen Anspruch auf „angemessene Vergütung", kann aber die Verwertungsrechte an seinem Werk insbesondere an einen Buchverlag verkaufen, der sie ggf. weiter veräußert. Zu diesen Rechten zählt das Gesetz u. a.: Vervielfältigung und Verbreitung (also das „typische" Buchgeschäft), öffentliche Zugänglichmachung (relevant vor allem für Bibliotheken und Online-Angebote), Aufführungsrechte (vor allem bei Theaterautoren) sowie andere Medienverwertungen (Verfilmung, Sendung etc.). Der Verlagsvertrag regelt, welche Rechte genau, für wie lange und für welche Region sowie zu welchem Preis eingeräumt werden. Darüber hinaus werden Auflagenhöhe, Manuskriptbeschaffenheit (Inhalt, Umfang, Format) und Abgabefristen, die Ladenpreisgestaltung, aber auch Übersetzungs- und Lizenzrechte etc. vertraglich festgelegt.

Etwa 3500 Autoren und Übersetzerinnen sind im *Verband deutscher Schriftstellerinnen und Schriftsteller (VS)* organisiert, der 1969 gegründet wurde und mittlerweile Teil der Dienstleistungsgewerkschaft ver.di ist. Der VS vertritt Schriftsteller und Übersetzer in kulturpolitischen und urheberrechtlichen Fragen.[21] Darüber hinaus hat er mit dem Börsenverein des deutschen Buchhandels erstmals 1978 einen Normvertrag für Verlagsverträge ausgehandelt, der zuletzt 1999 neu gefasst wurde und die Interessen beider Parteien fair regeln soll.[22] Für die wissenschaftlichen Buch- und Zeitschriftenautoren hat der *Deutsche Hochschulverband (DHV)* als Interessenverband eine Vereinbarung mit Musterverträgen mit dem Börsenverein geschlossen. Hier reicht die Tradition der institutionellen Regelung sogar bis ins Jahr 1929 zurück.[23] Was nicht im Verlagsvertrag zwischen Autorin und Verlag geregelt ist, regelt automatisch das auf das Jahr 1901 zurückgehende *Verlagsgesetz (Gesetz über das Verlagsrecht in der Fassung vom 22. März 2002).*[24] Darüber hinaus fließen Autoren und Verlagen Anteile aus der Verwertung jenseits des Buchhandels zu, die durch die Verwertungsgesellschaften treuhänderisch erhoben und ausgeschüttet werden. Die *Verwertungsgesellschaft Wort (VG Wort)* ist als Verein organisiert und vertritt knapp

---

[21] Weitere Informationen zur Organisation und ihrer Politik unter: https://kunst-kultur.verdi.de/literatur/vs [02.01.2025].

[22] Zum Normvertrag vgl. https://www.boersenverein.de/fileadmin/bundesverband/dokumente/beratung_service/politik_recht/verlagsrecht_mustervertraege/Normvertrag_Autoren_2014.av.doc [08.01.2025].

[23] Zum DHV vgl. http://www.hochschulverband.de/cms1/; zur Vereinbarung und den Verträgen https://www.boersenverein.de/beratung-service/recht/verlagsrecht-mustervertraege/ [08.01.2025].

[24] Für den Wortlaut vgl. http://www.gesetze-im-internet.de/bundesrecht/verlg/gesamt.pdf [08.01.2025].

340.000 wahrnehmungsberechtigte Autorinnen und Autoren sowie 10.200 Verlage (VG Wort 2024, S. 11). Aufgrund des UrhG ist sie exklusiv dazu berechtigt, mit unterschiedlichen Verwertern wie Bibliotheken, Schulen und Universitäten sowie Herstellern von Kopiergeräten und Scannern (über den Branchenverband BITKOM) Verträge abzuschließen und die Erlöse an Autoren, Übersetzer und Verlage auszuschütten. In einem ausdifferenzierten Tarifsystem werden die Rechte von Autoren und Verlage gegenüber Bibliotheken, Copyshops, den Publikumsmedien usw. geltend gemacht. So sind beispielsweise Kopiergeräte und Drucker, mit denen geschützte Texte vervielfältigt werden können mit pauschalen Geräteabgaben belegt. Dabei wird nach Standorten der Geräte differenziert: Kopiergeräte an Standorten ohne Hochschulen kosten 91 € jährlich, steht dasselbe Gerät in einer Unibibliothek werden 418 € fällig.[25] 2023 wurden insgesamt knapp 167 Mio. € eingenommen, wobei vor allem die Geräte- und Speichermedienvergütungen mit 73 Mio. € (Text) bzw. 35 Mio. € (Hörfunk, TV und AV) sowie die klassische Bibliothekstantieme mit 9,54 Mio. € wirtschaftliche Bedeutung besitzen (vgl. VG Wort 2024, S. 5).

Bibliothekstantiemen, Geräteabgaben und Gebühren für die Reproduktion von Buchinhalten nimmt auch die *Verwertungsgesellschaft Bild-Kunst* ein, die u. a. die Reproduktionsrechte für Werke der Bildenden Kunst einschließlich der Fotografie und Buchillustrationen wahrnimmt. Die VG Bild-Kunst schüttet Erlöse an die Bildurheber und an Bildagenturen sowie Verlage aus.[26] Die gesetzliche Grundlage dieser beiden Verwertungsgesellschaften bilden das UrhG und das *Verwertungsgesellschaftengesetz (VGG in der Fassung vom 23. Oktober 2024)*.

Der Verlag besitzt durch den faktischen Gebrauch oder die Voranmeldung (Titelschutzanzeigen im Börsenblatt) die markenrechtlich garantierten Titelrechte an Büchern oder Buchreihen, was ihn vor konkurrierenden Nachahmern schützt.

Das Urheberrecht regelt aber nicht nur die wirtschaftliche Seite einer Publikation, sondern auch die geistige, denn das UrhG schützt das Werk vor nicht autorisierten Bearbeitungen und Verfälschungen (Urheberpersönlichkeitsrechte) (vgl. Lucius 2007, S. 337–364).

Der 1825 in Leipzig gegründete *„Börsenverein des Deutschen Buchhandels"*[27] ist ein bedeutender korporativer Akteur mit 4000 Mitgliedern unterschiedlicher Produktionsstufen, darunter 1745 Verlage und Buchhandelsunternehmen. Er wirkt nicht nur innerhalb der Branche als selbstregulierende Institution beim Interessenausgleich der Akteure ver-

---

[25] vgl. den Betreibertarif für Copyshops: https://www.vgwort.de/fileadmin/vg-wort/pdf/dokumente/Tarif-Uebersicht/Tarif_Betreiberverguetung_VG_WORT_041115.pdf [02.01.2025].

[26] Informationen zur Organisation und den Verteilungsplänen unter: http://www.bildkunst.de/ [02.01.2025].

[27] Stiehl (1980, S. 54) bemerkt, die Bezeichnung „Börse" sei auf eine Abrechnungsstelle auf der Leipziger Buchmesse zurückzuführen.

schiedener Wertschöpfungsstufen, sondern auch medien- und imagepolitisch als Lobby-organisation nach außen: Bei wichtigen Themen wie Buchpreisbindung und Urheberrecht vertritt er die Interessen der Branche; mithilfe von Buchpreisen (seit 1951 „Friedenspreis des Deutschen Buchhandels", seit 2005 „Deutscher Buchpreis") agiert er öffentlichkeits-wirksam im kulturellen und politischen Leben. Seit 1959 finanziert der Börsenverein einen Vorlesewettbewerb zur schulischen Leseförderung. Die brancheninterne Kommunikation wird vor allem durch das 14-tägig erscheinende „Börsenblatt – Wochenmagazin für den Deutschen Buchhandel", das Verzeichnis lieferbarer Bücher (VLB mit rund 2,5 Mio. Ti-teln), das Adressbuch für den deutschsprachigen Buchhandel und zahlreiche Tagungen u. a. von den zehn Landesverbänden befördert. Auch die Kundenzeitschrift „Buchjournal" wird vom Börsenverein herausgegeben.

Zu den Institutionen der Buchbranche gehören die durch den Börsenverein (bzw. einer kommerziellen Tochter, der Ausstellungs- und Messe-GmbH) getragenen traditionellen *Buchmessen* in Frankfurt und in Leipzig: Die im Zuge der deutschen Teilung begründete Frankfurter Buchmesse ist sehr stark international ausgerichtet und hat im Oktober 2024 rund 230.000 Besucherinnen und Besucher sowie über 4300 Aussteller angezogen.[28] Hier werden auch Lizenzen im „Literary Agents and Scouts Centre (LitAG)" unter Beteiligung von mehr als 300 Literaturagenten und Talentscouts gehandelt (vgl. Börsenverein 2024, S. 107–108). Die traditionsreichere und auch in der DDR fortgeführte Leipziger Buch-messe wurde im Frühjahr 2024 von 280.000 Menschen besucht und ist vor allem eine be-liebte Publikumsmesse.[29]

Die Buchbranche hat sich über die gesetzlichen Regelungen hinaus selbst ein Set von drei *Regelwerken* gegeben, die das Verhalten der unterschiedlichen Akteure trotz vor-handener Interessengegensätze regeln und damit letztlich Transaktionskosten sparen sol-len: Die „Verkehrsordnung für den Buchhandel"[30] regelt vor allem Rabatte, Preis-änderungen, Rückgaberechte für unverkaufte Exemplare oder nicht länger preisgebundene Titel (Remission), Subskriptionspreise, den Umgang mit beschädigten oder fehlerhaften Exemplaren, den Versand und die Rechnungsstellung – sofern es keine abweichende Ver-tragsvereinbarungen gibt. Die „Wettbewerbsregeln des Börsenvereins des Deutschen Buchhandels" behandeln das Verhältnis zwischen dem Buchhandel und den Verlagen, die mitunter gleichzeitig als Buchhändler (insbesondere im Versandgeschäft) auftreten. Noch grundsätzlicher, als „Orientierungshilfe" für die gesamte Buchbranche mit allen ihren

---

[28] https://www.buchmesse.de/presse/pressemitteilungen/2024-10-18-frankfurter-buchmesse-2024-positive-zwischenbilanz,   https://www.fr.de/frankfurt/internationalitaet-ist-unsere-staerke-frankfurter-buchmesse-endet-mit-besucher-plus-zr-93366154.html [02.01.2025].

[29] https://www.leipziger-buchmesse.de/de/ausstellen/ausstellen-lohnt-sich/zahlen-fakten/ [02.01.2025].

[30] Die letzte Fassung datiert von 2018, vgl. https://www.boersenverein.de/fileadmin/bundesverband/dokumente/boersenverein/branchenvereinbarung/Verkehrsordnung_Buchhandel.pdf [08.01.2025].

Sparten (Verlage, Zwischenbuchhandel, Sortiment etc.) sind die „Verhaltensgrundsätze des Buchhandels"[31] abgefasst.

Weil Bücher in Deutschland seit Jahrhunderten als Kulturgut gelten, besteht seitens der Verlage seit 1913 eine Pflichtstückablieferungs-Regelung, die gesetzlich verankert ist *(Gesetz über die deutsche Nationalbibliothek in der Fassung vom 1. September 2017)*[32] sowie die „Verordnung über die Pflichtlieferung von Medienwerken". Ohne Kostenerstattung muss jeweils ein Buchexemplar an die beiden Standorte der Deutschen Bibliothek in Leipzig und Frankfurt geliefert werden, die „im Gegenzug" die deutsche Nationalbibliografie erstellen – eine wichtige Arbeitsgrundlage für praktisch alle Bibliotheken und die Wissenschaft (vgl. Lucius 2007, S. 380).

5.3.2 Marktstruktur und Markteintrittsbarrieren

Anders als für die periodische Presse oder den privatrechtlichen Rundfunk spielt der Werbemarkt praktisch keine Rolle für Bücher; allenfalls Sponsorenanzeigen oder Eigenwerbung wird man in wenigen Büchern finden. Entscheidend ist daher der Erfolg von Büchern auf dem Publikumsmarkt. Im Gegensatz zur hohen Bedeutung, die dem Buch als Bildungs- und Kulturgut traditionell in Deutschland beigemessen wird, steht seine geringe gesamtwirtschaftliche Bedeutung: Mit fast 9,7 Mrd. € Umsatz im Jahr 2023 (vgl. Börsenverein 2024, S. 5) liegen die „buchhändlerischen Betriebe" der gesamten Branche deutlich hinter dem Umsatz einer einzelnen Lebensmittelkette. Die Zahl der Beschäftigten in den Verlagen (Buch- sowie Presseverlage werden gemeinsam erfasst) sank alleine in den letzten fünf Jahren von 103.000 auf knapp 92.000, im Buchhandel sank die Zahl innerhalb von 10 Jahren um 7000 auf 23.000 (vgl. Börsenverein 2024, S. 126–127).

Die Marktstruktur ist mit den insgesamt rund 17.500 verlegerisch tätigen Unternehmen recht heterogen, denn hierunter fallen neben den rund 2000 selbstständigen *Buchverlagen* auch Kultur- und Wissenschaftsinstitutionen oder Verbände (vgl. Börsenverein 2024, S. 46). Unter den Verlagen gibt es viele Klein- und Kleinstverlage, die keine oder nur wenige Beschäftigte haben, aber auch umsatz- und gewinnträchtige Großverlage, von denen einige zu internationalen Medienkonzernen wie Bertelsmann gehören. 500 der 1581 erfassten Verlagsbetriebe erzielen einen Jahresumsatz von jeweils bis zu 100.000 (einige davon erheblich weniger), während nur 19 Verlage mehr als 50 Mio. € jährlich umsetzen (vgl. Börsenverein 2024, S. 49; Daten für 2022).

---

[31] Vgl. zum Wortlaut des „Spartenpapiers" von 1985: https://www.boersenverein.de/fileadmin/bundesverband/dokumente/boersenverein/branchenvereinbarung/Spartenpapier.pdf [08.01.2025] sowie das Grundlagenpapier von 2011: https://www.boersenverein.de/fileadmin/bundesverband/dokumente/boersenverein/branchenvereinbarung/Grundlagenpapier_2011.pdf [08.01.2025].

[32] Gesetz über die Deutsche Nationalbibliothek vom 22. Juni 2006 (BGBl. I S. 1338), das zuletzt durch Artikel 2 des Gesetzes vom 1. September 2017 (BGBl. I S. 3346) geändert worden ist; online unter: https://www.gesetze-im-internet.de/dnbg/DNBG.pdf [30.12.2024].

Der Verlagsmarkt ist also in hohem und weiter zunehmendem Maße ökonomisch konzentriert (vgl. Tab. 5.1), übrigens auch in regionaler Hinsicht: Führende Verlagsstädte sind Berlin (156 Verlage im Jahr 2023), München (105) und Hamburg (75), während die traditionellen Verlagsstädte Leipzig und Frankfurt nur noch auf 39 bzw. 50 Verlage kommen (vgl. Börsenverein 2024, S. 134). Bei der Anzahl der Neuerscheinungen liegt Berlin (10.830) deutlich vor München (6507 Titel) und Hamburg mit 3192 Titeln (vgl. Börsenverein 2024, S. 149), d. h. 30 % (rund 20.500 von 67.500) stammen aus den drei größten Verlagsorten. Die publizistische Konzentration erscheint aufgrund der hohen Zahl der Verlage hingegen vergleichsweise gering, allerdings nimmt die Zahl der Ersterscheinungen stetig ab: Waren es 2015 noch 89.506 Titel (davon 85 % Erstauflagen), so betrug der Vergleichswert für 2023 nur noch 67.467 (davon rund 60.000 Erstauflagen). Innerhalb der letzten knapp zehn Jahre ist die Titelproduktion weiter um ein Viertel gesunken (vgl. Börsenverein 2017, S. 81; 2024, S. 85–86). Die ohnehin geringen Markteintrittsbarrieren (die First-Copy-Kosten[33] betrugen bereits vor zehn Jahren durchschnittlich 39 % der Gesamtkosten), müssten durch Digitalisierung und Self Publishing aber weiter gesunken sein[34]; institutionell soll die Buchpreisbindung die Marktentwicklung und -vielfalt fördern (vgl. Wirtz 2013, S. 280). Die Grundfreiheiten des GG sehen (anders als beispielsweise in der DDR) auch keine Lizenzpflicht für Verlage vor, die als Markteintrittsbarriere wirken könnte.

Tab. 5.1 Umsatzanteile der zehn größten deutschen Buchverlage 2023. (Quelle: eigene Berechnungen auf der Basis von Börsenverein 2024, S. 7, S. 3)

Platz	Verlag	Umsatz 2023 Mio. €	Kumulierter Umsatzanteil[a]
1	Springer Nature	517,8	8,37
2	Haufe	370	14,35
3	Klett Gruppe	349,6	20
4	Penguin Random House	313,7	25,07
5	Westermann Gruppe	290	29,76
6	Wolters Kluwer Deutschland	284,5	34,36
7	Cornelsen	249	38,38
8	C.H. Beck	240,8	42,27
9	Thieme	173,2	45,07
10	WEKA	162	47,69

[a]Anteil am Gesamtumsatz der Buchverlage 2023 (6187 Mrd. €) (Hochrechnung des Börsenvereins, vgl. Börsenverein 2024, S. 56) in %

---

[33] Hierunter versteht man insbesondere bei Printmedien alle diejenigen Kosten, die notwendig sind, um eine Auflage von einem Exemplar herzustellen. Je höher diese Erstkosten sind, umso stärker wirken die Economies of Scale, also Massenproduktionsvorteile (durch „Umlegen" der Fixkosten auf die Anzahl; sog. Fixkostendegression).

[34] Wirtz 2023, S. 296 gibt auch aktuell den Wert von 39 % für First Copy-Kosten an.

Rund 45 % der 2023 in Erstauflage erschienen Buchtitel stammen aus den Bereichen Belletristik, Deutsche Literatur sowie Kinder- und Jugendbuchliteratur, jeweils weitere 5 bis 6 % waren Schulbücher und Techniktitel (vgl. Börsenverein 2024, S. 91). Aus der Sachgruppe Sozialwissenschaften stammten 2023 über 10.500 Neuerscheinungen, was 17,5 % entspricht (vgl. Börsenverein 2024, S. 87 und Abb. 5.2).

Der Anteil der Taschenbücher an den Ersterscheinungen sinkt seit zehn Jahren kontinuierlich und betrug 2023 knapp 12 %, was rund 7000 Titeln entspricht (vgl. Börsenverein 2024, S. 92). Gesunken ist auch die Zahl der Übersetzungen fremdsprachiger Bücher in deutsche Titel, und zwar auf knapp 9300 (vgl. Börsenverein 2024, S. 100). Womöglich ändert sich dieser Trend durch den Einsatz preiswerter automatisierter Übersetzungs-Software („KI"). Rund 59 % der Übersetzungen erfolgten aus dem Englischen bzw. Amerikanischen und – erstaunliche – 12,8 % aus dem Japanischen, während der Anteil französischer und italienischer Literatur nur bei 10,3 bzw. 2,5 % lag. Rund ein Viertel der Belletristik-Titel wurden nicht in deutscher Sprache verfasst, auch ein hoher Anteil von Comics wurde übersetzt (vgl. Börsenverein 2024, S. 101, 107). Umgekehrt konnten 6500 deutsche Buchlizenzen ins Ausland verkauft werden (vgl. Börsenverein 2024, S. 108).

Die Marktstruktur im *Buchhandel* (vgl. Abb. 5.3) unterliegt seit einigen Jahren einem deutlichen Wandel. Noch immer verfügt Deutschland über ein sehr dichtes Netz von Buchhandlungen, auch in kleineren Städten und Orten sind Bücher vielfach noch in einem Ladengeschäft erhältlich. Rund 2900 Buchhandelsunternehmen waren – bei abnehmender

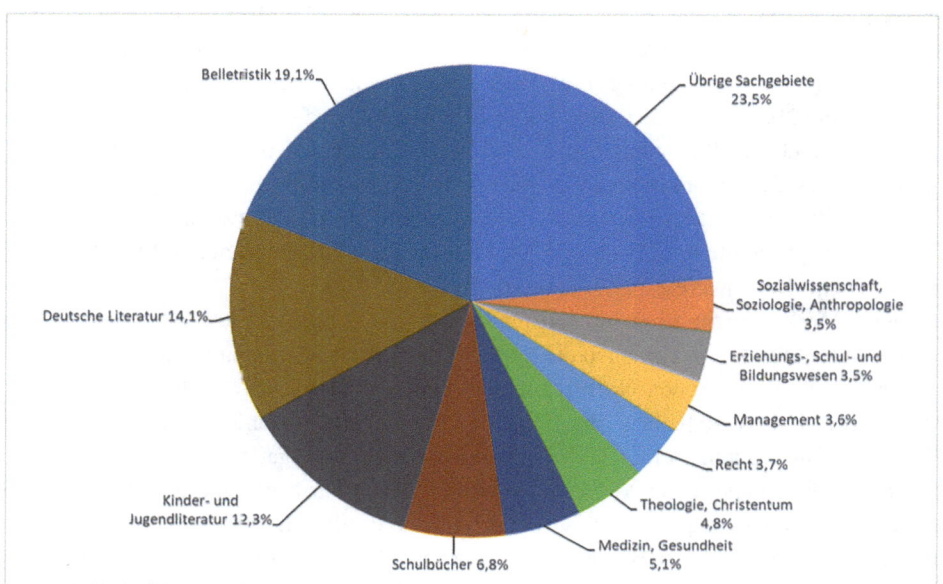

Abb. 5.2 Titelproduktion (Erstauflagen) nach Sachgruppen 2023. (Quelle: Börsenverein 2024, S. 92)

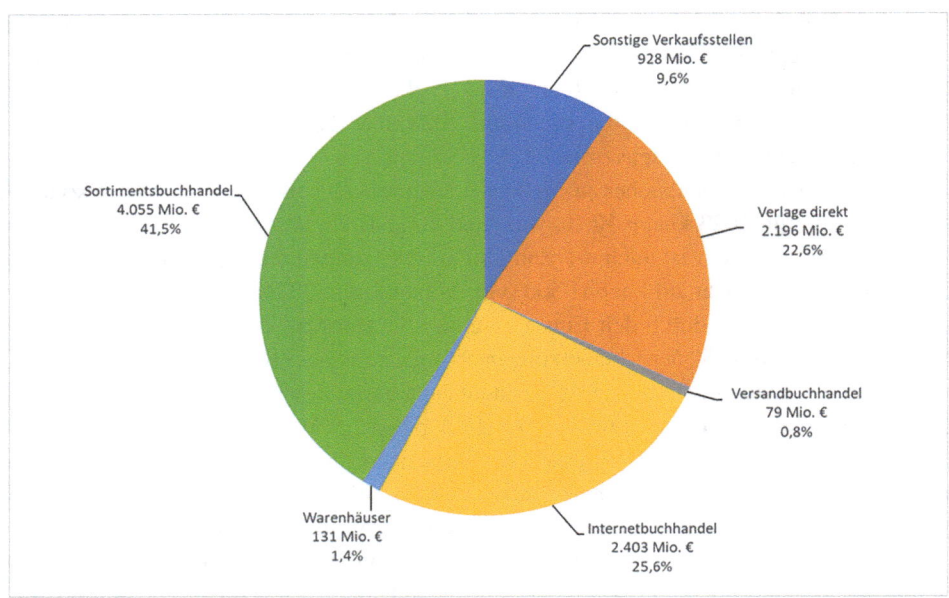

Abb. 5.3 Umsätze des Buchhandels 2023 nach Vertriebswegen (Ladenpreise; geschätzt). (Quelle: Börsenverein 2024, S. 6–7)

Tendenz – 2022 am Markt (vgl. Börsenverein 2024, S. 49). Der stationäre Buchhandel erzielt gut 40 % des Gesamtumsatzes, ein Viertel der Online-Buchhandel, einschließlich der Webshops der Ladenbuchhandlungen. Über 16 % des Jahresumsatzes erwirtschaften die Buchhandlungen im Dezember, ein klarer Hinweis auf den Geschenkartikel Buch (vgl. Börsenverein 2024, S. 62–63). Der Online-Buchhandel wird in hohem Maße von Amazon dominiert, auch der Sortimentsbuchhandel zeigt eine klare Konzentrationstendenz: fast die Hälfte des Gesamtumsatzes (47,9 %) wurde 2022 von Großbuchhandlungen bzw. Filialisten mit einem Unternehmensumsatz von mehr al 50 Mio. € erzielt, während kleinere Buchhandelsgeschäfte mit bis zu 250.000 € Jahresumsatz zusammen nur 4 % Marktanteil besaßen (vgl. Börsenverein 2024, S. 64).

Diese Marktkonzentration im Sortimentsbuchhandel setzt nicht nur kleinere Wettbewerber unter Druck, sondern auch die Verlage (und die Barsortimenter als Zwischenhändler): Aufgrund ihrer großen Nachfragemacht und Bedeutung für den Absatz können die Marktführer höhere Rabatte aushandeln, sog. Werbekostenzuschüsse für die bevorzugte Platzierung im Ladengeschäft verlangen und im Zweifel sogar mit „Delisting" drohen, also damit die Bücher eines Verlages gar nicht mehr in das Sortiment aufzunehmen. Rabatte bevorteilen zwangsläufig die großen Nachfrager, die hierdurch weitere Kostenvorteile erzielen und trotz der Buchpreisbindung ihre Marktposition ausbauen können – im Ergebnis wird damit die Konzentration also befördert (vgl. auch Lucius 2007, S. 205).

Noch stärker als beim herstellenden Buchhandel sind Konzentrationsprozesse im Zwischenbuchhandel und im verbreitenden Buchhandel: In Deutschland arbeiten drei bundesweite (KNV Zeitfracht, Libri, Umbreit) und ein regionaler (Könemann) allgemeine Barsortimenter; die zwei führenden Barsortimenter (KNV, Libri) erzielen zusammen einen Marktanteil von schätzungsweise 80 bis 90 % (vgl. Lucius 2007, S. 197).

In den letzten Jahren wuchs der Gesamtumsatz der Branche nur moderat und belief sich 2023 auf 9,7 Mrd. €. Das Buch als ‚altes Medium' ist nicht ‚ausgestorben', durchläuft aber einen technologischen und wirtschaftlichen Wandel. Digitale Produktions-, Vertriebs- und Marketinginstrumente bzw. -verfahren, neue Angebotsformen und Genres sowie die weitere ökonomische Konzentration auf allen Verlags- und Handelsstufen kennzeichnen die Entwicklung.

Für jüngere Zielgruppe mit hoher Social Media-Affinität hat sich TikTok zu einer wichtigen Werbe-Plattform (auch) für Bücher entwickelt. Unter #Booktok werden Buchtipps ausgetauscht und neue Titel besprochen. Ob es mithilfe solcher Marketingtools gelingt, nachwachsende Zielgruppen dauerhaft für das Medium Buch zu gewinnen, ist derzeit offen.

Bemerkenswert ist ferner, dass neue Populärliteratur-Genres auch als gedruckte Bücher einen Platz auf dem Buchmarkt erobern konnten: Young und New Adult, New oder Modern und Dark bzw. Spicy Romance[35] variieren Liebesromane und bringen sie in eine neue ästhetische Form (sprachlich aber auch im Coverlayout), die ein – überwiegend weibliches – Lesepublikum unter jüngeren Erwachsenen findet.

Die überproportionalen Umsatzzuwächse der großen Verlage sowie Verlagsübernahmen dürften die Marktkonzentration verstärken. Der absolute und relative Bedeutungszuwachs der größeren Verlags- und Buchhandelsunternehmen führt zu einer größeren innerbetrieblichen Arbeitsteilung und tendenziell zu einer Ablösung der klassischen Verlegerpersönlichkeit mit Familientradition durch angestellte und zum Teil erfolgsbasiert bezahlte Manager, die sich stärker an kurzfristigen Erfolgen orientieren. Stärkeres Kostenbewusstsein, zum Beispiel durch Verringerung von Kapital- und Lagerkosten führen zu einer schnelleren Umschlagsgeschwindigkeit von Büchern mit potenziell negativen Folgen für die verfügbare Vielfalt von Literatur (vgl. Lucius 2007, S. 67–71). Hinzu kommt eine stärkere Ausrichtung auf den Käufermarkt sowie an den Markterfolgen des Auslands, mitunter auf Kosten „intellektuell geprägte[r] Inhaltsorientierung der klassischen Verlage" (Lucius 2007, S. 71).

Seit rund zwei Jahrzehnten wird die Entwicklung digitaler elektronischer Bücher, insbesondere des *E-Books* und seiner Folgen für Buchwesen und Buchmarkt rege diskutiert. Das US-Unternehmen Amazon hat 2007 in Deutschland mit „Kindle" das erste erfolgreiche E-Book eingeführt. 2013 haben deutsche Anbieter, darunter Thalia, Weltbild und Hugendubel mit Tolino ein alternatives System etablieren können, dessen Marktanteil 2015 bereits 45 % betrug. 2023 kauften rund 3 Mio. vorwiegend älterer Kundinnen und

---

[35] https://buchszene.de/new-romance-buecher/; https://blog.bod.de/wissen/sub-genres-bei-romanen/ [02.01.2025].

Kunden insgesamt 41 Mio. Exemplare, was einen Marktanteil von 6,1 % des Gesamt-umsatzes ausmacht. Die Nachfrage steigt, aber die Preise sinken und die Anzahl der Käu-ferinnen stagniert (vgl. Börsenverein 2024, S. 25–28). Für wissenschaftliche Lektüre von Aufsätzen und einzelnen Buchkapiteln (auch dieses Lehrbuchs), die online gut recher-chierbar und als Volltexte verfügbar und durchsuchbar sind, zeichnet sich ein Markt ab, weil hier die Produktvorteile überwiegen. Im Wissenschafts- und Fachbuchsektor könnte dies mittel- und langfristig die Verlage gegenüber dem verbreitenden Buchhandel stärken, weil online die Zwischenhandelsstufen leicht übersprungen werden können (Disinter-mediation). Für den überwiegend belletristischen E-Book-Markt gewinnt die „Onleihe" öffentlicher Bibliotheken an Bedeutung, zudem haben sich Abonnement- und Flatrate-Modelle wie Amazon Prime etabliert.

Durch die Digitalisierung des Buchwesens und die Nutzung von Print-on-demand könnte ein sog. Long Tail-Effekt[36] auftreten. Damit ist gemeint, dass es sich aufgrund ge-sunkener Lager- und Transaktionskosten zunehmend lohnen könnte, auch mit selten nach-gefragten Buchtiteln der Backlist zu handeln. Die Nischenmärkte zusammen genommen könnten dann den (bisherigen) Hauptmarkt überflügeln (vgl. Robertz 2009, S. 231; Hagen-müller und Künzel 2009, S. 261–266). Tatsächlich werden aber seit einiger Zeit jedes Jahr weniger neue Titel zumindest seitens der professionellen Verlage produziert.

Zu einem Wachstumsmarkt haben sich in den letzten fünf Jahren Hörbücher entwickelt, die immer seltener materiell als CD in der Buchhandlung als online im Einzelabruf als Download über die Appstores der großen Online-Plattformen (Audible, Apple iTunes, Google Playstore) oder im Abonnement von Streaminganbietern bezogen werden (vgl. Börsenverein 2024, S. 32–34).

Die Wahrnehmung von Urheber- und Verwertungsrechten von Büchern wird durch Digitalisierung und die mögliche Auswertung mithilfe von Large Language Models (LLM) im Zuge sog. ‚Künstlicher Intelligenz' schwieriger: Anfertigung und Vertrieb von illegalen Kopien sind durch Kopiersperren (Digital Rights Management) und „di-gitale Wasserzeichen" nur begrenzt einzudämmen. Deutsche Autorinnen und Autoren können mit der Wahrnehmung auch dieser neueren Verwertungsrechte die VG Wort be-auftragen; allerdings wurden bereits in den letzten Jahren einige LLM und Chatbots mit rechtlich geschützten Texten ‚trainiert', ohne dass angemessene Vergütungen ge-zahlt wurden.

Komplette Bücher in digitaler Form und zur freien Benutzung bieten Plattformen wie das bereits 1994 gegründete Projekt Gutenberg DE mit rund 10.000 gemeinfreien Wer-ken,[37] deren Verfasser und Verfasserinnen mehr als 70 Jahre tot sind, oder die Deutsche Digitale Bibliothek (https://www.deutsche-digitale-bibliothek.de/), die Bibliotheken und öffentliche Kultureinrichtungen betreiben.[38] Die Tech-Plattform Google startete 2004

---

[36] Zum Konzept des „Long Tail" vgl. Anderson (2007).

[37] https://www.projekt-gutenberg.org/info/texte/allworka.html [09.01.2025].

[38] https://www.deutsche-digitale-bibliothek.de/content/wer-wir-sind [09.01.2025].

Google Books mit dem Ziel, möglichst alle gedruckten Bücher zu retrodigitalisieren und maschinell durchsuchbar zu machen. Nachdem Google in freizügiger Auslegung der US-Regelung zum ‚Fair Use' von geistigem Eigentum zunächst ohne weitere Rechteklärung mit dem Digitalisieren (Scannen) von Werken begonnen hatte und entsprechende Kritik auf sich zog, kooperiert es nun mit großen wissenschaftlichen Bibliotheken sowie einigen Verlagen. Google Books verfügt angeblich über mindestens 40 Mio. Titel (in über 400 Sprachen),[39] die ganz oder teilweise online lesbar sind.

Die Entwicklung von Large Language Models (LLM) wie beispielsweise ChatGPT und andere algorithmische Werkzeuge der sog. Generativen Künstlichen Intelligenz sind für das Buchwesen in mehrfacher Hinsicht von Bedeutung: Zum einen müssen solche Sprachmodelle, bevor sie selbst Texte und Bilder produzieren können, mit von Menschen produzierten Texten und Bildern trainiert werden. Das wirft die Frage auf, ob das massenhafte automatisierte oder durch Lohnsklaven ausgeführte Einlesen von Büchern nicht massiv die Urheber- und die Verwertungsrechte verletzt. Zum anderen können mithilfe von generativer KI ganze Publikationen erstellt werden, die mitunter nicht mehr von menschenverfassten Büchern zu unterscheiden sind. Hier stellen sich nicht nur Urheber-, sondern auch Haftungsfragen sowie das Problem unfairer Konkurrenz für Schriftstellerinnen und Schriftsteller. In besonderem Maße betroffen von KI-Einsatz sind bereits heute Übersetzerinnen und Übersetzer, deren Honorare oder gar Erwerbsmöglichkeiten unter Druck geraten bzw. nur noch maschinenübersetzte Texte korrigieren dürfen.

5.4   Zusammenfassung: Strukturmerkmale

Buchkommunikation ist ein komplexer Wertschöpfungsprozess, an dem als wesentliche Akteure Autoren, ggf. Übersetzer, Scouts und Agenten, Lektoren, Verleger, Groß-, Zwischen- und Bucheinzelhändler sowie Leser bzw. Käufer beteiligt sind.

Der Buchmarkt ist abhängig von der Nachfrage des Lesepublikums, während andere Erlösformen (insbesondere Werbung) keine nennenswerte Rolle spielen.

Das Buchwesen in Deutschland ist im internationalen Vergleich sehr leistungsfähig: Jährlich werden rund 60.000 Titel neu produziert, weit über eine Million Titel sind lieferbar, größtenteils per Barsortiment innerhalb von 24 h in eine der flächendeckend anzutreffenden Buchhandlungen.

Die ökonomischen und institutionellen Markteintrittsbarrieren für Verlage und Buchhandlungen sind gering, de facto ist die wirtschaftliche Konzentration jedoch beträchtlich: fünf Prozent der Verlage erzielen rund vier Fünftel des Umsatzes, zwei von vier Barsortimenter beherrschen den Teilmarkt, und die zehn größten Buchhändler erzielen rund ein Viertel des Sortimentsbuchhandelsumsatzes.

---

[39] https://blog.google/products/search/15-years-google-books/ [09.01.2025].

Neben der weiteren Zunahme der ökonomischen Konzentration spielen technologisch indizierte Innovationen künftig voraussichtlich eine wichtige Rolle; zu nennen sind hier insbesondere die Digitalisierung der Produktion bzw. der gesamten Wertschöpfungskette, die das materielle Produkt Buch ergänzende Vermarktung immaterieller Nutzungsrechte über digitale Netze, in Teilbereichen aber auch das E-Book, Hörbücher sowie Open Access-Publikationsformen.

Aus der Organisationsperspektive können die wesentlichen Grundzüge des Buchwesens in Deutschland auf der Meso- und Makroebene wie in Tab. 5.2 zusammengefasst werden.

Es hat sich eine institutionelle Ordnung der Branche herausgebildet, die vor allem durch den Börsenverein des deutschen Buchhandels, die Verwertungsgesellschaften und eine Reihe von schriftlichen Regelwerken (Verkehrsordnung, Wettbewerbsregeln, Orientierungshilfe/Spartenpapier), Verlags- und Verwertungsverträge sowie traditionellen Institutionen (Verlagsprogramm, Verlagskonferenz, Buchmessen, Rezensionswesen) geprägt sind.

Bücher gelten in Deutschland gleichermaßen als Kulturgut und als Ware. Deshalb genießt die Buchbranche trotz ihrer relativ geringen gesamtwirtschaftlichen Bedeutung eine normative Sonderstellung (Preisbindung, ermäßigter Umsatzsteuersatz, Fusionskontrolle, Pflichtexemplar-Abgabe, Verlagsgesetz, Urhebergesetz).

Aus der Institutionalisierungsperspektive können daher die folgenden Strukturmerkmale der Buchkommunikation festgehalten werden (vgl. Tab. 5.3).

Tab. 5.2 Organisation des Buchwesens

Mikroebene	• freie Autorinnen und Autoren • (bei Verlagen oder Wissenschaftsinstitutionen) angestellte oder nebengewerbliche Autorinnen und Autoren • freie oder angestellte Lektorinnen und Lektoren • Literaturagentinnen und -Scouts
Mesoebene	• privatwirtschaftlich-kommerzielle, nebengewerbliche und nicht gewerbliche Verlage als zentrale Akteure (Selektion, Produktion, Vermarktung) • ausschließliche Entgeltfinanzierung durch enge Kopplung an materiellen Träger Buch (Druckwerk) oder digitales Format (E-Book, Hörbuch) • Mischkalkulation (Sortiment aus Novas, Bestseller, Backlist) und hohe Kapitalbindung • Handel mit Verwertungsrechten
Makroebene	• Vielzahl von Verlagen unterschiedlicher Größe bei hoher Marktkonzentration trotz niedriger Markteintrittsbarrieren • sehr stark konzentrierter Zwischenbuchhandel • flächendeckende Einzelhandelsstruktur (Sortimenter) bei hoher Umsatzkonzentration (Filialisten) und Titelkonzentration (Bestseller) • Ausdifferenziertes Bibliothekswesen

Tab. 5.3   Institutionalisierung des Buchwesens

Mesoebene	• Doppelfunktion des Verlegers als Kulturvermittler (Mäzen) und Verlagskaufmann
	• Verlagsprogramm und Verlagskonferenz als zentrale Mechanismen
	• Lektorat als genuine Institution des Buchwesens
Makroebene	• Schutz durch Art. 5.1 und Art. 5.3 GG und Landespressegesetze
	• normative Sonderstellung des Kulturguts Buch: Preisbindung, Umsatzsteuerermäßigung, Pflichtexemplare
	• Urheber- und Verwertungs- bzw. Wahrnehmungsrecht
	• Börsenverband des Deutschen Buchhandels als spartenübergreifender integrativer Akteur mit „Verkehrsordnung"
	• Deutsche Bibliothek als Bewahrerin des Kulturerbes

Wichtige Quellen und Websites zum Buch
- Börsenverein des deutschen Buchhandels: Buch und Buchhandel in Zahlen (jährlicher Branchenbericht mit aktuellen Daten); zuletzt Börsenverein (2024)
- www.boersenverein de
- sowie das Börsenblatt für den Deutschen Buchhandel und das buchreport.magazin

Gesetze
- *Buchpreisbindungsgesetz:* Buchpreisbindungsgesetz vom 2. September 2002 (BGBl. I S. 3448), das zuletzt durch Artikel 23 des Gesetzes vom 8. Oktober 2023 (BGBl. 2023 I Nr. 272) geändert worden ist; online unter: https://www.gesetze-im-internet.de/buchprg/BuchPrG.pdf [30.12.2024].
- *Gesetz über die Deutsche Nationalbibliothek:* Gesetz über die Deutsche Nationalbibliothek vom 22. Juni 2006, das zuletzt durch Artikel 2 des Gesetzes vom 1. September 2017 (BGBl. I S. 3346) geändert worden ist; online unter: https://www.gesetze-im-internet.de/dnbg/DNBG.pdf [30.12.2024]
- *Gesetz gegen Wettbewerbsbeschränkungen:* Gesetz gegen Wettbewerbsbeschränkungen (GWB) in der Fassung der Bekanntmachung vom 26. Juni 2013 (BGBl. I S. 1750, 3245), das zuletzt durch Artikel 6 des Gesetzes vom 5. Dezember 2024 (BGBl. 2024 I Nr. 400) geändert worden ist; online unter: https://www.gesetze-im-internet.de/gwb/GWB.pdf [02.01.2025].
- *Urheberrechtsgesetz:* Urheberrechtsgesetz vom 9. September 1965 (BGBl. I S. 1273), das zuletzt durch Artikel 28 des Gesetzes vom 23. Oktober 2024 (BGBl. 2024 I Nr. 323) geändert worden ist; online unter: https://www.gesetze-im-internet.de/urhg/UrhG.pdf [02.01.2025].
- *Verwertungsgesellschaftengesetz:* Verwertungsgesellschaftengesetz vom 24. Mai 2016 (BGBl. I S. 1190), das zuletzt durch Artikel 29 des Gesetzes vom 23. Oktober 2024 (BGBl. 2024 I Nr. 323) geändert worden ist; online unter: https://www.gesetze-im-internet.de/vgg/VGG.pdf [30.12.2024].

Literatur

Anderson, Chris. 2007. *The Long Tail. Der lange Schwanz. Nischenprodukte statt Massenmarkt. Das Geschäft der Zukunft.* München: Hanser.

Börsenverein des Deutschen Buchhandels, Hrsg. 2017. *Buch und Buchhandel in Zahlen 2017.* MVB: Frankfurt a. M.

Börsenverein des Deutschen Buchhandels, Hrsg. 2024. *Buch und Buchhandel in Zahlen 2023.* MVB: Frankfurt a. M.

Braun, Alexander. 2009. Buchbranche im Umbruch: Implikationen der digitalen Ökonomie. In *Ökonomie der Buchindustrie. Herausforderungen in der Buchbranche erfolgreich managen*, Hrsg. Michel Clement, Eva Blömeke, und Frank Sambeth, 273–292. Wiesbaden: Gabler.

Hagenmüller, Moritz, und Friederike Künzel. 2009. Print-on-Demand – Neue Chancen für Verleger und Autoren. In *Ökonomie der Buchindustrie. Herausforderungen in der Buchbranche erfolgreich managen*, Hrsg. Michel Clement, Eva Blömeke, und Frank Sambeth, 259–271. Wiesbaden: Gabler.

Heinold, Wolfgang Ehrhardt. 2009. *Bücher und Büchermacher*, 6. Aufl. Frankfurt a. M: Bramann.

Hömberg, Walter. 2010. *Lektor im Buchverlag. Repräsentative Studie über einen unbekannten Kommunikationsberuf.* Konstanz: UVK.

Kerlen, Dietrich. 2006. *Der Verlag. Lehrbuch der Buchverlagswirtschaft*, 14. Aufl. Stuttgart: Hauswedell.

Kupferschmitt, Thomas, und Thorsten Müller. 2023. ARD/ZDF-Massenkommunikation Trends 2023: Mediennutzung im Intermediavergleich. *Media Perspektiven* 21(2023): 1–20.

Lucius, Wulf D.v. 2007. *Verlagswirtschaft. Ökonomische, rechtliche und organisatorische Grundlagen*, 2., neubearb. u. erw. Aufl. Konstanz: UVK.

Lucius, Wulf D.v. 2014. *Verlagswirtschaft. Ökonomische, rechtliche und organisatorische Grundlagen*, 3., neubearb. u. erw. Aufl. Konstanz: UVK.

Mundhenke, Reinhard, und Marita Teuber. 2002. *Der Verlagskaufmann. Berufsfachkunde für Kaufleute in Zeitungs-, Zeitschriften- und Buchverlagen.* Frankfurt a. M: Societäts-Verlag.

Picot, Arnold, und Christoph Janello. 2007. *Wie das Internet den Buchmarkt verändert. Ergebnisse einer Delphistudie.* Berlin: Friedrich-Ebert-Stiftung.

Robertz, Gerd. 2009. Online-Vertrieb von Büchern. In *Ökonomie der Buchindustrie. Herausforderungen in der Buchbranche erfolgreich managen*, Hrsg. Michel Clement, Eva Blömeke, und Frank Sambeth, 229–239. Wiesbaden: Gabler.

Schönstedt, Eduard. 1991. *Der Buchverlag. Geschichte, Aufbau, Wirtschaftsprinzipien, Kalkulation und Marketing.* Stuttgart: J.B. Metzler.

Stiehl, Ulrich. 1980. *Der Verlagsbuchhändler. Ein Lehr- und Nachschlagewerk.* Hamburg: Hauswedell.

Thomalla, Erika. 2024. Nicht nur für Marktnischen in der Hundeerziehung. Selfpublishing-Agenturen erkämpfen sich durch Verkaufserfolge immer größere Bedeutung auf dem Buchmarkt. *Frankfurter Allgemeine Zeitung*, 9. Januar, S. 11.

VG Wort. 2024. *Geschäftsbericht 2023.* München: VG Wort. https://www.vgwort.de/fileadmin/vgwort/pdf/Veroeffentlichungen/Geschaeftsberichte/Geschaeftsbericht-2023.pdf. Zugegriffen am 02.01.2025.

Wilking, Thomas. 2009. Marktübersicht und Marktentwicklung. In *Ökonomie der Buchindustrie. Herausforderungen in der Buchbranche erfolgreich managen*, Hrsg. Michel Clement, Eva Blömeke, und Frank Sambeth, 27–42. Wiesbaden: Gabler.

Wirtz, Bernd W. 2006. *Medien- und Internetmanagement*, 5., überarb. Aufl. Wiesbaden: Gabler.

Wirtz, Bernd W. 2013. *Medien- und Internetmanagement*, 8. aktual. u. überrab. Aufl. Wiesba-
   den: Gabler.
Wirtz, Bernd W. 2023. *Medien- und Internetmanagement*, 11. überarb. u. erw. Aufl. Wiesbaden:
   Springer Gabler.

Periodische Presse: Zeitungen und Zeitschriften

▶ **Wichtig** Medienhistorischer Ausgangspunkt ist die Materialität der periodischen Presse als ein durch Druck identisch vervielfältigtes und an stoffliche Träger (meist Papier) gebundenes und transportables Medium. Die Presse verfügt über ein spezifisches Zeichenrepertoire und institutionelle Medienspezifika, die in diesem Kapitel erläutert werden. Mithilfe der Kriterien Periodizität, Aktualität, Universalität und Publizität werden die Periodika gegenüber anderen publizistischen Medien unterschieden und systematisiert. Anschließend werden die wesentlichen Akteure der Pressekommunikation entlang der Wertschöpfungskette analysiert. Zentral sind hierbei die Redaktionen und Verlage sowie die spezifisch ausdifferenzierten und leistungsfähigen Vertriebsorganisationen. Das Leistungsspektrum der Presseredaktionen und -verlage geht über die Herstellung und den Vertrieb auf Papier gedruckter Zeitungen und Zeitschriften längst hinaus: Die digitale Variante des klassischen Produkts (E-Paper im pdf), digitale und zunehmend multikodal aufbereitete Onlinezeitungen, aber auch Newsticker, Newsapps und andere digitale Angebote für die Onlinenutzung haben an publizistischer wie wirtschaftlicher Bedeutung stark gewonnen.

Auf der Makroebene werden die typischerweise miteinander gekoppelten Leser- und Werbemärkte untersucht, anschließend wird das hier zu beobachtende Problem der wirtschaftlichen und publizistischen Pressekonzentration in Deutschland erläutert. Daran schließt sich die systematische Darstellung der pressepolitischen und -rechtlichen Regulierung sowie der ethischen Selbstregulierung mit ihren normativen Grundlagen, Akteuren und Institutionen an.

© Der/die Autor(en), exklusiv lizenziert an Springer Fachmedien Wiesbaden GmbH, ein Teil von Springer Nature 2025
K. Beck, *Das Mediensystem Deutschlands*, Studienbücher zur Kommunikations- und Medienwissenschaft, https://doi.org/10.1007/978-3-658-50033-7_6

6.1   Zeitungen und Zeitschriften als technisch basierte Zeichensysteme

Der Begriff „Presse" beinhaltet bereits einen deutlichen Hinweis auf die technische Basis der damit bezeichneten Medien, nämlich die Druckerpresse als unabdingbares Werkzeug, um Zeichen auf einen materiellen Träger (in der Regel Papier) mittels „Druck" zu pressen.[1]

Bei den verwendeten Zeichen handelt es sich um die Buchstaben der Schriftsprache mit einer hohen typografischen Varianz (Schriftart, -grad und -auszeichnungen sowie Druckfarbe) in Kombination mit schwarz-weißen und zunehmend auch farbigen Stehbildern, meist Pressefotos. Diese fungieren als ikonische Abbildungen (zur Dokumentation von Ereignissen) oder als symbolische Abbildungen, bei denen das Dargestellte einen umfassenderen Zusammenhang repräsentiert. Neben den Pressefotos gewinnen Infografiken (Schaubilder, Diagramme und grafisch aufbereitete statistische Daten) an Bedeutung. Als meinungsbetonte Bilder sind Karikaturen für die Presse typisch, als unterhaltende Form kommen Bildwitz und Comic Strip hinzu.

Je nach Pressetyp machen die einzelnen Pressemedien spezifischen Gebrauch von diesen Zeichentypen: Die Boulevardpresse (beispielsweise BILD) und die illustrierten Publikumszeitschriften sind bekannt für einen hohen Anteil meist farbiger und oft großformatiger Fotos, für farbige Hervorhebungen von Texten, grafisch gestaltete, große Lettern-Überschriften und nicht zuletzt für einen geringeren Textanteil sowie einen umgangssprachlicheren Stil als er bei Qualitätszeitungen (Hoch- und Schriftsprache) oder Fachzeitschriften (Fachsprachen, mitunter Fachjargon) gepflegt wird.

Hinsichtlich ihrer Materialität und Form unterscheiden sich gedruckte Zeitungen und Zeitschriften außerdem durch Papierqualität, Heftung und Papierformat.[2] Hinzu kommen digitalisierte Varianten von Presseprodukten (E-Paper) sowie neue digitale Angebote der Presse, in denen neben Texten und Stehbildern auch Tondokumente und Kurzvideos, animierte und interaktive Grafiken (insbesondere im sog. Datenjournalismus) sowie Verlinkungen zu Online- und Social Media-Inhalten (etwa zu X) enthalten sind. Das durch Johannes Gutenberg um 1450 erfundene Verfahren des beweglichen Lettersatzes in Kombination mit einer mechanischen Presse und die zahlreichen technischen Innovationen der folgenden Jahrhunderte (von der automatischen Rotationspresse bis zu computergesteuerten Satz- und Druckverfahren) haben erst die massenhafte und schnelle Reproduktion von Texten möglich gemacht. Die materielle Herstellung von Presseprodukten, also Druckvorbereitung, Druck sowie ggf. Heftung und Verpackung erfolgen industriell und mittlerweile weitgehend digital gesteuert, was die laufende Produktion zwar ver-

---

[1] In die deutsche Sprache gelangte das lateinische Partizip „pressum" vermutlich über das französische „la presse"; vgl. Pürer und Raabe (2007, S. 9).

[2] Gängige Formate für tages- und Wochenzeitungen sind das „nordische" (beispielsweise: Die Zeit, FAZ, SZ), das „rheinische" (Thüringer Allgemeine, Rhein-Zeitung), das „Berliner" (taz, Badische Zeitung) und das „Tabloid"-Format (FR, Welt kompakt, Handelsblatt).

billigt, aber sehr hohe Investitionskosten voraussetzt. Der Online-Abruf digitaler Presse-produkte reduziert die Vertriebskosten gegenüber der Verbreitung und (Haus-)Zustellung der Printmedien erheblich.

Die vermutlich weltweit ersten gedruckten (Wochen-)Zeitungen erschienen 1609 in Wolfenbüttel (Aviso) und Straßburg (Relation), die ersten modernen Tageszeitungen 1780 (Zürcher, seit 1821 Neue Zürcher Zeitung) und 1788 (The Times, London).[3] Zunächst zählten alle gedruckten Medien, für die sich auch in Deutschland der aus dem Englischen abgeleitete Begriff Printmedien (Druckmedien) eingebürgert hat, zur Presse. Seit Mitte des 19. Jahrhunderts unterscheidet man in der deutschen Sprache und in der Zeitungs- und Publizistikwissenschaft zwischen nicht-periodischen Druckmedien (Bücher, Broschüren, Flugblätter, Plakate etc.) und periodischen Druckmedien (Periodika). Nur letztere gelten in diesem engeren Sinne als Presse, während medienrechtlich (Landespressegesetze) hierzu auch andere durch „mechanische Vervielfältigung" erzeugte Zeichenträger ein-schließlich Buch und Tonträgern zählen (vgl. Abschn. 3.5). Neben die Herstellungstechnik tritt als weiteres Definitionsmerkmal der Presse im engeren Sinne also die Periodizität der Erscheinungsweise: Damit wird einerseits die Grenze zum Buch beschrieben, das nur punktuell – meist einmalig, seltener in Folgeauflagen – erscheint und sich auch materiell hinsichtlich Einband, Umfang oder Format von Zeitung und Zeitschrift unterscheidet. Andererseits wird die Grenze zu den kontinuierlichen Rundfunk- und Onlinemedien deut-lich, die als immaterielle Medien nicht mehr an die Dauer von materieller Produktion und Vertrieb und damit an festgelegte Erscheinungszeiträume (Perioden) gebunden sind.[4]

Als technisch-basiertes Zeichensystem ist die Presse also charakterisiert durch:

- eingeschränkte Zeichenvielfalt (im Print: Ausschluss von Bewegtbild und Ton) sowie deren spezifische Gestaltung und Kombination (Kurztexte + Stehbild),
- die Materialität eines sekundären Mediums, das mobil, disponibel und selektiv sowie ohne technischen Aufwand genutzt werden kann, sofern das Trägermedium Papier ist,
- die „gewerbsmäßige Herstellung" (Groth 1928, S. 73–82), wobei mit steigender Auf-lage die fixen Zeit- und Arbeitskosten im massenhaften industriellen (Re-)Produktions-prozess sowie im Vertrieb sinken.

Diese Medienspezifika besitzen weitreichende Folgen für die Organisation und die In-stitutionalisierung dieses Teilsystems der Medien.

---

[3]Vgl. Wilke (2009b, S. 505, 516). Die interessante Geschichte und Vorgeschichte der Presse kann hier nicht behandelt werden; empfehlenswert sind insbesondere Stöber (2000), Pürer und Raabe (2007, S. 37–116) sowie vertiefend von Koszyk (1966, 1972, 1986).

[4]Die tatsächliche Zeitstruktur der Medien ist allerdings nicht nur technisch bestimmt, sondern sozial (institutionell und organisatorisch), wie ein Blick in die periodisch gestalteten Rundfunkprogramme zeigt. Vgl. vertiefend dazu Beck (1994, S. 203–333).

6.2   Periodizität, Aktualität, Universalität und Publizität

Zur systematischen Unterteilung der Printmedien und zur Analyse ihrer Strukturen reichen Materialität und Herstellungstechnik des Buchdrucks nicht aus: Periodizität war das ausschlaggebende Unterscheidungskriterium gegenüber dem Buch (vgl. Abschn. 5.1). Für eine systematische Binnendifferenzierung der periodischen Medien können weitere institutionelle Kriterien herangezogen werden: Die periodischen Druckmedien unterscheiden sich nämlich auch hinsichtlich Aktualität, Universalität und Publizität untereinander. Dies gilt auch, allerdings in eingeschränkter Form, für deren digitale Onlineangebote.

Periodizität und Aktualität
Das wiederholte und regelmäßige Erscheinen einer Publikation ist nur unter bestimmten institutionellen und organisatorischen (sowie gesellschaftlichen) Voraussetzungen sinnvoll. Organisatorisch und medienökonomisch liegt es nahe, Investitionen in Satz- und Drucktechnik optimal zu nutzen, also für eine kontinuierlich hohe und kalkulierbare Auslastung der Maschinen zu sorgen. Eine solche permanente Produktion setzt kontinuierliche Zulieferung (Beschaffung von „Inhalten") und Nachfrage (Absatz) voraus, die bei der Presse durch die Aktualität der Berichterstattung hergestellt werden: Die Ereignisse des Zeitgeschehens eröffnen die Möglichkeit, permanent Nachrichten, Berichte, Reportagen und Kommentare zu verfassen – also Journalismus zu betreiben und damit immer wieder neu, aber voraussehbar periodisch kaufkräftige Nachfrage zu erzielen.

Eine je nach Pressemedium unterschiedliche, für die einzelne Presseorganisation aber festgelegte Regelmäßigkeit erleichtert die Koordination der betrieblichen Abläufe für Erstellung und Vertrieb jeweils aktueller Ausgaben. Periodizität und Aktualität stehen also in einem Wechselverhältnis (vgl. Stöber 2003, S. 314) und begründen die institutionelle Ordnung der Presse: Als Leser erwarten wir ein periodisches Erscheinen, um immer wieder aktuelle Neuigkeiten in einer vertrauten und vertrauenswürdigen Form zu erfahren. Diese Nachrichten können wiederum nur publiziert werden, weil Journalisten (und Leser) Ereignissen Aktualität zuschreiben, die sie routiniert verarbeiten können, und weil Verleger davon ausgehen können, dass eine periodische Nachfrage besteht. Es handelt sich also um ein System wechselseitiger Verhaltens- und Handlungserwartungen.

Im Laufe der Jahrhunderte hat die Institutionalisierung der Presse in Deutschland zu einer Binnendifferenzierung entlang der Dimension Periodizität geführt: Wir unterscheiden heute Tages-, Sonntags- und Wochenzeitungen sowie Zeitschriften[5] anhand ihrer verschiedenen Periodizität: wöchentlich, zweiwöchentlich, monatlich, zweimonatlich,

---

[5] Das Wort Zeitung (seit dem späten 13. Jhdt.) bedeutete ursprünglich Nachricht und war nicht an die mediale Form der Zeitung, ja nicht einmal an die Schrift gebunden. Die Zeitschrift ist seit Ende des 17. Jhs. als Begriff nachweisbar; vgl. Stöber (2003, S. 114). „Zeitung" beschreibt zugleich das gedruckte Exemplar (Produkt), das Unternehmen (Organisation) und eine Institution: Im 19. Jhdt., etwa bei Goethe, ist wörtlich vom „Institut" Zeitung als einer gesellschaftlich-kulturellen Einrichtung die Rede; vgl. Groth (1928, S. 74).

quartalsmäßig, und im Grenzfall sogar halbjährlich und jährlich sind die heute in Deutschland gängigen Erscheinungsweisen der Presse.[6] Entsprechend unterschiedlich sind die wechselseitigen Erwartungen an die Aktualität der Berichterstattung, von der auch die heutige Tagespresse durch Rundfunk- und Onlinemedien weitgehend entlastet wird.

Auf die gestiegenen nutzungsseitigen Erwartungen an die Aktualität der Berichterstattung haben die Presseverlage in zweifacher Weise reagiert: Zum einen bieten sie abweichend von ihrer Erscheinungsperiodizität laufend aktuelle Nachrichten (Newsfeeds, Newsticker, Nachrichtenapps) und Online-Updates. Zum anderen behalten sie ihre Periodik bei, um mit einem gewissen zeitlichen Abstand die Nachrichten genauer einzuordnen, durch Hintergrundberichte zu ergänzen und durch kommentierende Beiträge zur Meinungsbildung beizutragen.

Universalität und Publizität

Die Pressemedien unterscheiden sich nicht nur hinsichtlich ihrer Periodizität (und in deren Folge auch Aktualität), sondern auch hinsichtlich der thematischen Universalität: Publikumszeitschriften und Nachrichtenmagazine berichten thematisch ähnlich breit und vielfältig wie Tages- und Wochenzeitungen, von denen einige das „Allgemeine" ja schon in ihrem Titel führen. Sie richten sich an das allgemeine Interesse (General Interest), wenden sich an eine breite Öffentlichkeit und nehmen dabei die Funktion eines Kaleidoskops ein (vgl. Vogel 1998, S. 37–42), während Special Interest-Zeitschriften mit thematischen Schwerpunkten ein eingeschränktes Laienpublikum bestimmter, zum Teil sehr großer Zielgruppen (von der Frauenzeitschrift über die Fußballzeitschrift bis hin zur Fangemeinde bestimmter Popstars, Computerspiele oder Fernsehserien) fokussieren. Auch Fachzeitschriften orientieren sich in ihrer redaktionellen Tätigkeit nicht an der Universalität, sondern an zum Teil äußerst spezialisierten Themen aus der beruflichen Praxis oder einzelnen wissenschaftlichen Teildisziplinen. Im Gegensatz zu den Special Interest-Zeitschriften adressieren sie aber ein professionelles Publikum, dem sie als Podium (vgl. Vogel 1998, S. 42–46) für Fachdiskussionen dienen.

Die thematische Universalität ist für die Leserinnen und Leser der gedruckten Ausgaben unmittelbar erfahrbar bzw. einsichtig, denn Zeitungen und Zeitschriften bündeln Artikel zu unterschiedlichen Themen in einem Produkt, aus dem dann interessante Themen bzw. Beiträge individuell selektiert werden. Bei den digitalen Angeboten erfolgt die Selektion in vielen Fällen anders, nämlich vorab durch die nutzerseitig oder algorithmisch gesteuerte Angabe von Präferenzen. Themen(gebiete) und ggf. auch Meinungen, die vorab nicht positiv selektiert wurden, sind im präsentierten Angebot daher wahrscheinlich gar nicht mehr enthalten. Das muss nicht notwendigerweise zu Filterblasen führen, reduziert

---

[6] Heute erscheinen die Tageszeitungen als „Morgenzeitungen", die am Vortag produziert und über Nacht gedruckt und vertrieben werden. Historische Titel wie „B.Z. am Mittag", aber auch aktuelle Titel wie „Hamburger Abendblatt", „Abendzeitung" oder „8-Uhr-Blatt" verweisen auf eine andere Tradition. Anfang des 20. Jhs. erschienen manche Tageszeitungen mehrmals täglich in zum Teil aktualisierten Ausgaben; vgl. Groth (1928, S. 273–283) sowie Beck (1994, S. 241–246).

aber das Überraschungsmoment und die Möglichkeit zu beobachten, was andere Menschen interessiert, welche Themen und Meinungen außerhalb des eigenen Interessenbereichs diskutiert und gesellschaftlich relevant werden könnten. Das Entbündeln (De-Bundling) von Presseangeboten kann auch angebotsseitig (publizistisch negative) Folgen für die Universalität der Berichterstattung haben. Online lässt sich sehr genau messen, welche Beiträge und Themen auf (kaufkräftige) Nachfrage stoßen, und welche weniger. Aus betriebswirtschaftlicher Sicht kann es deshalb rational sein, auf das Angebot von Minderheiten- oder Spezialthemen zu verzichten, weil die redaktionellen du sonstigen Herstellungskosten sich nicht decken lassen. Womöglich fand die Kritik eines Schönberg-Konzerts oder der Bericht über ein Bürgerkriegsscharmützel in einem abtrünnigen Teil einer zentralafrikanischen Republik auch in der Printversion nie viele Leserinnen und Leser, und einige legten den Sport- oder den Wirtschaftsteil relativ rasch komplett zur Seite. Dass sich also bestimmte Berichte „nicht rechnen", ist an sich nicht neu, wird nun aber exakt messbar und führt möglicherweise nun zum Verzicht auf diese Themen und damit zu reduzierter Universalität.

Ein viertes institutionelles Kriterium zur Systematisierung der Presse bietet der Grad der Publizität: Je nach thematischer Spezialisierung oder Universalität der Berichterstattung unterscheiden sich die jeweils adressierten Öffentlichkeiten bzw. Teilöffentlichkeiten. Auch wenn periodische Publikationen allgemein zugänglich sind, stoßen sie doch auf unterschiedlich große, zahlungsbereite und qualifizierte (Teil-)Öffentlichkeiten. Zudem kann die Publizität durch die organisatorische Einbindung des Pressemediums absichtlich und gezielt eingeschränkt werden:

Die Verbreitung erfolgt dann nur innerhalb einer – mehr oder weniger geschlossenen – Gruppe von Vereins-, Verbands-, Gemeinde-, Kirchen-, Partei-, Gewerkschaftsmitgliedern, den Angehörigen eines Unternehmens (Mitarbeiter- und Betriebszeitschriften) oder seiner Kunden (Kundenzeitschriften). Solche Periodika erfüllen Funktionen wie „Gemeinschaftspflege" (Mitgliederpresse) oder werden als „Führungsmittel" (vgl. Vogel 1998, S. 46–47, 56–58) eingesetzt. Parteien und politische oder weltanschauliche Organisationen versuchen Einfluss auf die öffentliche Meinungsbildung zu nehmen und über die Grenzen der engeren Mitgliedschaft hinaus pressepublizistisch zu wirken. Allerdings spielt die einst bedeutende Parteipresse (historisch vor allem der SPD; in Ostdeutschland bis 1989/1990 der SED und der Blockparteien sowie der Massenorganisationen)[7] ebenso wie die Gewerkschafts- und die konfessionelle Presse[8] in Deutschland mittlerweile kaum noch eine Rolle jenseits der jeweiligen Mitglieder.

Auch die publizistische und ökonomische Rolle von Amtsblättern, die durch Gemeinde- und Stadtverwaltungen herausgegeben werden, ist gering: Ähnlich wie bei den

---

[7] 1912 machte die parteinahe und parteieigene Presse die Hälfte aller Titel aus, vgl. Pürer und Raabe (2007, S. 67).

[8] Zum Forschungsstand über die Kirchenpresse vgl. Schmolke (2002).

Kunden- und den Mitarbeiterzeitschriften handelt es sich nicht um journalistische Produkte, sondern um Verlautbarungsorgane für amtliche Bekanntmachungen, d. h. sie tragen zur Erfüllung einer aktiven Informationspflicht bei, ohne dass die Staatsferne der Presse hierdurch berührt wird. Institutionelle Trägerschaften von Pressemedien haben nicht nur publizistische, sondern auch organisatorische Auswirkungen, vor allem auf die ökonomische Seite von Verlag und Vertrieb: Die Subvention durch Mitgliedsbeiträge oder Kirchensteuern stellt ein spezielles Geschäftsmodell dar.

Das Feld der Presse umfasst also sehr unterschiedliche Publikationen, die nur schwer zu systematisieren sind.[9] Insbesondere der Zeitschriftensektor ist in Deutschland sehr stark ausdifferenziert und entsprechend heterogen, was zu erheblichen Definitionsproblemen führt.[10]

▶   Der Presseforscher und Begründer der deutschen Pressestatistik Walter J. Schütz
    (2009, S. 454) versteht unter Zeitungen „alle Periodika …, die mindestens zweimal
    wöchentlich erscheinen und einen aktuellen politischen Teil mit inhaltlich un-
    begrenzter (universeller) Nachrichtenvermittlung enthalten."

Die für statistische Zwecke notwendige amtliche Definition nennt mindestens zweimaliges Erscheinen pro Woche sowie die „thematisch nicht auf bestimmte Stoff- oder Lebensgebiete begrenzte" redaktionelle Berichterstattung über Politik, Wirtschaft, Zeitgeschehen, Kultur, Sport und Unterhaltung. Zeitschriften hingegen werden als die „periodischen Druckwerke" definiert, die auf kontinuierliche Berichterstattung angelegt sind, mindestens vier Mal im Jahr, aber seltener als Zeitungen erscheinen (vgl. Presse- und Informationsamt der Bundesregierung 1994, S. 104–105; Statistisches Bundesamt 1996, S. 6). Hierdurch ergibt sich eine sehr uneinheitliche Residualkategorie, die aus publizistikwissenschaftlicher Sicht nicht befriedigt. Viele Wochen- und Sonntagszeitungen sowie die Nachrichtenmagazine teilen mehr Gemeinsamkeiten mit den Tageszeitungen als mit einer Fachzeitschrift wie der Neuen Juristischen Wochenschrift, der Publizistik oder einem Fachjournal für Kinderonkologie. Vieles spricht deshalb dafür, in unserer Untersuchung zunächst die für die gesamte Presse geltenden Strukturen aufzuzeigen und an den Punkten, wo sich verschiedene Pressetypen unterscheiden, entsprechend weiter zu differenzieren.[11]

---

[9] Die Versuche der Definition begleiten unser Fach von Beginn an; vgl. Groth (1928, S. 21–90).

[10] Vgl. zur funktionalen Definition und Klassifikation Vogel (1998, S. 13–27).

[11] Dies vermeidet auch einige Wiederholungen, zum Beispiel bei der für alle Periodika in weiten Teilen gleichen Presseregulierung und Selbstregulierung, und eröffnet zugleich den Blick auf wesentliche medienökonomische Unterschiede, die nicht entlang der Trennlinie von Zeitungen und Zeitschriften verlaufen. Für eine Aufhebung dieser Trennung plädieren auch die Presseforscher Vogel (1998, S. 20), Bohrmann (1999, S. 136) und Stöber (2003, S. 2003).

6.3   Organisation und Institutionalisierung der Presse

Mit Periodizität und Aktualität, Universalität und Publizität sind bereits wesentliche institutionelle Merkmale der Pressekommunikation genannt. Eine weitere typische Institution der periodischen Presse, die sie wesentlich von den anderen Printmedien unterscheidet und in die Nähe der übrigen aktuellen Medien rückt, ist die Redaktion. Die Leistung des Redigierens und die übrigen Kernaufgaben der Redakteursrolle gehen weiter als die des Lektorats im Buchverlag (vgl. Kap. 5): Die Erstellung eigener Texte und die mitunter erhebliche Veränderung fremder Texte sind wesentlich für Presseredaktionen, während in Buchverlagen „schreibende Lektoren" nur im Ausnahmefall redaktionell tätig sind.

Entlang der Wertschöpfungskette der Pressekommunikation (vgl. Abb. 6.1) können im Anschluss an die Redaktion auch die anderen Akteure, ihre sozialen Rollen und ökonomischen Funktionen dargestellt werden:

Ausgangspunkt ist die Beschaffung, Bewertung und Auswahl (Selektion) oder Erstellung von redaktionellen Inhalten durch eine Redaktion bzw. externe Lieferanten (Agenturen, Korrespondentinnen, freie Mitarbeiter, kooperierende Redaktionen) und parallel dazu bei ganz oder teilweise werbefinanzierten Periodika die Akquise von Anzeigen- und Beilagenwerbung. Redaktioneller Teil und Anzeigenteil werden nun zu einem *Koppelprodukt* verbunden und technisch hergestellt, d. h. aufgrund digitaler Vorlagen in Auflagenstärke gedruckt oder digital zusammengestellt und für den Abruf auf Servern gehostet. Hieran schließt sich der materielle Vertrieb der gedruckten Exemplare bzw. der immaterielle Vertrieb von Online-Angeboten (Newsapps einschließlich Push-Nachrichten) und E-Papers an. Der Wert einer Zeitung oder Zeitschrift realisiert sich schließlich durch die Lektüre und Rezeption der redaktionellen wie der werblichen Beiträge.

Diese Prozessstruktur wird in jedem einzelnen Presseunternehmen individuell organisiert, wir können aber zwei Idealtypen (Geschäfts- bzw. Erlösmodelle) als Pole in einem Spektrum von realen Mischtypen unterscheiden: Zum einen die alleine durch Werbung finanzierte und dann meist gratis vertriebene Zeitung oder Zeitschrift, die redaktionelle und werbliche Inhalte beschaffen, bündeln und präsentieren muss. Und zum anderen die werbefreie, alleine durch den Verkaufspreis oder durch dritte Quellen finanzierte Pressepublikation, die keine Werbeakquise betreibt. Zwischen diesen Polen agieren sehr viele publizistisch relevante Pressemedien, die Werbe- und Verkaufserlöse kombinieren oder diese beiden Erlösformen sogar durch Subventionen und Mitgliedsbeiträge ergänzen. Werbeerlöse haben für die meisten Pressemedien in den letzten Jahren erheblich an Be-

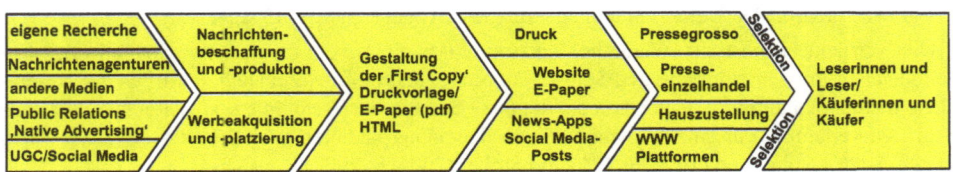

Abb. 6.1 Wertschöpfungskette der Pressekommunikation (Periodika)

deutung verloren, weil die Werbeinvestitionen in andere medialen und außermediale Felder abgewandert sind. Hinzu kommt bei der Onlinewerbung die marktbeherrschende Stellung der Tech-Plattformen als Werbemittler, die sich nachteilig auf die Werbeeinnahmen der Medien selbst auswirkt.

6.3.1   Zeitungs- und Zeitschriftenredaktion

Redaktionen dienen der planmäßigen, auf die Erscheinungsperiodik und die damit verbundenen technischen Produktions- sowie Vertriebsabläufe abgestimmten, arbeitsteiligen Erstellung eines journalistischen Text-Bild-Angebotes, das zunehmend durch Bewegtbild (Videos), Tondokumente und Links zu Quellen etc. angereichert wird. Redaktionen sind hierarchische Organisationen, an deren Spitze der *Chefredakteur* steht. Er (in der bundesdeutschen Praxis nur sehr selten: sie) plant und leitet die journalistische Produktion, disponiert interne und externe Ressourcen (einschließlich der Arbeitskraft von Reporterinnen, Korrespondenten und freien Mitarbeiterinnen) und vertritt die publizistische „Blattlinie" sowie die journalistischen Interessen gegenüber dem Verlag. Die operative Leitung des „Tagesgeschäfts" oder der einzelnen Ausgabe, also die Festlegung der Themensetzung und -mischung, die Entscheidung über Umfänge, Aufmachung und Prioritäten der Berichterstattung sowie die Koordination der Ressorts werden meist einer *Chefin vom Dienst (CvD)* übertragen. Die oder der CvD ist auch für die Zusammenarbeit mit den anderen konkret an der jeweiligen Ausgabe beteiligten Abteilungen des Verlags verantwortlich, insbesondere der Druckerei und der Anzeigenabteilung.

In der aktuellen Publikumspresse (Tages- und Wochenzeitungen, Nachrichtenmagazine und Publikumszeitschriften) haben sich fünf klassische *Ressorts* herausgebildet: Politik, Wirtschaft, Kultur (Feuilleton), Sport und ggf. Lokales. Hinzu kommen je nach publizistischem Profil weitere Ressorts wie Unterhaltung, Medien, Musik, Auto, Ratgeber, Gesundheit, Ernährung etc. Starre Ressortgrenzen sind heute eher die Ausnahme; an ihre Stelle treten Newsrooms oder Newsdesks für eine ressortübergreifende thematische Berichterstattung sowie Großressorts („Wirtschaft und Soziales"; „Arbeit und Umwelt") und zielgruppen- und lifestylebezogene Einteilungen (Kinder- und Jugend, Single- oder Familienseiten; „Mein Garten", „Body & Wellness").

Zunehmend wird in den Newsrooms nicht mehr nur für einen Pressetitel gearbeitet, sondern medien- und titelübergreifend: Zu einem bestimmten Thema werden dann geschriebene und gesprochene Texte, Bildstrecken, Videos etc. produziert und in verschiedenen unternehmenseigenen Medien (Pressetitel, Onlineangebote, Hörfunk oder Podcast sowie ggf. TV) mehrfach verwertet oder über Content Syndication auch an externe Kunden verkauft. Die Qualifikations- und die alltäglichen Arbeitsanforderungen an Journalistinnen und Journalisten sind aufgrund dieser Entwicklung gewachsen, denn es müssen unterschiedliche medienästhetische Repertoires beherrscht werden und es verdichten sich die Arbeitsabläufe (Mikroebene). Aus Verlagssicht (Mesoebene) sollen durch (unternehmensinterne) Mehrfachverwendung und (externe) Mehrfachverwertung ‚Synergieeffekte gehoben', also (Personal-)Kosten gespart werden. Für die öffentliche Kommunikation (Makroebene) könnte dies jedoch zu einem Verlust von publizistischer Vielfalt führen, weil immer weniger redaktionelle ‚Köpfe' ein spezifisches Thema bearbeiten und sich die Inhalte in verschiedenen Medien angleichen.

▶ „Gemeint ist eine Koordinations- und Produktionszentrale, in der alles zusammen-läuft, was die Redaktion an Material zur Verfügung hat. In Zeitungsredaktionen werden dort alle Seiten verschiedener Ressorts oder Lokalredaktionen gemeinsam koordiniert und produziert. Am Newsdesk können zudem mehrere Medien crossmedial abgestimmt und bedient werden – mehr dazu im Beitrag „Crossmediales Arbeiten"" (von La Roche 2013, S. 23).

Die Ressortleiterinnen planen und koordinieren die Produktion innerhalb des fest-gelegten Themen- und Aufgabenbereichs, sie leiten die Arbeit der fest angestellten Redakteure und Volontärinnen sowie der freien Mitarbeiter an und stimmen sich mit den anderen Ressortleitungen sowie der Chefredaktion ab.

Freie Mitarbeiter und Mitarbeiterinnen sind bei der Presse häufig anzutreffen, da sie für den Verlag meist kostengünstiger und für die Redaktion flexibler einsetzbar sind. Wer regelmäßig und hauptberuflich für ein bestimmtes (Presse-)Medium arbeitet, gilt als „Fester Freier."

Eine wichtige Institution sind *Redaktionskonferenzen,* bei denen Produkt und Produktion grundlegend koordiniert werden. Bei Tageszeitungen finden täglich ein bis zwei solcher Konferenzen statt, zum Beispiel eine Themenkonferenz am frühen Vormittag und eine „Umbruch"- oder Schlusskonferenz, bei der die endgültige Gestalt letztmals vor dem Andruck besprochen werden kann. Teil der ersten Redaktionskonferenz ist bei vielen Redaktionen die „Blattkritik", eine kritische und vergleichende Durchsicht des eigenen Produktes, bei der oftmals Leitmedien wie BILD, Der Spiegel, die Tagesschau, die überregionale Qualitätspresse oder die unmittelbare (z. B. soweit noch vorhanden: lokale) Konkurrenz herangezogen werden. Hinzu können weitere Konferenzen bei aktuellen Ereignissen oder zur längerfristigen Planung und konzeptionellen Weiterentwicklung des Blatts kommen.

▶ Die zentralen Funktionen und Kernkompetenzen der Redaktion liegen in der „Herstellung und Bereitstellung von Themen zur öffentlichen Kommunikation" (Rühl 1980, S. 323), konkret der Sammlung, Bewertung, Auswahl (Selektion) sowie sach-, medien- und publikumsgerechten Präsentation von Nachrichten und Berichten mit „Faktizitätsanspruch" (also wahre, keine erfundenen Nachrichten).

Dabei bedienen sie sich spezifischer journalistischer *Stilformen und Genres,* deren Kunstregeln sich im Laufe der Jahrzehnte institutionalisiert haben. Die wesentlichen Formen sind: Nachricht (Meldung), Bericht, Reportage, Feature, Interview; einige weitere dienen explizit der publizistischen Meinungsartikulation und -bildung: Leitartikel, Kommentar, Glosse, Karikatur. Im publizistischen Wettbewerb der Redaktionen spielen – je nach Pressetyp abgestuft – Aktualität und Exklusivität von Nachrichten und Quellen eine große Rolle, weil hiermit eine Reputationssteigerung der Redaktion verbunden ist.

In Deutschland arbeiteten im Jahr 2022 insgesamt 39.769 Journalistinnen[12] (44 %) und Journalisten (59,6 %), damit ist die Gesamtzahl im Vergleich zu den Vorjahren weiter rückläufig. Das Durchschnittsalter beträgt 46,3 Jahre, rund 62 % der Journalisten und Journalistinnen sind unter 50 Jahre alt. Drei Viertel haben ein Volontariat absolviert, knapp 16 % eine Journalistenschule besucht und rund 55 % verfügen über einen Hochschulabschluss. Journalismus ist ein Fulltime-Job (90 %), in Teilzeit arbeiten vor allem Freie und Feste Freie, die nur für ein bestimmtes Medium tätig sind.

Über die Hälfte der Journalisten und Journalistinnen arbeitet für die traditionellen Verlage, 13 % für den kommerziellen und fast 21 % für den öffentlich-rechtlichen Rundfunk. Nur wenige sind bei Nachrichtenagenturen angestellt (3,5 %). Bei reinen Onlinemedien arbeiten nur knapp 7 % der Beschäftigten, aber die meisten produzieren multimedial, im Durchschnitt für mehr als vier Medienkanäle (vgl. Loosen et al. 2023, S. 7–9).

Die Größe der einzelnen Presseredaktionen variiert erheblich aufgrund des publizistischen Profils und der Verlagsstrategien; die Unterschiede zwischen den Zeitungstypen spiegeln sich redaktionell auch im Gewicht der Ressorts wieder: Bei der überregionalen Qualitätspresse dominiert das Politikressort, bei den Boulevardzeitungen der Sport, bei den regionalen Abozeitungen liegen Politik- und Sportressort fast gleichauf (vgl. Maier 2002, S. 276).

Der Organisation redaktioneller Prozesse und Strukturen, dem journalistischen Berufsrollenverständnis sowie vor allem den Regeln und dem tatsächlichen journalistischen Handeln bei der Auswahl und Akzentuierung von Nachrichten und Themen werden große Bedeutung für die öffentliche Meinung beigemessen. Diese Fragen sind seit langem Gegenstand intensiver empirischer Forschung und Theoriebildung, deren Stand im Rahmen dieser Mediensystemanalyse nicht referiert werden kann.[13] Wichtig ist an dieser Stelle aber, auf die spezifischen redaktionellen Profile und Anforderungen hinzuweisen, die sich für die unterschiedlichen Pressetypen ergeben. Dies gilt grundsätzlich auch heute noch, obwohl die veränderte Erscheinungsweise (Flexibilisierung der Periodizität) und Medialität (über Text und Stehbild hinaus) hier zu Veränderung geführt hat. Hinzu kommt, dass für eine Reihe von stärker standardisierten Berichtsformen etwa bei Finanz-, Wirtschafts- oder Sportthemen bereits heute automatisierte Texterstellungsverfahren (,Automated Journalism') zum Einsatz kommen und künftig wahrscheinlich leistungsfähigere sog. KI-Tools im Journalismus eingesetzt werden.

---

[12] Bei allen absoluten Zahlen handelt es sich um ‚qualifizierte Schätzungen', da es keine vollständige offizielle Erfassung der im Journalismus Tätigen gibt. Vgl. Loosen et al. 2023, S. 6–7.

[13] Rühl (1979) begreift die Zeitungsredaktion beispielsweise als organisiertes soziales System. Vgl. zur publizistikwissenschaftlichen Redaktions- und Kommunikatorforschung einführend Löffelholz (2004); für empirische Daten: Weischenberg et al. (2006) sowie Meyen und Riesmeyer (2009) sowie Steindl et al. (2017).

Die Arbeit der Redaktionen steht in *Tageszeitungen* unter einem erheblich größeren Aktualitätsdruck als bei der Wochen- und Zeitschriftenpresse; werden auch Online-angebote in derselben Redaktion (Newsroom) produziert, wächst dieser Druck weiter. Zu-gleich müssen Tageszeitungsredaktionen ähnlich wie bei Wochentiteln und General Interest-Zeitschriften ein breites „universales" Themenspektrum bearbeiten. Sie sind daher in hohem Maße auf die Zulieferung von Nachrichtenagenturen (vgl. Abschn. 4.1) sowie ihren eigenen Korrespondentinnen und Mitarbeitern für die Lokalberichterstattung angewiesen. Weil eigene Korrespondenten vergleichsweise teuer sind, greifen Redaktio-nen der Lokalpresse für bundesweite und internationale Nachrichten oft ausschließlich auf die Nachrichtenagenturen (insbesondere dpa) zurück oder nutzen die Leistungen von Zentralredaktionen wie beispielsweise dem Redaktionsnetzwerk Deutschland. Nicht nur kleine und mittelgroße Lokalzeitungen, sondern auch bekannte und zum Teil überregionale Titel (Frankfurter Rundschau, Berliner Zeitung) erstellen den sog. Zeitungsmantel, also den aktuellen Teil mit überregionalen, bundesweiten und internationalen Nachrichten nicht mehr selbstständig. Es entstehen unterschiedliche redaktionelle Ausgaben oder „Kopfblätter", die sich hinsichtlich der Platzierung von Artikeln und der regionalen Ge-wichtung von Themen unterscheiden, aber aus demselben, begrenzten Repertoire journa-listischer Beiträge schöpfen. Lediglich der lokale und mitunter der regionale oder landes-politische Teil beruht dann noch auf eigenständiger journalistischer Arbeit. Solche Redak-tionen stellen keine selbstständigen Vollredaktionen (sog. „Publizistischen Einheiten") mehr dar, weil sie nur noch die Lokal- und ggf. Hintergrundberichterstattung unabhängig produzieren, folglich also nur in geringem Maße zur publizistischen Vielfalt beitragen. Tageszeitungen verfügen meist über viele freie Mitarbeiterinnen und Mitarbeiter, die zum Teil nebenberuflich über das lokale Geschehen (Sport, Vereine etc.) berichten.

Die redaktionelle Leistung der Tageszeitungen in Deutschland unterscheidet sich hin-sichtlich des Umfangs, der Mischung von lokaler, nationaler und internationaler Bericht-erstattung, der Aufmachung und der journalistischen Qualität. Alle diese Faktoren hängen in hohem Maße von den redaktionellen Ressourcen und den adressierten Zielgruppen ab:

- Die für Deutschland typischen *lokalen und regionalen Abonnementzeitungen* legen den Schwerpunkt ihrer Berichterstattung eindeutig auf das lokale Geschehen und den Sport, berichten aber auch über nationale und internationale Ereignisse.
- Nationale und internationale Themen sowie Beiträge zur Meinungsbildung und Gast-beiträge zum Teil renommierter Autorinnen und Autoren prägen das publizistische Pro-fil der *überregional verbreiteten Qualitätstageszeitungen* (Süddeutsche Zeitung, Frank-furter Allgemeine Zeitung, Die Welt, die tageszeitung), die zudem auch eine Lokalre-daktion am Erscheinungsort unterhalten. Bei diesen Zeitungen dominieren Politik, Wirtschaft und Feuilleton, während bei den Lokalzeitungen der (lokale) Sport erheb-lichen Raum einnimmt. Große überregionale Qualitätszeitungen wie die Frankfurter Allgemeine unterhalten Redaktionen mit mehr als 300 Redakteurinnen sowie weit rei-chende Korrespondentennetze, während durchaus auflagenstarke Regionalblätter durch Redaktionskooperationen und Agenturen mit vergleichsweise wenigen Redakteuren

arbeiten, die ggf. durch (preiswertere) Volontäre und Hospitantinnen unterstützt werden. Die von Auflagenrückgang und Redaktionszusammenlegungen betroffene Frankfurter Rundschau verfügte beispielsweise nach der Übernahme durch die FAZ über nur noch 28 Redakteure (vgl. epd 28.02.2013) statt zuvor rund 190 (vgl. epd 05.07.2011). Im Januar 2018 hat die Fazit-Stiftung die FR und Frankfurter Neue Presse an den Münchner Verleger Dirk Ippen verkauft (vgl. epd medien aktuell Nr. 29a, 09.02.2018).

• Sport und Lokales dominieren die meisten *Boulevardzeitungen*, hinzu kommt hier die unterhaltsame Berichterstattung über Prominente, Sensationen und Skandale (,Human Touch') sowie die stärkere Ausrichtung am konkreten Nutzwert für die – überwiegend männlichen – Leser. Das Geschäftsmodell der Kaufzeitung setzt auf den spontanen Kaufimpuls und die Ansprache der Leser am Kiosk, die durch die Redaktion gestaltet werden müssen.

• Die Redaktionen (börsen)täglich erscheinender *Wirtschaftszeitungen* (Handelsblatt, Börsenzeitung) fokussieren hingegen ökonomische Themen und ein fachlich interessiertes Publikum.

Diese publizistischen Redaktionsprofile prägen die unterschiedliche Organisation der Abläufe und Strukturen; sie entscheiden über die Einrichtung oder das personelle Gewicht einzelner Ressorts, den Bezug zusätzlicher Spezialnachrichtenagenturen und Bilderdienste, die Kooperation mit anderen Medien und das Engagement internationaler Korrespondentinnen und Reporter. Fast alle deutschen Tageszeitungen verstehen sich als parteiunabhängige Blätter; die wichtigste Ausnahme bildet das „Neue Deutschland", das als ehemaliges Zentralorgan der SED und bis heute der Partei Die Linke nahesteht.

Die Redaktionen der *Wochen- und Sonntagspresse* arbeiten unter einem geringeren Aktualitätsdruck als die Tageszeitungskollegen. Die Stärken der Wochentitel liegen in der redaktionellen Recherche und Hintergrundberichterstattung sowie der mittel- bis langfristigen Themenauswahl und -gestaltung.

Eine ganz andere Funktion und redaktionelle Organisation haben hingegen wöchentlich erscheinende lokale *Anzeigenblätter*, deren Erlösmodell sich allein auf die Werbung stützt. Die Redaktionen sind zum Teil sehr klein, ein größerer Teil der journalistischen Arbeit wird von freien Mitarbeiterinnen zugekauft. In begrenztem Maße füllen solche Anzeigenblätter eine Lücke in der lokalen und sublokalen (stadtteilbezogenen) Berichterstattung.[14] Ihr Schwerpunkt liegt aber auf lokalem Service (Veranstaltungshinweise etc.). Mitunter werden auch zuvor bereits in der Tageszeitung desselben Verlags erschienene Artikel in diesen sog. *Gratiszeitungen* nochmals verwendet.

Redaktionell und publizistisch weniger bzw. überhaupt nicht bedeutsam sind sog. *Handelsmedien und Offertenblätter*. Die Handelsmedien sind vor allem Werbeträger, die von Handelsketten herausgegeben werden und nur marginalen redaktionellen Inhalt als Leseanreiz enthalten; die gegen Entgelt vertriebenen Offertenblätter haben keine Redak-

---

[14]Laut Heinrich (2010, S. 370) ist der redaktionelle Teil von unentgeltlich verteilten Anzeigenblättern wettbewerbsrechtlich (UWG) auf max. ein Drittel des Umfangs beschränkt.

tionen, sondern bestehen ausschließlich aus privaten Kleinanzeigen der Rubrikenmärkte (vor allem Fahrzeuge, Immobilien, Kaufe/Verkaufe, Bekanntschaften) sowie einigen Handelsanzeigen (vgl. auch Wilke 2009a, S. 479–481). An die Stelle der Offertenblätter sind mittlerweile Onlineplattformen getreten, deren Produktionskosten deutlich geringer sind und die den Kaufinteressierten komfortable Such-, Sortier- und Vergleichsmöglichkeiten, oftmals auch den direkten Onlinekauf des begehrten Gutes ermöglichen.

Wie die politische Wochen- und Sonntagspresse leisten auch die Redaktionen von *Monatszeitungen* und einigen *Publikumszeitschriften* Hintergrundberichterstattung und einen diskursiven Beitrag zur politischen Meinungs- und Willensbildung. In Deutschland sind die *Nachrichtenmagazine* Der Spiegel und Focus sowie der illustrierte Stern und einige Monatstitel wie Le Monde Diplomatique (https://monde-diplomatique.de/), Cicero (https://www.cicero.de/) oder die Kulturzeitschrift Merkur (https://www.merkur-zeitschrift.de/) zu nennen. Auch bei parteinahen Publikationen wie dem sozialdemokratischen Vorwärts (www.vorwaerts.de), den von Friedrich-Ebert-Stiftung herausgegebenen Neue Gesellschaft/Frankfurter Hefte (www.frankfurter-hefte.de/) oder dem Kursbuch (kursbuch.online/) stehen Diskurs und öffentliche Meinungsbildung im Vordergrund.

Der weitaus größere Teil der Zeitschriftenredaktionen behandelt jedoch speziellere Themenfelder oder adressiert bestimmte Zielgruppen: Bei den *Fernseh-Programmzeitschriften* geht es vor allem um Servicefunktionen, wobei die Redaktionen hier mittlerweile stark nach Genrevorlieben und weiteren Zielgruppenmerkmalen (sowie Preisniveaus) differenzieren. Auch der Sektor der unterhaltenden *Frauen- und Modezeitschriften* ist sehr stark differenziert und stellt entsprechend unterschiedliche redaktionelle Anforderungen. Als Teil der *illustrierten Presse* spielen Fotos (vom Paparazzi-Foto bis zur Modestrecke) und personalisierte Genres (Interview, Porträt, Homestory) hier eine große Rolle.

Bei *Wirtschaftsmagazinen,* wie brand eins, Capital, Wirtschaftswoche oder Managermagazin, und bei *Reportagemagazinen* wie Geo, National Geographic oder Mare orientieren sich die Redaktionen an den inhaltlichen Interessen des Zielpublikums. Die Redaktionen der *Hobby- und Lifestyle-Zeitschriften* sprechen noch weitaus speziellere Interessen an, und sie benötigen redaktionelles Fachwissen zu Automobilen, E-Bikes, Computern, Inneneinrichtungen, ökologisch korrekter Ernährung, bestimmten Sportarten, Zierfischen etc. oder müssen dieses Fachwissen von externen Mitarbeitern heranziehen. Wilke (2009a, S. 490) beschreibt die Differenzierung als Entwicklung von der *Special Interest-* zur *Very Special Interest-Zeitschrift,* etwa wenn statt Autozeitschriften nun eigene Titel für Offroad-, Camping-, Cabrio-, Oldtimer- oder Sportfahrzeuge erscheinen. Je nach redaktionellen Ressourcen und publizistischen Qualitätsansprüchen besteht hier die Gefahr, dass journalistische Objektivitäts- und Neutralitätsgebote verletzt werden. Das Herausgeben von Special Interest-Zeitschriften ist für die Verlage attraktiv, weil sie hierdurch Werbeflächen mit vergleichsweise geringen Streuverlusten an die Auto-, Elektronik- oder Möbelindustrie bzw. die Touristik-, Sport- und Freizeitbranchen vermarkten können. Mitunter liefern diese nicht nur die Anzeigen, sondern auch journalistisch gefasste PR-Beiträge als werbefreundliches und für den Verlag preiswertes Umfeld.

Ein sehr großer Teil der Zeitschriftenredaktionen arbeitet für *Fachzeitschriften,* die sich weniger an interessierte Laien als an beruflich an einem bestimmten Themenbereich interessierte und entsprechend qualifizierte Leserinnen und Leser richten. Neben journalistischen Qualifikationen sind hier folglich in hohem Maße fachliche Qualifikationen innerhalb der Redaktion notwendig. In vielen Fällen ist das Redaktionspersonal von Fachzeitschriften nur nebenberuflich redaktionell tätig, während viele weiter ihrem Fachberuf nachgehen.

Einen Sonderfall stellen die Redaktionen von *Wissenschaftlichen Zeitschriften* dar, denn die redaktionelle Auswahl der Aufsätze erfolgt hier meist durch redaktionsexterne Fachwissenschaftlerinnen in einem anonymisierten Begutachtungsverfahren („Double blind peer review"), das von der Redaktion organisiert, überwacht und ausgewertet wird. Die Manuskripte werden von der Redaktion wissenschaftlicher Zeitschriften nicht selbst verfasst, sondern redaktionell betreut und für die Publikation formal und sprachlich aufbereitet. Die Redakteurinnen und Redakteure müssen dabei selbst über wissenschaftliche Qualifikationen und Kenntnisse des Forschungsstands sowie der akademischen Disziplin verfügen. Die weitaus meisten als Redakteure tätigen Wissenschaftler dürften allenfalls geringe Aufwandsentschädigungen erhalten, lediglich große internationale (natur)wissenschaftliche Journals können sich hauptberuflich tätige Redaktionen leisten.

Die Redaktionen von *Kundenzeitschriften* wie der Apotheken-Umschau und von unternehmensinternen *Mitarbeiterzeitschriften* genießen keine oder allenfalls geringe institutionelle Autonomie. Diese Publikationen bedienen sich zwar journalistischer Stil- und Darstellungsformen, sind aber allein von wirtschaftlichen Interessen geleitete Produkte professioneller Public Relations und zum Teil sogar direkter Verkaufsförderung.[15] Zur institutionellen Ordnung der Presse gehört grundlegend und wesentlich die Pressefreiheit (vgl. Abschn. 3.2 bis 3.5). Hieraus ergibt sich normativ eine wichtige Anforderung auch für die innere Organisation der Presse: Die publizistische Unabhängigkeit der Redaktion von den wirtschaftlichen Interessen des Verlags oder seiner Anzeigenkunden.

Bei der Wahrung zumindest einer begrenzten redaktionellen Autonomie kann dem oder den *Herausgeber/n* einer Zeitung oder Zeitschrift eine wichtige Rolle zukommen. Ihre Funktion und ihre Kompetenzen sind nicht einheitlich definiert, und viele Presseunternehmen verzichten gänzlich auf diese Institution, aber Herausgeber definieren die publizistische Grundhaltung eines Blatts und können zwischen Chefredakteur (Redaktion) und Verleger (Verlag) bei Konflikten oder Personalentscheidungen vermitteln.

6.3.2 Presseverlag

Presseverlage erfüllen eine doppelte Aufgabe: Sie bewirken das Erscheinen und die Verbreitung von Periodika, die zur öffentlichen Meinungs- und Willensbildung in demokratischen Gesellschaften wesentlich beitragen (öffentliche Aufgabe) und sie agieren als

---

[15] Vgl. für eine differenzierte Darstellung und zum Forschungsstand über Kundenzeitschriften Röttger (2002).

Unternehmen gewerbsmäßig, um Presseprodukte als Waren – in Marktwirtschaften notwendigerweise nicht nur kostendeckend, sondern gewinnbringend – zu verkaufen (private
Aufgabe). Entsprechend der formalen Vielfalt der Presse sowie der variierenden Periodizität und Auflagenhöhen haben sich unterschiedliche Strukturen von Presseverlagen
entwickelt. Gleichwohl können die *Kernaufgaben* von Presseverlagen hier zunächst benannt und dann vor dem Hintergrund typischer Geschäftsmodelle verdeutlicht werden.

Alle Presseverlage benötigen neben der Redaktion (Chefredaktion), der kaufmännischen Verlagsleitung und der Verwaltung (Personal, Buchführung, Betriebsräume)
eine Vertriebsabteilung. Die materielle Herstellung besorgt eine technische Abteilung,
während der eigentliche Druck entweder in einer unternehmens- oder konzerneigenen
Druckerei oder – vor allem bei den kleineren Zeitschriften – im Lohndruckverfahren erfolgt, also ein externes Druckunternehmen beauftragt und bezahlt wird. Auch der materielle Transport kann durch externe Dienstleistungsunternehmen übernommen werden.
Bei teilweise oder vollständig werbefinanzierten Periodika kommt als bedeutende Abteilung die Anzeigenabteilung hinzu.

Bei den immateriellen Online-Presseprodukten entfallen zwar Druck und materieller
Vertrieb, die technische Herstellung des digitalen Produkts, das Hosting auf Servern und
das Management der digitalen Produktions-, Abruf- und Inkassoprozesse bleiben jedoch
Kernaufgaben des Verlags, die nur zum Teil ausgelagert werden können (Hosting, Inkasso).

Grundsätzlich kann die Organisation des Presseverlages als sog. Einlinien-Organisation
entlang dieser Grundfunktionen für alle Titel gemeinsam erfolgen. Vor allem bei größeren
Verlagen mit heterogenem Titelangebot können für einzelne Titel und Produktgruppen
aber auch Matrix-Organisationen bzw. eigene Verwaltungs-, Herstellungs- und Vertriebsorganisationen sowie relativ unabhängig handelnde Profit-Centern aufgebaut werden (vgl.
Vogel 1998, S. 222–226).

- Die *Verlagsleitung* in Gestalt eines Verlegers bzw. einer Verlegerin, einer angestellten
  Verlagsgeschäftsführung oder eines kollektiven Leitungsgremiums ist für den
  wirtschaftlichen Erfolg des Presseverlages verantwortlich. Je nach Verlagsgröße übernehmen einzelne Objektleiter die wirtschaftliche Verantwortung für bestimmte Zei-
  tungs- oder Zeitschriftentitel oder Produktgruppen, ggf. auch einschließlich der jeweiligen Online- und Social Media-Angebote. Die kaufmännische Verlagsleitung ist für
  unternehmensstrategische Entscheidungen verantwortlich, zum Beispiel für die
  Produktinnovation (neue Titel, Relaunch, neue Verbreitungswege oder Social Media-
  Accounts), das Engagement auf neuen regionalen (Ausland) oder sektoralen Märkten
  (Zusatzgeschäfte mit anderen Medien wie Büchern oder gänzlich branchenfremden Ar-
  tikeln wie Wein, Kaffee oder Dienstleistungen, insbesondere Reisen).
- Die *Verlagsverwaltung* übernimmt wie in allen anderen Unternehmen die kauf-
  männischen Planungs-, Controlling- und Abrechnungsaufgaben für Personal, Steuern,
  Betriebsgebäude, Einkauf usw.
- Die *Vertriebsabteilung* von Presseverlagen unterscheidet sich sehr stark aufgrund der
  Vertriebs- und Auslieferungsformen; mit Ausnahme der gratis vertriebenen sowie der

nur im Einzelverkauf erhältlichen Blätter (insbesondere Anzeigenblätter, Boulevardzeitungen) ist ein Abonnentenstamm zu verwalten. Der jährliche Verlust von etwa zehn Prozent der Kunden muss durch Neu- und Wiedergewinnung von Abonnements ausgeglichen werden, sodass auch das Marketing meist in der Vertriebsabteilung angesiedelt ist. Hier wird auch das Inkasso betrieben und die Logistik des materiellen Transports bzw. der IT-Strukturen für den Onlineabruf organisiert und überwacht. Insbesondere für die „leicht verderblichen" aktuellen Tages- und Wochenzeitungen ist der effiziente und pünktliche Vertrieb von herausragender Bedeutung. Der stark an Bedeutung gewinnende digitale Vertrieb von Online-Presseprodukten erfordert neue Kompetenzen und entsprechend qualifiziertes, nicht beliebig verfügbares Personal.

- Sofern vorhanden, ist die *Anzeigenabteilung* des Presseverlags für die Vermarktung der Anzeigenflächen im gedruckten Produkt (grafisch gestaltete Text-Bild-Anzeige), der Beilagenwerbung (Prospektbeilage, Verlagsbeilage mit journalistisch anmutenden Textbeiträgen) und ggf. auch der Sonderformen sowie crossmedialer Werbeoptionen (im Online-Angebot des Periodikums) zuständig. Die Anzeigenabteilung akquiriert aktiv Werbekunden und benötigt hierfür sog. Mediadaten, also Informationen über die soziodemografische Zusammensetzung, Mediennutzung, Freizeit- und Konsuminteressen sowie Anschaffungspläne der eigenen Leserschaft. Diese Daten müssen in Leser- und Medianalysen meist in standardisierter Form erhoben werden, damit sie für die Anzeigenkunden mit den Daten konkurrierender Medien und Werbeträger vergleichbar sind. Als Standardinstrumente gelten Media Analyse, Allensbacher Werbeträger Analyse (AWA) und von zentraler Bedeutung sind die Daten der Interessengemeinschaft zur Feststellung der Verbreitung von Werbeträgern (IVW).[16] Die Anzeigenabteilung ist auch für die Kalkulation der Werbepreise und die Verhandlungen mit den Werbekunden zuständig, die entweder über eigene Werbeabteilungen verfügen oder Agenturen beauftragen. Presserechtlich ist der Anzeigenleiter für die Werbung verantwortlich. Bei den Online-Angeboten (mit Ausnahme des E-Papers) erfolgt die Werbevermarktung in der Regel mithilfe der großen Tech-Plattformen, die z. B. Bannerwerbung im Web in personalisierter Form schalten, ohne dass die Verlage unmittelbaren Kontakt mit den werbetreibenden Unternehmen haben.

- Die *technische Abteilung* der Presseverlage arbeitet heute weitestgehend digital und vernetzt, wobei die Redaktion nicht nur Texte erstellt und redigiert, sondern in elektronischen Redaktions- oder Content-Management-Systemen ablegt, in denen alle Formatierungs- und Layoutmerkmale, oftmals für das ,Ausspielen auf verschiedenen Plattformen', bereits festgelegt sind. Auch die Anzeigenerfassung und -gestaltung erfolgen

---

[16] Für die AWA werden zweimal im Jahr rund 24.000 Personen mündlich zur Nutzung von rund 240 Zeitschriften, 13 Kundenzeitschriften und 5 Wochenzeitungen befragt (www.ifd-allensbach.de/awa/); die Media Analyse Print erhebt durch 39.000 standardisierte Onlinine-Interviews die Nutzung von ca. 180 Zeitschriften und Wochenzeitungen sowie 700 Tageszeitungsausgaben bzw. 1600 Belegungseinheiten für die Werbung. Damit werden nahezu 100 % des Tageszeitungsmarktes abgedeckt (www.agma-mmc.de/media-analyse/tageszeitungen.html); die IVW sammelt (und kontrolliert) viermal jährlich die Auflagenmeldungen der Verlage (www.ivw.de).

digital. Die Herstellungsabteilung übernimmt also keine Texterfassungs-, Satz- oder Montagearbeiten, sondern den Betrieb dieser digitalen Redaktionssysteme sowie die – ebenfalls weitgehend digitalisierte – Herstellung der Druckvorlagen und -formen, sofern dies nicht in der Druckerei erfolgt.

Geschäftsmodelle von Presseverlagen

Fast alle deutschen Tageszeitungen sowie die meisten Wochenzeitungen und Publikumszeitschriften sind *Koppelprodukte*.

▶ Koppelprodukte werden auf zwei Märkten verkauft: dem Werbemarkt und dem Publikumsmarkt, die beide miteinander in einem Wechselverhältnis stehen. Die redaktionelle Leistung trifft auf das kaufkräftige Interesse des Publikums (Lesermarkt), das per Abonnement oder im Einzelverkauf das Produkt erwirbt. Der Verlag finanziert und verwertet also die redaktionelle Leistung und er produziert damit zugleich eine zweite Ware, die auf kaufkräftige Nachfrage auf dem Werbemarkt stößt, nämlich die gesammelte Nutzungszeit und Aufmerksamkeit der Leser. Für die werbetreibende Industrie bietet sich die Chance, in Kontakt mit potenziellen Kunden zu kommen, die eine Anzeige oder eine Werbebeilage wahrnehmen und sich von ihr möglicherweise im Sinne des Unternehmens beeinflussen lassen. Die werbetreibenden Unternehmen zahlen an den Verlag für diese im Vergleich zu anderen Werbeformen erhöhte Kontakt- und Aufmerksamkeitschance des Koppelproduktes, das für sie vor allem die Funktion des Werbeträgers erfüllt. Der Verlag koppelt also im Sinne einer Verbundproduktion ein meist nur schwer kostendeckend oder gewinnbringend zu vermarktendes öffentliches Gut (Journalismus) und ein leicht zu vermarktendes knappes privates Gut (Werberaum).

Aus normativer Sicht wird diese enge Verbindung seit fast einem Jahrhundert kritisiert, weil die Trennlinien zwischen beiden Teilen der Presse nicht immer klar sind, und zwar sowohl für die Leser als auch für die „anzeigenabhängigen" Kommunikatoren. Die Zeitung, schreibt Karl Bücher (1917, S. 258),

„verkauft neue Nachrichten an ihre Leser, und sie verkauft ihren Leserkreis an jedes zahlungsfähige Privatinteresse. Auf dem selben Blatte, oft auf der selben Seite, wo die höchsten Interessen der Menschheit Vertretung finden oder doch finden sollten, treiben Käufer und Verkäufer in niedriger Gewinnsucht ihr Wesen, und für den Uneingeweihten ist es im ‚Reklameteil' oft schwer genug, zu unterscheiden, wo das öffentliche Interesse aufhört und das private anfängt".

Die Zeitungen und Zeitschriften unterscheiden sich erheblich hinsichtlich der Erlösanteile, die aus den beiden Märkten stammen. Medienökonomisch differenziert man vertriebsbetonte und anzeigenbetonte Titel bzw. Verlage.

Werbeerlöse spielen traditionell für Straßenverkaufszeitungen eine größere Rolle als für Abonnementzeitungen. Die Werbemärkte unterliegen zum einen der allgemeinen Wirtschaftskonjunktur, zum anderen einem strukturellen Wandel zu Lasten der Presse. Damit ändert sich auch der durchschnittliche Erlösmix: Die hohe Bedeutung der Vertriebserlöse war in der Anfangszeit der bundesdeutschen Presse der Normalfall; erst ab Mitte der 1970er-Jahre erhöhten sich Werbeerlöse auf zwei Drittel der Gesamterlöse der Abozeitungen (vgl. Pürer und Raabe 2007, S. 130). Der Strukturwandel des Werbemarktes hat in den letzten Jahren zu erheblichen Verlusten für die Printmedien geführt, sodass 2023 nur noch ein knappes Viertel der Erlöse (24,4 %) der regionalen Abozeitungen aus der Werbung stammt und die Vertriebserlöse, bei sinkender Auflage und steigenden Verkaufs-bzw. Abonnementpreisen drei Viertel der Erlöse erbringen (vgl. Keller und Eggert 2024, S. 4 u. S. 45), für die überregionale Qualitätspresse ergeben sich ähnliche Werte, ebenso bei der Boulevardpresse (vgl. Keller und Eggert 2024, S. 5). Strukturell bereitet die Werbefinanzierung den Verlagen in Ostdeutschland Schwierigkeiten, während einige politisch eher links oder tendenziell konsum- und werbekritisch positionierte Tageszeitungen wie taz, Neues Deutschland, Junge Welt und die konfessionelle Presse teils aufgrund schwacher Nachfrage und teils aufgrund (verlags-)politischer Entscheidungen nur geringe Werbeerlöse erzielen.

Während bei der Boulevardpresse traditionell der Einzelverkauf dominiert (Abo-Anteil rund 12 %) ist das Abonnementmodell gerade in Deutschland typisch für die Presse: Zu einem festgelegten Preis wird eine Reihe künftig erscheinender Nummern eines Periodikums verkauft. Der Verlag kann relativ langfristig (meist drei Monate und länger im Voraus) seine Ressourcen planen und kalkulieren, eine konstante Auslastung erzielen, Geld für zum Teil noch nicht kostenwirksame Leistungen kassieren und die Kosten für die Rücknahme nicht verkaufter Exemplare (Remittenden) sparen. Für Abonnenten ist es attraktiv einen Rabatt, Vorteile beim Bezug (früher als Einzelverkauf, Hauszustellung) und gesicherte Belieferung zu erhalten. Fast 88 % der regionalen und rund 70 % der überregionalen Tageszeitungen werden im Abonnement verkauft; bei den Wochenzeitungen sind es 85 %, während die Sonntagszeitungen nur rund ein Fünftel der Auflage ist (vgl. Keller und Eggert 2024, S. 6).

Die Kopplung von Publikums- und Werbemarkt hat Konsequenzen für den Presseverlag, die medienökonomisch als *Anzeigen-Auflagen-Spirale* (vgl. Abb. 6.2) bekannt sind, letztlich aber als Werbe-Publikums-Spirale auf alle mischfinanzierten Medien verallgemeinerbar sind.

▶ Verändert sich die Nachfrage auf dem Publikumsmarkt, dann verändert dies auch die Situation auf dem Werbemarkt, und umgekehrt. Gelingt es also durch eine qualitativ oder quantitativ verbesserte redaktionelle Leistung, ein neues Layout, eine Preissenkung oder Veränderungen bei den Konkurrenten, die verkaufte Auflage (Print) bzw. die Clickzahlen oder E-Paper-Abrufe zu steigern, dann gewinnt der Titel auch an Werbewert. Folglich kann der Verlag höhere Werbeeinnahmen erzielen, was entweder seinen Profit maximiert oder zu Investitionen in die Qualität der Zeitung bzw. Zeitschrift führt. Führt eine solche Produktverbesserung wiederum zu einer verstärkten Nachfrage bei den Lesern, dann steigen Werbenachfrage und -

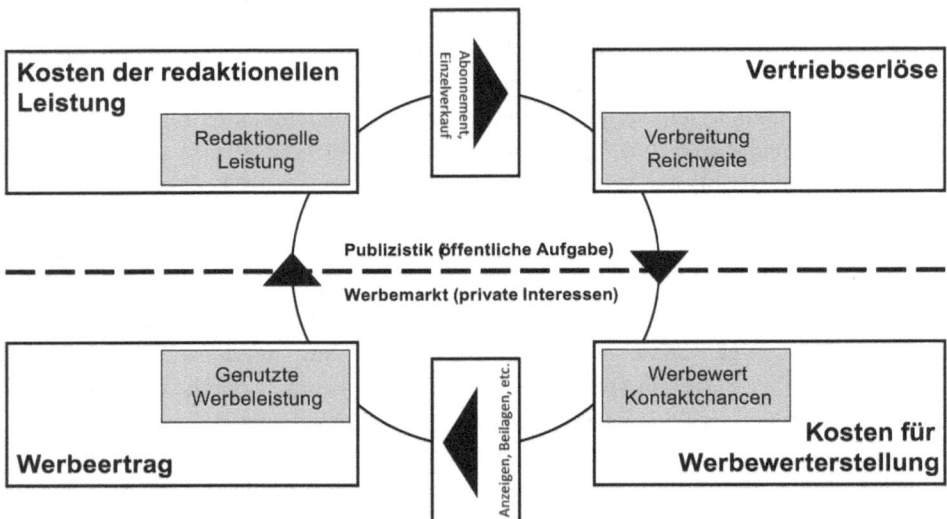

Abb. 6.2 Anzeigen-Auflagen-Spirale. (In Anlehnung an Nussberger 1961, S. 19)

erlöse erneut usw. Allerdings kann sich diese Spirale auch abwärts drehen: sinkende Werbeerlöse zwingen zu Einsparungen, was zu Qualitätsverlusten und Verkaufsrückgängen führt. In der Folge sinken Werbewert und -erlöse, was die Verlagsleitungen mit weiteren Einsparungen beantwortet usw. Durch den Strukturwandel des Werbemarktes und die anhaltenden absoluten und relativen Verluste von Werbeeinnahmen, geraten die Presseverlage unter Kostendruck, der sich auch auf die Redaktionen auswirken kann. Die Erhöhung der Verkaufspreise kann zu rückläufigem Absatz beim Publikum führen, und die resultierenden Auflagenverluste senken den Werbewert des Mediums, sodass die Werbeerlöse ebenfalls sinken werden.

Allerdings ist empirisch nicht nur zweifelhaft, ob wachsende Erlöse aus dem Werbemarkt tatsächlich in die redaktionelle Qualitätssteigerung investiert werden, sondern auch ob eine solche Qualitätssteigerung wirklich von den Rezipienten wahrgenommen und sich in steigenden Verkaufszahlen auszahlen würde. Die Anzeigen-Auflagen-Spirale stellt insofern nur zwei Fälle eines komplexeren Zusammenhangs dar, der in der Medienökonomie als „zweiseitige Märkte" diskutiert wird: Nicht jede Auflagensteigerung ist aus Sicht der Werbetreibenden ein Argument, wenn diese nur an bestimmten Zielgruppen interessiert sind. Eine Auflagensteigerung bedeutet dann möglicherweise nur wachsende Streuverluste, weil die – aus Sicht der Werbenden – „Falschen" erreicht werden. Offen ist auch die Frage, wie Werbung von den Rezipientinnen und Rezipienten bewertet wird und sich auf deren Mediennutzung bzw. -konsum auswirkt. Wenn (zu viel) Werbung als störend empfunden wird, dann kann sich das negativ auf den Verkauf der Medien auswirken, wenn Werbung als informativ oder unterhaltsam wahrgenommen wird, kann dies sogar die Verkaufszahlen der Medien steigern. Dann würde sich auch deren Werbewert erhöhen,

d. h. der Zusammenhang zwischen Werbemarkt und Rezipientenmarkt kann von unterschiedlichen positiven und negativen Rückkopplungen geprägt sein (vgl. Dewenter und Rösch 2015, S. 134–136).

Auch Verlagsmodelle, die ausschließlich Erlöse auf dem Werbemarkt vorsehen, unterliegen ansatzweise dem beschriebenen Zusammenhang, denn die Nachfrage der Werbekunden (oder zumindest die erzielbaren Werbepreise) sinken *tendenziell* mit nachlassendem Absatz auf dem Lesermarkt. Lediglich Pressetitel bzw. Verlagsmodelle, die weitestgehend oder vollständig auf Werbeerlöse verzichten, unterliegen der Anzeigen-Auflagen-Spirale nicht, stehen aber vor dem Problem, eine journalistische Leistung entweder durch vergleichsweise hohe Verkaufspreise oder andere Erlösquellen finanzieren zu müssen. Den ersten Weg wählen Presseverlage bei Fachzeitschriften und wissenschaftlichen Journals. Der zweite Weg ist typisch für viele nicht-kommerzielle Pressetitel, die von Parteien, Kirchen, Verbänden oder Unternehmen aus publizistischen (weltanschaulichen oder politischen) Gründen finanziert und über *Mitgliedsbeiträge oder Stiftungen* subventioniert werden.

Als weitere Erlösquellen für Presseverlage kommt die sog. *Syndication,* also die Vermarktung der redaktionellen Inhalte an Dritte, zum Beispiel Online-Anbieter und Portale ohne eigene Redaktion, infrage. Zeitschriftenverlage versuchen ihre *Konzepte und Formate international* zu verwerten bzw. ausländischen Verlagen entsprechende Titel- und Konzeptlizenzen zu verkaufen. Ein Beispiel hierfür war die Vergabe von 33 Lizenzen, die Gruner + Jahr für Magazine an andere Verlage im Ausland verkauft hatte. So erschien das (mittlerweile im Besitz von RTL befindliche) Geo zeitweilig in bis zu 19 Ländern, Men's Health in 40 und Women's Health sogar in 54 Ländern.[17] Dabei variieren die Anteile der zentral und länderspezifisch produzierten redaktionellen Beiträge stark, denn ohne eine Adaption an die Landeskultur scheitern Lizenzkonzepte im Ausland häufig (vgl. Pohlmann 2011, S. 34).

Die Leser-Blatt-Bindung wird zunehmend als Kundenbindung auch für *Nebengeschäfte* genutzt, d. h. Verlage vertreiben pressefremde Produkte (vom Ökokaffee bis zum Fahrrad oder Versicherungsvertrag) an ihren Abonnenten- oder Leserstamm.

Kosten- und Erlösstrukturen

Die Kostenstruktur von Presseverlagen für die Printausgaben variiert in hohem Maße mit der publizistischen und technischen Qualität des Produkts (Format, Druck- und Papierqualität) sowie der Produktionsmenge (Umfang × Auflage): die Kosten für eine regionale Monopolzeitung mit Millionenauflage setzen sich ganz anders zusammen als für eine durchgehend farbig gestaltete, großformatige Kunst- und Kulturzeitschrift mit ausgewählten Autoren aber verschwindend kleiner Auflage, die noch dazu bundesweit verbreitet werden soll. Gleichwohl lassen sich einige Grundstrukturen und Durchschnittswerte beschreiben.

---

[17] Datenquellen: www.tagesspiegel.de/medien/magazine-in-33-kopien-um-die-welt/4299498.html; www.menshealth-power.com/de/unternehmen; www.womenshealth.de/fitness/workouts-trainingsplaene/das-women-s-health-e-magazin.87654.htm [30.01.2017].

Unabhängig von der Anzahl der gedruckten und vertriebenen Exemplare (Auflage), aber abhängig vom Umfang (Seitenzahl) entstehen in jedem Presseverlag *First Copy-Kosten:* Sie umfassen alles, was zur Produktion des ersten Exemplars aufgewendet werden muss: journalistisches und technisches Personal, Kosten für externe Zulieferer wie Freie Mitarbeiter, Korrespondenten, Nachrichtenagenturen und Bilderdienste, allgemeine Verwaltungs- und Kapitalkosten des Unternehmens, Mieten etc. Diese First Copy-Kosten verändern sich nur bei der Veränderung des Produkts, insbesondere bei Umfangs-änderungen (umfangsvariable Kosten). Als Fixkosten können die First Copy-Kosten jedoch auf die gesamte Auflage umgelegt werden.

Der Anteil der Fixkosten je Exemplar sinkt also mit wachsender Auflage – ein Zusammenhang der als Economies of Scale bzw. Fixkostendegression aus vielen Industriebereichen geläufig ist. Diese Economies of Scale sind bei der Presse auch publizistisch potenziell folgenreich, denn auflagenstarke Publikationen und die Verlage, die sie herausgeben, erzielen Wettbewerbsvorteile, die letztlich zu Pressekonzentration und damit zum Wegfall von Zeitungen und Zeitschriften führen, die ggf. Minderheitenpositionen vertreten und einen Beitrag zur Pluralität erbringen. Die First Copy-Kosten fallen auch für digitale Presseprodukte an, die online vertrieben werden. Im Gegensatz zum Druckmedium entstehen bei Onlinezeitungen, E-Papers etc. jedoch faktisch keine (nennenswerten) Kosten mehr für den Vertrieb des zweiten bis n-te Exemplars, d. h. First Copy-Kosten und Gesamtkosten liegen vergleichsweise sehr nahe beieinander.

Anzeigen nehmen immer weniger Raum in den Zeitungen und Zeitschriften ein, seitdem die Rubrikenanzeigen (Autos, Immobilien, Stellenanzeigen, etwas weniger betroffen: Familienanzeigen) zu einem sehr hohen Anteil online geschaltet werden und die Markenartikelhersteller im Web sowie auf Social Media-Plattformen schalten. Für die lokalen und regionalen Abozeitungen sind die großen Handelsketten mit ihren meist großformatigen Anzeigen die wichtigsten Kunden, aber trotzdem schrumpfen die Anzeigenvolumina insgesamt, 2022 beispielsweise um 3,3 % (vgl. Keller und Eggert 2024, S. 10). Der Verkauf von Raum für Geschäftsanzeigen, deren Anteil rund 55 % aller Anzeigen ausmacht (vgl. Keller und Eggert 2024, S. 10) ist bzw. war ein lukratives Geschäft, denn die Produktionskosten sind niedriger als für den redaktionellen Teil und die Erträge höher. Die Erlösstruktur von regionalen und überregionalen Abonnementzeitungen sowie Kaufzeitungen (Boulevardpressse) haben sich in den letzten Jahren angeglichen, wie Tab. 6.1 zeigt (vgl. Keller und Eggert 2024, S. 43):

Tab. 6.1 Umsätze (je Monatsstück/Euro) und Erlösstruktur 2023. (Indem man die Gesamtvertriebs- und die Gesamtwerbeerlöse durch die Höhe der verkauften Auflage teilt, erhält man die Monatsstückumsätze; Quelle: Keller und Eggert 2024, S. 43)

Zeitungstyp	Gesamterlös	Vertriebserlöse	Anzeigenerlöse	Vertrieb: Anzeigen
überreg. Tagespresse	52,52	40,19	12,39	77 : 23
regionale Tagespresse	49,34	37,52	11,82	76 : 24
Boulevardpresse	21,20	15,65	5,55	74 : 26
Wochen- und Sonntagspresse	11,89	7,86	4,02	66 : 34

Verlässliche Befunde über die *Kosten- und Erlösstruktur von Zeitschriften* liegen aus zwei Gründen nicht vor: Marktversagen und Staatsversagen. Zum einen hält sich die Branche mit Informationen sehr zurück, auch die großen Zeitschriftenkonzerne sowie der Branchenverband publizieren seit Jahren keine vergleichbaren Daten mehr (vgl. zur Intransparenz der Branche auch Vogel 2022, S. 320 u. 325) und kommen damit dem – von den eigenen Redaktionen zu Recht geforderten – Transparenzgeboten systematisch nicht nach. Offenbar sieht sich die Branche, die soweit bekannt zumindest früher enorme Umsatzrenditen[18] einfuhr, kritischen Nachfragen nicht gewachsen. Aber auch die Bundesregierung versagt kläglich – ob als Folge mangelnden Problembewusstseins oder erfolgreicher Verlegerlobby muss hier spekulativ bleiben – und zwingt die publizistischen Unternehmen nicht zu mehr Publizität. Die amtliche Pressestatistik, die auf der Basis von Durchschnittswerten operierte, wurde 1996 per Kabinettsbeschluss eingestellt, sodass vergleichbare Daten nur bis 1994 vorliegen.

Die Werbeeinnahmen der Publikumszeitschriften beliefen sich 2023 nach erheblichen Einbußen (2010: 1450 Mio.) auf 572 Mio. Euro, die der Fachzeitschriften auf knapp 1,3 Mrd. netto.[19] Die Verkaufserlöse betrugen rund 2 Mrd. € (vgl. MVFP 2024a, S. 15). Über alle Gattungen hinweg ergibt sich damit (zumindest für die IVW-erfassten) Zeitschriften ein Verhältnis von etwa 22 % Werbe- zu 78 % Vertriebserlösen, während das Verhältnis bei den Publikumszeitschriften und den Zeitschriften insgesamt über Jahrzehnte hinweg ungefähr hälftig war und nur wissenschaftliche und vor allem konfessionelle Zeitschriften deutlich geringere Werbeeinnahmen erzielen (vgl. Heinrich 2002, S. 77). Die relative Bedeutung der Verkaufserlöse hat also strukturell stark zugenommen und das Erlösmodell hat sich grundlegend gewandelt. Darüber hinaus haben die Zeitschriftenverlage ihre Geschäftsmodelle insgesamt diversifiziert, wie Daten des Branchenverbands MVFP (Medienverband der freien Presse) zeigen. Demnach gab es 2023 5,1 Mrd. an Erlösen aus „nicht klassischen Geschäftsfeldern", wozu Onlineshops und Vergleichsportale (rund 2,5 Mrd.) Onlineplattformen für den Stellenmarkt (1,2 Mrd.) sowie Software, Messen, Kongresse usw. zählen (vgl. MVFP 2024a, S. 25). Als Gesamtumsatz der Branche werden 19,3 Mrd. € (2023) genannt (MVFP 2024a, S. 30). Stark an Bedeutung hat der Onlinemarkt gewonnen: Bei den Publikumszeitschriften werden 40, bei den Fachzeitschriften sogar 60 % des Umsatzes digital erzielt (vgl. MVFP 2024a, S. 33).

---

[18] Der Springer-Konzern (also nicht konkret mit den verbliebenen Publikumszeitschriften) erzielte 2022 bei einem Konzernumsatz von 3,9 Mrd. einen Gewinn von 750 Mio. Euro, was einer Umsatzrendite von 19 % entspricht (Quelle: https://mediadb.eu/2024/06/02/4-axel-springer-se/ [27.1.2025]); für den gesamten Bertelsmann-Konzern ergeben sich bei 20,17 Mrd. Umsatz und 1,33 Mrd. Gewinn ein Wert von 6,5 % (Quelle: https://mediadb.eu/2024/05/21/18-bertelsmann-se-co-kgaa/ [27.1.2025]), für den Zeitschriftenverlag Gruner + Jar (für 2021) jedoch 12,7 % und für Funke (Zeitschriften und Zeitungen) sogar 22,5 % für 2020 (vgl. Vogel 2022, S. 327); für Burda und Bauer liegen keine Daten vor.

[19] Quelle: https://zaw.de/branchendaten/werbemarkt-nach-medien/ [17.12.2024].

Die Kostenstruktur der Zeitschriften variiert aufgrund der Vielfalt von publizistischen Formaten erheblich stärker als bei den Zeitungen. Generell fallen die Fixkosten bei den meisten Zeitschriften weniger stark ins Gewicht als bei den Tageszeitungen (vgl. Heinrich 2001, S. 315).

Für alle Pressetitel gilt, dass bei der Druckauflage Veränderungen von Umfang und Auflage unterschiedliche *variable Kosten* verursachen, hier sind vor allem Druck, Papier und Vertrieb zu nennen, bei Umfangsveränderungen aber auch Kosten für redaktionelle und gestalterische Leistungen. Bei digitalen Produkten, die online vertrieben werden, entstehen vor allem die First Copy-Kosten (siehe oben) und lediglich umfangsvariable Kosten, während eine ‚Auflage‘ ja nicht mehr hergestellt werden muss. Das vereinfacht die Kalkulation und vermindert die Risiken gegenüber dem Printgeschäft, bei dem das Zusammenspiel der Variablen Umfang und Auflage zu einem geometrischen Wachstum der Kosten führt, wenn beide gleichzeitig zunehmen.[20] Es entfallen bei der digitalen Presse auch die Kosten für die Rücknahme (Remission) und Makulierung (‚Einstampfen‘ und Recyceln des Papiers) nicht abgesetzter Exemplare.

Verlagsstrategien

Vor dem Hintergrund der ausgeschöpften und aufgrund von demografischem Wandel und intermediärer Konkurrenz tendenziell schrumpfenden Publikums- und vor allem Werbemärkte haben die Presseverlage die Wahl zwischen einer *Kostensenkungsstrategie*, die sich negativ auf die publizistische Qualität und Vielfalt auswirkt, einer *Verdrängungsstrategie* (also dem Kampf um Marktanteile), einer *Expansionsstrategie* (Fusionen und Zusammenschlüsse durch Aufkauf von Konkurrenten, Auslandsgeschäfte und der *Diversifikation* (siehe hierzu das oben skizzierte Beispiel der Zeitschriftenverlage). Hinzu kommen Bemühungen, staatliche *Subventionen* zu erhalten, um die wirtschaftlichen Probleme zu mildern.

Die Strategie der Kostensenkung kann an verschiedenen Punkten ansetzen: Bei der technischen Herstellung und Optimierung von Betriebsabläufen können Digitalisierung und Vernetzung zu Einsparungen führen, die sich nicht auf die publizistische Qualität und Vielfalt auswirken. Anders sieht das bei Einsparungen, Kooperationen oder Zusammenlegungen im redaktionellen Arbeitsbereich, denn der Verzicht auf Agenturen, Korrespondentinnen und freie Mitarbeiter oder gar eigenes Redaktionspotenzial mag ökonomisch vernünftig sein, sich aber negativ auf die Vielfalt der Berichterstattung und Meinungsgebung, mitunter auch auf die Qualität (etwa beim Rückzug aus bestimmten Regionen) auswirken. Recherche, Text- und Bilderstellung könne zunehmend mithilfe von sog. Künstlicher Intelligenz bzw. Large Language Models (LLM) erfolgen, was vermutlich mittel- bis langfristig erheb-

---

[20] Die Rede war in der Presseökonomie von der ‚ominösen Quadratur‘ (vgl. Nussberger 1984, S. 102–106), weil die Kosten geometrisch wachsen, die Einnahmen durch eine gestiegene Auflage aber nur linear, solange nicht auch die Verkaufspreise soweit angepasst werden, dass die Umfangserweiterung finanziert werden kann. Erhöhte Verkaufspreise sind nicht immer leicht am Markt durchsetzbar bzw. bei Abonnements nicht direkt wirksam.

liches Sparpotenzial bietet, aber Fragen nach der Zuverlässigkeit und Verantwortung für Fehler aufwirft (letztere kann nur bei menschlichen Personen liegen). In einer Umfrage unter Zeitschriftenverlagen gaben im Jahr 2023 44 % an KI-Tools bereits für die Text- und 33 % für die Bildproduktion bei Digitalangeboten einzusetzen, bei der Printproduktion waren es 30 % für Texte und 23 % für Bilder (vgl. MVFP 2024a, S. 40).

Ein großer Kostenblock ist wie oben dargestellt der materielle Vertrieb, insbesondere wenn es sich um große und dünn besiedelte Verbreitungsgebiete handelt, in denen Trägerdienste eingesetzt werden müssen (und die Postzustellung nicht ausreicht wie bei Zeitschriften oder der Wochenpresse). Lange Zeit waren aufgrund politischer Einflussnahme des Zeitungsverlegerverbands und der Willfährigkeit CDU-geführter Bundesregierung die Verlage soweit ich sehe als einzige Branche nicht zur Zahlung des gesetzlichen Mindestlohns an Zeitungsausträgerinnen und -austräger verpflichtet. Dass sich nun auch Verlage an diese gesetzlichen Vorschriften halten müssen, wirkt sich auf die Zustellkosten aus. Diese lassen sich grundsätzlich radikal einsparen, wenn keine gedruckten Exemplare mehr vertrieben werden, sondern die Abonnements auf E-Paper oder andere Onlineformate umgestellt werden. Die Verlage versuchen dies etwa durch die verbilligte Abgabe von mobilen Endgeräten (in Kombination mit dem Abonnement) und verbilligten Digital-Abos sowie der Kombination von gedruckten Wochenendausgaben und werktäglichen E-Papers zu befördern. Gerade für langjährige und meist ältere Abonnentinnen und Abonnenten bedeutet der Verlust der gedruckten Zeitung eine erhebliche Umstellung alltäglicher Gewohnheiten. Mittlerweile ist es den Verlagen aber gelungen, den Anteil von E-Papers und anderen Digitalangeboten erheblich zu steigern.

Da mit Kostensenkungsstrategien nur begrenzte Wirkungen zu erzielen sind, haben viele Verlage die Abonnement- und Bezugspreise erhöht, auch um inflations- und kriegsbedingte Kostensteigerungen aufzufangen. Bei den Zeitungen betrug die Preissteigerung 2023 für ein Abonnement im Trägerservice (Hauszustellung) durchschnittlich acht Prozent (Westdeutschland) bzw. neun Prozent (Ostdeutschland), bei den Zeitschriften im Durchschnitt 11,3 % (vgl. Keller und Eggert 2024, S. 31; MVFP 2024a, S. 16). Das Risiko von Preissteigerungen liegt je nach Preiselastizität der Nachfrage bzw. Stärke der sog. Leser-Blatt-Bindung im Verlust von Kundinnen und Kunden, sodass insgesamt die Erlössteigerungen trotz Preiserhöhung nicht ausreichen, um die Kosten aufzufangen, oder gar sinken.

Einer *Verdrängungsstrategie* sowie der Expansion setzt der insgesamt schrumpfende Markt Grenzen; aufkaufen lassen sich allenfalls kleinere Konkurrenten oder Titel, die von den großen Medienkonzernen abgestoßen werden, weil diese sich verstärkt anderen (meist digitalen) Geschäftsfeldern zuwenden. Der Zusammenschluss von Presseverlagen unterliegt zudem einer besonderen kartellrechtlichen Regulierung (vgl. zur Pressekonzentration und zur Pressepolitik Abschn. 6.4.2 und 6.4.4). Eine Expansion ins europäische Ausland (insbesondere die mittelosteuropäischen Staaten) haben einige größere mittelständische deutsche Presseverlage unternommen, in den USA sind Bertelsmann und Axel Springer aktiv. Burda erzielte 2020 über 24 %, Bauer sogar mehr als 62 % des Umsatzes im Ausland (vgl. Vogel 2022, S. 327). Die großen Zeitschriftenverlage haben bis vor zehn Jahren jedes Jahr eine Vielzahl neuer Titel an den Markt gebracht, getestet und dann über Fortführung, Einstellung oder Reduktion der Periodik entschieden. Dahinter stand die Idee, immer kleinere Zielgruppen mit einem spezifischen Lebens- und Konsumstil mit redaktionellen Inhalten zu erreichen, vor allem, um dann der jeweiligen Branche Werbeflächen mit vergleichsweise geringen Streuverlusten zu verkaufen. Diese titelbezogene *Diversifikations-strategie* hat aufgrund der Überlegenheit von Onlinemedien bei der Selektion von Zielgruppen bzw. Zielpersonen und des Strukturwandels des Werbemarktes sehr stark an Bedeutung verloren: Satt durchschnittlich 145 Neuerscheinungen und 124 Titeleinstellungen, sind es mittlerweile nur noch 74 Neuerscheinungen (2021, also während der Pandemie, sogar nur 44), aber 109 Marktaustritte im Jahr (vgl. Vogel 2022, S. 321).

Mehr Erfolg versprechen andere Geschäftsfelder, etwa digitale Service, die Organisation lokaler oder fachbezogener Events, Kongresse und Messen, Nebengeschäfte auf der Basis des vorhandenen Kundenstamms (Reisen, Wein, Kaffee etc.) oder die Nutzung der lokalen Vertriebskompetenz. Die aufwändigen Zustellverfahren der Tageszeitungen sowie ihre (sub)lokale Kompetenz nutzen viele Zeitungsverlage für die Zustellung von Geschäfts- und zum Teil auch von Privatpost, seit das staatlich geschützte Postmonopol aufgehoben wurde. Für die bundesweite Postzustellung wurde von den Verlagen die PIN Mail AG als „grüne Post" gegründet. Einige Verlage haben auch regionale Postdienste im Verbreitungsgebiet ihrer Zeitung eingerichtet. Hier hilft die Diversifikation gleichzeitig bei der Kostensenkung für die Zeitungszustellung.

Insbesondere nach Wegfall der Sonderregelung für den Mindestlohn und aufgrund des Verlusts des traditionell werbelastigen Erlösmodells hat die politische Diskussion über eine staatliche *Presseförderung*, insbesondere eine Subventionierung der materiellen Zustellung an Bedeutung gewonnen. Einige Bundesländer haben Maßnahmen zur Förderung des Lokaljournalismus bereits umgesetzt (vgl. zur Pressepolitik Abschn. 6.4.1).

Die *Core Assets von Presseverlagen* liegen in der Bekanntheit der Zeitungs- und Zeitschriftentitel (also der Marke), in der tendenziell nachlassenden Leser-Blatt-Bindung, den redaktionellen Kompetenzen und Profilen sowie der Reichweite des Mediums (vgl. auch Wirtz 2023, S. 229–230). Diese ist für den Werbemarkt bzw. die dort zu erzielenden Preise ebenso wie für die Beschaffung exklusiver Nachrichten hilfreich, denn Politikerinnen und Konzernleitungen, aber auch Informanten und Pressesprecherinnen werden im Zweifel das Medium mit der potentiell größten Wirkung bevorzugen.

Die Umsatzrenditen der deutschen Tageszeitungen und der Publikumszeitschriften galten lange Zeit als außergewöhnlich hoch (vgl. Heinrich 2001, S. 245, 316); Schätzungen gehen noch immer von durchschnittlich 10 % aus (vgl. Wirtz 2023, S. 231), wobei Großverlage auch deutlich besser abschneiden dürften.

6.3.3 Pressevertrieb

Für den materiellen Vertrieb der gedruckten Auflage stehen dem Verlag mehrere Wege offen; meist werden spezifische Kombinationen aus Abonnement (Haushaltszustellung oder Post) und Einzelverkauf oder die Gratisverteilung genutzt; hinzu kommen Lesezirkel (bei Publikumszeitschriften) sowie Bibliotheken (vor allem bei wissenschaftlichen Fach-zeitschriften). Deutlich kostengünstiger für die Verlage und meist auch preisgünstiger für die Abonnentinnen oder Käufer ist der Onlinevertrieb von E-Papers oder die Bereitstellung anderer Digitalformate. In den letzten Jahren hat eine deutliche Verlagerung von Print hin zu Online stattgefunden.

Für die *regionalen Abonnementzeitungen* spielt die Hauszustellung durch einen ver-lagseigenen oder beauftragten Trägerdienst in den frühen Morgenstunden noch immer die wichtigste Rolle; rund 83 % des Umsatzes werden über diesen Weg erzielt, während der Anteil der E-Paper bei 9,5 % liegt und der Rest der Auflage im Einzelverkauf direkt an die lokalen Verkaufsstellen im Verbreitungsgebiet (vgl. Keller und Eggert 2024, S. 40), ggf. auch an ambulante „fliegende" Händler (Kolporteure) für den Straßenverkauf (mancher-orts auch als Vorabendverkauf) abgesetzt werden.

Bei den *überregional vertriebenen Tageszeitungen* mit einem Abo-Anteil von 71 % (vgl. Keller und Eggert 2024, S. 26) tritt zu dieser regionalen Vertriebsorganisation die bundesweite Verbreitung durch das Pressegrosso und die Pressepost (etwa drei Prozent der Auflage) hinzu. 43 % des Absatzes erfolgt als E-Paper, was 310.000 Exemplaren ent-spricht (vgl. Keller und Eggert 2024, S. 7).

Bei *Boulevard- oder Straßenverkaufszeitungen* hingegen spielen aufgrund der geringen Abo-Quote (13 %) Hauszustellung und Pressepost nur eine marginale Rolle, es dominie-ren der Print-Einzelverkauf sowie das E-Paper (meist als Abo) mit 16 % der Auflage.

Wochen- und Sonntagszeitungen werden zu zwei Dritteln im Abonnement bezogen, wobei hier vor allem die Postzustellung der Wochenzeitungen zu Buche schlagen dürfte,[21] während der Einzelverkauf eher typisch für Sonntagszeitungen (wie Welt am Sonntag und Bild am Sonntag, weniger für die FAS) ist. Der E-Paper-Anteil liegt bei knapp 32 % (vgl. Keller und Eggert 2024, S. 26 u. 28).

Anzeigenblätter und andere gratis verbreitete Blätter werden ohne Bestellung meist per Trägerdienst vertrieben; Kunden- und Mitarbeiterzeitschriften am Point-of-Sale (Laden-geschäft), am Arbeitsplatz oder per Post.

Die *Publikumszeitschriften* werden zu 38 % der Auflage, *Fachzeitschriften* zu 87,6 % per Abonnement abgesetzt und per Pressepost zugestellt; 5 % der Auflage der Publikums-presse wird über Lesezirkel verbreitet und 50 % über den Einzelverkauf (vgl. MVFP 2024a, S. 13–14). Bei Fachzeitschriften können Abonnements auch als Abholabo in einer Buchhandlung organisiert sein. Für wissenschaftliche Fachzeitschriften besitzt der *Online-Vertrieb* kompletter Ausgaben oder einzelner Aufsätze mittlerweile eine große Bedeutung. Die E-Paper-Auflage der Publikumszeitschriften lag 2023 bei etwas mehr als 63 Mio., was gemessen an der Gesamtauflage rund 6,3 bzw. Prozent entspricht (vgl. MVFP 2024a, S. 18, 11).

---

[21] Die Statistik des BDZV weist Wochen- und Sonntagszeitungen unglücklicherweise nicht mehr ge-trennt nach. Wochenzeitungen wiesen 2016 eine Abo-Quote von rund 90 % auf, bei den Sonntags-zeitungen dominierte mit 57 % der Einzelverkauf (vgl. Keller und Eggert 2016, S. 82).

Pressegroß- und Einzelhandel

In Deutschland sorgt ein differenziertes Handelssystem für die flächendeckende Versorgung der Zeitungs- und Zeitschriftenleser mit einem reichhaltigen Titelangebot im Einzelverkauf:

- Der *Großhandel mit Zeitschriften und Zeitungen (Pressegrosso)* wird von 15 Pressegrossisten mit 43 Gebietsmonopolen betrieben (vgl. GVPG 2024), die als Zwischenhändler einen flächendeckenden Vertrieb auch von kleinauflagigen und an sich unrentablen Titeln an alle Verkaufsstellen ermöglichen. Im Präsenzsortiment findet man etwa 1850 Titel, bestellt werden können sogar 5000 verschiedene Zeitschriften.[22] Die Verlage räumen dafür dem Pressgrosso ein Remissionsrecht ein, sodass die nicht verkauften Exemplare zum Einkaufspreis an die Verlage zurückgeschickt werden (vgl. Nebel 2011, S. 3–4). Vereinbart ist auch die „körperlose Remission", d. h. Bahnhofsbuchhandel und Grossisten erfassen Remittenden elektronisch im Branchensystem EDI-Press und makulieren selbst (vgl. Breyer-Mayländer et al. 2005, S. 300). Über das Pressegrosso wurden 2021 875 Mio. Exemplare verkauft (vgl. GVPG 2024). Das international als vorbildlich geltende deutsche Pressegrossosystem basiert auf einer jahrzehntelangen Institution, nur ein Teil ist durch Verträge sowie die erst 2004 abgeschlossene gemeinsame Erklärung der Branchenverbände BDZV, VDZ und Bundesverband Presse-Grosso kodifiziert (vgl. BKM 2008, S. 163 sowie https://www.pressegrosso.de/branche/essentials), nach einem Konflikt mit dem Großverlag Bauer wurde 2012 geklärt, dass die Gebietsmonopole der Grossisten mit dem Kartellrecht (GWB) vereinbar sind. Einige Verlage sind an Pressegrossisten beteiligt, was diese aber nicht vom Neutralitätsgebot gegenüber allen Verlagen und Titel befreit. Die Handelsspanne des Grossos beträgt zwischen 15 und 30 %.[23]
- Der Vertrieb ausländischer Presseerzeugnisse, zunehmend auch von kleineren Spezialzeitschriften erfolgt über *Nationalvertriebe* (National Distributeur, ND), wie die 1985 gegründete International Press Services GmbH (https://www.ips-d.de/de/), die dann an die Stelle von Grossisten treten (vgl. Breyer-Mayländer et al. 2005, S. 300–301) sowie den Im- und Export von Presseprodukten bewerkstelligen.
- Rund 50 Unternehmen des *Werbenden Buch- und Zeitschriftenhandels (WBZ)* und des Pressevertriebs sind seit 2016 im mehrfach umbenannten und reorganisierten Bundesverband Abonnement vertreten (www.bundesverband-abo.de). Der mobile „Kolportage"-Handel wirbt an der Haustüre und beliefert Abonnenten mit Zeitschriften. Die Periodika werden ohne Remissionsrecht von den Verlagen zu sehr günstigen Konditionen bezogen und direkt vermarktet. Die auch als „Drückerkolonnen" in Verruf geratenen Anbieter sind im Bundesverband der Medien- und Dienstleistungshändler und bemühen sich um die Etablierung von Regeln und die Verbesserung ihres öffentlichen Ansehens. Schätzungsweise 4 % des Vertriebsumsatzes mit Zeitschriften entfällt auf den WBZ.[24]

---

[22] https://www.pressegrosso.de/fileadmin/user_upload/Presse-Grosso_in_Zahlen_2024.pdf [12.5.2025].

[23] Vgl. www.bpv-medien.com/images/download/Handelspanne.pdf [29.12.2016].

[24] Exakte aktuelle Zahlen liegen nicht vor. Breyer-Mayländer et al. (2005, S. 306) geben 4 % an, der MVFP (2024a, S. 13) weist 5 % unter „sonstiger Verkauf" aus.

- Knapp 82.000 Verkaufsstellen des *Presseeinzelhandels* finanzieren sich aus der Handelsspanne von 17 bis 20, 58 % sind Einzelunternehmen mit nur einer Verkaufsstelle (vgl. GVPG 2024), oftmals handelt es sich um gemischte Betriebe (Kiosk mit Tabak, Getränken, Süßwaren), die auch als Lotto- oder Postannahmestellen fungieren und auf eine hohe Kundenfrequenz setzen. Nur noch 21 % des Zeitschriftenumsatzes (Einzelverkauf) wird im Pressfachhandel erzielt, 29 % hingegen in Supermärkten (vgl. MVFP 2024a, S. 12). Die Anzahl der Verkaufsstellen hat stark abgenommen, was auch die Etablierung neuer Titel erschwert.

- Eine Sonderstellung nimmt der *Bahnhofsbuchhandel* in Deutschland ein, der von den Verlagen direkt (also nicht über das Pressegrosso) beliefert wird: Durch seine verlängerten Tages- und Wochenöffnungszeiten und das große Sortiment (meist mehr als 1850 und nach Verbandsangaben bis zu 5000 Titel)[25] sowie die bevorzugte (und teure) Lage entstehen höhere Kosten, die durch einen größeren Rabatt (Einzelhändler- und Grossorabatt werden seitens des Verlags eingeräumt) ausgeglichen werden (vgl. Breyer-Mayländer et al. 2005, S. 299–300). Im Ergebnis verbleiben statt rund 20 % wie beim städtischen Kiosk 50 % des Verkaufspreises beim Händler.[26] Über den Bahnhofsbuchhandel mit seinen nur 490 Verkaufsstellen an 320 Standorten werden rund neun Prozent der Einzelverkaufserlöse der Presse erzielt (vgl. VDBB 2024, S. 12). Vier große Unternehmen (Valora, Dr. Eckert, Travel Retail, Schmitt & Hahn) teilen sich mit ihren Filialen in Bahnhöfen und Flughäfen den Großteil des Geschäfts.

Um sicherzustellen, dass am Kiosk einzelne Ausgaben trotz schwankender Nachfrage nicht ausverkauft sind, müssen immer mehr Exemplare gedruckt und vertrieben werden als tatsächlich verkauft werden. Die nicht verkauften Exemplare, rund 30–45 % der verbreiteten Auflage, können an den Grossisten remittiert werden. Ein anderer Teil der verbreiteten Auflage wird zu Werbezwecken gratis verteilt, um neue Abonnenten und Käufer zu gewinnen. Und schließlich wird ein Teil der Auflage verschenkt, um Reichweite und damit Werbewert der Publikation zu erhöhen. Ein verbreitetes Marketinginstrument ist hierbei die sog. „fliegende Auflage", also Freiexemplare für die Fluggesellschaften bzw. -gäste. Im Jahr 2024 summierten sich diese gedruckten „Bordexemplare" auf über 220.000 Stück, während es bei den E-Paper nur 6200 waren (IVW I/2024 nach Keller und Eggert 2024, S. 26 u. 28). Gegenüber den Anzeigenkunden werden diese Exemplare als Argument für die werbewirksame Verbreitung angeführt.

Neben dem Verkaufen und dem Verschenken spielt das Vermieten für den Vertrieb von Zeitschriften eine Rolle, und zwar über *„Lesezirkel"*. Diese Unternehmen kaufen die Zeitschriften zu sehr günstigen Konditionen bei den Verlagen (bis zu 90 % Rabatt), die Inte-

---

[25] https://www.pressegrosso.de/fileadmin/user_upload/Presse-Grosso_in_Zahlen_2024.pdf [12.05.2025].

[26] http://www.pressehandel-in-deutschland.de/index.php/tipps-fuer-verlage/handelsspannen [29.12.2016].

Tab. 6.2 Vertriebsstruktur der Presse in Prozent der verbreiteten Auflage 2023. (vgl. IVW 2024, S. 27–371)

Pressegattung	Abonnement	Einzelverkauf	Bordexemplare	Sonstige/Lesezirkel
Tageszeitung	74,7	12,6	1,9	10,8
Wochenzeitung	84,7	5,6	1,0	8,7
Publikumszeitschrift	45,7	40,3	0,8	0,0/4,2
Fachzeitschrift	82,7	0,3	0,3	12,2
Kundenzeitschrift	4,2	0,1	–	92,8 (Gratisabgabe)

resse an der hohen Reichweite der Lesezirkelexemplare[27] haben, und bündeln sie zu Lese-mappen. Vor allem Arzt- und Anwaltspraxen sowie Friseursalons und Cafés, aber auch Privathaushalte abonnieren diese Lesezirkel. Im Angebot sind 300 Titel mit einer Gesamt-auflage von 15 Mio. und 9,7 Mio. Leserinnen und Lesern.[28] In Deutschland kursieren rund 165.000 „Lesemappen", die zugleich als Werbeträger fungieren.[29]

Die Bedeutung der verschiedenen Vertriebswege für die Pressegattungen geht aus Tab. 6.2 hervor.

Kaufen und Lesen

Zeitungen und Zeitschriften zählen wie alle Medienprodukte zu den Erfahrungsgütern, deren Qualität die Leser erst nach der Lektüre bzw. dem Kauf wirklich beurteilen können. Der Vorteil der periodischen Presse gegenüber dem Buch oder dem Kinofilm liegt aber nun gerade in der Periodik, also der regelmäßigen Wiederkehr bekannter Formen und der Wiedererkennbarkeit des Titels, der als starke Produkt-Marke wirkt. Die Periodika zeich-net eine spezifische Leser-Blatt-Bindung aus, denn die Lektüre von Tages- und Wochen-zeitungen, aber auch von Zeitschriften erfolgt habitualisiert, in zeitliche Alltagsrhythmen eingebunden oder ritualisiert (vgl. Beck 1994; Ridder und Engel 2010, S. 528). In der Liste von mehr als 50 abgefragten Freizeitbeschäftigungen rangieren das Zeitunglesen an Stelle 8, die Lektüre von Zeitschriften auf Rang 11, also noch vor dem Bücherlesen aber deutlich hinter Fernsehen, Websurfen und Radiohören (Rang 1 bis 3) (vgl. Börsenverein 2024, S. 36). Knapp die Hälfte der deutschsprachigen Bevölkerung ab 14 Jahren (47,7 % bzw. 22,6 Mio.) nutzt Tageszeitungen, Männer sind dabei leicht überrepräsentiert, auch Alter und Haushaltsnettoeinkommen gehen mit stärkerer Zeitungsnutzung einher. 76,8 % lasen 2023 wenigstens einmal in der Woche Zeitungen in gedruckter oder digitaler Form. Wer Zeitungen nutzt, verbringt damit durchschnittlich 35 min (vgl. ZMG 2024).

---

[27] Breyer-Mayländer (2005, S. 305) geht von 200.000 Geschäfts- sowie 500.000 Privatkunden der rund 300 Lesezirkel sowie wöchentlich rund 10 Mio. Nutzern aus; aktuelle Daten werden in der Mediaforschung jeweils separat ausgewiesen.

[28] https://lesezirkel-verband.de/lesezirkel-heute-3-2024/ [28.01.2025].

[29] https://lesezirkel-verband.de/wp-content/uploads/Planungsdaten-Mediadaten-2025.pdf [28.01.2025].

Tageszeitungen sind die bevorzugte Quelle für lokale und regionale Nachrichten (93 %), deutlich vor lokalem Hörfunk- und Fernsehen (77 bzw. 73 %) sowie nicht journalistischen Onlinequellen (71 %); auch das Medienvertrauen für Lokalthemen ist bei den Tageszeitungen (30 %) mit Abstand am größten (Anzeigenblätter erreichen hier nur 2 %) und das Lokalressort ist mit 87 % das bevorzugte Ressort (Wirtschaft; 65 %, Sport: 48 %). Wer Zeitungen nutzt, verbringt durchschnittlich 35 min mit der Lektüre (vgl. ZMG 2024). Die überregionalen Abonnementzeitungen besitzen eine Reichweite von 5,1 %, die Wochenzeitungen von 1,8 und die Sonntagszeitungen von etwas über acht Prozent (vgl. ZMG 2024).

6.4 Pressemärkte und organisationales Umfeld

6.4.1 Media Governance: Normative Grundlagen der Presse

Die Presse war von Beginn an Gegenstand überwiegend sehr restriktiver, kirchlicher und staatlicher Kommunikationspolitik. Das Ziel der Regulierung bestand in der Kontrolle von Inhalten und Zugang zur Presse sowie der Verbreitung von Ideen: Berufs-, Druck-, Erscheinungs- und Verbreitungsverbote und Beschlagnahmen, Vorzensur, Impressums- und Lizenzzwang, strafrechtliche oder willkürliche Verfolgungen, Publikationspflichten und Presselenkung durch Personalauswahl sowie presseökonomische Regulierungen über Konzessionen, Kautionspflichten, Privilegien auf dem Anzeigenmarkt, Besteuerung, Zuteilung von Nachrichten, Druck- Papier- sowie Vertriebsressourcen beeinträchtigten über Jahrhunderte gerade die deutsche Presse. Durchbrochen wurde die restriktive kirchliche, staatliche und militärische Praxis nur durch kurze Phasen der Demokratie (vgl. Pürer und Raabe 2007, S. 57–63; Stöber 2000, S. 95–112, 129–145 sowie allgemein zur Kommunikationsfreiheit Beck 2021).

Pressefreiheit
Die heutige Freiheit der Presse, hier im engeren Sinne der periodischen Presse, ist das Ergebnis der Pressepolitik der westlichen Alliierten nach dem Zweiten Weltkrieg und der demokratischen Entwicklung auf der Basis des Grundgesetzes von 1949 sowie – bezogen auf das vereinte Deutschland – des Beitritts der fünf ostdeutschen Länder 1990. Rechtlich zuständig für die Presse ist eigentlich der Bund, der seine Kompetenz jedoch nicht genutzt hat. Die Bundesländer haben Landespressegesetze erlassen, die in den wesentlichen Punkten übereinstimmen und von einem Pressebegriff im weiteren Sinn ausgehen bzw. Teilgeltung auch für den Rundfunk besitzen. Spezifisch für die Presse im engeren Sinn sind:

- das Beschlagnahmeverbot für Presseprodukte,
- die Impressumspflicht (Name und Anschrift von Drucker, Verleger und verantwortlichem Redakteur),
- formalrechtliche Qualifikationsanforderungen an verantwortliche Redakteure,

- die Pflicht zur Offenlegung der Eigentumsverhältnisse (z. B. § 7a des Berliner Presse-gesetzes),
- die Kennzeichnungspflicht für Anzeigen (Trennung vom redaktionellen Teil),
- die Regelung zum Abdruck von Gegendarstellungsansprüchen (vgl. Abschn. 6.4 und 6.5).

Die kapitalistische Organisation der Presse hat zu der gebotenen Staatsfreiheit im Sinne *Äußerer Pressefreiheit* geführt. Allerdings ist die *Innere Pressefreiheit,* also die institutionelle Ausgestaltung der Pressefreiheit im Kommunikationsprozess sowie innerhalb der unternehmensförmigen Organisation durchaus politisch umstritten. Dabei geht es um die Frage, wer letztlich Träger der Pressefreiheit ist und wie die Entscheidungs- bzw. Gestaltungskompetenzen verteilt sind. Die äußere Pressefreiheit schließt unstrittig auch die Unternehmensfreiheit ein, also die Freiheit ohne staatliche Lizenz und Zensur jederzeit eine Zeitung oder Zeitschrift zu gründen (sofern hinreichendes Kapital vorhanden ist). Das Grundgesetz garantiert die Pressefreiheit aber nicht allein den Verlegern als Unternehmern, sondern allen Menschen (nicht nur den bundesdeutschen Bürgern) und damit auch jedem einzelnen Journalisten innerhalb eines Medienbetriebs. Als Arbeit- oder Auftragnehmer sind Journalisten abhängig Beschäftigte und damit weisungsabhängig vom Verleger, der die ökonomische Verantwortung für die Organisation trägt[30] und mit der Publikation möglicherweise eine bestimmte politische oder weltanschauliche Tendenz vertreten möchte. Es stellt sich also, gerade bei privatwirtschaftlichen Presseunternehmen die Frage nach der institutionellen Kompetenzverteilung.

- Juristisch gelten Verlage wie alle Medienunternehmen, aber auch Kirchen, Parteien oder Gewerkschaften als *Tendenzbetriebe,* die von den üblichen Mitbestimmungsrechten der Arbeitnehmer ausgenommen sind (§ 118 Betriebsverfassungsgesetz). Damit soll die öffentliche Aufgabe des Presseunternehmens, und keineswegs das private Erwerbsinteresse des Verlegers, geschützt werden. Um mögliche Konflikte zwischen dem Tendenzschutz des Verlegers und den publizistischen Grundrechten der Journalisten zu regeln, hat sich ein Kompetenzteilung etabliert, die allerdings nicht immer reibungslos funktioniert: Der Verleger besitzt demnach die *Grundsatzkompetenz* und bestimmt die publizistische Haltung (liberal, konservativ, sozialistisch usw.).
- Die *Richtlinienkompetenz* bezieht sich auf die Beurteilung von Themen und Fragen der Zeit; es geht beispielsweise um die publizistische Haltung zu Migration, Atomenergie oder Europäischer Integration. Auf dieser mittleren Ebene dürften die meisten Konflikte auftreten, weil Redaktion, Chefredaktion, Herausgeber und Verleger hier am ehesten konkurrieren.

---

[30] Am ökonomischen Risiko ist der Journalist durch sein Arbeitsplatzrisiko ggf. existenziell beteiligt, was wiederum Mechanismen von Selbstzensur und vorauseilender Anpassung bewirken kann.

- Die *Detailkompetenz* hingegen betrifft die Entscheidung über die aktuelle Berichterstattung und muss daher schon aus organisatorischen Gründen bei den Journalisten liegen (vgl. Heinrich 1994, S. 193).

Das sozialdemokratische Anliegen, in einem Presserechtsrahmengesetz des Bundes u. a. die Innere Pressefreiheit durch die Einrichtung von Mitbestimmungsgremien für die Redaktion zu regeln, stieß auf den Widerstand der Verlegerseite und wurde trotz mehrfacher Ankündigungen der SPD-Bundesregierung nie realisiert. Lediglich das Landespressegesetz von Brandenburg (Art. 4, 2) enthält einen Passus, der die Meinungs- und Kommunikationsfreiheit vor verlegerischen Direktiven schützen soll. Zur Sicherung von Mitbestimmung und Innerer Pressefreiheit waren seit den 1970er-Jahren eine Reihe von Redaktionsstatuten zwischen Redaktion und Verlag ausgehandelt und kodifiziert worden; bei den meisten Zeitungen und Zeitschriften spielen diese allerdings heute keine Rolle mehr.

Ein Erbe der Pressepolitik der Westalliierten nach 1945 ist neben der staatsfernen, kapitalistischen Presseordnung auch ein verändertes Presse(selbst)verständnis: Die Partei- und Gesinnungspresse ist weitgehend ebenso verschwunden wie die vermeintlich neutrale, unpolitische Geschäftspresse. Der vor dem Zweiten Weltkrieg verbreitete Typus des ganz überwiegend anzeigenfinanzierten und sehr reichweitenstarken „Generalanzeigers" existiert heute nicht mehr.[31] Die meisten publizistisch relevanten Zeitungen verstehen sich als politisch unabhängig, aber nicht als meinungs- und überzeugungslos. Redaktionen nehmen Stellung, aber erkennbar vom nachrichtlichen Teil getrennt in Kommentaren und Meinungsrubriken.

Fragen der Pressefreiheit im Sinne einer wirtschaftlichen Unabhängigkeit vom Staat werden in letzter Zeit nicht nur durch fragwürdige restriktive Maßnahmen der Exekutive berührt, sondern auch durch die allmähliche Durchsetzung staatlicher Lokaljournalismus und Presseförderung durch Bundesländer und Bund.

Die Aufmerksamkeit der Politik und die Maßnahmen von Behörden richten sich auf die radikalen bzw. extremistischen Ränder des publizistischen Spektrums: So wird seit einigen Jahren die linke Tageszeitung Junge Welt (Auflage 21.000) vom Bundesamt für Verfassungsschutz beobachtet, weil aufgrund der „marxistisch-leninistischen" Ausrichtung des als „linksextrem" eingestuften Blatts eine „Gefährdung der Demokratie … nicht ausgeschlossen" sei" (Steinke 2024, S. 19). Der Verlag der Jungen Welt hat gegen die Beobachtung und Nennung im jährlichen Verfassungsschutzbericht vor dem Verwaltungsgericht Berlin erfolglos geklagt (vgl. Steinke 2024, S. 19).

Im Juli 2024 hat die Bundesinnenministerin Nancy Faeser (SPD) zwar nicht das rechtsextreme Compact-Magazin (Auflage 40.000), aber die dahinterstehende Verlags-GmbH

---

[31] Typische Vertreter waren Scherls „Berliner Lokal-Anzeiger" und Ullsteins „Berliner Morgenpost"; die Alliierten machten die „standpunktlose" Generalanzeigerpresse für den mühelosen Aufstieg der Nationalsozialisten mit verantwortlich. Die heutige Boulevardpresse kommt dem Typus des Generalanzeigers noch am nächsten.

verbieten und Geschäfts- sowie Privaträume durchsuchen lassen. Da ein staatliches Verbot von Medien aufgrund der Pressefreiheit nicht möglich ist, hatte das Ministerium das Vereinsrecht genutzt, um mit dem Verlag letztlich das Magazin zu treffen, das – sicherlich nicht zu Unrecht – als ein „zentrales Sprachrohr der rechtsextremistischen Szene" gilt: „Dieses Magazin hetzt auf unsägliche Weise gegen Jüdinnen und Juden, gegen Menschen mit Migrationsgeschichte und gegen unsere parlamentarische Demokratie" (Süddeutsche Zeitung, 16. Juli 2024a). Im August hat das Bundesverwaltungsgericht das Verbot zumindest vorläufig aufgehoben (vgl. Süddeutsche Zeitung, 14. August 2024b), sodass das Magazin wieder erscheint. Man muss die politisch-ideologischen Positionen, den Stil und die Wirkungsabsichten von Compact keineswegs unterstützen, um – wie beispielsweise der Deutsche Journalistenverband DJV – das vorläufige Gerichtsurteil im Sinne der Pressefreiheit zu begrüßen (vgl. Süddeutsche Zeitung, 14. August 2024b). Für die Presse sind rechtlich die Bundesländer zuständig; das Bundesinnenministerium beruft sich in diesem Fall aber auf das Vereinsrecht, das auch auf den Verlag als Organisation anwendbar ist. Der Verlag richte sich in kämpferischer Form gegen die Grundrechte, was ein Verbot begründen soll (vgl. Janisch 2025a, S. 19). Das Bundesverwaltungsgericht ist dieser Argumentation nicht gefolgt und hat das Verbot am 24. Juni 2025 aufgehoben. Das Magazin verstoße zwar mit einigen dort vertretenen Meinungen gegen die Menschenwürde, doch insgesamt sei die zumindest noch nicht prägend für die gesamte Publikation (vgl. Janisch 2025b, S. 19). Compact darf also weiterhin erscheinen; presserechtliche oder strafrechtliche Verstöße wie Beleidigungen, Volksverhetzung etc. müssen ggf. auch weiterhin nach der Publikation zur Anzeige gebracht werden. Im Sinne des Verbots staatlicher Vorzensur dient dieses Urteil der Garantie von Art. 5 des GG.

In beiden Fällen, so unterschiedlich die politische Ausrichtung und die getroffenen Maßnahmen sind, stellt sich zum einen die Frage nach der Verhältnismäßigkeit staatlichen Handelns bei der Einschränkung von Grundrechten und zum anderen nach der Rationalität der dahinterstehenden Überlegungen: Offenbar gehen staatliche Behörden von starken Medienwirkungen aus, die sich empirisch allenfalls im Ausnahmefall nachweisen lassen. Möglicherweise nutzen solche restriktiven Maßnahmen Medien wie Compact mehr als sie schaden (könnten), weil sie absurde Narrative von Extremisten befördern. Die Alternative zur Beobachtung oder dem Versuch des indirekten Verbots besteht darin, mithilfe des Presserechts bzw. des Strafrechts konkrete Verstöße zu verfolgen, also beispielsweise antisemitische Beleidigungen und Volksverhetzung in einem geregelten Verfahren zu bestrafen.

6.4.2   Pressepolitik: Konzentrationskontrolle und Presseförderung

Pressekonzentration ist ein zentrales Strukturmerkmal des deutschen Mediensystems (vgl. Abschn. 6.4.4), dass bereits im 19. und frühen 20. Jahrhundert das deutsche Zeitungswesen in Gestalt großer Pressekonzerne wie Mosse, Ullstein, Scherl, Hugenberg, Girardet oder Münzenberg kennzeichnete und schon von der frühen Zeitungswissenschaft kritisch diskutiert wurde (vgl. Groth 1928, S. 220–238). Auch in der bundesdeutschen Presse-geschichte war die Pressekonzentration – insbesondere bei den Tageszeitungen – Gegen-stand publizistikwissenschaftlicher Pressekonzentrationsforschung (vgl. Hartung 1962; Schütz 1963; Kötterheinrich 1965; Kisker et al. 1979; Knoche 1978) wie politischer Aus-einandersetzung (vgl. Springer 1967; Arndt 1967; Glotz und Langenbucher 1968). Die kontroverse kommunikationspolitische Diskussion führte Mitte der 1960er-Jahre auf der Bundesebene zu politischen Maßnahmen, zunächst in Gestalt von Kommissionen, später dann durch gesetzliche Regulierungen.

Beispiel

Vor dem Hintergrund der Klagen der Zeitungsverleger über einen unfairen Wettbewerb auf dem Werbemarkt wurde die „Kommission zur Untersuchung der Wettbewerbs-gleichheit von Presse, Funk/Fernsehen und Film", nach ihrem Vorsitzenden kurz **Michel-Kommission** benannt, eingesetzt. Der Abschlussbericht stellte 1967 fest, dass Presse und öffentlich-rechtlicher Rundfunk sich publizistisch ergänzen, und die öffentlich-rechtlichen Anstalten aufgrund der Umfangsbeschränkungen nur in sehr ge-ringem Maße und allenfalls gegenüber Zeitschriften als Wettbewerber im Werbemarkt auftreten. Eine Wettbewerbsverzerrung konnte nicht festgestellt werden, ebenso wenig wie eine Verursachung der pressewirtschaftlichen Probleme durch den Rundfunk (vgl. Michel-Kommission 1967).

Die Pressekonzentration stand dann im Mittelpunkt einer weiteren, 1967 ein-gesetzten „Kommission zur Untersuchung der Gefährdung der wirtschaftlichen Exis-tenz von Presseunternehmen und der Folgen der Konzentration für die Meinungsfrei-heit in der Bundesrepublik Deutschland (Pressekommission)", die nach ihrem Vor-sitzenden und Kartellamtspräsidenten **Günther-Kommission** genannt wurde. Die Expertenkommission, an der auch Verleger und Journalisten beteiligt waren, stellte fest, dass die Pressefreiheit durch die Konzentration zwar nicht „beeinträchtigt", aber „bedroht" sei und schlug eine Reihe von pressepolitischen Maßnahmen vor, von denen einige umgesetzt wurden und bis heute wirksam sind: Kleinere Pressverlage können beispielsweise Investitionskredite zu vergünstigten Konditionen erhalten (vgl. Günt-her-Kommision 1968). ◄

Zu den gesetzlichen Maßnahmen zählen die Pressestatistik, das Pressefusionskontroll-gesetz sowie das Umsatzsteuerprivileg, die Preisbindung sowie die Ausnahme vom Kartellverbot beim Pressegrosso:

- Per Gesetz vom 01.04.1975 wurde die *amtliche Pressestatistik* eingeführt (vgl. Torne-macher 1996, S. 98–100), weil die Diskussion über die Pressekonzentration gezeigt hatte, dass wichtige Unternehmens- und Branchendaten zur Presse nicht öffentlich ver-fügbar und zum Teil aus politischem Interesse der Verleger heraus systematisch verweigert worden waren. Die amtliche Pressestatistik war zudem eine wichtige kommunikationswissenschaftliche Quelle, die von der Bundesregierung unter Helmut Kohl 1996 per Kabinettsbeschluss mit dem Berichtsjahr 1994 eingestellt wurde. Der ab 1970 regelmäßig erstellte *Medienbericht* der Bundesregierung, der weit über die Presse hinausreicht, wird mittlerweile nur noch sporadisch erstellt. In einigen Landespressegesetzen wurde eine Pflicht zur Offenlegung der Besitzverhältnisse (z. B. § 7a Berliner Pressegesetz) aufgenommen. Auch die *Monopolkommission* der Bundesregierung erstellt immer wieder Gutachten zur Konzentration im Presse- und Mediensektor. Eine Entflechtung der Pressekonzerne oder die Schaffung von Marktgegengewichten wurde politisch nicht gegen die starken Verlegerinteressen durchgesetzt und die handlungsrelevanten Marktanteilsgrenzen wurden gerade so definiert, dass der Stand der Unternehmenskonzentration (insbesondere der Marktanteil des Axel Springer-Verlags) konserviert wurde: Die Gefährdung der Pressefreiheit ist demnach gegeben, wenn ein Verlag insgesamt mehr als 20 % der Lesermarktanteile bei den Tages- und Sonntagszeitungen oder bei den Zeitschriften besitzt, eine Beeinträchtigung der Pressefreiheit erst bei 40 %.

- Das *Pressefusionskontrollgesetz* von 1976 brachte eine Novellierung des Kartellrechts (GWB, Gesetz gegen Wettbewerbsbeschränkungen) und erschwert zumindest die weitere Konzentration, wie das Scheitern von Großverlagsfusionen (Burda und Axel Springer Verlag, 1981) oder medienübergreifender Konzentration (Fusion von Springer mit ProSiebenSat.1, 2006)[32] am Einspruch des Bundeskartellamtes zeigt. Unternehmenszusammenschlüsse im Pressesektor sind genehmigungspflichtig, wenn eines der Unternehmen einem Umsatz von 25 Mio. € und das zweite mindestens 5 Mio. € umsetzt, während für alle anderen Branchen grundsätzlich der zwanzigfache Wert (500 Mio. € Umsatz) gilt (§ 35 GWB). Auf Initiative der verlegerfreundlichen Bundesregierung hin wurde 2013 das Pressefusionskontrollgesetz (§ 38 GWB) gelockert und die Pressekonzentration weiter gefördert: Die „Aufgreifschwelle" wurde auf 62,5 Mio. festgelegt, d. h. erst bei einem gemeinsamen (weltweiten) Umsatz in dieser Höhe bzw. einem Inlandsumsatz des kleineren Verlages von 3,125 Mio. € muss eine Fusion von Presseverlagen kartellrechtlich geprüft und ggf. untersagt werden. Die Übernahme defizitärer Verlage durch andere (sog. „Sanierungsfusion") soll zunächst befristet bis zum Jahre 2017 durch einen reformierten § 36 GWB (1) als pressespezifische Ausnahme auch dann erlaubt werden, wenn es zu marktbeherrschenden Stellungen oder deren Verstärkung kommt. Weitere Lockerungen gelten für verlagswirtschaftliche Kooperationen, die nicht die Redaktionen betreffen (vgl. epd 11.11.2016), also etwa den gemeinsamen Vertrieb oder Werbeakquise. Auch die bloße Zulieferung von redaktionellen Beiträgen oder ganzen Zeitungsmänteln ist kartellrechtlich unerheblich, auch wenn die publizistische Vielfalt hiervon negativ betroffen sein dürfte.

- Der wirtschaftlichen Förderung der gesamten Branche dienen zwei weitere ordnungspolitische Maßnahmen: Presseerzeugnisse unterliegen einem niedrigeren *Umsatzsteuersatz* von derzeit sieben statt 19 %, was auch die flächendeckende Verbreitung und den Kauf des öffentlichen Gutes befördern soll.

---

[32] Das Bundesverwaltungsgericht hat im Jahre 2014 festgestellt, dass Untersagung rechtswidrig war (vgl. HBI 2017, S. 58).

- Der flächendeckenden Versorgung soll auch die *Preisbindung* zweiter Hand für Presse-erzeugnisse, also die Bindung des Endpreises (§ 30, 1 GWB) dienen. Hierdurch soll die Nutzung von Größenvorteilen und Marktmacht (Weitergabe von Rabatten durch Groß-abnehmer) verhindert werden.
- Mit dem Ziel der homogenen flächendeckenden Belieferung wird das *Pressegrosso-Kartell als Ausnahme von § 1 GWB* geduldet: Der Großhandel mit Zeitungen und Zeit-schriften liegt in Deutschland in der Hand von Grossisten, die über eine Alleinstellung (Monopol) in ihrem jeweiligen Gebiet verfügen. Diese Gebietsmonopole werden von den Presseverlagen (und vom Staat bzw. dem Kartellamt) nur geduldet, weil die Presse-grossisten sich im Gegenzug verpflichtet haben, die Titel aller Verlage zu nichtdiskri-minierenden Bedingungen zu gewährleisten („Netzneutralität"), auch wenn nachfrage-schwache Titel nicht kostendeckend oder gar gewinnbringend vertrieben werden kön-nen (Kontrahierungszwang).
- Traditionell spielt die (staatliche) Post in Deutschland eine große Rolle im Pressever-trieb: Aus der Mitte des 19. Jahrhunderts stammt die Institution des Postzeitungs-dienstes, die heute als *Pressepost* der Post AG fortgeführt wird. Aufgrund ihrer starken Marktstellung und politischer Regulierung räumt sie den Verlagen vertragliche Sonder-konditionen bei der flächendeckenden Verbreitung von Presseprodukten ein, weil diese einen wichtigen Beitrag zur öffentlichen Kommunikation leisten. Periodika mit einer Mindestauflage von 1000 Exemplaren und mindestens quartalsweisem Erscheinen werden als verbilligte Pressesendung, Zeitschriften mit mindestens 30 % redaktionel-lem Anteil und mindestens 10 % entgeltlicher Auflage als Postvertriebsstück und einzelne Presseexemplare als Streifbandzeitung befördert. Mit dem Ziel der flächen-deckenden und diskriminierungsfreien Presseversorgung und um die Erfüllung der öf-fentlichen Aufgabe der Presse auch da zu erleichtern, wo dies wirtschaftlich schwierig oder unmöglich ist (Marktversagen), findet hier also eine Subvention der Presse statt.[33]

Bei der Idee der *Presseförderung* geht es nicht um restriktive, sondern um distributive Maßnahmen, die seit 2019 auf bundespolitischer Ebene diskutiert werden, ohne dass es bislang eine (zusätzliche) Subvention der Presse seitens des Bundes gibt. Maßgeblich vom Vorstandsvorsitzenden des Axel Springer-Verlags und damaligen Präsidenten des Zeitungsverlegerverbands BDZV, Mathias Döpfner initiiert geht es um die finanzielle För-derung der aufwändigen Zustellung gedruckter Zeitungen. Nach dem Auslaufen der Aus-nahmeregelung für den Mindestlohn 2018 und angesichts der ohnehin hohen Kosten für die digitale Transformation der Verlagsbranche sei die flächendeckende Versorgung der Bevölkerung mit Zeitungen aus Kostengründen gefährdet, was sich nachteilig auf die qua-litativ hochwertige politische Information und in der Folge auch auf Wahlbeteiligung sowie zivilgesellschaftliche Partizipation oder kurz die (lokale) Demokratie auswirke. Ge-plant waren ursprünglich 40 Mio., im Zuge der Corona-Pandemie dann sogar 220 Mio. €

---

[33] Weitere Informationen unter: https://www.deutschepost.de/dam/jcr:5d916dce-2fdf-40de-827b-0e350fae9d21/dp-prd-produktbroschuere-2025-interaktiv.pdf [29.01.2025].

an Steuergeldern für die Verlage, darunter auch renditeträchtige Großverlage. Eine solche ‚Beihilfe‘ (Fördermaßnahme) hätte der Zustimmung der EU bedurft und hatte Einwände von Onlinemedien, Unklarheiten in der Ressortabstimmung sowie Kritik des BDZV an den Verfahrensrichtlinien erzeugt. Im Ergebnis kam es weder zu einer gesetzlichen Regelung noch zu einer Bereitstellung von Haushaltsmitteln (vgl. Dachwitz 2023). Auch die Nachfolgeregierung, in deren Koalitionsvertrag die Presseförderung enthalten war, hat diese Idee nicht umgesetzt.

Einen anderen Weg gehen einige Bundesländer wie beispielsweise Berlin, Brandenburg[34] und Sachsen: Mit staatlichen Mitteln, aber staatsfern durch die öffentlich-rechtlichen Landesmedienanstalten bewilligt, wird in diesen Ländern Lokal*journalismus* anstelle von Unternehmen gefördert. Es geht dabei um konkrete (und insofern auch empirisch nachweisbare) Lokaljournalismusangebote und -projekte in Hörfunk, Fernsehen oder Onlinemedien, die ohne die Förderung nicht realisiert werden könnten. Auch lokale und regionale Presseverlage sowie Anbietergemeinschaften können Anträge stellen, allerdings nicht für die Vertriebsförderung. Die Fördersummen liegen mit einstelligen Millionenbeträgen für das gesamte Förderprogramm deutlich unter den zuletzt für die Bundespresseförderung diskutierten 600 Mio. € (vgl. Hanfeld 2023b, S. 15).

Akteure der Pressepolitik
Jenseits der staatlichen Pressepolitik, die aufgrund der demokratietheoretisch und verfassungsrechtlich gebotenen Staatsferne der Presse immer nur Pressestruktur- und -wirtschaftspolitik sein kann, agieren weitere Akteure. Hierzu gehören neben den ressourcenstarken Unternehmen und Verbänden im Ausnahmefall auch zivilgesellschaftliche Gruppen. Ein gutes Beispiel hierfür ist die aus der sog. Studentenbewegung und APO (Außerparlamentarischen Opposition) hervorgegangene *Alternativpresse-Bewegung.* Ausgangspunkt war die Kontroverse um die Pressekonzentration und die von der Studentenbewegung sowie der Neuen Linken intensiv wahrgenommenen Meinungsmonopole der „bürgerlichen Presse", allen voran des „Springer-Konzerns", sowie die unzureichenden Publizitätschancen für die eigenen Themen und Positionen. Ausgehend von den Universitätsstädten und getragen von den neuen sozialen Bewegungen (Umwelt-, Frauen-, Friedens-, Schwulen- und Lesbenbewegung) entstanden überwiegend lokale Pressemedien und meist als „Stattmagazine" bezeichnete Alternativen zur „bürgerlichen Kommerzpresse" (vgl. Stamm 1988). Von diesen Publikationen hat praktisch keine bis heute überlebt: Entweder sind die Blätter ökonomisch und publizistisch gescheitert oder sie wurden professionalisiert (wie die „tageszeitung") und kommerzialisiert (wie viele Stadtillustrierte und sog. Off-Kulturmagazine). Partiell können heute Online-Angebote die Funktionen einer alternativen Öffentlichkeit übernehmen.

---

[34] Vgl. https://www.mabb.de/foerderung/lokaljournalismus [29.01.2025]; https://www.slm-online.de/presse-und-infothek/lokaljournalismusfoerderung/ [29.01.2025].

Als weitaus machtvollere und dauerhaft handlungsfähige Akteure haben sich die Branchenverbände und (allerdings presseübergreifend) die Journalistengewerkschaften erwiesen:

- Der *Bundesverband Digitalpublisher und Zeitungsverleger e. V. (BDZV)* mit seinen elf Landesverbänden ist 2018 aus dem Bundesverband Deutscher Zeitungsverleger hervorgegangen und über seine Funktion als Tarifpartner hinaus die organisierte Vertretung der wirtschaftlichen, publizistischen und medienpolitischen Interessen der Tages- und Wochenzeitungsverleger. Derzeit vertritt er 318 Medienmarken verschiedener Verlage.[35] Der BDZV entstand 1954 durch den Zusammenschluss des Gesamtverbands der Deutschen Zeitungsverleger (der Organisation der Lizenzträger) und des Vereins Deutscher Zeitungsverleger (Altverleger) und wird von den Landesverbänden getragen. Im Jahre 2016 wurde der BDZV intern umstrukturiert und neu ausgerichtet. Die großen Verlage wurden gegenüber den Landesverbänden deutlich gestärkt (Stimmrechte im Präsidium); der Vorstandsvorsitzende der Axel Springer SE, Mathias Döpfner wurde zum Präsidenten gewählt (vgl. BDZV 2016, S. 240, 253–254). Mittlerweile haben einige große Verlage (und Beitragszahler) wie die Funke Mediengruppe sowie die BILD-Gruppe (Axel Springer) den Verband verlassen (vgl. Priller-Gebhardt 2024, S. 24). 2022 wurde die Position des Präsidenten abgeschafft[36] und der BDZV stattdessen gibt es einen 21-köpfigen Vorstand mit einem dreiköpfigen Geschäftsführenden Vorstand.[37] Der BDZV ist ein medienpolitisch sehr aktiver und aufgrund der meinungsbildenden publizistischen Funktion der Presse einflussreicher Unternehmensverband, der sich immer wieder an den politischen Debatten um die jeweils neuen Medien und die Folgen medialer Innovationen beteiligt hat (vgl. Schulze 1994, 2004). Die Linie verläuft von der Debatte über die Pressekonzentration, das öffentlich-rechtliche Werbefernsehen und die Einführung von privatrechtlichem Rundfunk (Kabel- und Satellitenrundfunk), Video- und Bildschirmtext bis hin zu öffentlich-rechtlichen Online- und Mobil-Angeboten sowie den Verwertungsrechten von Online-Angeboten der Verleger durch Dritte (Leistungsschutzrechte, vgl. Abschn. 3.6).[38] Die Marktmacht der großen Tech- und Social Media-Plattformen sowie die Entwicklung von sog. Künstlicher Intelligenz werden aktuell als wettbewerbsrelevante, zum Teil bedrohliche und daher politisch zu regulierende ‚Herausforderung' verstanden. Vorstöße zur Lockerung des Pressefusionskontrollgesetzes für sog. ‚Sanierungsfusionen' erscheinen geeignet das Problem der Pressekonzentration letztlich weiter zu verschärfen. Im Kern geht es um die medienpolitischen Rahmenbedingungen und die Wettbewerbssituation der gedruckten und zunehmend der digitalen

---

[35] https://www.bdzv.de/der-bdzv [29.01.2025].

[36] https://www.bdzv.de/service/presse/pressemitteilungen/2022/bdzv-delegiertenversammlung-nimmt-geaenderte-satzung-an-praesident-mathias-doepfner-verabschiedet-sich [29.01.2025].

[37] https://www.bdzv.de/der-bdzv/gremien-und-ausschuesse/gremien#c158 [29.01.2025].

[38] Vgl. hierzu auch die Kapitel zum Rundfunk, den Onlinemedien sowie den kommunikationspolitischen Konflikten und Positionen, Tonnemacher (1996, S. 61–196).

Presse. Die Positionen des BDZV bewegen sich zwischen Abwehr politischer und rechtlicher Maßnahmen (Regulierung von Konzentration, Mindestlohnverpflichtung, Datenschutz), Regulierung der Wettbewerber (öffentlich-rechtliche Anstalten, Onlineplattformen) und Subventionierung (Pressvertriebsförderung, weitere Reduzierung der Mehrwertsteuer auf null).[39] Der BDZV trat und tritt einerseits für Begrenzungen des öffentlich-rechtlichen Rundfunks bei der Erschließung neuer (Werbe-)märkte ein, wie dies bei der Einführung der Rundfunkwerbung ab Mitte der 1950er-Jahre, aber auch bei den sog. Neuen Medien Bildschirmtext und Videotext sowie zuletzt bei den Online-Angeboten von ARD und ZDF der Fall ist. Zum anderen richtet sich die Politik des BDZV auf die Teilhabe der Zeitungsverleger an den neuen Märkten, insbesondere bei Hörfunk und Fernsehen seit den 1980er-Jahren im Zuge der Einführung des „Dualen Systems." Die derzeit wirtschaftlich schwierige Lage von Teilen der Presse wird nicht auf verlegerisches Managementversagen zurückgeführt, sondern als extern verursacht. Bei der Kritik am Geschäftsgebaren der öffentlich-rechtlichen Anstalten, die offenbar als unlautere Konkurrenz empfunden werden, wird übersehen, dass insbesondere die lokale Presse in Ländern ohne nennenswerten öffentlichen Rundfunk vor sehr ähnlichen Problemen steht. Aus kommunikationswissenschaftlicher Sicht überzeugen einige der Argumente des BDZV insofern kaum, während andere mit Blick auf Leistungsschutz- und Verwertungsrechte eher einleuchten. Hier hat der BDZV mit der 2013 erfolgten Schaffung von Leistungsschutzrechten für die Presse politischen Erfolg gehabt, wenngleich das Machtungleichgewicht gegenüber Suchmaschinen- und Social Media-Betreibern hierdurch nicht behoben werden konnte. Ein wirksamer Schutz vor der ungefragten und unberechtigten Nutzung von Pressetexten und -bildern zum Training von LLM- und KI-Tools dürfte zu den schwierigen Zukunftaufgaben zählen. In seinem Engagement für die Äußere Pressefreiheit setzt sich der BDZV gemeinsam mit den Journalistenverbänden für eine publizistische Selbstregulierung (Deutscher Presserat) sowie gegen staatliche Beschränkungen der Recherche und Berichterstattung, etwa im Rahmen von sog. Anti-Terror- und Sicherheitsgesetzen, ein. In der Frage der Inneren Pressefreiheit besteht der BDZV auf Tendenzschutz für die Presse und hat weitergehende Mitbestimmungsregelungen, wie sie im Presserechtsrahmengesetzes des Bundes geplant waren, verhindern können. 2025 hat der BDZV gemeinsam mit dem Zeitschriftenverlegerverband MVFP (s. u.) das „Bündnis Zukunft Presse" geschlossen: Zentrale Forderungen sind Deregulierung von Werbung u. a., Mehrwertsteuerabschaffung für die Presse, Begrenzung der Monopolmacht der Plattformen sowie ein Verbot „öffentlichrechtlicher Presse."[40]

- Der *Medienverband der freien Presse (MVFP)* ist nach dem Austritt von Gruner + Jahr, Spiegel und Zeit und einer Zentralisierung der Organisation 2022 aus dem Verband

---

[39] Vgl. für die aktuellen Positionen: https://www.bdzv.de/alle-themen/medienpolitik#c13016 [29.01.2025].

[40] https://www.bdzv.de/service/presse/pressemitteilungen/2025/bdzv-und-mvfp-starten-gemeinsames-buendnis-zukunft-presse [29.01.2025].

Deutscher Zeitschriftenverleger e. V. (VDZ) hervorgegangen (vgl. Priller-Gebhardt 2024, S. 18), der 1949 als Zusammenschluss von zunächst fünf westdeutschen Landesverbänden in der Tradition des Reichsverbands Deutscher Zeitschriftenverleger von 1925 gegründet worden war. Der MVFP vertritt 350 Verlage mit rund 7000 Zeitschriften[41] und medienpolitisch im Grunde ähnliche Positionen wie der BDZV, mittlerweile im bereits erwähnten Bündnis Zukunft Presse auch koordiniert: Er tritt für Presse- und verlegerische Gewerbefreiheit ein, gegen Regulierungen der Pressekonzentration, Werbeverbote und Einschränkungen der Bildberichterstattung über Prominente. Als Werbeträger für nationale Markenartikel sahen und sehen sich die Zeitschriftenverlage in besonderem Maße von der „Werbekonkurrenz" durch das (öffentlich-rechtliche) Fernsehen betroffen. Der MVFP ist im Gegensatz zum BDZV nicht föderal, sondern zentral organisiert. Seine medienpolitischen Forderungen formuliert der MVFP vor dem Hintergrund eines allgemeinen Krisengemäldes (Desinformation, Vertrauensverlust der Bürger, weltweite Krise der Demokratie etc.) in einem Memorandum und einer Erklärung zur Situation der freien Presse 2024, die als bedroht durch staatliche und europäische Überregulierung (Fusionskontrolle, Datenschutz, Werbebegrenzungen) sowie durch Marktmacht der Tech-Plattformen (insbesondere bei der Werbevermittlung sowie der Netzneutralität, also der diskriminierungsfreien Übermittlung von Medieninhalten) dargestellt wird. Die Forderungen ähneln denen des BDZV: Pressesubvention (Reduktion der Mehrwertsteuer auf null), Deregulierung der Pressefusionskontrolle sowie der Werbe- und Datenschutzvorschriften, besserer Schutz von Urheberrechten (vgl. MVFP 2024b, c).

- Für Fragen der Fachpresse hat sich die Zusammenarbeit von Zeitschriftenverlegern und Buchverlegern in Gestalt des Vereins *„Deutschen Fachpresse"* institutionalisiert. 400 Mitgliedsunternehmen (mit über 5600 Titeln) sind hier organisiert. Es besteht eine enge Zusammenarbeit und Vernetzung mit der Fachvertretung Fachmedien im MVFP und der IG Fachmedien im Börsenverein des Deutschen Buchhandels.[42]

Zeitungs- und Zeitschriftenverlage konkurrieren (wenn sie nicht vollständig auf Werbeerlöse verzichten) untereinander sowie intermediär um Werbeeinnahmen. Im gemeinsamen Interesse der Wettbewerber liegen daher zuverlässige und branchenweit vergleichbare Daten zur Verbreitung und Nutzung der Presse. Daher wurde 1949 mit der *Interessengemeinschaft zur Feststellung der Verbreitung von Werbeträgern (IVW)* eine erste Institution zur quartalsweisen Auflagenkontrolle geschaffen. An der IVW sind auch die Werbebranche und die werbetreibende Wirtschaft beteiligt, seit das IVW-Qualitätssiegel auch für Onlinemedien, Hörfunk, Kinofilm und andere Werbeträger vergeben wird, hat sich der Teilnehmerkreis erweitert. Ähnliches gilt auch für die Arbeitsgemeinschaft Media-Analyse e. V. (ag.ma), die regelmäßig Befragungen auch der Printnutzer durchführt.[43]

---

[41] https://www.mvfp.de/ueber-uns/verband-ziele [29.01.2025].

[42] https://www.deutsche-fachpresse.de/ueber-uns/verein-deutsche-fachpresse/ [30.1.2025].

[43] Vgl. hierzu auch www.ivw.de und www.agma.mmc.de [30.1.2015].

6.4.3   Presseselbstkontrolle

Eine wichtige Institution der Presse-Governance, die mittlerweile über den engeren Bereich der gedruckten Presse bzw. der Presseverlagsmedien hinaus paradigmatisch wirkt, ist der *Deutsche Presserat e. V. (DPR)*. Gegründet wurde diese Selbstkontrolleinrichtung 1956 nach dem Vorbild des British Press Council, um ein Bundespressegesetz abzuwehren und die Pressefreiheit als Institution im Sinne möglichst weitgehender Staatsfreiheit zu bewahren. Obgleich es sich bei den Zeitungs- und Zeitschriftenverlagen insgesamt um eine renditestarke Branche handelt, muss der DPR seit 1976 auf Bundesmittel in geringem Umfang zurückgreifen.[44] Aufgrund brancheninterner Konflikte ruhte die Arbeit des DPR von 1982 bis 1985. Träger des Presserates ist seitdem ein gemeinnütziger Verein, dem die Bundesverbände der Digitalpublisher und Zeitungsverleger (BDZV) und der Zeitschriftenverleger (MVFP) sowie die journalistischen Berufsverbände Deutscher Journalistenverband (DJV) und die Deutsche Journalistinnen und Journalisten Union (dju) in der Dienstleistungsgewerkschaft ver.di angehören. Der Presserat nimmt zu presse- und kommunikationspolitischen Fragen Stellung, insbesondere wenn die Berufs- und Kommunikationsfreiheiten durch gesetzliche Maßnahmen (zuletzt vor allem im Rahmen der sog. Anti-Terror-Gesetze) betroffen sind.[45] Der Deutsche Presserat fungiert zudem als Beschwerdeinstanz, die von jedermann bei einem vermuteten Verstoß gegen berufsethische Normen angerufen werden kann; der DPR kann auch ohne Eingabe Dritter selbst aktiv werden. Die normative Grundlage für die Beschwerdeverfahren bilden die 16 „Publizistischen Grundsätze (Pressekodex)" und die hieraus abgeleiteten Richtlinien, die erstmals 1973 beschlossen und seitdem mehrfach erweitert und aktualisiert wurden (zuletzt im September 2024; vgl. https://www.presserat.de/pressekodex.html). Einen Überblick über die Regelungsgegenstände gibt die Tab. 6.3.

Für das besonders sensible Feld der Wirtschafts- und Finanzmarktberichterstattung gelten seit März 2006 spezialisierte und zuletzt 2019 aktualisierte „Journalistische Verhaltensgrundsätze" zur „inanzmarktberichterstattung"[46] Journalistische Verhaltensgrundsätze und Empfehlungen des DPR zur Finanzmarktberichterstattung", die vor allem einschlägige gesetzliche Regelungen interpretieren und die Publizistischen Grundsätze konkretisieren. Im Kern geht es darum, unlautere Einflussnahmen auf das Marktgeschehen (ggf. zum privaten Nutzen des Journalisten oder gegen Bezahlung) zu verhindern und die Neutralität der Berichterstattung zu gewährleisten.

Aufgrund europarechtlicher Anforderungen und unter Wahrung der Staatsferne wurde 2001 der Redaktionsdatenschutz in die Zuständigkeit des DPR (statt in die der staatlichen

---

[44] Vgl. „Gesetz zur Gewährleistung der Unabhängigkeit des vom Deutschen Presserat eingesetzten Beschwerdeausschusses vom 18. August 1976 (BGBl. I S. 2215)".

[45] Eine thematisch geordnete Zusammenstellung der Entschließungen des DPR bietet Wassink (2010, S. 132–136).

[46] https://www.presserat.de/pressekodex.html?file=files/presserat/dokumente/download/DPR_Verhaltensgrunds%C3%A4tze_Finanzmarktberichterstattung_2019.pdf&cid=218 [30.1.2025].

Tab. 6.3 Ziele und Richtlinien des Presskodex (DPR) im Überblick

Ziffer	Regelungsziel	Konkrete Richtlinien
1.	Wahrhaftigkeit und Menschenwürde	Keine Informationsmonopole durch Exklusivverträge; ausgewogene Wahlkampfberichterstattung; Kennzeichnung von Pressemitteilungen
2.	Journalistische Sorgfalt	Umfrageergebnisse; Symbolfotos; Vorausberichte; Infografiken; Leserbriefe
3.	Richtigstellung	Formale Gestaltung und Dokumentation
4.	Grenzen der Recherche	Verdeckte Recherche; schutzbedürftige Personen; personenbezogene Daten
5.	Berufsgeheimnis	Vertraulichkeit von Informationen und Informanten; nachrichtendienstliche Tätigkeit; Datenschutz
6.	Trennung von Tätigkeiten	Politische Mandate und Ämter; wirtschaftliche Interessen
7.	Trennung von Redaktion und Werbung	Trennung von redaktionellem Text und Anzeigen; Schleichwerbung; Sonderveröffentlichung; Wirtschafts- und Finanzberichterstattung
8.	Persönlichkeitsrechte	Namensnennung und Personenabbildung; Schutz des Aufenthaltsortes; Freitod; Resozialisierung; Erkrankungen; politische Opposition und Flucht; Jubiläumsdaten; Auskunftsrechte
9.	Schutz der Ehre	Darstellung in Wort und Bild
10.	Schutz von Religion, Weltanschauung, Sitte	Schmähungen
11.	Sensationsberichterstattung und Jugendschutz	Angemessenheit der Darstellung; Gewalttaten; Unglücksfälle; Katastrophen; Drogen; Kriminalität; Abstimmung mit Behörden
12.	Diskriminierungsverbot	Berichterstattung über Straftaten
13.	Unschuldsvermutung	Vorverurteilung; Folgeberichterstattung; Straftaten Jugendlicher
14.	Medizin-Berichterstattung	Erweckung von unbegründeten Befürchtungen und Hoffnungen
15.	Vergünstigungen	Einladungen und Geschenke an Journalisten
16.	Rügenveröffentlichung	Inhalt, Art und Weise der Publikation

Datenschutzbehörden) gegeben und der Pressekodex entsprechend ergänzt. Dabei geht es um den Schutz persönlicher Daten von Menschen, über die in Wort und Bild berichtet wird oder deren Leserbriefe abgedruckt werden. Die Veröffentlichung von nicht anonymisierten Akten, die vollständige Namens- und Adressnennung oder Unfallfotos ohne geschwärzte Autokennzeichen sind typische, wenngleich bislang nicht sehr häufig vom Presserat behandelte Fälle. An der Prüfung hinsichtlich des Redaktionsdatenschutzes ist auch der Bundesverband der Anzeigenblätter beteiligt.[47]

---

[47] Die einzuhaltenden Regeln sind in einem Leitfaden von 2021 festgehalten: https://www.presserat.de/pressekodex.html?file=files/presserat/dokumente/download/DPR_Leitfaden_Redaktionsdatenschutz_2021.pdf&cid=218 [30.01.2025].

Das Plenum des Deutschen Presserates mit 28 Mitgliedern wird paritätisch von den vier Trägern des Vereins besetzt und ist für grundsätzliche Stellungnahmen sowie die Behandlung der Eingaben zuständig. Für diese Aufgabe werden zwei achtköpfige, ebenfalls paritätisch besetzte Beschwerdeausschüsse sowie ein weiterer für den Redaktionsdatenschutz für die Dauer von zwei Jahren gewählt. Aufgrund einer Vorprüfung der Eingaben durch den Vorsitzenden des Beschwerdeausschusses und die Geschäftsführung des Presserats wird entschieden, ob der DPR zuständig ist und es sich um einen konkreten nach dem Pressekodex behandelbaren Fall für den Beschwerdeausschuss handelt.[48] Der Presserat gibt den Betroffenen Gelegenheit zur Stellungnahme und ggf. zu einer Wiedergutmachung; er kann eine mündliche Beratung mit Zeugenanhörung durchführen und auf dieser Basis entscheiden. Wenn die Eingabe als gerechtfertigt angesehen wird, kann der DPR verschiedene Maßnahmen ergreifen: Er kann die betroffenen Redaktionen bzw. Journalisten auf den Verstoß hinweisen, das Vorgehen missbilligen oder er kann den Fall rügen. Öffentliche Rügen werden nicht nur per Pressemitteilung publiziert, sie müssen gemäß Ziffer 16 des Pressekodex auch vom gerügten Medium in angemessener Form veröffentlicht werden. Der DPR entscheidet sich dann für nicht öffentliche Rügen, wenn durch eine Veröffentlichung der Schaden für das Opfer noch vergrößert würde (vgl. die Beschwerdeordnung: https://www. presserat.de/beschwerdeordnung.html sowie Weyand 2010, S. 129–131).

Im Jahr 2023 sind beim DPR insgesamt 1850 Beschwerden schriftlich oder online eingegangen; in den Beschwerdeausschüssen wurden 532 davon behandelt (580 Beschwerden über den Rundfunk fielen nicht in die Zuständigkeit des DPR, ein weiteres Drittel erwies sich in der Vorprüfung als offensichtlich unbegründet). Die meisten Beschwerden richteten sich gegen regionale Tageszeitungen (617), 263 gegen Boulevardzeitungen und 241 gegen Publikumszeitschriften, 105 gegen reine Onlinemedien. Nach Prüfung der Fälle, für die der Presserat zuständig ist, wurden 73 öffentliche Rügen (davon wurden nur 62 tatsächlich durch die betroffenen Medien publiziert), 94 Missbilligungen und 117 Hinweise an die Redaktionen ausgesprochen; Verstöße gegen den Persönlichkeitsschutz (Ziffer 8) und die Sorgfaltspflicht (Ziffer 2) wurden besonders häufig gerügt (vgl. DPR 2024; S. 1–5, 12).

Formal erfasst die Zuständigkeit des DPR aufgrund des Selbstverpflichtungscharakters ‚nur' die Angebote der Mitgliedsorganisationen (Verlage sowie Journalistinnen und Journalisten im DJV oder der dju/ver.di), also nicht die gesamte Presse. Anzeigenblätter, aber auch einige Zeitungen und vor allem Zeitschriften sowie die Fachpresse sind nicht erfasst. Allerdings haben die im Pressekodex formulierten Richtlinien als standesethische Normen sogar über die Presse hinaus Geltung und werden von vielen Journalisten auch im Rundfunk und den Onlinemedien anerkannt. Sogar die Rechtsprechung zu den Medien nimmt mitunter Bezug auf dieses Normenwerk. Bei den nicht durch formale Selbst-

---

[48] Die Eingabe darf nicht offenkundig missbräuchlich oder unschlüssig sein. Es muss sich um ein redaktionelles Zeitungs- oder Zeitschriftenangebot handeln; der Fall darf nicht länger als ein Jahr zurückliegen und nicht bereits Gegenstand eines Verfahrens gewesen sein.

verpflichtung erfassten Medien handelt es sich zum Teil um Angebote, die – etwa bei wissenschaftlichen Fachzeitschriften – viele ethische Fragen nicht aufwerfen, die für die aktuelle Publizistik typisch sind.

Vielfach kritisiert wird, dass der DPR keine Sanktionsmacht habe, was allerdings den Kern seiner Aufgaben und Funktionen verfehlt: Es geht um eine ethische, das heißt auf innerer Überzeugung begründete Selbstkontrolle, und nicht um einen Ersatz für das – übrigens auch nur begrenzt und ex post wirksame – sanktionsbewehrte Presserecht. Das Ziel des DPR ist die Wahrung der Pressefreiheit, und gerade nicht das Schaffen eines „Ersatz-Staates".[49]

6.4.4 Marktstruktur und Markteintrittsbarrieren

Die Analyse der Marktstruktur steht vor dem wachsenden Problem mangelnder Transparenz der Branche, sowohl hinsichtlich der Geschäftspraktiken der Verlage als auch mit Blick auf die Publikation von Marktdaten. Der BDZV und der MVFP veröffentlichen grundlegende Kennzahlen (wie Zahl der Titel, Ausgaben und Redaktionen), die über Jahrzehnte auch der wissenschaftlichen Forschung zur Verfügung standen, nicht mehr. Wichtige Standarduntersuchungen, wie die Stichtagssammlung der Tagespresse (Walter J. Schütz) sowie die Untersuchungen des Tageszeitungsmarktes (Horst Röper) und der Zeitschriftenmarktes (Andreas Vogel) werden nicht mehr fortgeführt, sodass Zeitreihen abbrechen und auch problematische Marktentwicklungen der öffentlichen Debatte entzogen bleiben bzw. entzogen werden. Man kann zur Charakterisierung der Marktstruktur und -entwicklung von fünf grundlegenden Merkmalen ausgehen:

- der Ausdifferenzierung der deutschen Presse hinsichtlich Periodizität (Tages- und Wochenzeitungen, Zeitschriften), Verbreitungsgebiet und redaktionellem Profil bzw. Zielpublikum;
- anhaltende Schrumpfung des Publikumsmarktes (Auflagen, Reichweite) und erhebliche Verluste am Werbemarkt,
- zunehmende Digitalisierung der Angebote (E-Paper, digitale Zugänge, Mail-Newsletter, Websites, Social Media, Apps etc.) sowie zunehmende absolute und relative Bedeutung der Erlöse aus dem digitalen Geschäft;
- dem hohen Grad an Pressekonzentration (vgl. Abschn. 6.4.4), die wirtschaftliche Gründe hat, aber publizistisch bedeutsame Auswirkungen insbesondere auf die normativ gewünschte Vielfalt der Berichterstattung und Kommentierung haben kann. Neben politisch erleichterten Verlagszusammenschlüssen sind hier vor allem redaktionelle Kooperationen und Zentralisierungen zu nennen.

---

[49] Vgl. zur Diskussion um den Presserat auch Bermes (1991), Eisermann (1993).

- der Tatsache, dass der Strukturwandel des Werbemarktes sowie veränderte Mediennutzungsgewohnheiten das klassische Geschäftsmodell der Presseverlage vor schwerwiegende Probleme stellt und zu einem schrumpfenden Gesamtmarkt führt. In der Folge droht die Gefahr der publizistischen Unterversorgung an manchen Orten (‚Nachrichtenwüsten‘).

Angebotsstruktur: Tagespresse

Insgesamt erschienen 2023 noch 321 Tageszeitungen mit einer Printauflage von 12,2 Mio. und einer E-Paper-Auflage von 2,9 Mio. Exemplaren.[50] Da der Branchenverband BDZV keine detaillierten Angaben über die Zahl der Ausgaben macht, sind differenzierte Aussagen über die Entwicklung kaum zu treffen. Allerdings ist die Tendenz bei der Auflage eindeutig negativ und auch die Pressekonzentration sowie die redaktionelle Kooperation haben weiter zugenommen. Die Struktur der deutschen Tagespresse ist das Ergebnis der deutschen Pressetradition und der pressepolitischen Entscheidungen der Alliierten nach 1945; sie unterscheidet sich signifikant von der Presse anderer europäischer Länder, und sie unterscheidet sich noch immer in West- und Ostdeutschland: Typisch vor allem für Westdeutschland sind die *regionalen und lokalen Abonnementzeitungen*, für Ostdeutschland die an den Bezirksstrukturen der DDR orientierten Regionalzeitungen mit größeren Verbreitungsgebieten. Im Unterschied zu Frankreich oder dem Vereinigten Königreich gibt es keine wirklich nationale Zeitung (etwa mit Sitz in der Hauptstadt), sondern überregional verbreitete meinungsbildende Qualitätsblätter wie die Frankfurter Allgemeine Zeitung oder die Süddeutsche Zeitung, die in ihren eigenen Regionen aber besonders stark sind und dort auch eine Lokal- und Regionalberichterstattung betreiben. Bis heute dominieren in Ost- wie in Westdeutschland die ehemaligen Lizenzzeitungen den bundesdeutschen Tageszeitungsmarkt. Die vier Alliierten hatten von 1945 bis 1949 insgesamt 178 Zeitungen (mit 753 Ausgaben) lizensiert (vgl. Pürer und Raabe 2007, S. 111) und damit auch die bis heute anzutreffenden regionalen Marktstrukturen bestimmt. Nach einem Wieder-Gründungsboom nach 1949, in dessen Verlauf zunächst rund 600 neue Titel der zum Teil politisch belasteten Altverleger auf den Markt kamen, setzte eine starke Konzentration ein, bei der die Lizenzzeitungen sich sehr viel besser behaupten konnten.

In Deutschland gibt es acht *Straßenverkaufs- oder Boulevardzeitungen*: Berliner Kurier, Abendzeitung (München), tz (München), Express (Köln), Express (Düsseldorf), Hamburger Morgenpost, Morgenpost Dresden, BILD mit über Regional- und Lokalausgaben sowie in Berlin die BZ. Die BILD gibt es zwar in ganz Deutschland und es gibt auch eine Bundesausgabe, aber auch sie ist keine nationale Tageszeitung im engeren Sinn, weil lokale Themen und Bezüge ein wichtiges Gestaltungselement (und ein Kaufanreiz) darstellen. Die Auflage der Boulevardpresse sinkt seit längerem stärker als die der übrigen Presse (vgl. Röper 2022, S. 295).

---

[50] https://www.ard-media.de/fileadmin/user_upload/media-perspektiven/Basisdaten/Print/Pressewesen_Titelzahl_und_Auflagen_von_Zeitungen_und_Zeitschriften_2023.pdf [30.1.2025].

Der Markt der sechs *überregional verbreiteten Qualitätszeitungen* ist nach politisch-publizistischen Kriterien differenziert, d. h. die Welt, Frankfurter Allgemeine Zeitung, Süddeutsche Zeitung, die tageszeitung (taz) und Junge Welt sowie Neues Deutschland lassen sich entlang des Rechts-Links-Spektrums ordnen, auch wenn die meisten einem liberal-pluralistischen Grundverständnis folgen. Es handelt sich um ein enges Anbieteroligopol mit hohen Marktzutrittsbarrieren und geringer Dynamik, aber im Vergleich zu den Boulevard- und den Lokalzeitungen findet hier noch am ehesten Wettbewerb statt. Allerdings schrumpft der Markt auch hier: Die Gesamtauflage ist auf 720.00 Exemplare gesunken (Keller und Eggert 2024, S. 6), die Reichweite beträgt insgesamt 3,6 Mio. Leserinnen und Leser.[51] Die Frankfurter Rundschau hat als überregionale Zeitung an Bedeutung verloren, die tageszeitung (taz) stellt die tägliche Printausgabe 2025 ein (vgl. Hordych 2024, S. 17), nd hat den Kioskverkauf eingestellt und konnte 2023 nur knapp die Insolvenz vermeiden (epd/F.A.Z. 2023, S. 13). Zu den überregionalen Tageszeitungen können auch *spezialisierte Wirtschaftszeitungen* wie das Handelsblatt (verbreitete Auflage Print und digital 171.000)[52] gezählt werden, das durchaus meinungsbildend wirken dürfte.

In Deutschland existieren, im Unterschied zu vielen anderen europäischen Ländern, keine *kostenlosen Tageszeitungen*. Diesen auch Pendlerzeitungen, Gratis- oder Verteilblätter genannten kompakten und vollständig anzeigenfinanzierten Zeitungen für ein städtisches Publikum gelang es trotz intensiver Versuche zwischen 1998 bis 2001 in Deutschland nicht, sich gegen die Marktabschottungsstrategien der etablierten deutschen Tageszeitungsverleger durchzusetzen.[53]

Angebotsstruktur: Wochen- und Sonntagspresse

Die *politische Wochenpresse* weist eine begrenzte Vielfalt von Qualitätsmedien auf: Die Wochenzeitung Die Zeit (Auflage 620.000, davon 480.000 im Abonnement und 320.000 digital) sowie die beiden Nachrichtenmagazine Der Spiegel (670.000) und Focus (240.000) sind die reichweitenstärksten und publizistisch vermutlich einflussreichsten Wochentitel.[54] Stärker politisch positionieren sich die „Meinungszeitung" der Freitag (27.000), die Jungle World (mit einer DDR-Vorgeschichte als Teil von Junge Welt), während die Wochenzeitung der Bundestagsverwaltung „Das Parlament (56.000)" und die Beilage „Aus Politik und Zeitgeschichte" parteipolitisch neutral berichten müssen. Die rechtsradikale Junge Freiheit (27.800), das Compact-Magazin (40.000[55]) und kleinere Blätter bzw. Online-Angebote wie die Preußische Allgemeine Zeitung (Ostpreußenblatt, Pommersche Zeitung) als Zeitung der Landsmannschaft Ostpreußen (Vertriebenenverband) bilden den äußer(st)en rechten Rand des Publizistischen Spektrums.

---

[51] https://www.agma-mmc.de/presse/pressemitteilungen/pressemitteilung/ma-2024-tageszeitungen-zeitungen-sind-fuer-34-millionen-deutsche-ein-taeglicher-begleiter [31.01.2025].

[52] IVW IV/2024, https://quartalsausweisung.ivw.de/ [31.01.2025].

[53] Vgl. ausführlicher zu den Gratiszeitungen in Deutschland und Europa Haas (2005).

[54] Auflagenzahlen: IVW IV. Quartal 2024.

[55] Verlagsangaben 2022; https://www.compact-online.de/wp-content/uploads/2023/02/Mediadaten-Online-Werbung_2023.pdf [14.04.2025].

Die *konfessionelle Presse* hat kontinuierlich an Bedeutung verloren. Gesamtauflage, Reichweite und Titelzahl sind rückläufig, hohe Verbreitung finden die redaktionellen Inhalte der beiden größeren christlichen Kirchen Deutschlands nicht mehr über eigenständige Wege: Zuvor bekannte und häufig zitierte Titel wie das Deutsche Allgemeine Sonntagsblatt oder der Rheinische Merkur – Christ und Welt wurden entweder eingestellt oder wie im konkreten Fall zunächst zu Supplement (2010) und mittlerweile (2024) zu drei Sonderseiten der Wochenzeitung Die Zeit umgewandelt.[56] Die Beilage Chrismon geht auf das Deutsche Allgemeine Sonntagsblatt zurück. Regionale Kirchenblätter wurden zusammengelegt bzw. in weiten Teilen durch Zentralredaktionen erstellt.

Als Wochenzeitung für Politik, Kultur, Religion und Jüdisches Leben erscheint die Jüdische Allgemeine, die vom Zentralrat der Juden in Deutschland herausgegeben wird und auf der Website auch tagesaktuelle Nachrichten bereithält (https://www.juedische-allgemeine.de/).

Die *Staatsanzeiger* bzw. *Staatszeitungen* in Baden-Württemberg (bw Woche; 8.500 Auflage) und Bayern (12.900) haben keine nennenswerte publizistische Bedeutung, was aus normativer Sicht begrüßenswert erscheint.[57]

Zur Wochenpresse zählen neben den bereits erwähnten politisch meinungsbildenden Titeln auch *zielgruppenbezogene* Publikationen wie die VDI-Nachrichten (Auflage lt. IVW IV/2024: 117.000) des Verbands deutscher Ingenieure oder die Allgemeine Hotel- und Gastronomiezeitung (Auflage nach Verlagsangaben 8.100). Als Zeitungen gelten vor allem aufgrund ihrer Materialität und Gestaltung auch zweiwöchentlich erscheinende Titel wie die Deutsche Handwerkszeitung als „Wirtschaftszeitung für den Mittelstand" (Auflage rund 510.000)[58] oder die Monatszeitung „Jüdische Rundschau".[59]

Jede Woche erscheinen in Deutschland überregional verbreitete *Sonntagszeitungen* mit einer verkauften Gesamtauflage von rund 930.00 Stück (vgl. Keller und Eggert 2024, S. 6): Hier ist neben der schon seit 1948 existierenden Welt am Sonntag und der Bild am Sonntag (seit 1956) die Frankfurter Allgemeine Sonntagszeitung (FAS) zu nennen, die seit 2001 als überregional verbreitete Qualitätszeitung am Sonntag hinzugekommen ist. Während regional, zum Beispiel in Berlin am Sonntag eine Tageszeitungsausgabe verbreitet wird, verfügen die drei überregionalen Sonntagszeitungen über eigenständige Redaktionen, die sich nicht primär an der Tagesaktualität orientieren. Welt am Sonntag und FAS setzen primär auf Hintergrundberichterstattung, magazinartige Beiträge aus unterschiedlichen gesellschaftlichen Bereichen, unterhaltende Beiträge und redaktionelle Umfelder für Werbebeilagen (Reise, Immobilien, Automobil), während in der Bild am Sonntag (BamS) vor allem die Sportberichterstattung vom Wochenende eine wichtige Rolle spielt. Tab. 6.4 gibt einen Überblick der verkauften Auflage ausgewählter Zeitungen.

---

[56] https://www.katholisch.de/artikel/54981-die-zeit-aendert-format-von-christ-und-welt [31.01.2025].

[57] Jeweils Mediadaten der Verlage, Stand April 2024.

[58] IVW IV/2024.

[59] Vgl. juedischerundschau.de/ueber-uns/ [06.01.2017].

Tab. 6.4 Verkaufte Auflagen ausgewählter Zeitungen 2024. (IVW-Daten für das Quartal IV/2024)

Überregionale Tageszeitungen	Auflage	Sonntagszeitungen	Auflage
Süddeutsche Zeitung	268.986	Bild am Sonntag	460.447
Frankfurter Allgemeine	178.670	Welt am Sonntag/kompakt	289.282
Die Welt	92.194	Frankfurter Allgemeine FAS	179.523
die tageszeitung	44.765	**Wirtschaftszeitungen**	
		Handelsblatt	115.520
Boulevardzeitungen			
BILD (bundesweit)	919.483	**andere Zeitungen**	
B. Z./BILD Berlin	70.450	VDI-Nachrichten	116.388
Express Köln/Bonn	23.196	Deutsche Handwerkszeitung	509.322
Express Düsseldorf	4.752	**Wochenzeitungen**	
tz (München)	71.573	Die Zeit	620.086

Publizistisch besonders relevant ist das reichweitenstarke Segment der im Abonnement und Einzelverkauf vertriebenen *Publikumszeitschriften.* In Deutschland erscheint eine auch im internationalen Vergleich (trotz starker Verluste noch immer) sehr beachtliche Vielzahl von 1.200 Titeln (Publikumszeitschriften), hinzu kommen 94 konfessionelle Zeitschriften und 5.600 Fachzeitschriften (vgl. MVFP 2024a, S. 9). Die thematische Vielfalt hängt mit der – im Vergleich zu vielen anderen europäischen Staaten – Größe des in hohem Maße sprachlich definierten Publikumsmarktes, aber auch mit der deutschen Zeitschriftentradition zusammen.[60] Die Teilmärkte sind so groß und differenziert, dass es beispielsweise 57 monatliche und 33 wöchentliche Frauenzeitschriften, 57 Wohn- und Gartenzeitschriften, 38 Sport- und 30 Motorzeitschriften gibt (vgl. MVFP 2024a, S. 10). Die digitale Verbreitung bzw. Nutzung ist für die Zeitschriften von hoher Bedeutung: Die digitale Reichweite (Leser pro Ausgabe) betrug 2923 rund 2,8 Mio., die Printreichweite nur 1,3 Mio., während knapp 200.000 Menschen die jeweilige Ausgabe digital und gedruckt nutzen (vgl. MVFP 2024a, S. 17). Auch in Zeiten elektronischer Programm-Guides und Onlineportalen weisen Fernsehprogrammzeitschriften zum Teil erstaunlich hohe Auflagen von 600.000 bis 1,3 Mio. Exemplaren auf. Beachtlich hohe Auflagen erzielen auch Mitglieder- und Kundenzeitschriften: Rund 370.000 Exemplare der ADAC Motorwelt werden vertrieben; die gratis an Kunden abgegebene (aber von den Apotheken durchaus zu bezahlende und vom Verlag im Fernsehen beworbene) Apotheken Umschau hat eine Auflage von über 6 Mio. Heften. Einen Überblick gibt Tab. 6.5.

Der Markt der *Fachzeitschriften* ist schon aufgrund der großen Titelzahl inhaltlich noch heterogener als das Segment der Publikumszeitschriften, was aber auch mit Blick auf die Auflagen- und Umsatzgrößen gilt. Hier gibt es neben halbprofessionell im Selbstverlag

---

[60] Zu nennen wären ab Mitte des 19. Jahrhunderts die auflagenstarken Leipziger und Berliner „Illustrierte Zeitschriften" sowie die Familienzeitschrift „Die Gartenlaube", aber auch kulturpolitisch bedeutende wie „Deutsche Rundschau", „Die Zukunft", „Die Fackel", „Der Sturm", „Die Tat", „Die Weltbühne"; 1914 gab es 7000 Zeitschriften in Deutschland (vgl. Pürer und Raabe 2007, S. 69–74).

Tab. 6.5 Verkaufte Auflagen ausgewählter Zeitschriften 2024. (IVW-Daten für das Quartal IV/2024)

Publikumszeitschriften	Auflage	Special Interest-Titel	Auflage
Der Spiegel	669.506	Auto Bild	138.793
Focus	239.063	auto motor und sport	316.078
stern	274.624	Motorrad	73.226
Bunte	305.697	Wirtschaftswoche	87.227
Brigitte	203.173	Capital	108.142
Freundin	181.821	Chip	56.045
Für Sie	143.201	c't	251.570
Gala	124.626	GEO	129.112
TV 14 (14-tgl.)	1.306.439	Kicker	58.652 (Do.) 63.936 (Mo.)
Hörzu	658.114	Landlust	715.737
TV Movie (14-tgl.)	706.804	Spektrum der Wissenschaft	47.174
TV Spielfilm (14-tgl.)	601.232		

betriebenen Publikationen auch einige große Fach- und Wissenschaftsverlage, die international operieren. Insgesamt gibt es bei stagnierender Gesamtauflage konstant über 5500 Titel steigende Erlöse, zuletzt 2023 rund 8,6 Mrd. € (vgl. Deutsche Fachpresse 2024, S. 6, 20–21). Von der IVW werden die Auflagen von 769 werbetragenden Print- und weiteren 165 Online-Fachzeitschriften geprüft, deren sinkende Auflage sich 2023 auf 7,2 Mio. verkaufte Exemplare belief. Die meisten Titel zählen zu den Sachgruppen Medizin und Gesundheit (187), Wirtschaft allgemein (130) sowie Bauen und Planen (128) und Fertigungsindustrie (124). Wissenschaftliche Fachverlage, bei denen die meisten Journals erscheinen, gelten als besonders profitabel, nicht zuletzt, weil es sich um ein enges Oligopol handelt bei dem SpringerNature, Wiley, de Gruyter und Elsevier sich den Markt untereinander aufteilen.

Angebotsstruktur: konfessionelle und fremdsprachige Presse
Die *konfessionelle Presse* in der Bundesrepublik setzt sich neben lokalen Gemeindeblättern mit geringen Auflagen vor allem aus acht regionalen evangelischen Landeskirchenzeitungen mit einer Reichweite von etwa 700.000 Leserinnen und Lesern (https://www.sonntagsblatt.de/evangelische-kirchenzeitungen-deutschland) sowie den katholischen Bistumsblättern zusammen. Seit 2024 beteiligen sich 15 der 27 Bistümer wegen der rapide sinkenden Auflagen bei gleichzeitig hohen Kosten an einem 14-tägig erscheinenden Magazin, das zur Hälfte von einer Zentralredaktion in Osnabrück und zur anderen Hälfte regional erstellt wird. Der Vertrieb erfolgt meist unter regionalen Titeln, die Gesamtauflage beträgt 100.000 (vgl. Marschall 2024, S. 17). Hinzu kommen die Katholische Sonntagszeitung (Auflage 21.600) und die boulevardartig aufgemachte katholische „Neue Bildpost" (Auflage rund 2.000)[61] sowie die katholische Wochenzeitung „Die Tagespost"

---

[61] https://kath-sonntagszeitung.s3-cdn.welocal.cloud/sources/573101_925kch7gfcezd_zs2kymiin7onu.pdf [14.04.2025].

(Auflage rund 10.000), die sich vor allem der Vatikan-Berichterstattung widmet. In Ost-fildern wird eine Ausgabe des Vatikanblatts L' Oservatore Romano mit einer Auflage von 3.620 (Verlagsangabe) verlegt.

Das Gemeinschaftswerk der Evangelischen Publizistik gibt das auflagenstarke Monats-magazin „Chrismon" heraus, das vielen regionalen Tages- sowie Wochenzeitungen als Supplement beiliegt. Die sehr hohe verbreitete Auflage von fast 1,4 Mio. Exemplaren be-deutet aufgrund der für das Publikum ‚kostenlosen' Mitverbreitung nicht unbedingt eine große Leserschaft. Die Auflagenzahlen der konfessionellen Presse betrugen 2024 insge-samt noch 413.000 (nur IVW-gemeldete Titel, ohne Bundesausgabe von Chrismon), sie fallen seit Jahren deutlich.[62]

In Deutschland existieren auch viele *fremdsprachige Titel der Diasporapresse* mit zum Teil höheren Auflagen. Es handelt sich entweder um Deutschlandausgaben von Zeitungen aus den Ursprungs- oder Heimatländern, um in Deutschland gegründete Exil- und Diasporatitel für Migrantinnen und Migranten oder um die Presse der sorbischen und der dänischen Minderheiten.

Als Abendzeitung erscheint täglich die obersorbische Serbske Nowiny (Auflage über 2000), darüber hinaus gibt es konfessionelle Pressetitel, wie die katholische Wochenzei-tung Katolski Posoł (Auflage ca. 2500) und die evangelische Monatszeitschrift Pomhaj Bóh in obersorbischer Sprache. Ebenfalls monatlich erscheint Serbska šula (Die sorbische Schule) für Lehrer; in niedersorbischer Sprache ist vor allem die Wochenzeitung Nowy Casnik (Auflage ca. 1000) zu nennen. Die monatliche Kulturzeitschrift Rozhlad Serbski kulturny časopis (Umschau. Sorbische Kulturzeitschrift; Auflage 415) enthält Beiträge in Ober- und Niedersorbisch; je eine ober- und niedersorbische Ausgabe gibt es für die monatlich erscheinenden Kinderzeitschriften Płomjo bzw. Płomje (Flamme) mit Auflagen von 1600 bzw. 850 Exemplaren. Die wichtigste dänische Zeitung in Deutschland ist das traditionsreiche und vom dänischen Staat subventionierte Organ der dänischen Minderheit Flensborg Avis (Auflage 4371), die täglich eine deutsch- und eine dänischsprachige Aus-gabe bietet.[63]

Russischsprachige Zeitungen und Zeitschriften haben seit der Oktoberrevolution in Deutschland eine Tradition, auch gegenwärtig erscheinen einige Blätter mit zum Teil be-achtlichen Auflagen. Zu nennen sind neben der mit einer geringen Auflage von 1000 er-scheinenden Iswestija zum Beispiel Argumenti i Fakty Europa (70.000[64]). Ausgaben der Neuen Zürcher Zeitung (Internationale Ausgabe bzw. Ausgabe für Deutschland) und der britischen Financial Times erscheinen für den Vertrieb in Deutschland am Börsen- und Bankenort Frankfurt täglich mit mehreren Tausend Exemplaren.

---

[62] https://fowid.de/meldung/bistumszeitungen-1950-2023 [14.04.2025].

[63] Auflage Flensburg Avis lt. IVW IV/2024.

[64] https://firmeneintrag.creditreform.de/65183/6250179241/AIF_EUROPE_GMBH [23.06.2024].

Ökonomische und publizistische Pressekonzentration

Neben der dezentralen regionalen Abonnementzeitungsstruktur und der Vielzahl der Zeitschriftentitel ist die *wirtschaftliche und publizistische Konzentration* ein weiteres dominantes Strukturmerkmal der deutschen Presse.

Weil in Deutschland die Presse ganz überwiegend privatwirtschaftlich organisiert ist, hängen ökonomische und publizistische Konzentration eng zusammen: Ökonomische Konzentration tritt immer auf, wo Economies of Scale, also Größenvorteile wirksam werden und die Unternehmens-, hier die Verlagsstrategien auf die Nutzung dieser Kostenvorteile setzen. Im Ergebnis kommt es auf den miteinander gekoppelten Pressemärkten (Publikums- und Werbemarkt) zu einem Verdrängungswettbewerb: Marktmechanismen, das Scheitern kleinerer Verlage und gezielte Verlagsstrategien des Kostenwettbewerbs führen zu Konzentration. Ökonomische Presse- und Medienkonzentration muss theoretisch zwar nicht zu publizistischer Konzentration führen, wenn es eine Vielzahl unabhängiger Redaktionen mit einer ausgeprägten Inneren Pressefreiheit gibt. Aus ökonomischen Gründen ist dies aber unwahrscheinlich, denn betriebswirtschaftlich ist Konzentration aus Kostengründen sinnvoll, d. h. man wird – wie zahlreiche Beispiele gezeigt haben – Redaktionen kooperieren lassen und schließlich fusionieren; die Zahl unabhängiger publizistischer Einheiten (Redaktionen) sinkt. Kooperation, oftmals die Vorstufe einer Unternehmenskonzentration (sei es durch Fusion oder Kauf), kann in der Presse auf verschiedenen Produktionsstufen beobachtet werden: Die Kooperation oder Zusammenlegung von Redaktionen ist die publizistisch fragwürdigste Form, während die Kooperation bei Druck, Vertrieb oder Anzeigenvermarktung zunächst weniger Fragen aufwirft oder zur Effizienzsteigerung des Pressebetriebs und damit sogar zum Erhalt redaktioneller Vielfalt führen kann.

Durch ökonomische Konzentration wird auch der publizistische Wettbewerb eingeschränkt, es kommt zu Marktversagen, weil das öffentliche Gut der Meinungsvielfalt sowie der Publizitäts- und Artikulationschancen strukturell durch Pressekonzentration bedroht oder gefährdet ist. Eine rein wirtschaftswissenschaftliche Sichtweise erscheint aus kommunikationswissenschaftlicher Sicht zumindest fahrlässig, weil es hier nicht um den Missbrauch von Marktmacht etwa bei der Preissetzung geht, sondern um ein nicht-ökonomisches Ziel (Externalität), nämlich die Kommunikationsfreiheit. Versteht man dieses Grundrecht nicht nur im Sinne eines liberalen Abwehrrechts gegenüber dem Staat, sondern ein positives Recht, das durch den Staat zu garantieren ist, erweist sich Pressekonzentration (und Medienkonzentration insgesamt) als politisches Problem. Die medienpolitische Entscheidung für eine kapitalistische und staatsferne Presseordnung führt dann zu unerwünschten Folgen bzw. Gefahren, die der politischen Regulierung bedürfen. Dies gilt auch heutzutage, denn noch immer werden wesentliche Teile der öffentlichen Kommunikation und der Meinungsbildung durch die Redaktionen der Pressemedien geleistet. Für die lokale und regionale Berichterstattung bzw. Meinungsbildung dürfte das mangels institutionalisierter Alternativen, also anderer professioneller journalistischer Medien sogar in besonderem Maße zutreffen.

Publizistisch entscheidend bei Konzentrationsprozessen ist die strukturelle Vielfalt; als Maß hierfür hat Walter J. Schütz mit dem Beginn der bundesdeutschen Pressestatistik im Jahre 1954 die Publizistische Einheit (PE) definiert.

► Darunter versteht man Tageszeitungs-Vollredaktionen, die den gesamten aktuellen Mantelteil der Zeitung (meist die Seiten 1 und 2) mit den für die Meinungsbildung besonders relevanten Kernressorts Politik, Wirtschaft und ggf. Kultur selbstständig erstellen (vgl. Schütz 2009, S. 454). An anderer Stelle definiert Schütz (2012, S. 570) etwas abweichend, dass die „aktuellen politischen Nachrichten – vollständig oder (bei Übernahme von Seitenteilen) in wesentlichen Teilen" übereinstimmen müssen, um von einer Publizistischen Einheit zu sprechen.

Mithilfe dieser Kennziffer kann man die historische Entwicklung, konkret die Konzentrationswellen der Presse recht gut nachvollziehen, wie die pressestatistischen Daten verdeutlichen (vgl. Tab. 6.6): 1954, also nach der Marktöffnung für die Altverleger gab es in Westdeutschland 225 Publizistische Einheiten, bis 1976 ging die Zahl drastisch auf 121 Vollredaktionen zurück, was in etwa der Anzahl der Lizenzzeitungen entspricht. Die Ursachen dieses so genannten „Zeitungssterbens" liegen nicht in der Entwicklung der Nachfrage auf dem Werbe- oder dem Lesermarkt, denn im selben Zeitraum konnte die verkaufte Gesamtauflage der Tageszeitungen sogar um fast 50 % gesteigert werden und die Werbeinvestitionen der deutschen Wirtschaft wuchsen ebenfalls. Ausschlaggebend war der ökonomische Verdrängungswettbewerb: Das Erscheinen kleinerer Zeitungen wurde vielfach eingestellt, vor allem aber wurden diese Blätter aufgekauft oder fusionierten mit anderen Verlagen (54 Fälle). Auch wenn die Verlage wirtschaftlich selbstständig blieben, bildeten sie zum Teil Redaktionsgemeinschaften, fusionierten die Zeitungsmäntel oder kauften sie zu, wodurch es in 56 Fällen zur publizistischen Konzentration kam. Zudem mussten acht Zeitungen der verbotenen Kommunistischen Partei Deutschlands ihr Erscheinen einstellen (vgl. Kisker et al. 1979, S. 202).

Tab. 6.6 Konzentration der Tagespresse in Deutschland 1954–2017. (Quelle: Schütz 2012, S. 571. Aktuellere Daten sind nicht verfügbar, weil die amtliche Pressestatistik und die Stichtagssammlung (Walter J. Schütz † 2013) nicht mehr durchgeführt werden. Die Angaben für 2017 beruhen auf BDZV (2017, S. 284) und eigenen Berechnungen)

Jahr	Publizistische Einheiten (PE)	PE Index	Verlage als Herausgeber	Index	Ausgaben	Index	Verkaufte Auflage Mio.	Index
1954	225	100	624	100	1500	100	13,4	100
1976	121	54	403	65	1229	82	19,5	146
DDR	*37*		*38*		*291*		*9,6*	
1991	158	100	410	100	1673	100	27,3	100
2000	136	86	356	87	1584	95	23,7	87
2012	130	82	333	81	1532	92	18,2	67
2017	120	76	323	79	1497	89	14,7	54

In Ostdeutschland wirkten bis 1990 keine Markt-, sondern politische Parteimechanismen konzentrationsfördernd. Es gab zwar eine stabile Anbieterstruktur, aber nur weil es gerade keine Pressefreiheit, geschweige denn eine publizistische Vielfalt geben sollte: Die Presse der DDR war in der Hand der Staatspartei SED, der Blockparteien und der Massenorganisationen (Freie Deutsche Jugend, Deutscher Turn- und Sportbund, Freier Deutscher Gewerkschaftsbund) und wurde aus politischen Gründen wirtschaftlich subventioniert (insbesondere über den Preis) sowie publizistisch gelenkt (Lizenzpflicht, Auflagen- bzw. Papierzuteilung, journalistische Ausbildung und Personalauswahl, Lenkungsgremien, Selbstzensur).[65] Die noch von der letzten DDR-Volkskammer begründete und später vom Bundesfinanzministerium beaufsichtigte Treuhandanstalt war auch für die Neuordnung der Presse in Ostdeutschland zuständig. Dabei orientierte sie sich jedoch alleine an wirtschafts- und sozialpolitischen Kriterien, also am notwendigen Kapital- und Investitionsbedarf sowie an der Sicherung von Arbeitsplätzen, während publizistische Kriterien keine Rolle spielten. Die an den Bezirken der DDR ausgerichtete Marktstruktur mit sehr großen Verbreitungsgebieten und hohen Auflagen blieb trotz der nun fehlenden politischen Korrespondenzen zu Verwaltungsgebieten erhalten; eine Entflechtung der Monopolstrukturen und Aufteilung des Verlagsbesitzes fanden nicht statt. Fast ausnahmslos wurde an große westdeutsche Verlage verkauft, die hierdurch die bundesweite Konzentration weiter vorantreiben und in manchen Fällen auch ihr angestammtes Verbreitungsgebiet gen Osten erweitern konnten. Auch die Blockparteien und Massenorganisationen der DDR förderten die Konzentration, indem sie ihre Presseorgane an westdeutsche Verlage verkauften.[66] Das Bundeskartellamt wurde nicht aktiv (vgl. Pürer und Raabe 2007, S. 234–248), wohl auch weil der politische Wille der Bundesregierung Kohl hierzu fehlte.[67] Nur vier der fast einhundert Neugründungen waren mittelfristig erfolgreich, zwei sind mittlerweile aber mit ehemaligen Wettbewerbern zusammengelegt.[68] Im Ergebnis nahm die strukturelle Pressekonzentration in Ostdeutschland und in Gesamtdeutschland durch die Umstellung vom staatskapitalistischen System auf einen Pressemarkt und das beschriebene Politikversagen der Bundesregierung zu. Von den 37 (allerdings nicht wirklich unabhängigen) „Publizistischen Einheiten" der DDR sind heute nur noch 20 am Markt.

Nachdem die Pressekonzentration – bezogen auf die Publizistischen Einheiten – einige Jahre lang nahezu zum Stillstand gekommen war, führten die als „Zeitungskrise" bezeichneten drastischen Auflagenverluste (vgl. den entsprechenden Indexwert in Tab. 6.6)

---

[65] Vgl. Pürer und Raabe (2007, S. 173–205) sowie vertiefend: Meyen und Fiedler (2011), Baerns (1990), Holzweißig (1989, 1991, 1997).

[66] Der Axel Springer-Verlag kaufte fast die gesamte NDPD-Presse sowie das „Deutsche Sportecho", der Verlag der Frankfurter Allgemeinen kaufte die CDU-Organe und das „Bauern-Echo." Alle Zeitungen existieren heute nicht mehr, während 14 ehemalige SED-Bezirksblätter als Erstzeitungen im Markt überlebt haben.

[67] Vgl. zur Presseentwicklung in Ostdeutschland nach der Wende Röper (1991), Schneider (1992, 1999) sowie Mahle (1992).

[68] Altmark-Zeitung (Salzwedel), Oranienburger Generalanzeiger sowie (nicht mehr eigenständig) Torgauer Zeitung und Döbelner Anzeiger, vgl. Schütz (2009, S. 455).

und Werbeeinbußen in den letzten rund 15 Jahren zu weiterer Redaktionskooperationen und -zusammenlegungen. Hiervon war beispielsweise die Gießener Allgemeine und die Alsfelder Allgemeine (Gesamtauflage 24.000) und die Wetterauer Zeitung (rund 18.000 Auflage) betroffen, die 2017 mit der Hessisch-Niedersächsischen Allgemeinen (Auflage rund 190.000, im Besitz der Ippen-Gruppe) fusioniert wurden.[69] Traditionsreiche aber sehr kleinauflagige Zeitungen wie das Gelnhäuser Tageblatt mit einer 184-jährigen Geschichte aber nur 4600 Exemplaren Druckauflage werden aus wirtschaftlichen Gründen schlichtweg eingestellt.[70] Die Zahl der Publizistischen Einheiten sank auf nur noch 121. Allerdings stellt sich gegenwärtig in Anbetracht einer zunehmenden Zahl enger redaktioneller Kooperationen verstärkt die Frage, ob hier noch von eigenständigen Vollredaktionen die Rede sein kann. Zum einen haben sich mittlerweile Newsrooms oder Newsdesks etabliert, die zum Teil crossmedial arbeiten oder zumindest verschiedene Printmedien mit – mehr oder weniger variierten – journalistischen Beiträgen auf der Basis derselben Rechercheleistung versorgen. Zum anderen haben sich in den letzten fünf Jahren verstärkt Kooperationsmodelle durchgesetzt, bei denen Zentralredaktionen die überregionale Berichterstattung (meist aus Berlin) für die Regional- und Lokalzeitungen einer Verlagsgruppe oder sogar darüber hinaus leisten.

Allerdings wirft die redaktionelle Entwicklung der letzten Jahre die Frage auf, ob die ‚Publizistische Einheit' noch den geeigneten validen Maßstab darstellt: Nicht zuletzt durch die vollständige Digitalisierung der Zeitungsherstellung ist es einfacher und billiger geworden, auch aktuelle Artikel zwischen den Redaktionen desselben Verlags ebenso wie über Verlagsgrenzen hinweg auszutauschen bzw. mehrfach zu verwerten. Aufgrund der rückläufigen Pressemarktentwicklung und dem daraus resultierenden Kostendruck machen immer mehr Verlage daher von verschiedenen Formen der Kooperation Gebrauch. Im Extremfall erscheinen textidentische Tageszeitungen unter verschiedenen Titel (oder „Zeitungsköpfen") oder besitzen gar keine Redaktion mehr, weil die Inhalte aus anderen redaktionellen Quellen zusammengestellt werden („Zombie-Zeitungen"). Häufig werden Zeitungsmäntel, die ja ein zentrales Kriterium für unabhängige Publizistische Einheiten waren, nicht mehr selbst hergestellt, sondern von anderen Redaktionen. Gerade bei größeren Verlagshäusern können Zeitungsredaktionen auf ein Portfolio von redaktionellen Beiträgen zurückgreifen, aus denen für einen konkreten Zeitungstitel nur noch eine Auswahl getroffen wird. Das bedeutet, dieselben Artikel erscheinen ggf. unter veränderten Überschriften, gekürzt oder ergänzt in mehreren Zeitungen. Das maßgeblich von der Deutschen Druck- und Verlagsgesellschaft (der Medienbeteilungsgesellschaft der SPD) sowie dem Hannoveraner Madsack-Konzern betrieben Redaktionsnetzwerk Deutschland (rnd) beliefert rund 65 regionale und lokale Tageszeitungen mit aktuellen Nachrichten aus Politik, Wirtschaft, Kultur, Sport und vielen anderen Ressorts (https://www.madsack.de/portfolio/journalistische-staerke/). Auch die Zeitungsmäntel der belieferten Lokal- und Regionaltitel werden also letztlich zumindest in weiten Teilen von derselben Zentralredaktion er-

---

[69] Vgl. epd medien aktuell Nr. 37a, 21.02.2017.
[70] Vgl. epd medien aktuell Nr. 20a, 27.01.2017.

stellt, sodass sie nicht mehr als unabhängige Publizistische Einheiten gelten können. Die genaue Ermittlung der Anzahl Publizistischer Einheiten erfordert im Grunde nicht nur eine Stichtagssammlung aller deutschen Tageszeitungen, sondern eine regelmäßige aufwändige Inhaltsanalyse, um Überschneidungen zu identifizieren und Auskunft über Kooperationen bzw. den Verlust redaktioneller Selbstständigkeit zu erhalten (vgl. hierzu Dogruel et al. 2019). Wenn man nicht mehr wie Schütz (2012, S. 573) die redaktionelle Eigenleistung dieser Blätter als hinreichend bewertet, reduziert sich die Zahl beträchtlich: als sowie für den Zeitraum 2008 bis 201 Schütz 2012, S. 573). Die Zahl der in der obigen Tabelle angegebenen 120 Publizistischen Einheiten (für 2017) reduziert sich dann um mindestens 35 eng kooperierende Redaktionen.

In der Pressekonzentrationsforschung unterscheidet man zwischen absoluter und relativer Konzentration sowie zwischen ökonomischer und publizistischer Konzentration:

▶   Absolute Konzentration meint die geringe Anzahl von Anbietern auf einem Markt insgesamt, relative Konzentration bezeichnet die Verteilung von Marktanteilen, gemessen in Umsatz, Auflage und Titeln.

Auch bei geringer oder mäßiger absoluter Konzentration (also einer Vielzahl von Verlagen) kann die relative Konzentration also sehr hoch sein, wenn wenige Verlage den Großteil des Umsatzes, der Auflage oder der Titelzahl kontrollieren.

Die fünf größten Verlagsgruppen hatten 2022[71] einen Marktanteil von 57,8 % (zum Vergleich: 2016 waren es erst 42,3 %) (vgl. Röper 2016, S. 254; 2022, S. 295). Zu nennen sind insbesondere (vgl. Röper 2022, S. 296–311):

• 2022 führte die Verlagsgruppe Stuttgarter Zeitung/Rheinpfalz/Südwest Presse (Südwestdeutsche Medienholding, SWMH) bei der Tageszeitungsauflage mit 11,8 % der Gesamtauflage der Tageszeitungen den Markt an. Die Gruppe ist an über 30 regionalen Tageszeitungen in Südwestdeutschland (z. B. Stuttgarter Zeitung, Stuttgarter Nachrichten, Die Rheinpfalz Ludwigshafen, Südwestpresse Ulm, Schwarzwälder Bote) und in Ostdeutschland (z. B. Freie Presse Chemnitz, Märkische Oderzeitung) maßgeblich beteiligt bzw. besitzt einige der Blätter vollständig. Auch an der überregional verbreiteten Süddeutschen Zeitung hält die Gruppe über 80 % der Anteile (vgl. Röper 2022, S. 305–305), Im Medienvielfaltsmonitor 2024 der Landesmedienanstalten wird der der SWMH am Meinungsmarkt der Tageszeitungen mit 8,9 % angegeben (vgl. Die Medienanstalten 2024, S. 23).

• Der Axel Springer Verlag belegte 2022 mit 10,6 % Rang 2 bei den Auflagen, wobei es sich hier vor allem um die Regionalausgaben der Boulevardblätter BILD und B.Z. (Berlin) sowie die überregionale Qualitätszeitung Die Welt handelt. Im Boulevardsektor dominiert Springer mit 83,1 % (2022); (vgl. Röper 2022, S. 306). Der Medienvielfaltsmonitor weist für 2023 bzw. 2024 alleine für BILD einen Marktanteil von 17,2 % (Leser-

---

[71] Es handelt sich 2025 noch immer um die jüngsten verfügbaren Daten.

schaft pro Ausgabe) und für Springer einen Anteil von 20,2 % am Meinungsmarkt der Tageszeitungen aus (vgl. Die Medienanstalten 2024, S. 22–23). Springer setzt nicht nur auf die Digitalisierung der Zeitungen im Sinne des zunehmenden Ersatzes von Print- durch Online-Ausgaben, sondern auch auf sog. Künstliche Intelligenz bei der Produktion. 2024 wurden 200 Stellen von Journalistinnen und Journalisten (etwa ein Drittel der Belegschaft) gestrichen, die durch KI-Tools ersetzt werden sollen. Die ehemals 18 Regionalausgaben der BILD werden durch Fusionen (z. B. Leipzig, Dresden und Chemnitz zur Sachsen-Ausgabe, Zusammenlegung von Köln- und Düsseldorf- Ausgaben) auf elf Ausgaben reduziert, die Regionalberichterstattung auf jeweils eine Seite (+ eine Seite Regionalsport) gekürzt. Insgesamt sollen auf diese Weise 100 Mio. € eingespart werden (vgl. Hanfeld 2023a, S. 13; Murphy und Scheppe 2023). Auch beim früheren ‚Flagschiff' Welt sollen Stellen in höherer zweistelliger Zahl abgebaut werden (vgl. Baumstieger 2025, S. 19).

- Die Funke-Mediengruppe verlegte 2022 13 regionale Tageszeitungen, vor allem in Nordrhein-Westfalen (insbesondere Westdeutsche Allgemeine, Westfälische Rund- schau, Neue Ruhr/Neue Rheinzeitung, Westfalenpost), in Thüringen (Thüringer All- gemeine, Thüringer Landeszeitung, Ostthüringer Zeitung) sowie die (vor einigen Jah- ren von Springer gekauften) Titel in Hamburg und Berlin, wo die Berliner Morgenpost verlegt wird und Funke eine Zentralredaktion für Deutschland unterhält (vgl. Röper 2022, S. 306–308). Für 2024 gibt der Medienvielfaltsmonitor einen Meinungsmarktan- teil von 9,6 % für Funke an (vgl. Die Medienanstalten 2024, S. 23)
- Die Ippen-Gruppe ist vor allem in Hessen (u. a. Frankfurter Neue Presse, Frankfurter Rundschau, Hessische/Niedersächsische Allgemeine) dominant, aber auch auf dem Münchner Zeitungsmarkt (Münchner Merkur, t.z.) sowie in anderen Bundeländern prä- sent. Sie unterhält eine Zentralredaktion für die überregionale Berichterstattung bei der Frankfurter Neuen Presse (vgl. Röper 2022, S. 307–310).
- Die Verlagsgruppe Madsack-Verlag (Hannover) gilt als nicht nur als dritt- bis viert- größter Tageszeitungsverlag (2022: 5,6 % Gesamtmarktanteil; vgl. Röper 2022, S. 296), sondern aufgrund des von ihr betriebenen Redaktionsnetzwerks Deutschland auch als besonders meinungsrelevant. Laut Berechnungen des Medienvielfaltsmonitors legte Madsack auf 15 % Anteil am Meinungsmarkt der Tageszeitungen zu (vgl. Die Medien- anstalten 2024, S. 23). Madsack verlegt nicht nur die Hannoversche Allgemeine und die Neue Presse Hannover sowie zahlreiche weitere niedersächsische Titel, sondern auch große ostdeutsche Tageszeitungen (z. B. Leipziger Volkszeitung, Dresdner Neu- este Nachrichten, Ostsee-Zeitung) (vgl. Röper 2022, S. 312). Madsack hat 2024 die Anteile der Bertelsmann AG an der Dresdner Mediengruppe DDV (Sächsische Zei- tung, Morgenpost) gekauft und plant deren vollständige Übernahme. Die Landes- redaktion der Sächsischen Zeitung wurde mit derjenigen der Leipziger Volkszeitung fusioniert, sodass insgesamt 30 Stellen eingespart werden. Von den 17 Lokalausgaben werden wohl nur elf erhalten bleiben. Wegen kartellrechtlicher Probleme musste Mad- sack seine Dresdner Neuesten Nachrichten und zwei Blätter in Döbeln verkaufen (vgl. Hanfeld 2024, S. 15; Salem 2024, S. 20).

Bei allen bislang aufgeführten Konzernen handelt es sich um Verlage, die seit Jahrzehnten kontinuierlich auf dem deutschen Pressemarkt agieren und durch Aufkäufe von Titeln anderer Verlage, die Zusammenlegung von Redaktionen oder die Einstellung von Ausgaben die Pressestrukturen maßgeblich geprägt haben. Die meisten diese Großverlage sind oder waren im Besitz deutscher Verlegerfamilien, während internationale oder branchenfremde Investoren lange Zeit keine Rolle auf dem deutschen Tageszeitungsmarkt spielten. Der Medienvielfaltsmonitor weist für 2024 einen beträchtlichen Anteil am Meinungsmarkt der Tageszeitungen (20,2 %, also genauso viel wie Springer) einem andersartigen Unternehmen zu: KKR steht für Kohlberg, Kravis, Roberts, ein US-amerikanisches Investmentunternehmen, dessen Geschäftsmodell immer wieder mit „Heuschrecken" verglichen wird. KKR kauft allein unter Renditegesichtspunkten andere, meist wirtschaftlich angeschlagene Unternehmen auf, um sie meist durch Massenentlassungen, Teilverkäufe bzw. -schließungen und andere Maßnahmen innerhalb von wenigen Jahren profitabel zu machen und dann wieder zu verkaufen. Verlegerische und publizistische Ambitionen oder eine besondere Verbundenheit mit der Presse bzw. den Medien und ihrer öffentlichen Aufgabe dürfte von diesem Unternehmenstypus noch weitaus weniger als von klassischen Verlegern und Verlegerrinnen zu erwarten sein. KKR[72] ist u. a. mit 35,6 % an Axel Springer SE beteiligt und hält damit die größten Anteile an dem Medienkonzern.[73] 2024 wurde der Springer-Konzern umstrukturiert: Die klassischen Medienmarken befinden sich ganz überwiegend im Eigentum von Friede Springer und Mathias Döpfner; die nicht-journalistischen Online-Aktivitäten (z. B. Jobportale) sind mehrheitlich im Besitz der internationalen Investoren (vgl. Baumstieger 2025, S. 19).

Und noch ein zweites, unter Gesichtspunkten struktureller Vielfaltssicherung interessantes Unternehmen verdient besondere Erwähnung: Die Deutsche Druck- und Verlagsgesellschaft (ddvg) besitzt einen Marktanteil von rund 3,5 % (2022) und einen Anteil am Meinungsmarkt von immerhin 6 % (2024) (vgl. Röper 2022, S. 296; Die Medienanstalten 2024, S. 23). Eigentümerin dieser Holding mit Sitz in Berlin ist kein Verlag oder ein (presse)typisches (Familien-)Unternehmen, sondern die Sozialdemokratische Partei Deutschlands (SPD). Als Beteiligungsgesellschaft engagiert sich die ddvg vor allem im Medien- und Drucksektor, wobei das Ziel vor allem in der Erwirtschaftung von Erlösen zugunsten der Partei besteht, was sich allerdings als immer schwieriger erweist (vgl. Röper 2022, S. 313). Umfangreiche, wenngleich nicht mehrheitliche Beteiligungen an der Sächsischen Zeitung und der Morgenpost Sachsen würden theoretisch eine Einflussnahme auf Personal und indirekt auch die Linie der Blätter ermöglichen; empirische Nachweise hierfür liegen nicht vor. Die Erfahrungen mit der traditionsreichen Parteipresse der SPD haben gezeigt, dass dieser Pressetypus nicht mehr zeitgemäß erscheint. Nach dem Kauf der sechzigprozentigen Bertelsmann-Anteile an den beiden Dresdner Blättern durch Madsack ist geplant, dass dieser Verlagskonzern auch die ddvg-Anteile übernimmt (vgl. Hanfeld 2024, S. 15).

---

[72] Vgl. https://de.wikipedia.org/wiki/KKR_%26_Co. [30.05.2025].

[73] https://www.axelspringer.com/de/wer-wir-sind/corporate-governance [30.05.2025].

Kritisch zu beobachten sind aber nicht nur die bundesweiten Auflagen- und Umsatz-anteile einzelner Verlagsgruppen oder -konzerne sowie das Auftreten internationaler Kapital-investoren. Auch dort, wo noch mittelständische (Familien-)Unternehmen wirtschaftliche und lokalpublizistische Verantwortung tragen, verstärken sich die die Monopolstrukturen und möglicherweise auch die publizistische Versorgung mit qualitätsjournalistischen Lokal- und Regionalangeboten. Publizistisch wünschenswert wäre es, wenn mindestens zwei von-einander unabhängige Redaktionen im selben Berichterstattungsgebiet miteinander bei Themensetzung, Faktenrecherche, Investigation, Meinungsbildung und Berücksichtigung vielfältiger Sprechergruppen miteinander konkurrieren. Das ist in Deutschland aber seit mindestens rund zwei Jahrzehnten keineswegs die Regel: Bereits 2008 erschien in 239 von damals insgesamt 413 deutschen Städten und Kreisen (57,9 %) nur jeweils eine Zeitung, so-dass über 42 % der Bevölkerung keine Wahl (funktionales Äquivalent) zwischen zwei Lokal-zeitungen hatten.[74] Weitere 35 % der Bevölkerung konnten zwischen zwei Tageszeitungen wählen (vgl. Schütz 2009, S. 475). Der Anteil der „Einzeitungskreise" liegt nach einer neu-eren Untersuchung von 2023 bei 46,75 % bzw. 187 von 400 Landkreisen und kreisfreien Städten (vgl. Wellbrock und Maaß 2024, S. 15. Dieses Problem betrifft auch die Landes-politik: Im gesamten Bundesland Brandenburg existieren nur drei Publizistische Einheiten, in Sachsen-Anhalt sind es zwei und im Saarland gibt es nur die Redaktion der Saarbrücker Zeitung. Auch in vielen Großstädten ist die Lage kaum besser: Im 32 von 77 Großstädten er-schien nur eine Tageszeitung mit Lokalteil (vgl. HBI 2017, S. 11). Ein Beispiel für die Ver-armung der lokalen Medien und den Verlust von Vielfalt ist Nürnberg bzw. der Ballungsraum Nürnberg-Fürth-Erlangen mit rund einer Million Einwohnerinnen und Einwohner: Lange Zeit konkurrierten dort die *Nürnberger Nachrichten* mit der traditionsreichen *Nürnberger Zeitung*, beide wurden 2020 verschmolzen und werden seither aus derselben Redaktion be-stückt. Die *Abendzeitung*, eine Nürnberger Boulevardzeitung gab 2012 auf, die lokale BILD-Redaktion wurde 2023 geschlossen und das alternative Stadtmagazin *Plärrer* wurde 2017 eingestellt. Diese ‚Marktbereinigung' hat keineswegs dazu geführt, dass das verbleibende Monopolblatt der Nürnberger Presse nun über hinreichende Abonnement-, Einzelverkaufs- und Werbeerlöse verfügen würde, um die journalistische Qualität zu sichern oder gar zu stei-gern. Der Verlag schreibt offenbar erhebliche rote Zahlen und hat die Belegschaft um etwa die Hälfte reduziert, auch aus der Redaktion sind demnach rund 100 Beschäftigte in den letz-ten Jahren ausgeschieden (vgl. Ritzer 2025, S. 19). Auch der Blick auf andere Großstädte wie Stuttgart oder Köln zeigt, dass hinter verschiedenen Titeln dieselbe Redaktion steht. Be-zogen auf die Landkreise fällt auf, dass in Ostdeutschland nach wie vor die monopolartige Struktur der ehemaligen SED-Bezirkszeitungen herrscht. Nachrichtenwüsten (‚News Des-serts') wie beispielsweise in den USA sind in Deutschland noch nicht zu beobachten, aber eine ‚Versteppung' ist nicht auszuschließen. Internationale Studien deuten auf negative Fol-gen von Nachrichtenwüsten für die lokale Demokratie (Partizipation, Wahlbeteiligung), die Lösung von Problemen sowie die öffentlichen Haushalte hin, für Deutschland sind solche Folgen derzeit noch nicht nachweisbar (vgl. Wellbrock und Maaß 2024, S. 22–24). Sollten

---

[74] In Nordrhein-Westfalen gilt dies derzeit sogar für mindestens 45 %; vgl. Röper (2014, S. 255).

die Lokalredaktionen der Presse aus wirtschaftlichen Gründen weiter verkleinert werden oder gar wegfallen, müssten andere Medien ihre Funktion übernehmen. Bislang scheinen der lokale und regionale Hörfunk, das kaum zu finanzierende Lokalfernsehen, die selbst rückläufigen Anzeigenblätter nicht dazu in der Lage zu sein, die lokale Tagespresse zu substituieren oder Verluste zu kompensieren. Genuine, d. h. von der Lokalpresse unabhängige Onlinemedien mit professionellen lokaljournalistischen Angeboten haben sich bislang kaum etabliert. Der öffentlich-rechtliche Rundfunk könnte die möglicherweise entstehende Lücke grundsätzlich füllen, wenn hierfür die gesetzlichen und organisatorischen Voraussetzungen geschaffen würden, was derzeit nicht abzusehen und politisch – auch gegen den Widerstand der Lokalzeitungsverlage – kaum durchsetzbar erscheint.

Besonders ausgeprägt ist die Pressekonzentration auf dem *Boulevardzeitungsmarkt,* denn fünf Zeitungsgruppen teilen den Markt unter sich auf. Die Axel Springer SE dominiert mit einem Anteil von über 83 % an der seit Jahren sinkenden Gesamtauflage (vgl. Röper 2022, S. 306); vergleichbares gilt für den Markt der Sonntagszeitungen (Welt am Sonntag, BILD am Sonntag).

Marktzutritte sind aufgrund der etablierten Situation von lokalen und regionalen Abonnementzeitungen, seit den 1990er-Jahren aufgrund eines anhaltend schrumpfenden Lesermarktes sowie seit den 2000er-Jahre aufgrund des strukturell rückläufigen Print-Werbemarktes schwierig. Viele ostdeutsche Neugründungen im Zuge der Wende haben sich nicht halten können.

Konzentration des Zeitschriftenmarktes

Die Gesamtauflage der Publikumszeitschriften schrumpft seit Jahren und lag 2020 bei 61 Mio. Exemplaren je Erscheinungsperiode (zum Vergleich 2009: 114 Mio.) (vgl. Vogel 2016, S. 321; 2022, S. 321; VDZ 2010, S. 169). Auch wenn aufgrund der hohen Titelzahl keine eklatanten Gefahren für die inhaltliche Vielfalt insbesondere hinsichtlich der öffentlichen Meinung zu befürchten sind, muss sowohl der Rezipienten- als auch der Werbemarkt der Zeitschriften als Oligopol bezeichnet werden (vgl. auch Sjurts 2005, S. 121–122). Die Auflagen und Umsätze konzentrieren sich im Kern seit Jahrzehnten auf die vier Großverlage Bauer, Burda, Gruner + Jahr (mittlerweile Teil von RTL) sowie seit einigen Jahren die Funke-Gruppe (zuvor: WAZ) sowie Klambt. Die Marktanteile dieser fünf großen Verlage belaufen sich auf insgesamt 62,7 % der verkauften Auflage der Publikumspresse, im Teilmarkt der 14-tägig erscheinenden Zeitschriften sogar auf 81,7 % (vgl. Vogel 2022, S. 323).

Die *Produktportfolios* der einzelnen Verlagsgruppen unterscheiden sich voneinander (was den Wettbewerb wiederum begrenzt):

* Die Bauer Media Group (Hamburg) ist mit 47 Titeln und 19,5 % Gesamtmarktanteil bei den durch die IVW kontrollierten Publikumszeitschriften eindeutig der Marktführer. Neben den Programmzeitschriften (TV klar, TV14, TV Movie und Fernsehwoche) mit einer Gesamtauflage von über 6 Mio. zählen unterhaltende Frauenzeitschriften (sog.

Yellow Press) wie Tina, Laura, Neue Post, das Neue Blatt zu den hochauflagigen Titeln von Bauer. 2020 erzielte der Verlag über 60 % seines Konzernumsatzes im Ausland (vgl. Vogel 2022, S. 327–328).

- Die Funke-Mediengruppe (Essen) kommt nach der Übernahme vieler Titel aus dem Springer Verlag (z. B. Hörzu, Bild der Frau) auf 15,8 % Marktanteil, basierend auf 43 Publikumszeitschriften. Dominant sind dabei preiswerte Frauenzeitschriften (Bild der Frau, Echo der Frau, Frau im Spiegel etc.), Yellow Press (Die Aktuelle, Das Goldene Blatt) und Programmzeitschriften (Hörzu, Bild + Funk, Gong, TV digital, TV direkt) (vgl. Vogel 2022, S. 330–332).
- Hubert Burda Medien (München und Offenburg) verlegt 86 Titel und erzielt damit 14,4 % Marktanteil. Zu den auflagenstarken Titel zählen Focus (mit einer Reihe von Special-Titeln), Bunte, Freizeit Revue, Freundin, Super Illu sowie ebenfalls Programmzeitschriften (TV Spielfilm, TV Today) und Titel für Kinder (Benjamin Blümchen, Bibi Blockberg etc.), Rund ein Viertel der Konzernumsätze erzielte Burda 2022 im Ausland (vgl. Vogel 2022, S. 327, 332–335).
- Gruner + Jahr setzt auf höherpreisige Titel wie Stern, Brigitte, Geo oder Neon und Capital. G + J ist aber auch mit 25,3 % am sehr erfolgreichen Nachrichtenmagazin Der Spiegel und mit 43,9 % am Manager Magazin sowie mit knapp 60 % an der Motorpresse Stuttgart beteiligt. 2022 wurde G + J vom Mutterkonzern Bertelsmann an RTL Deutschland verkauft, ein Tochterunternehmen des europäischen Rundfunkkonzerns RTL, der bislang im Pressesektor nicht prominent vertreten war und sich ebenfalls überwiegend im Besitz von Bertelsmann befindet (vgl. Vogel 2022, S. 326, 335–338). Mit den 49 Titeln kommt G + J, selbst Teil des Bertelsmann-Konzerns, auf einen Marktanteil von 7,52 % (2022). RTL hat 2023 eine ganze Reihe von Zeitschriftentitel verkauft, beispielsweise Landlust, Essen und Trinken, P.M. (FAZ, 4.8.2023, S. 15); Eltern, Brigitte und Gala wurden 2025 an Funke abgetreten, allerdings muss das Kartellamt noch zustimmen. Es steht zu erwarten, dass auch durch Zusammenlegung journalistische Arbeitsplätze zumindest mittelfristig eingespart werden (vgl. Rausch 2025, S. 19).
- Der Verlag Klambt wies 2022 mit 32 Zeitschriftentiteln einen Marktanteil von 5,5 % an der Gesamtauflage je Erscheinungsintervall auf. Neben Yellow Press-Titeln (Die 2, 7 Tage, Bildwoche, Frau mit Herz, Für Sie usw.) gehören vor allem Fernsehprogrammzeitschriften (Funk Uhr, TV Neu etc.) zu seinem Portfolio (vgl. Vogel 2022, S. 337–339).

Die großen Zeitungsverlage arbeiten nicht nur international, wie die o. g. Beispiele Bauer und Burda, aber auch Bertelsmann oder Springer zeigen. Sie sind auch intermedial tätig, also gleichzeitig auf Presse-, Online und zum Teil auch Rundfunkmärkten. Zunehmend erwirtschaften die Medienkonzerne auch Erlöse aus Märkten, die nur begrenzt oder gar nicht mehr mit dem Kerngeschäft der Medien zusammenhängen.

Markteintrittsbarrieren

Die Markteintrittsbarrieren sind bei der Presse ausschließlich ökonomischer Natur, denn die Kommunikationsfreiheiten in Kombination mit der Gewerbefreiheit haben für eine ausgeprägte Staatsferne gesorgt. Gesetzliche oder behördliche Barrieren, etwa durch die Pressepolitik von Bund, Ländern oder Europäischer Union existieren nicht. Als ökonomische Barrieren sind die bereits erwähnten Economies of Scale sowie Verbundvorteile zwischen Leser- und Werbemarkt zu nennen, die dafür sorgen, dass Erstanbieter in einem Verbreitungsgebiet auch von den Werbekunden bevorzugt werden, was wiederum zu Kumulationseffekten (Anzeigen-Auflagen-Spirale; vgl. Abb. 6.2) führen kann. Neugründungen von Pressetiteln setzen erhebliche Investitionen voraus, das zu erwartende hohe Verlustrisiko wirkt abschreckend (vgl. Heinrich 1994, S. 255; Wirtz 2006, S. 162–163). Und schließlich sind Economies of Scope zu nennen, also die besseren Möglichkeiten der großen Verlage, Produktdifferenzierungen (zum Beispiel über Line Extensions ihrer eingeführten Marken) vorzunehmen oder inter- und crossmediale Synergien zu nutzen (konzerninterne Kooperationen, Mehrfachverwertungen etc.).

Der *Markteintritt* ist für neue Zeitschriften leichter als für Zeitungen; der Zeitschriftenmarkt ist bezogen auf die Neuerscheinung (aber auch die Einstellung) von Titeln vergleichsweise dynamisch. Die großen Verlagskonzerne nutzen in spezialisierten Entwickungsabteilungen ihre Erfahrung bei der Entwicklung neuer Titel und testen diese am Markt. Gute Kapitalausstattung („Risikokapital"), vorhandene Expertise, Marketing- und Vertriebsstrukturen erleichtern dieses zum Teil explorative Vorgehen, bei dem neue Titel auch wieder rasch eingestellt werden, wenn sie sich als wenig erfolgreich erweisen.

Ökonomisch ist die Verlagskonzentration bei Tages-, Sonntags- und Wochenzeitungen ebenso wie bei den Publikumszeitschriften sehr hoch. Publizistisch erscheint die Verlagskonzentration bei den Zeitschriften angesichts der thematischen Vielfalt der Titel (mit einer Reihe unabhängiger Redaktionen), den vergleichsweise geringeren Markteinrittsbarrieren und der insgesamt deutlich geringeren Bedeutung für die Nachrichtengebung jedoch weniger bedrohlich.

Konzentration im Pressevertrieb

Die Konzentration der Presse betrifft nicht nur die Zeitungs- und Zeitschriftenverlage bzw. Redaktionen. Auch die *Vertriebsstrukturen* sind in hohem Maße konzentriert. Das gilt vor allem für das bereits geschilderte Pressegrossokartell, das bei seit Jahren rückläufigem Umsatz 2024 noch 1,478 Mrd. erzielte.[75] Der Pressegroßhandel (Grosso) ist kartellartig strukturiert, d. h. die 14 Großhändler genießen in den 40 Pressegrossogebieten jeweils Monopolstellung. Der *Presseeinzelhandel* bildet in Deutschland mit 77.590 Verkaufsstellen (0,92 Einzelhändlern pro 1000 Einwohner)[76] ein weltweit einzigartig dichtes Netz.

---

[75] https://www.pressegrosso.de/fileadmin/user_upload/Presse-Grosso_in_Zahlen_2024.pdf [12.05.2025].

[76] https://www.pressegrosso.de/fileadmin/user_upload/Presse-Grosso_in_Zahlen_2024.pdf [12.05.2025].

Marktentwicklung77

Die Werbe- und Publikumsmärkte der Zeitungen und Zeitschriften unterliegen einem *strukturellen Schrumpfungsprozess* aufgrund des demografischen Wandels, veränderter Mediennutzung und intermediärer Konkurrenz: Insgesamt nimmt die Zahl der Leserinnen und Leser ab. Insbesondere jüngere Menschen nutzen verstärkt Online-Angebote, sodass Reichweite, Nutzungshäufigkeit und Nutzungsdauer der (gedruckten) Pressemedien weiter sinken werden. Auf dem Werbemarkt zeichnen sich strukturelle Umverteilungen zu Gunsten von Onlinemedien bzw. Plattformen und zu Lasten der Presse ab.

Die Tageszeitungen haben von 2028 bis 2024 rund ein Drittel ihrer Printauflage verloren. Auch wenn man die (von 1,4 auf 2,6 Mio.) gestiegene ePaper-Auflage berücksichtigt, liegt der Auflagenschwund noch immer bei gut einem Fünftel.[78] Die Werbeerlöse der Tageszeitungen sind von 2012 bis 2023 um 46,5 % (von 2,923 auf 1566 Mrd. €) gesunken, die der Publikumszeitschriften haben sich mehr als halbiert (von 1,235 auf 0,572 Mrd. €), ähnliches gilt für die Wochen- und Sonntagszeitungen (minus 47,5 %). Auch die Anzeigenblätter büßen ein (36 %), während sich die Situation der Fachzeitschriften verbessert hat und die digitalen Erlöse der Pressemedien auf 2,34 Mrd. € (2023) gewachsen sind.[79] Das genügt jedoch bei weitem nicht, um die Verluste in den Printmärkten auszugleichen.

Die strategische Antwort der meisten Presseverlage besteht in einer Kostensenkungsstrategie, die letztlich einer weiteren Pressekonzentration und dem Verlust publizistischer Vielfalt den Weg bereitet. Die Zusammenlegung von Lokalausgaben und -redaktionen, die Einrichtung von Zentralredaktionen und Newsdesks sowie die verstärkte Nutzung von Agenturen sowie verlagsinternen und -übergreifenden Kooperationen in Redaktion, Druck und Vertrieb verhelfen den Verlagen trotz dieser Marktentwicklung weiterhin zu ordentlichen Profiten, schaden aber potentiell der publizistischen Versorgung in den Regionen sowie der Pressevielfalt insgesamt.

Jenseits der Kostensenkungsstrategien geht es für die Verlage um alternative Erlösmodelle in einem digitalen Medienumfeld: Das reicht von der digitalen Werbe- und Paid Content-Vermarktung auf der eigenen Website, insbesondere als E-Paper, über Mehrfachverwertung journalistischer Inhalte durch den Verkauf an Portale oder andere Akteure im Netz. Die meisten Redaktionen betreiben selbst auch Social Media-Präsenzen, um Reichweiten zu erzielen. Allerdings verlieren die Verlage durch solche Distributions- und Erlösmodelle tendenziell den Kontakt und die Bindung zu Lesern und Abonnenten, vor allem aber verlieren sie (regionale) Werbekunden.

Die Zeitungs- und Zeitschriftenmärkte in Deutschland unterliegen seit langem einem wirtschaftlichen und publizistischen Konzentrationsprozess, der einen hohen Konzentrationsgrad erreicht hat und irreversibel ist. Die hohe publizistische Konzentration insbesondere im

---

[77] Vgl. für einen Rückblick auf die Marktentwicklung seit 1995 auch Pointner (2010, S. 49–57).

[78] https://www.ard-media.de/media-perspektiven/basisdaten/print [12.05.2025].

[79] Eigene Berechnungen auf Basis von ZAW-Daten; vgl. https://zaw.de/branchendaten/werbemarkt-nach-medien/ [12.05.2025] und ZAW 2017, S. 13.

lokalen Bereich wird durch eine insgesamt pluralistisch-liberale Presseauffassung gemildert, aber nicht durch funktionale Äquivalente wie Anzeigen- oder Gratisblätter, lokalen Rundfunk oder Online- bzw. Social Media-Angebote kompensiert. Dies steht auch künftig nicht zu erwarten, im Gegenteil dürfte die ökonomische und publizistische Konzentration weiter zunehmen. Interne Redaktionszusammenlegungen, crossmediale Kooperations-, Integrations- und Zentralisierungsstrategien weisen klar in diese Richtung.

Angesichts der tiefgreifenden Krise des klassischen Geschäftsmodells, das in dieser Form kaum mehr Zukunft haben dürfte, stellt sich die für die Verlage bzw. multimedial agierenden Medienkonzerne die Frage, ob sie sich nicht ganz oder teilweise vom Pressemarkt verabschieden, wie dies Springer SE und Bertelsmann bereits partiell getan haben. Für den (lokalen und regionalen) Journalismus ergibt sich zunehmend das Problem der zumindest kostendeckenden Finanzierung. Neue Organisationsformen wie Zusammenschlüsse von Journalistinnen und Journalisten, die eher gemeinwohl- als profitorientiert arbeiten, Stiftungsmodelle oder gar eine Aufgabeerweiterung des zu reformierenden öffentlich-rechtlichen Rundfunks hin zur Regional- und Lokalberichterstattung könnten in dem Maße an Bedeutung gewinnen wie die klassischen Pressemärkte publizistisch versagen und sich die Presseverlage aus der Presse zurückziehen.

Bislang allerdings lässt sich offenbar im Zeitungsgeschäft durchaus noch Geld verdienen, wie das Beispiel des Kölner Verlags DuMont zeigt, der 2023 mit dem Kölner Stadtanzeiger, der Boulevardzeitung Express, der Kölnischen Rundschau u. a. nicht nur einen Gewinn von knapp 77 Mio. € erwirtschaftete, sondern auch eine Umsatzrendite von 17,3 % (vgl. Wernicke 2024, S. 14).

6.5   Zusammenfassung: Strukturmerkmale

Die periodisch erscheinenden Printmedien (Presse im engeren Sinn) besitzen in Deutschland eine lange Tradition und (noch immer) eine hohe aktuelle Bedeutung für die politische (Hintergrund- und Lokal-)Information, die Analyse und Kritik, die öffentliche Meinungs- und Willensbildung, aber auch für Bildung, Unterhaltung und Beratung. Das ausdifferenzierte Pressesystem spielt trotz der intermediären Konkurrenz durch Rundfunk und publizistische Onlinemedien bis heute eine Schlüsselrolle, nicht zuletzt durch die digitalen Angebote der Verlage. Trotz tendenziell sinkender Reichweite und Werbeerlöse, nachlassender Vielfalt und einer strukturellen Krise des klassischen Geschäftsmodells der Presseverlage leisten die Redaktionen der Presse grundlegendes für die Information der Bürgerinnen und Bürger, den öffentlichen Diskurs und politische Meinungs- und Willensbildung. Ein vollständiger Ersatz der primär textbasierten, zunehmend aber mit Audio- und Videoformaten angereicherten Presseberichterstattung durch Rundfunk, Onlinemedien oder gar Social Media-Plattformen ist auch mittelfristig nicht absehbar. Allerdings dürfte die öffentlich und ggf. auch staatliche Förderung von Pressejournalismus – nicht notwendigerweise von Verlagen oder gar Verlagskonzernen – weiter an Bedeutung zur

Aufrechterhaltung einer informationellen und diskursiven „Grundversorgung" auch jenseits wirtschaftlich prosperierender Regionen und großer Städte gewinnen.

In Deutschland ist das allerdings seit längerem schwächelnde lokale und regionale Abonnementzeitungssystem prägend für die Tageszeitungen, während überregional verbreitete Qualitätszeitungen einerseits und die stark rückläufigen, überwiegend lokal operierende Boulevardzeitungen andererseits ergänzende Funktionen erfüllen. Eine räumliche Zentrierung der politisch bedeutsamen Tages- und Wochenzeitungen in der Hauptstadt gibt es in Deutschland – im Gegensatz etwa zu Großbritannien oder Frankreich – nicht. Deutschland verfügt über ein außergewöhnlich reichhaltiges Zeitschriftenangebot; das gilt für die Titelzahl, für die inhaltlich-thematische Bandbreite, die Zielgruppenorientierung und die verkaufte Auflage. Das Abonnementsystem der Tageszeitungen, das sehr dichte Netz von Presseverkaufsstellen, die Institutionen Pressepost und Pressegrosso gewährleisten eine flächendeckende Versorgung der Bevölkerung. Die staatliche Medienpolitik beschränkt sich nicht mehr nur auf eine diskriminierungsfreie steuerliche Subvention (reduzierter Mehrwertsteuersatz) und Privilegierung der Presse, weil diese eine öffentliche Aufgabe wahrnimmt, sondern bislang lediglich auf der Ebene einzelner Bundesländer auf die Förderung von Lokaljournalismus. Staatliche Pressepolitik einschließlich der Fördermaßnahmen muss sich an der grundgesetzlich gebotenen Staatsferne der Presse orientieren.

Die Presse ist in Deutschland mit Ausnahme der Verbandspresse sowie der konfessionellen und der insgesamt publizistisch nicht mehr bedeutsamen Parteipresse kapitalistisch organisiert. Dies stärkt die (äußere) Pressefreiheit im Sinne einer Unabhängigkeit vom Staat und anderen politisch dominanten Akteuren, wirft aber andere, systemtypische Probleme auf. Die marktwirtschaftliche Ordnung und das in eine strukturelle Krise geratene Geschäftsmodell der Presse (Auflagen- und daran gekoppelt vor allem Werbeverluste) münden in einer ökonomischen und publizistischen Konzentration der Presse. Die Zahl der unabhängigen Redaktionen ist drastisch gesunken, die Zahl der Einzeitungskreise bzw. lokalen Medienmonopole ist hoch: publizistisch versagt hier der Markt weitgehend, übrigens auch bei den Anzeigenblättern sowie im Rundfunk. Marktzutritte neuer Zeitungen sind nicht zu erwarten, weitere Kooperations-, Zentralisations- und Konzentrationsentwicklungen zeichnen sich ab, möglicherweise sogar der Rückzug (De-Investment) ressourcenstarker Medienkonzerne aus dem Pressemarkt. Das würde die Gefahr lokaler ‚Nachrichtenwüsten', also publizistisch unterversorgter Regionen heraufbeschwören. Überregional hingegen bieten die Qualitätstageszeitungen, die Sonntags- und Wochenpresse sowie das politisch relevante Segment der Zeitschriftentitel trotz wirtschaftlicher Konzentration eine beachtliche publizistische Vielfalt.

Die wichtigsten Merkmale der Organisationsstruktur der deutschen Presse auf der Mesoebene (Presseverlage) und der Makroebene (Pressemarkt) sind in Tab. 6.7 zusammengefasst.

Aus der Institutionalisierungsperspektive, also hinsichtlich der handlungsleitenden Regeln und Normen für die Presse, können die folgenden Strukturmerkmale der periodischen Presse in Deutschland festgehalten werden (vgl. Tab. 6.8).

Tab. 6.7 Organisation der Presse

Mikroebene	• Freie Journalistinnen und Journalisten • Redakteurinnen und Redakteure • sonstige Verlagsangestellte • Käufer- und Käuferinnen/Abonnentinnen und Abonnenten von Presseprodukten • Werbeplaner und -grafikerinnen • Fotografinnen und Fotografen, Grafikerinnen und Grafiker
Mesoebene	• Redaktionen als zentrale publizistische Akteure (Selektion, Präsentation, Kommentierung von Themen) • privatwirtschaftlich-kommerzielle Verlage als zentrale wirtschaftliche Akteure • Mischfinanzierung (Koppelprodukt) als traditionelles, aber prekäres Geschäftsmodell • First Copy-Kosten und Fixkostendegression (Auflage/Online-Rechweite) • Horizontale und vertikale Integrations- sowie Kostensenkungsstrategien • Digitalisierungs- und Crossmedia-Strategien (Vervielfachung/-fältigung der Formate: ePaper, News-App, Website, Social Media-Accounts etc.) • abnehmende Ergänzungsfunktion der konfessionellen, parteigebundenen und der Diasporapresse
Makroebene	• lokale bzw. regionale Tageszeitungsmärkte • thematisch und formal/stilistisch ausdifferenzierter Zeitschriftenmarkt • Marktversagen: sehr stark konzentrierter Zeitungs- und Zeitschriftenmarkt (Auflagen- und Verlagskonzentration) • Marktversagen: lokale Pressemonopole und crossmediale Lokalkonzentration (Anzeigenblätter, Hörfunk) • strukturell stark schrumpfende Leser- und Werbemärkte • Flächendeckender und neutraler Pressevertrieb (Pressegrosso) • hohe wirtschaftliche Markteintrittsbarrieren auf dem Zeitungsmarkt

Tab. 6.8 Institutionalisierung der Presse

Mesoebene	• Periodizität der Erscheinungsweise • Hohe Aktualität und abgestufte Universalität der Themen • Öffentliche Aufgabe und privates, kommerzielles Interesse der Verleger • Redaktion als genuine Institution der Presse • Redaktionelle Unabhängigkeit von Verlag und Werbung (innere Pressefreiheit, Trennungsgebot) • Abonnement-Modell und Leser-Blatt-Bindung
Makroebene	• Schutz durch Art. 5.1 und Art. 5.3 GG und Landespressegesetze • Staatsferne durch Marktorganisation • Normative Sonderstellung der Presse: Preisbindung, Umsatzsteuerermäßigung, Konzentrationskontrolle • BDZV und VDZ als einflussreiche medienpolitische Akteure • Deutscher Presserat und Publizistische Grundsätze (Pressekodex)

Wichtige Quellen und Websites zum Thema Presse

- www.bdzv.de
- www.ivw.de
- http://presseforschung.de/

Gesetze

- *Berliner Pressegesetz:* Berliner Pressegesetz vom 15. Juni 1965 (GVBl. S. 744); zuletzt geändert durch Art. 9 des Gesetzes vom 27. September 2021 (GVBl. S. 1117).
- *Betriebsverfassungsgesetz:* Betriebsverfassungsgesetz in der Fassung der Bekanntmachung vom 25. September 2001 (BGBl. I S. 2518), das zuletzt durch das Gesetz vom 19.07.2024 (BGBl. I S. 248) geändert worden ist.
- *Gesetz gegen Wettbewerbsbeschränkungen:* Gesetz gegen Wettbewerbsbeschränkungen (GWB) in der Fassung der Bekanntmachung vom 26. Juni 2013 (BGBl. I S. 1750, 3245), das zuletzt durch Artikel 6 des Gesetzes vom 5. Dezember 2024 (BGBl. 2024 I Nr. 400) geändert worden ist.
- Gesetz zur Gewährleistung der Unabhängigkeit des vom Deutschen Presserat eingesetzten Beschwerdeausschusses vom 18. August 1976 (BGBl. I S. 2215).
- *Pressegesetz des Landes Brandenburg:* Pressegesetz des Landes Brandenburg (Brandenburgisches Pressegesetz – BbgPG) vom 13. Mai 1993 (GVBl.I/93, [Nr. 10], S. 162), zuletzt geändert durch Artikel 3 Absatz 7 des Gesetzes vom 16. Dezember 2022 (GVBl.I/22, [Nr. 33], S.6).
- *Landespressegesetz Mecklenburg-*Vorpommern: (Landespressegesetz – LPrG M-V) vom 6. Juni 1983 (GVOBl. M-V S. 541), zuletzt geändert durch Art. 8 G zur Anpassung des LandesdatenschutzG und weiterer datenschutzrechtlicher Vorschriften an die VO (EU) 2016/679 und zur Umsetzung der RL (EU) 2016/680 vom 22.05.2018 (GVOBl. M-V S. 193).

Literatur

Arndt, Helmut. 1967. *Die Konzentration in der Presse und die Problematik des Verleger-Fernsehens.* Frankfurt a. M: Metzner.

Baerns, Barbara. 1990. *Journalismus und Medien in der DDR. Ansätze, Perspektiven, Probleme und Konsequenzen des Wandels.* Königswinter: Jakob-Kaiser-Stiftung.

Baumstieger, Moritz. 2025. Alles auf dem Prüfstand. *Süddeutsche Zeitung,* 6. Juni, S. 19.

BDZV. 2016. In *Zeitungen 2016/2017,* Hrsg. Bundesverband Deutscher Zeitungsverleger (BDZV). Berlin: BDZV.

BDZV. 2017. Bundesverband Deutscher Zeitungsverleger. Zahlen – Daten – Fakten. In *Zeitungen 2017/2018,* Hrsg. Bundesverband Deutscher Zeitungsverleger (BDZV), 282–308. Berlin: BDZV.

Beck, Klaus. 1994. *Medien und die soziale Konstruktion von Zeit. Über die Vermittlung von gesellschaftlicher Zeitordnung und sozialem Zeitbewusstsein.* Wiesbaden: Westdeutscher Verlag.

Beck, Klaus. 2021. *Kommunikationsfreiheit.* Wiesbaden: Springer VS.

Bermes, Jürgen. 1991. *Der Streit um die Presse-Selbstkontrolle: Der Deutsche Presserat. Eine Untersuchung zur Arbeit und Reform des Selbstkontrollorgans der bundesdeutschen Presse.* Baden-Baden: Nomos.

BKM Der Beauftragte der Bundesregierung für Kultur und Medien, Hrsg. 2008. *Medien- und Kommunikationsbericht der Bundesregierung 2008.* Berlin: BKM.

Bohrmann, Hans. 1999. Entwicklung der Zeitschriftenpresse. In *Mediengeschichte der Bundesrepublik Deutschland*, Hrsg. Jürgen Wilke, 135–145. Weimar: Böhlau.

Börsenverein des Deutschen Buchhandels, Hrsg. 2024. *Buch und Buchhandel in Zahlen 2024.* Frankfurt a. M: MVB.

Breyer-Mayländer, Thomas, et al. 2005. *Wirtschaftsunternehmen Verlag. Buch-, Zeitschriften und Zeitungsverlage*, 3., überarb. u. erg. Aufl. Frankfurt: Bramann.

Bücher, Karl. 1917. Die Anfänge des Zeitungswesens. In *Die Entstehung der Volkswirtschaft. Vorträge und Aufsätze von Dr. Karl Bücher. Erste Sammlung*, 10. Aufl., 229–260. Tübingen: H. Laupp.

Dachwitz, Ingo. 2023. *Chronologie einer Geisterfahrt. Gescheiterte Presseförderung.* Netzppolitik. org, 16. November 2023. https://netzpolitik.org/2023/gescheiterte-pressefoerderung-chronologie-einer-geisterfahrt/. Zugegriffen am 29.01.2025.

Deutsche Fachpresse. 2024. *Fachpresse-Statistik 2023 Zahlen zum deutschen Fachmedienmarkt.* https://www.deutsche-fachpresse.de/fileadmin/fachpresse/upload/bilder-download/markt-studien/fachpresse-statistik/2023/24_DFP_Fachpresse_Statistik_2023-Final.pdf. Zugegriffen am 31.01.2025.

Deutscher Presserat, Hrsg. 2024. *Jahresbericht 2023.* Berlin: DPR. https://www.presserat.de/jahresberichte-statistiken.html?file=files/presserat/bilder/Downloads%20Jahresberichte/DPR-2024-Jahresbericht%202023_BF.pdf&cid=886. Zugegriffen am 30.01.2024.

Dewenter, Ralf, und Jürgen Rosch. 2015. *Einführung in die neue Ökonomie der Medienmärkte. Eine wettbewerbsökonomische Betrachtung aus Sicht der Theorie der zweiseitigen Märkte.* Wiesbaden: Springer Gabler.

Die Medienanstalten. 2024. *Medienvielfaltsmonitor 2024.* https://medienvielfaltsmonitor.de/. Zugegriffen am 28.04.2025.

Dogruel, Leyla, et al. 2019. Die Publizistische Einheit als Auslaufmodell: Zur abnehmenden Validität eines pressestatistischen Standardmaßes. *Publizistik* 64(3): 329–344.

Eisermann, Jessica. 1993. *Selbstkontrolle in den Medien. Der Deutsche Presserat und seine Möglichkeiten*, Discussion Paper FS III, 93–102. Berlin: WZB.

epd. 2011. „Frankfurter Rundschau" baut 58 Stellen ab. *Evangelischer pressedienstmedien aktuell* 2011(127a): 4–5. (5.7.2011).

epd. 2016. Verleger: Kartellrechtsnovelle sichert Pressevielfalt. *Evangelischer pressedienst medien aktuell* 2016(219a).

epd/F.A.Z. 2023. Zunächst einmal gerettet. Tageszeitung ‚nd' sieht sich auf einem guten Weg. *Frankfurter Allgemeine Zeitung*, 11. Oktober, S. 13.

Glotz, Peter, und Wolfgang R. Langenbucher. 1968. Monopol und Kommunikation. *Publizistik* 13(2–4): 137–179.

Groth, Otto. 1928. *Die Zeitung. Das System der Zeitungskunde (Journalistik)*, Bd. 1. Mannheim: J. Bensheimer.

Günther-Kommission. 1968. Schlussbericht der Kommission zur Untersuchung der Gefährdung der wirtschaftlichen Existenz von Presseunternehmen und der Folgen der Pressekonzentration für die Meinungsfreiheit in der Bundesrepublik Deutschland. *Bundestags-Drucksache V/3122.*

GVPG 2024. Gesamtverband Pressegroßhandel. 2024. *Presse-Grosso in Zahlen 2023.* https://www.pressegrosso.de/fileadmin/user_upload/Presse-Grosso_in_Zahlen/Presse-Grosso_in_Zahlen_2023.pdf. Zugegriffen am 28.01.2025.

Haas, Marcus. 2005. *Die geschenkte Zeitung. Bestandsaufnahme und Studien zu einem neuen Pressetyp in Europa.* Berlin: Lit.

Hanfeld, Michael [miha]. 2023a. Massaker bei der „Bild". *Frankfurter Allgemeine Zeitung,* 20. Juni, S. 13.

Hanfeld, Michael. 2023b. Im Etat für 2024 nicht eingeplant. *Frankfurter Allgemeiner Zeitung,* 7. Juli, S. 15.

Hanfeld, Michael. 2024. Ein Verlag, eine Region. *Frankfurter Allgemeine Zeitung,* 11. Januar 2024, S. 15.

Hartung, Heinz-Eberhard. 1962. Die Konzentration im deutschen Zeitungs- und Zeitschriftenwesen. *Publizistik* 7(1): 34–38.

HBI. 2017. Hans-Bredow-Institut für Medienforschung der Universität Hamburg. In *Zur Entwicklung der Medien in Deutschland zwischen 2013 und 2016. Wissenschaftliches Gutachten zum Medien- und Kommunikationsbericht der Bundesregierung.* Hamburg: HBI.

Heinrich, Jürgen. 1994. *Mediensystem, Zeitung, Zeitschrift, Anzeigenblatt,* Medienökonomie, Bd. 1. Opladen: Westdeutscher Verlag.

Heinrich, Jürgen. 2001. *Mediensystem, Zeitung, Zeitschrift, Anzeigenblatt,* Medienökonomie, Bd. 1, 2., überarb. u. akt. Aufl. Wiesbaden: Westdeutscher Verlag.

Heinrich, Jürgen. 2002. Ökonomische Analyse des Zeitschriftensektors. In *Zeitschriften und Zeitschriftenforschung.* Publizistik, Sonderheft 3, Hrsg. Andreas Vogel und Christina Holtz-Bacha, 60–82.

Heinrich, Jürgen. 2010. *Mediensystem, Zeitung, Zeitschrift, Anzeigenblatt,* Medienökonomie, Bd. 1, 3. Aufl. Wiesbaden: Springer VS.

Holzweißig, Gunter. 1989. *Massenmedien in der DDR,* 2., vollst. überarb. Aufl. Berlin: Holzapfel.

Holzweißig, Gunter. 1991. *DDR-Presse unter Parteinkontrolle. Kommentierte Dokumentation.* Bonn: Gesamtdeutsches Institut.

Holzweißig, Gunter. 1997. *Zensur ohne Zensor. Die SED-Informationsdiktatur.* Bonn: Bouvier.

Hordych, Harald. 2024. ‚taz' stellt tägliche Printausgabe ein. *Süddeutsche Zeitung,* 16. September, S. 17.

IVW Informationsgememeinschaft zur Festtellung der Verbreitung von Werbeträgern. 2024. *IVW-Geschäftsbericht 2023/24.* Berlin, IVW: https://ivw.de/sites/default/files/ivwgb_2023-2024.pdf. Zugegriffen am 28.01.2025.

Janisch, Wolfgang. 2025a. Menschenwürde für wen? *Süddeutsche Zeitung,* 11. Juni, S. 19.

Janisch, Wolfgang. 2025b. Ein Freispruch klingt anders. *Süddeutsche Zeitung,* 25. Juni, S. 19.

Keller, Dieter, und Christian Eggert. 2016. Print, digital & mehr – Zur wirtschaftlichen Lage der Branche. In *Zeitungen 2016/2017,* Hrsg. Bundesverband Deutscher Zeitungsverleger (BDZV), 59–132. Berlin: BDZV.

Keller, Dieter, und Christian Eggert. 2024. *Zur wirtschaftlichen Lage der deutschen Zeitungen. Branchenbeitrag 2024.* Berlin: Bundesverband Digitalpublisher und Zeitungsverleger.

Kisker, Klaus Peter, Manfred Knoche, und Axel Zerdick. 1979. *Wirtschaftskonjunktur und Pressekonzentration in der Bundesrepublik Deutschland.* München: Saur.

Knoche, Manfred. 1978. *Einführung in die Pressekonzentrationsforschung.* Berlin: Spiess.

Koszyk, Kurt. 1966. *Deutsche Presse im 19. Jahrhundert.* Berlin: Colloquium.

Koszyk, Kurt. 1972. *Deutsche Presse 1914–1945.* Berlin: Colloquium.

Koszyk, Kurt. 1986. *Pressepolitik für Deutsche 1945–1949.* Berlin: Colloquium.

Kötterheinrich, Manfred. 1965. Die Konzentration in der deutschen Presse. In *Deutsche Presse seit 1945,* Hrsg. Harry Pross, 76–97. Bern: Scherz.

La Roche, Walther von. 2013. In *Einführung in den praktischen Journalismus. Mit genauer Beschreibung aller, Schweiz,* Hrsg. v. Gabriele Hooffacker und Klaus Meier, 19., neu bearbeitet. Aufl. Wiesbaden: Springer VS.

Löffelholz, Martin, Hrsg. 2004. *Theorien des Journalismus. Ein diskursives Handbuch*, 2., vollst. überarb. u. erw. Aufl. Wiesbaden: Springer VS.

Loosen, Wiebke, et al. 2023. *Journalismus in Deutschland 2023: Aktuelle Befunde zu Situation und Wandel*. (Arbeitspapiere des Hans-Bredow-Instituts, 68). Hamburg, Verlag Hans-Bredow-Institut: https://doi.org/10.21241/ssoar.89555.

Mahle, Walter A., Hrsg. 1992. *Pressemarkt Ost. Nationale und internationale Perspektiven*. München: Ölschläger.

Maier, Klaus. 2002. *Ressort, Sparte, Team. Wahrnehmungsstrukturen und Redaktionsorganisation im Zeitungsjournalismus*. Konstanz: UVK.

Marschall, Mina. 2024. Die Kirchenzeitung soll auferstehen. *Frankfurter Allgemeine Zeitung*, 30. März, S. 17.

Meyen, Michael, und Anke Fiedler. 2011. *Die Grenze im Kopf. Journalisten in der DDR*. Berlin: Panama-Verlag.

Meyen, Michael, und Claudia Riesmeyer. 2009. *Diktatur des Publikums. Journalisten in Deutschland*. UVK: Konstanz.

Michel-Kommission. 1967. Bericht der Kommission zur Untersuchung der Wettbewerbsgleichheit von Presse, Funk/Fernsehen und Film – Michel-Kommission. *Bundestags-Drucksache V/220*.

Murphy, Martin, und Michael Scheppe. 2023. Stellenabbau bei „Bild". *Der Tagesspiegel*, 19. Juni.

MVFP. 2024a. Medienverband der freien Presse. *Jahrespressekonferenz 2024. Berlin 19. März 2024. Präsentation*. https://www.mvfp.de/fileadmin/vdz/upload/news/JPK2024/MVFP_JPK2024.pdf. Zugegriffen am 20.12.2024.

MVFP. 2024b. Medienverband der freien Presse. *Erklärung zur Situation der freien Presse. Erklärung der Delegiertenversammlung des MVFP, Mittwoch, 20. November 2024*. https://www.mvfp. de/fileadmin/vdz/upload/services/Downloads/2024-11-20_ErklaerungDerDelegiertenversammlung_SituationDerFreienPresse.pdf. Zugegriffen am 29.01.2025.

MVFP. 2024c. Medienverband der freien Presse. *Memorandum zur Lage der freien Presse. Für eine sichere Zukunft des Journalismus der Verlage in unserer liberalen Demokratie. Juni 2024*. https://www.mvfp.de/fileadmin/vdz/upload/events/medienkongress/2024/2024-06-06_MemorandumZurLageDerFreienPresse.pdf. Zugegriffen am 29.01.2025.

Nebel, Ellen. 2011. Modernisierung grossomodo. Der Bauer-Verlag krempelt das Grosso-System um. *epd medien* 2011(5): 4–6.

Nussberger, Ulrich. 1961. *Dynamik der Zeitung*. Stuttgart: Daco.

Nussberger, Ulrich. 1984. *Das Pressewesen zwischen Geist und Kommerz*. Konstanz: Universitätsverlag.

Pohlmann, Sonja. 2011. In 33 Kopien um die Welt. *Der Tagesspiegel*, 19. Juni, S. 34.

Pointner, Nicola. 2010. *In den Fängen der Ökonomie? Ein kritischer Blick auf die Berichterstattung über Medienunternehmen in der deutschen Tagespresse*. Wiesbaden: Springer VS.

Presse- und Informationsamt der Bundesregierung, Hrsg. 1994. Bericht der Bundesregierung über die Lage der Medien in der Bundesrepublik Deutschland 1994. Bundestags-Drucksache 12/8587, Bonn, 20. Oktober.

Priller-Gebhardt, Lisa. 2024. Unruhiges Fahrwasser. *Süddeutsche Zeitung*, 22. Juli 2024, S. 24.

Pürer, Heinz, und Johannes Raabe. 2007. *Presse in Deutschland*, 3., vollst. überarb. u. erw. Aufl. Konstanz: UVK.

Rausch, Thore. 2025. Und tschüss. *Süddeutsche Zeitung*, 25. März, S. 19.

Ridder, Christa-Maria, und Bernhard Engel. 2010. Massenkommunikation 2010: Mediennutzung im Intermediavergleich. *Media Perspektiven* 2010(11): 523–536.

Ritzer, Uwe. 2025. Im Niedergang. *Süddeutsche Zeitung*, 12. August, S. 19.

Röper, Horst. 1991. Die Entwicklung des Tagszeitungsmarktes in Deutschland nach der Wende. *Media Perspektiven* 1991(7): 421–430.

Röper, Horst. 2014. Zeitungsmarkt 2014: Erneut Höchstwert bei Pressekonzentration. *Media Perspektiven* 2014(5): 254–270.

Röper, Horst. 2016. Zeitungsmarkt 2016: Pressekonzentration erneut leicht gestiegen. *Media Perspektiven* 2016(5): 254–269.

Röper, Horst. 2022. Zeitungsmarkt 2022: weniger Wettbewerb bei steigender Konzentration. *Media Perspektiven* 2022(6): 295–318.

Röttger, Ulrike. 2002. Kundenzeitschriften: Camouflage, Kuckucksei oder kompetente Information. In *Zeitschriften und Zeitschriftenforschung. (In Publizistik, Sonderheft 3/2002)*, Hrsg. Andreas Vogel und Christina Holtz-Bacha, 109–125. Wiesbaden: Springer.

Rühl, Manfred. 1979. *Die Zeitungsredaktion als organisiertes soziales System*. Bielefeld: Bertelsmann Universitätsverlag.

Rühl, Manfred. 1980. *Journalismus und Gesellschaft. Bestandsaufnahme und Theorieentwurf*. Mainz: v. Hase & Koehler.

Salem, Saladin. 2024. Madsack kommt, Stellenverschwinden. *Süddeutsche Zeitung,* 24. Juni, S. 20.

Schmolke, Michael. 2002. Kirchenpresse. In *Zeitschriften und Zeitschriftenforschung.(In Publizistik, Sonderheft 3/2002)*, Hrsg. Andreas Vogel und Christina Holtz-Bacha, 126–146. Wiesbaden: Springer.

Schneider, Beate. 1992. Die ostdeutsche Tagespresse – eine (traurige) Bilanz. *Media Perspektiven* 1992(7): 182–186.

Schneider, Beate. 1999. Massenmedien im Prozess der deutschen Vereinigung. In *Mediengeschichte der Bundesrepublik Deutschland*, Hrsg. Jürgen Wilke, 602–629. Köln: Böhlau.

Schulze, Volker. 1994. *Im Interesse der Zeitung. Zur Kommunikationspolitik des Bundesverbandes Deutscher Zeitungsverleger vom Ausgang der sechziger bis zum Beginn der neunziger Jahre*, Medienwissenschaftliche Reihe, Bd. 2. Frankfurt a. M.: IMK.

Schulze, Volker. 2004. 50 Jahre Bundesverband Deutscher Zeitungsverleger. http://www.bdzv. de/50_jahre_bdzv.html. Zugegriffen am 10.06.2010.

Schütz, Walter J. 1963. Wettbewerbsbedingungen und Konzentrationstendenzen der deutschen Tageszeitungen. *Ergebnisse pressestatistischer Strukturuntersuchungen. Publizistik* 8(4): 363–379.

Schütz, Walter J. 2009. Deutsche Tagespresse 2008. *Media Perspektiven* 2009(9): 454–483.

Schütz, Walter J. 2012. Deutsche Tagespresse 2012. *Media Perspektiven* 2012(11): 570–593.

Sjurts, Insa. 2005. *Strategien der Medienbranche. Grundlagen und Fallbeispiele*, 3., überarb. u. erw. Aufl. Wiesbaden: Gabler.

Springer, Axel. 1967. *Deutsche Presse zwischen Konzentration und Subvention*. Kieler Vorträge, Bd. Neue Folge 48. Kiel: Institut für Weltwirtschaft der Universität Kiel.

Stamm, Karl-Heinz. 1988. *Alternative Öffentlichkeit. Die Erfahrungsproduktion neuer sozialer Bewegungen*. Frankfurt a. M: Campus.

Statistisches Bundesamt. 1996. *Reihe 5 Presse. Fachserie 11 Bildung und Kultur*. Stuttgart: Metzler-Poeschel.

Steindl, Nina, Corinna Laurer, und Thomas Hanitzsch. 2017. Journalismus in Deutschland. Aktuelle Befunde zu Kontinuität und Wandel im deutsche Journalismus. *Publizistik* 62(4): 401–424.

Steinke, Ronen. 2024. Gericht weist Klage der ‚Jungen Welt' zurück. *Süddeutsche Zeitung,* 19. Juli 2024, S. 19.

Stöber, Rudolf. 2000. *Deutsche Pressegeschichte. Einführung, Systematik, Glossar*. Konstanz: UVK.

Stöber, Rudolf. 2003. Medienstrukturen: Presse. In *Öffentliche Kommunikation. Handbuch Kommunikations- und Medienwissenschaft*, Hrsg. Günter Bentele, Hans-Bernd Brosius, und Otfried Jarren, 313–329. Wiesbaden: Westdeutscher Verlag.

Süddeutsche Zeitung, (2024a). *Faeser verbietet rechtsextremes Magazin ‚Compact',*16. Juli.

Süddeutsche Zeitung, (2024b). *Bundesverwaltungsgericht hebt ‚Compact'-Verbot vorläufig auf.* 14. August.

Tonnemacher, Jan. 1996. *Kommunikationspolitik in Deutschland. Eine Einführung.* Konstanz: UVK.

VDBB. 2024. Verband deutscher Bahnhofsbuchhändler e.V. Geschäftsbericht 2023. https://www. vdbb.de/download/7322/?tmstv=1711614511. Zugegriffen am 28.01.2025.

VDZ (Verband Deutscher Zeitschriftenverleger), Hrsg. 2010. *VDZ-Jahrbuch '10.* Berlin: VDZ.

Vogel, Andreas. 1998. *Die populäre Presse in Deutschland. Ihre Grundlagen, Strukturen und Strategien.* München: R. Fischer.

Vogel, Andreas. 2016. Publikumspresse: Neue Konzepte zur Sicherung des Kerngeschäfts. *Media Perspektiven* 2016(6): 321–343.

Vogel, Andreas. 2022. Publikumszeitschriften 2022: Gattung vor vielfältigen Herausforderungen. *Media Perspektiven* 2022(6): 319–341.

Wassink, Ella. 2010. Entschließungen des Deutschen Presserats zu Themen von grundsätzlicher Bedeutung. In *Jahrbuch 2010. Mit der Spruchpraxis des Jahres 2009. Schwerpunkt: Leserforen – Freiheit um jeden Preis?* Hrsg. Deutscher Presserat, 132–136. Konstanz: UVK.

Weischenberg, Siegfried, Maja Malik, und Armin Scholl. 2006. *Souffleure der Mediengesellschaft. Report über Journalisten in Deutschland.* Konstanz: UVK.

Wellbrock, Christian-Matthias, und Sabrina Maaß. 2024. *Wüstenradar. Zur Verbreitung des Lokaljournalismus in Deutschland und dessen Effekt auf die Funktionsfähigkeit der Demokratie.* Hamburg: Hamburg Media School. https://www.wuestenradar.de/. Zugegriffen am 28.04.2025.

Wernicke, Cristian. 2024. Auf Sparkurs. *Süddeutsche Zeitung,* 4. Juli, S. 14.

Weyand, Arno H. 2010. Der Deutsche Presserat: Geschichte – Struktur – Aufgaben – Arbeitsweise. In *Jahrbuch 2010. Mit der Spruchpraxis des Jahres 2009. Schwerpunkt: Leserforen – Freiheit um jeden Preis?* Hrsg. Deutscher Presserat, 129–131. Konstanz: UVK.

Wilke, Jürgen. 2009a. Presse. In *Lexikon Publizistik Massenkommunikation*, Hrsg. Elisabeth Noelle Neumann, Winfried Schulz, und Jürgen Wilke, 459–500. Frankfurt a. M.: Fischer.

Wilke, Jürgen. 2009b. Pressegeschichte. In *Lexikon Publizistik Massenkommunikation*, Hrsg. Elisabeth Noelle-Neumann, Winfried Schulz, und Jürgen Wilke, 501–535. Frankfurt a. M.: Fischer.

Wirtz, Bernd W. 2006. *Medien- und Internetmanagement*, 5., überarb. Aufl. Wiesbaden: Gabler.

Wirtz, Bernd W. 2023. *Medien- und Internetmanagement*, 11. überarb. u. erw. Aufl. Wiesbaden: Springer Gabler.

ZAW (Zentralverband der deutschen Werbewirtschaft), Hrsg. 2017. *Werbung in Deutschland 2017.* Berlin: editionzaw.

ZMG. 2024. Zeitungsmarketinggesellschaft. *Zeitungsqualitäten 2024.* https://zmg.de/studien/studien-display/zeitungsqualitaeten-2024. Zugegriffen am 15.12.2025.

Film: Kino und Videostreaming 7

> **Wichtig** Der Film gehört seit mehr als einem Jahrhundert zu den populären Medien öffentlicher Kommunikation. Seine komplexe Zeichenstruktur und sein hoher Technisierungsgrad als tertiäres Medium führen zu einer aufwändigen Produktions- und Vertriebsorganisation, die anhand der Wertschöpfungskette detailliert in diesem Kapitel beschrieben wird. Weil die Filmproduktion hohe wirtschaftliche Risiken in sich birgt, haben sich im Laufe der Filmgeschichte wenige vertikal integrierte und multinational arbeitende Filmkonzerne am Markt durchgesetzt, allen voran die US-Major Film Companies, die auch den deutschen Markt dominieren. Neben dem traditionellen Vermittlungsweg Kino ist seit einigen Jahrzehnten die Videovermarktung mithilfe unterschiedlicher Speichermedien getreten, die in Deutschland wirtschaftlich bedeutsamer ist als das Kinoabspiel. Insgesamt ergibt sich für den Film- und Kinomarkt ein hoher Konzentrations- und Kommerzialisierungsgrad.
>
> Der Film war in Deutschland von Beginn an Objekt restriktiver staatlicher Kommunikationspolitik (inhaltliche Zensur und Organisationslenkung). Heutzutage konzentrieren sich Bund und Bundesländer auf die wirtschaftliche und kulturelle Filmförderung, die in diesem Kapitel ebenso dargestellt wird wie die regulierte Selbstregulierung der Filmwirtschaft für den Jugendschutz (FSK).

7.1 Film als technisch basiertes Zeichensystem

Das Wort Film bezeichnet gleichermaßen das (traditionelle) technische Trägermedium in Form einer dünnen und flexiblen, halbtransparenten Folie (anfangs Nitro-, dann Zelluloidstreifen) wie das publizistische Medium und die Kunstform. Technisch bietet

K. Beck, *Das Mediensystem Deutschlands*, Studienbücher zur Kommunikations- und Medienwissenschaft, https://doi.org/10.1007/978-3-658-50033-7_7

Film als Trägermaterial die Möglichkeit, Bewegtbilder in Einzelbilder zerlegt foto-
grafisch (also durch Belichtung) synchron aufzuzeichnen, zu speichern und nach einer
chemischen Entwicklung zeit-räumlich versetzt mittels einer Projektion wieder aufzuführen. Die ersten Filmaufführungen fanden 1895 in Berlin (Gebrüder Skladanowsky)
und Paris (Gebrüder Lumière) statt. Seit der Erfindung des Tonfilms in den 1920er-Jah-
ren[1] und des Farbfilms in den 1930er-Jahren haben die Realismusgrade der Darstellung
zugenommen; Film ist ein komplexes audiovisuelles Arrangement von Zeichentypen:
Dabei sind abbildhafte ikonische Zeichen, die durch Belichtung von lichtempfindlichem
Filmmaterial technisch aufgezeichnet werden, die Basis. Die Zerlegung in 24 Einzelbilder pro Sekunde bei der Aufnahme erzeugt bei der Projektion eine realistische (oder
eine künstlerisch gestaltete) Bewegungsillusion; für die bessere Darstellung von schnel-
len Bewegungen (Actiongenre, aber auch Sport) werden digital bis zu 60 Bilder je Sekunde aufgezeichnet. Vor allem im Kunstfilm und der fiktionalen Unterhaltung werden
ikonische Zeichen in hohem Maße als symbolische Zeichen verwendet, die für eine Bedeutung im übertragenen Sinne und nicht mehr allein als Index abgefilmter Realitätsaus-
schnitte stehen. Darüber hinaus können optische Effekte mithilfe von Kamera- und
Schnitttechnik erzeugt werden, die den Film in besonderer Weise auszeichnen: Grundlegend sind die Auswahl von Bildausschnitten (Quadrierung), Kameraperspektiven und
Einstellungsgrößen (von der „Totalen" über die „Halbtotale" oder „Amerikanische" bis
hin zur Nah- und Detailaufnahme) sowie die Einstellungslängen und -abfolgen. Durch
Animationstechniken des Trickfilms und verstärkt durch digitale Bildbearbeitungs-
techniken hat sich das Formen- und Zeichenrepertoire des Films erweitert; mittlerweile
ist die computergestützte Erzeugung real erscheinender synthetischer Bilder und Bewegungen ohne reale Vorlage durchaus üblich. Als filmspezifisches Gestaltungsmittel,
das freilich auch im Fernsehen eingesetzt wird, gilt die Montage von Einstellungen und
Szenen sowie die Verbindung mit dem Strom auditiver Zeichen: Neben Dialogen und
aus dem „Off" (also von Personen außerhalb des Filmbildes) gesprochenen Kommenta-
ren werden vor allem Originaltöne als indexikalische Zeichen des Realfilms und Musik
als starkes dramaturgisches Mittel verwendet. Das Zusammenspiel von visuellen und
auditiven Zeichen im Zeitverlauf wird durch die Montage erzeugt und verleiht dem Film
einen spezifischen Rhythmus. Die Montage selbst erlangt dabei die Funktion eines
Metazeichens, denn Film ist immer mehr als nur die technische Aufzeichnung von vor-
gefundener oder inszenierter Realität.

Allerdings unterscheiden sich Dokumentarfilm und Spielfilm deutlich in ihrer Akzent-
setzung; die Publizistikwissenschaft hat sich lange Zeit allenfalls mit den Dokumentar-
formen befasst, weil diese dem Faktizitätsanspruch des Journalismus vermeintlich näher-
stehen. Der unterhaltende Spiel- und Kunstfilm galt hingegen als (Populär-)Kunstform zur

---

[1] Die ersten Lichtton-Versuchsfilme datieren auf 1921; der erste amerikanische Tonfilm („The Jazz
Singer") auf das Jahr 1927; vgl. Wilke (2009, S. 16–21).

Erzeugung von Illusionen („Traumfabrik" bzw. Teil der „Kulturindustrie").[2] Als zeitbasiertes Medium weist der Film eine Verwandtschaft mit der Musik sowie mit der Literatur auf, denn dokumentarischer wie fiktionaler Film können wie diese eine narrative Funktion erfüllen, als sachlicher Bericht über politisch relevante Ereignisse oder als spannungserzeugende Erzählung erfundener Unterhaltungsstoffe.

An den semiotischen Grundeigenschaften des Mediums Film hat sich durch die weitgehende Abkehr von der analogen fotochemischen Technik nichts geändert; der Übergang zu elektromagnetischer Aufzeichnung (MAZ, Video) und zur Digitalisierung von Aufzeichnung, Bildbearbeitung und Speicherung hat vor allem die Handhabung der Gestaltungsmittel erleichtert und die Kosten reduziert. Die Einführung von leicht für Laien handhabbaren Trägermedien wie Videobänder und -kassetten, CD-ROM, DVD und BluRayDisc hat darüber hinaus dem klassischen Film-Kino-Dispositiv eine weitere Variante zugefügt: Film wurde (und wird) im Rahmen öffentlicher Aufführungen von einem Präsenzpublikum rezipiert; anfangs als spektakulärer Kurzfilm im Rahmen von Varietéaufführungen o. ä., mit der Durchsetzung des Langfilms um 1913 in eigenen Kino-, Film- oder Lichtspieltheatern mit verdunkelbarem Auditorium, professioneller Projektionstechnik und Filmvorführern etc. (vgl. Wulff 2006, S. 63–70). Die „neuen" Trägermedien erzeugen ein neues Mediendispositiv, denn sie erlauben die heimische Rezeption in der Privatsphäre und verändern die Aufführungsqualität (Monitor statt Leinwand) sowie zeitlichen Nutzungsmöglichkeiten erheblich (Unterbrechungen, Wiederholungen etc.). Aufgrund der Digitalisierung und Vernetzung im Zuge der Veralltäglichung des Internets haben sich die „Trägermedien" sowie partiell auch die Produktionsmedien grundlegend gewandelt und es sind zusätzliche Rezeptionsformen hinzugekommen: Für die Speicherung von audiovisuellem Material bedarf es zwar auch weiterhin physikalischer Träger, allerdings in Gestalt von inhalteneutralem Speicherplatz (Chip, Festplatte, Server etc.), wie er auf nahezu jedem digitalen Gerät zur Verfügung steht. Für die Distribution ist nun nicht mehr der materielle Transport von Trägermedien notwendig, sondern es genügen der IP-basierte Abruf (Download) oder die Übertragung (Streaming) im Netz. Hierbei sind auch die mobile Verbreitung bzw. Nutzung möglich und seit dem Erfolg von Smartphones durchaus üblich. Hinzu kommt, dass mit vielen mobilen Endgeräten oder dem stationären Home-PC selbst digitale Videos produziert und auf Videoplattformen (z. B. Youtube) hochgeladen werden können. Durch solche großen Plattformen oder die Empfehlung und Weiterleitung in Social Network Services wie Facebook hat sich die Reichweite privater Videos deutlich über die traditionellen Formen

---

[2] Gerade mit Blick auf die Verwertungsketten und die große Rolle fiktionaler Fernsehunterhaltung, die nicht zuletzt aus dem Filmrepertoire schöpft, sowie einer Reihe von Mischgenres (TV-Filme, TV Movies, „Made-for's") lässt sich diese dezisionistische Trennung heutzutage nur schwer begründen. Wenn man die publizistische Bedeutung des Spielfilms anhand vermutlicher Wirkungen auf die Meinungsbildung bemisst, dann dürften Kultivierungseffekte und Einstellungsveränderungen (etwa im Hinblick auf Familie, Beziehungen und Sexualität, soziale Integration, Krieg oder Terrorismus) gerade aufgrund des hohen Involvements und affektiver Medieneffekte beim Kinofilm ebenfalls für eine Berücksichtigung aus publizistikwissenschaftlicher Sicht sprechen. Für den Dokumentarfilm und die Wochenschauen (ab 1909) liegen die politisch-publizistischen Funktionen auf der Hand.

des „Home Video" hinaus erweitert. Das Kino-Dispositiv und das Fernseh-Dispositiv bestehen weiter, sie werden aber durch die spontane Nutzung „zwischendurch" via PC, Notebook oder Smartphone ergänzt. In allen Fällen von Kino wie Home oder Mobile Video handelt es sich um tertiäre Medien, denn auf der Produktions- wie der Rezeptionsseite sind
technische Medienapparaturen notwendig, damit Filmkommunikation gelingen kann.

7.2   Organisation und Institutionalisierung des Filmwesens

Aus kommunikationswissenschaftlicher Sicht sind die kreativen Filmschaffenden, also
Drehbuchautoren und Regisseurinnen sowie ggf. auch Schauspielerinnen und Schauspie-
ler, die Ausgangspartner der Kommunikation mittels Film und Video. Die Filmrezipienten,
als Teil eines räumlich kopräsenten Kinopublikums oder als Nutzer und Nutzerinnen von
kombinierten Bildträger- und Bildschirm-Dispositiven des „Home Entertainment" oder
„Home Video" bzw. mobiler Geräte stellen die Zielpartner der Kommunikation dar. Home
Video umfasst als Bezeichnung im Branchensprachgebrauch neben den mittlerweile
nahezu bedeutungslosen Trägermedien des „Home Entertainment" (DVD, BluRayDisc)
und dem Download-Kauf (EST: Electronic Sell Through) auch die Streamingangebote im
Online-Abonnement (SVoD: Subscriptional Video on Demand) oder Einzelabruf (TVoD:
Transactional Video on Demand). Im Gegensatz zu anderen Medien, beispielsweise dem
Buch (bei dem die Autorinnen und Autoren als die eigentlichen Kreativen fungieren), fällt
beim (professionellen) Film besonders ins Gewicht, dass es sich um eine kollektive Produktion handelt, der Ausgangspartner also in der Regel keine einzelne Person (Autorin
oder Autor des Buchs) ist, sondern Aussagenkreation und Vermittlung sich in einem eng
verzahnten arbeitsteiligen Prozess vollziehen: Ohne Schauspielerinnen bzw. Darsteller,
Kamera, Regie und Schnitt entsteht kein Kommunikat, zumindest kein Spielfilm, sondern
allenfalls ein Experimentalfilm oder (mehr oder weniger) „selbstgedrehte" Social Media-
Videos. Die filmtypische Spezialisierung und arbeitsteilige Organisation des Spiel- und
Dokumentarfilms machen deutlich, dass es sich um einen kreativen sozialen Prozess und
nicht um eine bloß technische Übermittlung handelt. Im Gegensatz zum Abdruck eines individuell erzeugten Textes lässt der Film der Kreativität größere technische und semiotische Freiheitsgrade, die allerdings auch ausgeschöpft werden müssen, damit ein Film erst
entsteht und Filmkommunikation stattfinden oder gar Filmkunst hervorgebracht werden kann.

Medientechnisch und -ökonomisch kann der komplexe arbeitsteilige Prozess, bei dem
unterschiedliche Akteure meist nur befristet für ein konkretes Projekt miteinander vernetzt
werden, als Wertschöpfungskette beschrieben werden, die weitgehend parallel zum
Kommunikationsprozess verläuft (vgl. Abb. 7.1).

Neben den ökonomischen Grundfunktionen, wie sie die Wertschöpfungskette mit ihren
Varianten beschreibt, müssen für die Mediensystemanalyse die Akteursrollen sowie die
konkreten Handlungs- und Strategiemuster detaillierter beschrieben werden. Dabei sind
unterschiedliche Ausgangspunkte denkbar: Die Idee für einen Film kann systematisch

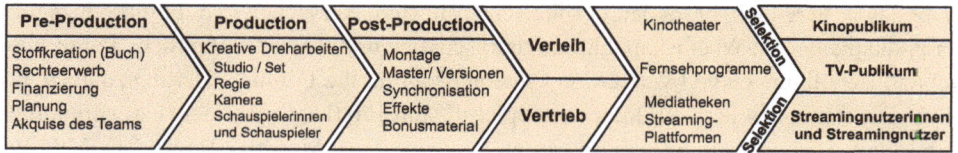

Abb. 7.1 Wertschöpfungskette Filmkommunikation. (Vgl. Wirtz 2023, S. 358)

entwickelt oder aus einem kulturellen Bestand von Narrativen, insbesondere aus der Belletristik oder der realen Geschichte (Biografien, historische und zeitgeschichtliche Ereignisse) gewonnen werden. Die Ideen werden von Autoren zu Exposés ausgearbeitet, die über die wesentlichen Themen und Probleme, Handlungsabläufe und Personenkonstellationen Auskunft geben, und falls sie damit auf Interesse von Produzenten stoßen zu einem Treatment und schließlich zu einem Drehbuch konkretisiert. Diese kreativen Schritte können freiberuflich und eigeninitiativ oder im Auftrag von Filmproduzenten erfolgen.

Filmproduktion

Dem Filmproduzenten bzw. dem Produktionsunternehmen (in Deutschland zum Beispiel Bavaria, UFA, Constantin Film u. a.) kommt eine zentrale Funktion für die Herstellung und eine koordinierende Rolle für den gesamten Film zu: Der Executive Producer, also Produzentin oder Produzent, ist der wichtigste Projektmanager, zu dessen Schlüsselkompetenzen (und Core Assets) persönliche und geschäftliche Netzwerke für die Finanzierung und die Produktion sowie eine Referenzliste erfolgreicher Filme gehören (vgl. Wirtz 2006, S. 260–261).

Im Vorfeld der Dreharbeiten (Pre-Production) erwirbt das Produktionsunternehmen die Rechte an einem Stoff und der Verfilmung eines Drehbuchs bzw. vergibt den Auftrag zum Schreiben eines detaillierten Drehbuchs, das eine wichtige Grundlage für die Planung und Kalkulation des Filmprojektes ist. In dieser Phase scheitern bereits die meisten Filmideen und -drehbücher an den strengen wirtschaftlichen Auswahlkriterien. Die Produktionsfirma entscheidet über die Zusammensetzung des Filmteams, d. h. er ist in der Regel der Auftraggeber des Regisseurs, der Schauspielerinnen und aller anderen kreativen und technischen Dienstleister. Kreative Talente und publikumsattraktive Stars sind ein knappes Gut, was sich in hohen Kosten, etwa für Stargagen in Millionenhöhe, niederschlägt. Die Fähigkeit, geschäftliche und persönliche Netzwerke mit kreativem Personal aufzubauen und zu unterhalten, um das optimale Projektteam zusammenzustellen, gehört zu den Kernkompetenzen; bestehende Netzwerke bilden das Core Asset von Filmproduzentinnen (vgl. Wirtz 2006, S. 280). Sie legen die Besetzung, die Drehorte und die Dauer der Dreharbeiten sowie der weiteren Herstellungsschritte fest, kalkulieren und kontrollieren das Budget.

Eine weitere entscheidende Managementfunktion des Produzenten besteht in der Finanzierung des Filmprojekts. In den seltensten Fällen erfolgt die Finanzierung der Filmproduktion allein durch Eigenkapital des Produktionsunternehmens; typischerweise müssen unterschiedliche Quellen kombiniert werden. Da die deutschen Produzenten im internationalen Vergleich besonders kapitalschwach sind, versuchen die Filmproduzenten Fremdkapital, z. B. Wagniskapital, Bankbürgschaften und Kredite, öffentliche Fördermittel und Beteiligungen von Verwertungsunternehmen für die Filmfinanzierung zu nutzen.

In Deutschland wurde 2011 der erste Spielfilm mit 170.000 € aus einem Crowdfunding, also durch Spenden von Filminteressierten finanziert (vgl. Myrrhe 2011, S. 21). Mithilfe der Crowdfunding-Plattform Startnext wurden in den Jahren 2010 bis 2020 fast 1.300 Filmprojekte meist mit niedrigen sechsstelligen Beträgen (ko-)finanziert.[3] Allerdings konkurrieren viele Projekte um die Spenden bzw. Investitionen: Die Plattform Kickstarter verzeichnete beispielsweise im Juni 2025 über 85.000 Projekte in der Kategorie Film & Video.[4]

Viele Filme entstehen als Koproduktionen mit internationalen Partnern und mit vorwiegend deutschen Fernsehveranstaltern: 2023 stammten nur 31 % aller deutschen Filme von *einem* Produzenten, der Rest waren Koproduktionen. Bei über fünfzig Prozent der Spielfilme fungierten Fernsehunternehmen als Koproduzenten (vgl. SPIO 2024, S. 7 u. 11).[5] Für große Produktionen können Erlöse oder zumindest Kosteneinsparungen aus der Produktplatzierung generiert werden. Bei diesem gesetzlich erlaubten Product Placement werden Produkte, Dienstleistungen, Marken oder auch Ideen und (Urlaubs-)Orte gegen ein Entgelt oder die Bereitstellung geldwerter Güter (Autos, Hotelunterkunft, Kleidung etc.) in die Filmhandlung integriert. Zur Finanzierung des Produktionsbudgets können per Vertrag Forderungen von Zulieferern bis zum Filmstart zurückgestellt oder erfolgsabhängig ausgezahlt werden und es können Filmverwertungsrechte vorab an den Verleih, den Vertrieb oder an Video- und Fernsehprogrammveranstalter sowie an Unternehmen veräußert werden, die Merchandising betreiben, also beispielsweise Soundtracks, Bücher oder Fanartikel und Spielzeug zum Film verkaufen (vgl. Hass 2009, S. 362–364). Im Rahmen solcher Pre-Sales tragen die Rechterwerber und an der Finanzierung beteiligte Dritte einen Teil des sehr *hohen Risikos der Filmproduktion.* Dieses hohe Risiko hängt mit den Guteigenschaften des Films zusammen: Es handelt sich um ein Unikat, dessen Erfolg beim Publikum äußerst ungewiss ist. Auch Starbesetzungen, die Produktion von Sequels (James Bond, Terminator, Harry Potter) und der Rückgriff auf erfolgreiche Buch-, Bühnen- oder Fernsehserienvorlagen sowie Kinofilm-Remakes (Kingkong, Superman), hoher technischer Aufwand und professionelles Marketing garantieren keinen ökonomischen Erfolg. Die Investitionen in die Filmproduktion sind beträchtlich und vor allem irreversibel („sunk costs"), können also bei einem Misserfolg nicht mehr eingespielt werden. Noch

---

[3] Vgl. https://www.startnext.com/blog/crowdfunding-fuer-filme-5-erkenntnisse-aus-10-jahren-film-finanzierung~ba1099.html [30.06.2025].

[4] Vgl. https://www.kickstarter.com/discover/categories/film%20&%20video [30.06.2025].

[5] Im Zuge der Programmausweitung des Fernsehens und der Dualisierung des Rundfunks haben zunächst die öffentlich-rechtlichen Anstalten seit den späten 1970er-Jahren verstärkt auf Spielfilme als publikumsattraktive Programmressource zurückgegriffen. Seit 1974 agieren sie nicht nur als Nachfrager, sondern als Koproduzenten von Filmen. Mittlerweile gilt ähnliches auch für die privaten Veranstalter.

vor dem Erfolgsrisiko am Markt liegt das Produktionsrisiko, also die Gefahr, dass die Produktion aus finanziellen oder persönlichen Gründen (etwa: Tod des Hauptdarstellers) nicht fertig gestellt werden kann; auch dann sind die bereits getätigten Investitionen verloren. Wird die Produktion zwar erfolgreich abgeschlossen, dabei aber das Budget überzogen, ist eine Amortisation am Markt überaus fraglich (vgl. Hass 2009, S. 368–370; Duvvuri 2007, S. 22–24).

Über die Hälfte der in Deutschland 2023 erstaufgeführten Spielfilme stammt aus internationalen Koproduktionen, wobei vor allem deutsch-französische Kooperationen (vermutlich oft im Kontext von Arte) in den letzten zehn Jahren einen großen Anteil ausmachen (vgl. SPIO 2024, S. 6 u. 9). Solche Koproduktionen haben meist zwei Vorteile: Die Abspiel- bzw. Verwertungswege in den beiden Ländern erschließen leichter einen insgesamt größeren Markt und die gemeinsame Finanzierung der Produktion sowie die Verteilung des Risikos führte zumindest in der Vergangenheit dazu höhere Produktionsbudgets zu akquirieren. Die Produktionssummen deutscher Filme fallen im internationalen Vergleich, insbesondere mit den Major Companies (Paramount, Warner Brothers, Disney, Sony, Universal, Twentieth Century Fox) in den USA sehr bescheiden aus und bewegen sich oft im Low Budget-Sektor einstelliger Millionenbeträge (vgl. Wirtz 2023, S. 334).

Die eigentliche Production-Phase umfasst die gesamten Dreharbeiten „am Set", also alle Studio- und die Außenaufnahmen bis zur Erstellung des ersten Filmnegativmaterials, das aber nur die Basis für den Film abgibt, der erst in der Post-Production-Phase entsteht: Aus der Rohfassung wird durch Montage bzw. Schnitt, digitale optische Nachbearbeitung (Trickeffekte etc.) und Vertonung (Musik, Geräusche, Off-Stimmen etc.) ein Filmmaster erstellt, der als Vorlage für die Kinofilme und die Home Video-Formate dient.

Die Nutzung der verschiedenen Verwertungsfenster und -formen in der Post-Production bzw. Vermarktungsphase sowie die hohe Relevanz von Marketing und Merchandising bedeutet für den Produzenten, dass letztlich nicht ein Kinofilm, sondern ein ganzes Produktbündel hergestellt werden muss (vgl. Wirtz 2006, S. 284).

Verleih und Vertrieb

Der *Filmverleih* fungiert einerseits als Bindeglied zwischen Hersteller (Produzent, Studio) und Kino („Abspiel") und andererseits vielfach als Ko-Finanzierer der Filmproduktion: Er erwirbt (meist vorab) die Kinoverwertungsrechte für bestimmte Filmpakete oder -staffeln (System der Blockbuchung), eine definierte Region und einen Zeitraum vom Filmproduzenten. Die klassische Aufgabe, im Kopierwerk die materiellen Filmkopien für die Kinos herzustellen, ist durch die Digitalisierung entfallen, denn die Kinos können die Filme vergleichsweise kostengünstig und flexibel per Satellit oder online (und verschlüsselt) beziehen. Damit ist nicht nur ein wichtiger Aufgabenbereich und Kostenfaktor nahezu weggefallen, sondern auch das Risiko, eine hohe Zahl von teuren Kopien aufgrund des Misserfolgs beim Publikum nicht refinanzieren zu können. Das „filmbezogene Marketing, die Release-Planung und gegebenenfalls spezielle Aspekte des Merchandising" (Wirtz 2023, S. 347) haben sich daher zu den zentralen Aufgaben und Kompetenzen der Verleihfirmen entwickelt.

Vom Einspielergebnis der Kinos verbleiben rund ein Drittel bei den Filmtheatern, 36 %
gehen an die Produktionsfirma und 14 % an den Verleih. Die übrigen Gelder werden für
das Marketing und Verwaltungskosten verwendet, rund vier Prozent beträgt der durchschnittliche Gewinn (vgl. Wirtz 2023, S. 361). Durch die Gewinnbeteiligung und das
Blockbuchungssystem, bei dem der Verleih zwangsweise auch publikumsschwache und
wirtschaftlich wenig attraktive Filmrechte erwirbt, ist er am Produktionsrisiko indirekt beteiligt. Beim Filmverleih wirken Skaleneffekte anders als bei der projektbezogenen Filmproduktion kostendämpfend, d. h. je mehr Filme ein Verleih im Angebot hat, umso effektiver und effizienter kann er den einzelnen Film vermarkten. Hinzu kommt, dass große
Verleihfirmen oftmals die übrigen Verwertungsrechte für DVD bzw. Onlineverbreitung
und ggf. für das Fernsehen kaufen und ebenfalls vermarkten.

Im Gegensatz zum Kinoverleih ist der *Vertrieb* für die Vermarktung der Filmlizenzen
im Ausland und ggf. die Erstellung fremdsprachiger Fassungen zuständig. Oftmals zahlt
der Vertrieb dem Produzenten vorab eine Festsumme oder er beteiligt den Produzenten an
den Exporterlösen. Für den deutschen Film besitzt der Vertrieb allerdings mangels internationaler Nachfrage eine vergleichsweise geringe wirtschaftliche Bedeutung (etwa zehn
Prozent der Erlöse), während US-Produktionen seit langem den Löwenanteil ihres Budgets (drei Viertel und mehr) auf den Auslandsmärkten einspielen (vgl. Duvvuri 2007, S. 18).

Die Verwertung des Films beginnt oftmals bereits vor dem Kinostart, wenn Soundtracks und Fanartikel vorab vermarktet werden; eine große Rolle spielen auch Filmfest-
spiele, Festivals und Preisverleihungen sowie Filmmessen. Hier wird Medienaufmerk-
samkeit für einen Film erzeugt und es werden Geschäfte abgeschlossen. Die eigentliche
Filmverwertung folgt einem vorgegebenen Ablauf aus einander folgenden *„Verwertungsfenstern" (Profit Windows)*, die allerdings in den Jahren seit der Covid-Pandemie flexibel
gehandhabt werden: Am Beginn stand traditionell und steht heute noch vielfach die Kino-
aufführung, die im schlechtesten Fall nach 72 h beendet wird, bei großem Publikumser-
folg einige Wochen oder bis zu sechs Monaten andauern kann. Mittlerweile werden einige
große Produktionen aber auch zeitgleich mit oder bereits vor der Kinopremiere gestreamt.
Das Online-Streaming im Einzelabruf oder im Abonnement folgt der Kinoauswertung, gelegentlich auch die Ausstrahlung im Pay-TV. Die Verwertung im werbe- oder beitrags-
bzw. mischfinanzierten Fernsehen steht an letzter Stelle, zumindest solange es sich nicht
um Koproduktionen mit Beteiligung der öffentlich-rechtlichen Anstalten handelt.

Bei der Kinoverwertung nehmen die Marketingkosten einen beträchtlichen Stellenwert
ein; sie werden mittlerweile neben den Produktionskosten selbst als Qualitätskriterium im
Rahmen der Produkt-PR verbreitet. Eine zeitlich genau abgestimmte, multimediale Kampagne und der gleichzeitige Filmstart in Hunderten von Kinos sollen „Blockbuster" her-
vorbringen, gegen die Konkurrenzfilme wenig Chancen haben.

Kinoabspiel und Videostreaming
Die Kinos beziehen ihre Filme nicht direkt vom Produzenten, sondern vom Filmverleih,
der allerdings in vielen Fällen ein Tochterunternehmen der großen Produktionsfirmen

bzw. Teil eines vertikal integrierten, also alle Wertschöpfungsglieder umfassenden, Major-Filmkonzerns ist. Die Programmpolitik der Kinos hängt damit, sofern es sich nicht um cineastisch ausgerichtete Arthouse-Filmprogramme oder „Off"-Kinos handelt, weitgehend vom Verleih und den engen vertraglichen Bindungen ab. Die Abläufe sind in hohem Maße institutionalisiert: Filmstart ist Donnerstag und entscheidend ist die Zwischenbilanz der Kinoeinnahmen bis Sonntagabend. Liegen die Erlöse der Kinos über der vom Verleih definierten Summe, bleibt der Film im Kinoprogramm (Prolongation). Erfüllt der Film diese Erlösvorgaben nicht, nimmt ihn das Kino aus dem Programm. Die Filmtheaterunternehmen sind durch dieses System ebenso wie die Verleiher am Produktions- bzw. Erfolgsrisiko des Films beteiligt, zudem können sie fast am Ende der Wertschöpfungskette keinerlei Einfluss mehr auf das Produkt nehmen. Das ökonomische „Schicksal" eines Films entscheidet sich aufgrund des Prolongationssystems also in sehr kurzer Zeit, obwohl es um die Amortisation von zum Teil sehr hohen Investitionssummen geht. Vor diesem Hintergrund erscheinen die hohen Aufwendungen für das Filmmarketing bereits im Vorfeld sinnvoll.

Die Handlungsspielräume der Kinotheaterbetreiber als Einzelunternehmer sind durch Vorentscheidungen von Produzenten und Verleih begrenzt sowie grundlegend von den Präferenzen des Kinopublikums abhängig. Hier spielen neben dem Film vor allem Lage und Ausstattung bzw. Zusatzangebote des Kinos sowie der Eintrittspreis eine Rolle. Die Optimierung dieser Faktoren ist für Kinobetreiber kostenintensiv und benachteiligt kleine Einzelunternehmer. Die lange Zeit mittelständische Struktur der Filmtheater, die oft als Familienbetriebe mit ein bis drei Leinwänden (Kinosälen) geführt wurden, ist aufgrund der Mieten in den Innenstädten, des Investitionsbedarfs in Aufführungstechnik, insgesamt zurückgehender Nachfrage bei steigenden Erwartungen des Publikums an die Erlebnisqualität des Kinos, aber auch infolge der Politik der Verleiher heute weitgehend einer *Struktur von Kinoketten und Multiplexen* gewichen. Diese können einerseits Größenvorteile bei den Kosten (Einsparung von Vorführ- und Verkaufspersonal, Werbekosten etc.) nutzen und andererseits einem erlebnisorientierten jüngeren Publikum einen höheren Zusatznutzen (von der Gastronomie bis zur Bowlingbahn) bieten.

Die Kinobetreiber führen von ihren Eintrittserlösen die gesetzliche Filmabgabe (je nach Umsatz zwischen 1,8 und 3 %)[6] und ggf. lokal erhobene Vergnügungssteuern[7] ab. Rund ein Drittel der Erlöse geht direkt an die Verleiher und die Betriebskosten für Miete, Technik und Unterhalt etc. betragen rund 60 % (vgl. Wirtz 2023, S. 344). Nach Berechnungen eines Branchenverbandes gehen sogar 45 % an den Verleih, da diese bei neuen Filmen anfangs bis zu 60 % einfordern; für Filmabgaben und Steuern werden zehn Pro-

---

[6] Kinobetriebe, d. h. Spielstätten unter einem Jahresumsatz von 100.000 € (je Leinwand) zahlen gem. FFG keine Filmabgabe.

[7] Von der Filmbewertungsstelle Wiesbaden prädikatisierte Filme genießen hierbei Steuervorteile oder -befreiungen.

zent der Ticketerlöse aufgewendet (vgl. Sachse 2023, S. 22). Die Filmtheaterunternehmen erzielen weitere Erlöse aus der kommerziellen Kinowerbung, die mit der Trailerwerbung für andere Filme vor dem Start des Hauptfilms gezeigt wird. Während früher lokale und regionale Werbung einen wichtigen Anteil hatten, dominieren nun die Werbespots nationaler Markenartikler. Die Werbeinvestitionen im Kino lagen nach 160 Mio. € im Jahre 2018 und einem Absturz während der Pandemie im Jahre 2023 wieder bei 118 Mio. € (vgl. SPIO 2024, S. 27).

Videostreaming-Plattformen betreiben ihre Geschäfte wie die großen Filmproduktionsfirmen, die in einigen Fällen direkt an ihnen beteiligt sind, international. Auch in Deutschland haben sich eine Handvoll internationaler Anbieter am Markt etabliert, vermutlich durch die Zeit der Kinoschließungen im Zuge der Covid-Pandemie noch beschleunigt. Die zuvor für die Videoauswertung von Kinofilmen zentralen Videotheken (Leihfilme auf DVD und BluRay) und Videoeinzelhändler (Einzelverkauf) spielen keine Rolle mehr, während Netflix, Amazon Prime, Disney Plus und andere Plattformen mittlerweile den wirtschaftlich wichtigeren Hauptverwertungsweg für den Film bieten. Netflix verzeichnete Ende 2023 über 280 Mio. Abonnements weltweit und wendete schätzungsweise 17 Mrd. US-Dollar für eigene Produktionen auf (vgl. Schmieder 2024b, S. 15). Das zeigt, wie stark auch beim Videostreaming eine vertikale Integration bereits vorangeschritten ist und dass nicht nur die Major-Produzenten eigene Verwertungsfirmen gründen, sondern umgekehrt auch Streaminganbieter Produzenten werden können. Allerdings kosten Film- bzw. Videoproduktionen einerseits und die Werbung von Kundinnen und Kunden andererseits hohe Summen, was zu steigenden Abopreisen führt: Netflix hatte demnach 2024 rund 14 Mrd. Schulden für Produktionen, gleichzeitig aber 650 Mio. US-Dollar für die Werbung von knapp 6 Mio. neuen Abonnenten (pro Kopf etwa 107 Dollar) ausgegeben. Um diese Kosten einzuspielen, wurden die Abopreise je nach Angebot (werbefrei, Umfang der Nutzungsrechte etc.) auf 20 € erhöht (vgl. Bovermann 2024, S. 48).

Kinobesucher und Videonutzer

Die Zahl der Kinobesuche sinkt seit langem; sie betrug 2014 noch 121,7 Mio. und 2023 nur noch 95,7, wobei 68 % der Menschen gar nicht ins Kino gingen und die 19,3 Mio. tatsächlichen Kinobesucherinnen und -besucher 4,3 Mal im Jahr dort einen Film sahen. Über ein Drittel aller Kinokarten wurden von Menschen gekauft, die mindestens sieben Mal im Kino waren, also einer vergleichsweise kleinen Gruppe von Kino-Fans (vgl. SPIO 2024, S. 29 u. 36). Die Häufigkeit des Kinobesuchs sinkt mit dem Lebensalter: Während 73 % der Teenager ins Kino gingen, waren es bei den Menschen ab 50 nur 26 % und bei denen über 60 Jahre sogar nur jeder Achte (vgl. SPIO 2024, S. 37).

21,1 Mio. Menschen nutzten 2023 Streaming-Abonnements, 10 Mio. Streaming im Einzelabruf und 3,8 Mio. kauften online Videodownloads. Die materiellen Trägermedien stellen hingegen einen schrumpfenden Teilmarkt dar: 2,9 Mio. kauften mindestens eine DVD, weitere 1,4 Mio. eine BluRay-Disc (vgl. SPIO 2024, S. 42).

7.3 Film- und Kinomarkt im organisationalen Umfeld

7.3.1 Media Governance: Von der Filmzensur und Filmförderung

Restriktive Filmpolitik

Von Beginn an galt der Kinofilm den deutschen Behörden offenbar als wirkmächtiges und insofern gefährliches Medium, das strenger Aufsicht bedurfte: Die Filme wurden von den örtlichen Polizeibehörden geprüft, 1908 eine polizeiliche Präventivzensur eingeführt und 1912 wurden Filmprüfstellen in Berlin und München eingerichtet. Als „Antwort" auf die Kriegspropaganda der Alliierten wurde 1917 unter starkem Einfluss des erzreaktionären preußischen Generals Ludendorff mit staatlichen Mitteln und Geldern der Deutschen Bank sowie der Rüstungsindustrie die Universum Film AG (UFA) gegründet (vgl. Kracauer 1984, S. 42–46; Gregor und Patalas 1976, S. 13; Duvvuri 2007, S. 57). Sogar die demokratische Verfassung der Weimarer Republik räumte ein staatliches Recht auf Filmzensur ein, die 1920 im Reichslichtspielgesetz konkretisiert wurde. Die Nationalsozialisten verschärften 1934 die Zensur, schalteten das gesamte Filmwesen gleich und verstaatlichten die Filmindustrie. Die Reichsfilmkammer und der der Reichsfilmdramaturg waren dem Propagandaministerium von Joseph Goebbels unterstellt. Die deutschen Filmunternehmen wurden unter dem Dach der UFA-Film GmbH zusammengefasst und gingen 1937 in Staatsbesitz über (vgl. Wilke 2009, S. 21–23). Der Film entwickelte sich zum vielleicht wichtigsten Propagandamittel der Nazis. Die Wochenschauen trugen ebenso wie Dokumentationen zur Desinformation und Hetze bei wie die ästhetisierten Kunstfilme Leni Riefenstahls den Führerkult propagierten. Vor allem der unterhaltende Spielfilm, der sich bis heute großer Beliebtheit beim älteren Fernsehpublikum erfreut, wurde zur Hebung der Stimmung und zum „Durchhalten" im Krieg eingesetzt.[8]

Das Zentrum des deutschen Films lag mit Potsdam-Babelsberg („Ufa-Stadt") in der sowjetischen Zone. An diesem Standort bauten die Sowjets und ab 1949 die DDR rasch ein zentralistisches Filmwesen unter Kontrolle der SED auf. Die 1946 gegründete DEFA bestand bis zum Ende der DDR und wurde 1990 in zwei Gesellschaften aufgespalten sowie privatisiert. Die DEFA-Studio Babelsberg GmbH wurde 1992 an einen französischen Medienkonzern verkauft und bietet seit 2004 als Aktiengesellschaft Studios und Produktionsdienstleistungen auf dem internationalen Filmmarkt an (https://www.studiobabelsberg.com/de/). Im Jahr 2022 wurde das Unternehmen von einer internationalen Kapitalinvestment- und Immobiliengesellschaft übernommen.[9] Die 1998 durch den Bund gegründete DEFA-Stiftung bewahrt das filmkulturelle Erbe der DEFA-Produktionen und Synchronisationen. Sie verfügt über einen Gesamtbestand von über 13.000 Filmen, darunter 700 Spielfilme und über 900 Animationsfilme aus der DDR (https://www.defa-stiftung.de/stiftung/ueber-uns/portraet/).

---

[8]Vgl. für detaillierte Analysen der NS-Filmpropaganda Hoffmann (1988).

[9]Vgl. https://www.studiobabelsberg.com/de/ueber-uns/presse-und-news/tpg-real-estate-erwerb-der-studio-babelsberg-ag/ [11.07.2025].

Nach dem Zweiten Weltkrieg strebten auch die westlichen Alliierten die Entnazifizierung und Reeducation der Deutschen sowie einen raschen und dezentralen Wiederaufbau des Filmwesens an, das sie einer strengen Zensur und Personalauswahl unterstellen. Die nationalsozialistische UFA wurde entflochten und reprivatisiert; Mitte der 1950er-Jahre wurden vier Teilkonzerne an verschiedene Banken verkauft. Zwei dieser vier Unternehmen, die Universum Film AG und die UFA-Theater AG wurden zu einer neuen UFA zusammengeschlossen und 1964 vom Bertelsmann-Konzern übernommen (vgl. Wilke 2009, S. 24). Die Filmtheater wurden in den 1990er-Jahren verkauft, die übrigen Teile mehrfach konzernintern umstrukturiert. UFA-Tochterunternehmen sind vor allem im Feld der unterhaltenden Fernsehserien erfolgreich tätig (https://www.ufa.de/die-ufa).

Wie für alle publizistischen Medien in der Bundesrepublik Deutschland stellt Art. 5 des Grundgesetzes (GG) die wichtigste rechtliche Grundlage dar, weil hier staatliche Vorzensur verboten und die elementaren Meinungs- und Kommunikationsfreiheiten unter expliziter Nennung des Mediums Film (einschließlich Video[10]) garantiert und zugleich mit den Argumenten Jugendschutz, Recht der persönlichen Ehre sowie der allgemeinen Gesetze begrenzt werden. Die gesetzlichen Schranken der Grundrechtsausübung ergeben sich wie für alle anderen Medien insbesondere aus dem Strafgesetzbuch (StGB), wobei vor allem Gewaltdarstellungen und Pornografie für das Filmwesen besonders relevant sind. Die staatliche Filmförderung durch Bund (Wirtschaft) und Länder (Kultur) ist zur inhaltlichen Neutralität verpflichtet, um nicht in Konflikt mit der Filmfreiheit zu geraten.[11] Die medienpolitische Kompetenz für den Film liegt ausschließlich bei den Ländern (vgl. Hans-Bredow-Institut 2008, S. 72); allerdings regelt der Bund Wirtschaftsfragen sowie Belange des Jugendschutzes und des Urheberrechts.

Filmurheberrecht und -lizenzen
Filmwerken räumt das Urhebergesetz (§ 2 Abs. 1) ein eigenes *Schutzrecht* ein. In der Praxis sind die Übertragungen von Verwertungsrechten zwischen filmschaffenden Produzenten, Schauspielern und Regisseuren sowie Verleihern, Kinobetreibern und Videovermarktern Gegenstand von komplexen Vertragswerken. Neben den Arbeitsverträgen im Produktionsbereich ist der Filmlizenzvertrag (Verwertungsvertrag) zwischen Filmhersteller und Filmauswerter zentral. Die Lizenzverträge regeln Dauer und Verbreitungsgebiet sowie die Aufteilung der Erlöse. Werden literarische Vorlagen verfilmt, so müssen hierfür die Filmrechte vom Rechteinhaber (Autor) bzw. Verwerter (Verlag) erworben werden.

Filmförderung
Die zentrale filmpolitische Maßnahme von überragender Bedeutung für den deutschen Film ist die staatliche bzw. gesetzliche *Filmförderung,* denn aufgrund der internationalen Marktstruktur ist schon seit den 1950er-Jahren eine wirtschaftlich erfolgreiche Kinofilmproduktion in Deutschland ohne staatliche oder andere öffentliche Fördermaßnahmen nur

---

[10] Vgl. Fechner 2023, S. 364.
[11] Vgl. Fechner 2023, S. 365–366.

im Ausnahmefall möglich (vgl. Duvvuri 2007, S. 62–72). Öffentliche Fördermittel und staatliche Programme sollen ein doppeltes Marktversagen beheben oder zumindest mildern, denn neben den (national-)ökonomischen Problemen der deutschen Filmindustrie spielen kulturpolitische Erwägungen und Vorbehalte gegen eine „Amerikanisierung" und „Kommerzialisierung" der Filmkunst eine Rolle. Bei der Filmförderung ist zwischen wirtschaftlicher und kultureller Förderung zu unterscheiden:

- *Wirtschaftliche Filmförderung* zielt explizit auf die Stärkung der regionalen, nationalen oder europäischen Filmwirtschaft und bemisst sich in der Regel ausschließlich an wirtschaftlichen Erfolgskriterien, insbesondere den Investitionseffekten (Eigenkapital vs. Fördermittel), dem Erhalt bzw. der Schaffung von Arbeitsplätzen, der Stärkung von Infrastrukturen sowie fiskalischen Effekten. Organisatorisch ist diese Art der Filmförderung meist bei eigens gegründeten Fördergesellschaften (meist als GmbH) angesiedelt, die oft auch länderübergreifend organisiert sind.
- *Kulturelle Filmförderung* hingegen zielt primär auf die Bewahrung, Stärkung oder den Aufbau nationaler, regionaler oder europäischer Filmkultur als Beitrag zu Identität, Integration und Reflexion – auch im Sinne einer kritischen Öffentlichkeit.
- Die Filmförderung kann durch *direkte Fördermaßnahmen* also unmittelbaren finanziellen Transfer in die Filmindustrie erfolgen, sei es in Gestalt von Subventionen, Zuschüssen, (zinsgünstigen oder zinslosen, bedingt oder unbedingt rückzahlbaren) Darlehen oder anderen (meist zweckgebundenen) Prämien. Direkt gefördert werden können alle Glieder der audiovisuellen Verwertungs- bzw. Wertschöpfungskette: Ideen- und Drehbuchentwicklung, Produktion, Verleih, Kinoabspiel, internationaler Vertrieb, Verwertung auf Video bzw. DVD sowie technische, organisatorische und wirtschaftliche Innovationen.
- *Indirekte Fördermaßnahmen* führen zu einer (mehr oder weniger) branchenspezifischen Kostenreduktion, insbesondere durch Steuervergünstigungen (z. B. reduzierte Umsatzsteuersätze).

Weiterhin kann bei der Filmförderung zwischen Struktur-, Projekt- und Referenzfilmförderung differenziert werden:

- *Strukturelle Fördermaßnahmen* dienen dem Aufbau, Erhalt oder dem Ausbau von filmwirtschaftlicher Infrastruktur, also vergleichsweise dauerhafter Organisationen oder Institutionen (z. B. von Unternehmen, Vertriebsstrukturen, technischen Innovationen, aber auch Filmzentren, -trägervereinen etc.), der Marktentwicklung (wirtschaftliche Sichtweise) bzw. der „Filmlandschaft" (kulturelle Sichtweise).
- Bei der *Projektförderung* werden Gelder für einen noch nicht realisierten Film vergeben, der für sich genommen hinsichtlich seiner Förderwürdigkeit beurteilt wird.
- Bei der Vergabe von *Referenzmitteln* orientiert man sich an den filmkünstlerischen Qualitäten oder am wirtschaftlichen Erfolg von bereits vorliegenden Filmen, die als Nachweis (Referenz) für die weitere Förderwürdigkeit der Antragsteller dient.

- Insgesamt umfasste die Filmförderung von Bund und Ländern 2023 über eine halbe Milliarde Euro (534 Mio.), davon fast 330 Mio. aus Bundesmitteln (vgl. SPIO 2024, S. 54).

Die *Filmförderung der Bundesländer* ist aufgrund des föderalen politischen Systems uneinheitlich organisiert und finanziert, in der Regel in Form privatrechtlicher Förder-GmbHs (in NRW als Stiftung) und zum Teil länderübergreifend. Über besonders finanzstarke Fördereinrichtungen verfügen Bayern (FFF Bayern mit 43 Mio. €, einschließlich Games-Förderung im Jahr 2023), Berlin und Brandenburg (Medienboard Berlin-Brandenburg: 47 Mio. € in 2023) sowie Nordrhein-Westfalen (Film & Medienstiftung NRW: 32 Mio. im Jahr 2023). Zwischen zehn und zwanzig Millionen Euro an Förderung leisteten 2023 Hessenfilm (10,15 Mio.), die Mitteldeutsche Medienförderung MDM von Sachsen, Sachsen-Anhalt und Thüringen (20,2 Mio.), die baden-württembergische MFG (15,7 Mio.) sowie MOIN, Filmförderung Hamburg und Schleswig-Holstein (13,8 Mio. €); auch Niedersachsen und Bremen mit Nordmedia wendeten gemeinsam knapp 14 Mio. € auf. Mecklenburg-Vorpommern förderte mit bescheidenen 3 Mio. durch die MV-Filmförderung, Rheinland-Pfalz und das Saarland geben noch deutlich weniger für diese Zwecke aus.[12] Die Film- und Medienförderungen werden von den Landesregierungen vor allem als industrie- und standortpolitische Instrumente im regionalen Wettbewerb genutzt. Neben Darlehen werden auch Bankbürgschaften an die Filmwirtschaft vergeben. Darüber hinaus unterhalten die Bundesländer kulturelle Filmförderungen, die oft in Form von Vereinen oder Stiftungen arbeiten.

Auf der Ebene des Bundes stellt das 1968 erstmalig in Kraft getretene und zuletzt zum 1. Januar 2025 novellierte Filmförderungsgesetz (FFG)[13] die Rechtsgrundlage und die *Filmförderungsanstalt (FFA)* die zentrale Förderinstitution dar. Die Filmförderungsanstalt (https://www.ffa.de/ueber-uns.html) ist gemäß FFG eine öffentlich-rechtliche Bundeseinrichtung für die wirtschaftliche Filmförderung und verfügt neben einem Vorstand (sowie eine Stellvertretung) und einem zehnköpfigen Präsidium über einen Verwaltungsrat mit 36 Mitgliedern aus Bundesbehörden, Verbänden der Filmwirtschaft sowie gesellschaftlichen Gruppen (Kirchen, Gewerkschaften etc.). Die FFA ist seit 2025 verantwortlich für mehrere Programme der wirtschaftlichen und der kulturellen (zuvor durch den/die Bundesbeauftragte für Kultur, BKM verantwortete) Förderung von Filmproduktionen, -verleih und -abspiel seitens des Bundes: die jurybasierte Förderung in Gestalt des Deutschen Filmpreises und des Kurzfilmpreises, die wirtschaftliche Förderung durch den Deutschen Filmförderfond (DFFF) und den German Motion Picture Fund (GMPF) sowie die Referenzfilmförderung.

---

[12] Vgl. bspw. https://mf-rlp.de/2025/06/10/medienfoerderung-rlp-medienschaffende-erhalten-in-erster-foerderrunde-2025-insgesamt-648-894-euro/ [11.07.2025] sowie https://service.saarland.de/sldlp/detail?areaId=&pstGroupId=&pstCatId=100049109&pstId=102741002 [11.07.2025].

[13] Gesetz über Maßnahmen zur Förderung des deutschen Films/Filmförderungsgesetz – FFG); https://www.gesetze-im-internet.de/ffg_2025/inhalts_bersicht.html [11.07.2025].

- Aus dem *DFFF* werden auf Antrag bis zu 30 % der (deutschen) Produktionskosten (max. 5 Mio. € pro Film) für Kinofilme, aus dem *GMPF* bis zu 20 % der Produktionskosten für Fernsehfilme und -serien (max. 5 Mio. € je Produktion) erstattet.

- Darüber hinaus fördert die FFA deutsche und unter bestimmten Bedingungen auch internationale *Filmproduktionen* mit maßgeblicher deutscher Beteiligung nach dem *Referenzfilmprinzip* mit bis zu 2 Mio. € je Projekt. Dabei werden bereits publizierte Filme der Antragsteller nach einem Punktesystem (insbesondere anhand des Publikumserfolgs sowie erhaltender Preise und Auszeichnungen) bewertet, um die Qualitäts- und Erfolgsrisiken des neuen, zur Förderung eingereichten Filmprojektes abschätzen zu können. Damit auch Anträge von Teams eine Chance haben, die noch keinen Referenzfilm vorlegen können, fördert die FFA auch *Talentfilme sowie Dokumentar- und Kinderfilme sowie Kurzfilme* (§§ 61–67 sowie §§ 89ff.). Bei der Förderung handelt es sich um Zuschüsse, die nicht zurückgezahlt werden müssen. Die Antragsteller müssen Eigenmittel nachweisen und eine Reihe von Vorschriften zur Gleichstellung und Arbeitsbedingungen befolgen.

- Gefördert wird neben der *Filmproduktion* auch die *Drehbuch- und Projektentwicklung*, der *Filmverleih* (§§ 102ff. FFG) sowie die *Kinos* (§§ 114–120 FFG).

- Seit 1951 wird der „Bundesfilmpreis" (damals durch den Bundesinnenminister, seit 1999 als *Deutscher Filmpreis* „Lola" durch die Bundesbeauftragten für Kultur und Medien, BKM) vergeben. In Analogie zu den amerikanischen Academy Awards, dem „Oscar", entscheiden die 1200 Mitglieder der deutschen Filmakademie über die Vergabe der „Lola". Es handelt sich hierbei nicht nur um ein glamouröses und publicityträchtiges Branchenevent, sondern in Anbetracht eines Hauptpreises von 500.000 € und Preisgeldern von insgesamt drei Millionen um ein Instrument der Filmförderung. Hinzu kommen der Deutsche Kurzfilmpreis sowie Preise für Verleihe, Kinos, Drehbuchentwicklung etc. Die Preisgelder dienen im Sinne des Referenzfilmprinzips der Finanzierung neuer Filme.

Die Fördermittel der FFA stammen aus der Filmabgabe, die von Kinos, Videoprogrammanbietern und -abrufdiensten (Streaming-Plattformen) sowie Fernsehveranstaltern und Programmvermarktern gezahlt werden muss (§ 122–125 FFG). Kinos zahlen je nach Jahresumsatz zwischen 1,8 und 3 %, Videoprogrammanbieter und -Streamer zwischen 1,8 und 2,5 % ihres Jahresumsatzes. Die öffentlich-rechtlichen Rundfunkanstalten müssen drei Prozent ihrer Aufwendungen für Spielfilmausstrahlungen und die privaten Rundfunkanbieter zwischen 0,15 und 0,95 ihrer Nettowerbeumsätze an die FFA abführen. Auch die Höhe der Filmabgabe für Pay-TV-Veranstalter und Programmvermarkter ist nach Umsatz gestaffelt (§§ 128–135 FFG). Die Mittel der Filmabgabe fließen zu 53,5 % in die Produktionsförderung für „programmfüllende" Langfilme (ab 79 min), zu 1,5 % in die Kurzfilme und kürzeren Kinderfilme; ein Viertel geht in die Verleihförderung und ein Fünftel an die Kinos (§ 138 FFG).

Die Europäische Union (EU) förderte seit 1991 im Rahmen von *MEDIA* Programmen die Filmproduktion, Vertrieb und Verleih europäischer Kino- und Fernsehfilme, Dokumentar- und Animationsfilme sowie von Serien und Multimediaprojekten. Im *MEDIA*-Teilprogramm des „Creative Europe"-Rahmens standen 2021 bis 2027 1,4 Mrd. € für die Förderung multinationaler europäischer AV-Produktionen sowie für Verleih und weitere Fördersektoren zur Verfügung.[14] Seit Ende der 1980er-Jahre fördert auch der Europarat mithilfe des EURIMAGES-Programms europäische audiovisuelle Koproduktionen. Finanziert durch die 37 Mitgliedsländer stehen jährlich rund 27,5 Mio. € zur Verfügung.[15]

Filmaufsicht und Selbstkontrolle

Die *Freiwillige Selbstkontrolle der Filmwirtschaft FSK* wurde 1948 gegründet, um einer staatlichen Regulierung nach dem Ende der alliierten Filmkontrolle zuvorzukommen und eine einheitliche Regelung für (West-)Deutschland zu schaffen. Seit 2002 ist die FSK ein Tochterunternehmen (GmbH) der 1950 gegründeten *Spitzenorganisation der Filmwirtschaft e. V. (SPIO)*. Als Dachverband von 16 Branchenverbänden aller Sparten (Produzenten, Verleiher, Kinoabspiel, Filmhandel etc.) und über 1.400 Unternehmen vertritt die 1950 gegründete SPIO mit Sitz in Wiesbaden die Interessen der gesamten Filmbranche (https://www.spio.de/aufgaben-strukturen/). Die FSK befasste sich zunächst mit der Prüfung der Kinofilme hinsichtlich nationalsozialistischer und militaristischer Inhalte. Erst nach dem Inkrafttreten des ersten Jugendschutzgesetzes 1951 rückte der Jungendschutz im Kinofilm, später auch auf anderen materiellen Trägern (Video, DVD, BluRay) und seit rund 15 Jahren bei Onlineplattformen für Bewegtbildangebote ins Zentrum der Arbeit. 2023 wurden von der FSK insgesamt rund 7.500 Produktionen, darunter knapp 1.600 Langfilme, geprüft und klassifiziert; betrachtet man die Programmminuten, dann dominiert das Home Entertainment mit 83 % deutlich gegenüber dem Kino mit nur noch 17 % (vgl. SPIO 2024, S. 45–46 u. 49). Die 180 Prüferinnen und Prüfer nutzen für ihre Bewertungen seit 2021 ein einheitliches Klassifizierungs-Tool (vgl. https://www.fsk.de/pruefverfahren/). Laut Jugendschutzgesetz (JuSchG) sind im Grunde die Obersten Landesjugendbehörden (OLJB) für die Filmaufsicht zuständig; diese entsenden jedoch drei hauptamtliche Ständige Vertreter[16] in die FSK und bestimmen eine Vielzahl der Prüfer. Der eigentliche Rechtsakt wird bei diesem Verfahren von einem Behördenvertreter vollzogen, sodass sich über den Autonomiegrad der „Selbst"-Kontrolle streiten lässt. Die Altersfreigaben der FSK werden nach einer Ländervereinbarung einheitlich von allen Ländern übernommen, und sie dienen der Freiwilligen Selbstkontrolle Fernsehen (FSF) als Vorgaben für die Festlegung der Sendezeiten (vgl. Bd. 2, Kap. 7). Das Jugendschutzgesetz gibt die Kriterien der Altersfreigaben und Schnittauflagen vor: Je nach (vermuteter) Medienkompetenz und entwicklungspsychologischen Stadium werden Filme, die eine

---

[14] Vgl. https://kulturstaatsminister.de/film-und-medien/wirtschaftliche-filmfoerderung/internationale-filmwirtschaft/medienfoerderung-der-eu [14.07.2025] sowie https://creative-europe-desk.de/foerderung [14.07.2025].

[15] Vgl. https://www.coe.int/en/web/eurimages/what-we-do- [14.07.2025] sowie zur Tätigkeit 2024: https://rm.coe.int/2024-draft-activitiesreport-en-3-july-2025/1680b69d9a [14.07.2025].

[16] https://www.fsk.de/mitwirkung-der-laender/ [13.08.2025].

Länge von mindestens 60 min haben und keine Lehr- oder Informationsfilme sind, ab null, sechs, zwölf, sechzehn oder achtzehn Jahren freigegeben (https://www.fsk.de/alters-stufen/). Filme, die keine Altersfreigabe erhalten haben, dürfen von Filmtheaterbetreibern zwar aufgeführt werden, allerdings nur vor Erwachsenen; mit Ausnahme von Pornokino-betreibern haben sich die Filmtheater verpflichtet, keine von der FSK nicht freigegebenen Filme aufzuführen.

Die Prüfkriterien werden von einer 21-köpfigen Grundsatzkommission festgelegt, der zwölf Branchenvertreter, sechs Vertreter aus Bundes- und Landesministerien bzw. -be-hörden sowie Repräsentanten der Kirchen und des Bundesjugendrings angehören. Je nach Aufgabe beurteilen Arbeitsausschüsse mit drei (Trailer etc.) bis fünf (Spielfilme) Prüfer oder der Hauptausschuss mit bis zu sieben Mitgliedern die fraglichen Filme. Gegen eine Alterseinstufung oder eine andere Entscheidung kann der Antragsteller Widerspruch einlegen, der dann vor einem siebenköpfigen Appellationsausschuss verhandelt wird (https://www.fsk.de/pruefverfahren/). Die Mehrheit der Vertreter in den entscheidenden Ausschüssen stammt aus den Behörden, was immer wieder zu Debatten über den Zensur-Charakter der FSK geführt hat (vgl. Buchloh 2005, S. 67–69 u. 73 sowie Kniep 2010).

Die *Bundezentrale für Kinder- und Jugendmedienschutz (BzKJ)*[17] kann auf Antrag der Jugendschutzbehörden oder eines Trägers der freien Jugendhilfe Medien, darunter auch Filme und audiovisuelle Produktionen aller Art indizieren, sofern diese keine Altersfreiga-ben durch die Freiwillige Selbstkontrolle der Filmwirtschaft (FSK) erhalten haben.[18] „In-dizieren" bedeutet, dass diese Medien nicht ‚verboten' werden, sondern auf eine Liste der jugendgefährdenden Medien aufgenommen werden, die Kindern und Jugendlichen nicht zugänglich gemacht und für die auch keine für diese Gruppen sichtbare Werbung be-trieben werden darf.

Die Bundesländer hatten mit der *Deutschen Film- und Medienbewertung* (zuvor FBW, Filmbewertungsstelle Wiesbaden) eine öffentlich-rechtlich organisierte Behörde geschaf-fen, die seit 1951 Filme bewertete (vgl. zu den Kriterien: https://www.fbw-filmbewertung.com/bewertungskriterien) und ggf. die Prädikate „wertvoll" oder „besonders wertvoll" vergab. Diese Qualitätsprädikate haben wirtschaftliche Folgen bei der Befreiung von kom-munalen Vergnügungssteuern und bei der künftigen Beantragung von Filmförderungs-mitteln (vgl. Wilke 2009, S. 32–33 sowie https://www.fbw-filmbewertung.com/rechts-grundlagen). Aufgrund der geringen Nachfrage der Filmwirtschaft und der Kosten für die Einrichtung soll die FBW Ende 2025 geschlossen werden.[19]

---

[17]Nachfolgeeinrichtung der Bundesprüfstelle für jugendgefährdende Medien, BPJM (2002–2021) und der seit 1953 arbeitenden Bundesprüfstelle für Jungendgefährdende Schriften, BPJS.

[18]Mitte 2025 standen rund 4300 Ton-, Bild- und Druckwerke sowie Spiele auf der öffentlichen Liste sowie weitere 7900 auf einer nicht-öffentlichen Liste (https://www.bzkj.de/bzkj/service/statistiken). Die nicht-öffentliche Liste soll verhindern, dass von der Tatsache der Indizierung ein Werbeeffekt im Sinne des ‚Reiz des Verbotenen' ausgeht.

[19]Vgl. https://wissenschaft.hessen.de/presse/deutsche-film-und-medienbewertung-wird-ende-2025-ge-schlossen [11.07.2025].

7.3.2   Marktstruktur und Markteintrittsbarrieren

In der deutschen Filmwirtschaft waren 2023 rund 81.000 Menschen beschäftigt (ein Jahr-
zehnt zuvor und vor der Pandemie waren es noch doppelt so viele), die zusammen
9,7 Mrd. € erwirtschafteten (vgl. SPIO 2024, S. 5; Birkel et al. 2017, S. 343); rund 46.000
zählten zur Filmwirtschaft im engeren Sinne (ohne Rundfunksektor), hinzu kommen etwa
18.000 Selbstständige (vgl. SPIO 2024, S. 77–78). Im internationalen Vergleich ist der
Filmmarkt auch aufgrund seiner nationalsprachlichen Begrenzung und des Kapitalmarktes
vergleichsweise klein: Publikumsnachfrage und Erlösmöglichkeiten bleiben weit hinter
großen Binnenmärkten wie den USA oder Indien zurück, ohne dass vergleichbare
Exporterfolge zu verzeichnen sind. In Anbetracht der ausgeprägten Kapitalintensität bei
gleichzeitig hohem Produktions- bzw. Erfolgsrisiko ist eine wirtschaftlich rentable Produktion und Verwertung im deutschen Binnenmarkt nur schwer möglich. Spielfilme aus
den USA, die letztlich internationale Produktionen für einen Weltmarkt sind, dominieren
daher den europäischen und deutschen Markt seit der Nachkriegszeit zunehmend. Die US
Majors, also die großen und traditionsreichen Filmstudios, die meist auch über Verleih und
Kinoketten verfügen, können Größenvorteile, Erfahrungen und Expertise nutzen, um Kapital für einzelne Filmproduktionen zu investieren, das von europäischen Produzenten
nicht aufgebracht werden kann. Heute zählen Paramount, Universal, Sony, Warner Brothers und Disney zu diesen Majors (während Twentieth Century Fox und Metro Goldwyn
Mayer nicht mehr eigenständig agieren). Zum Teil sind die Majors wiederum eingebunden
in größere Konzerne wie Sony oder Paramount, dessen Mutterkonzern auch TV-Programme
(CBS, Nickelodeon, MTV) und Telekommunikationsnetze (Viacom) betreibt. Der Paramount Global-Konzern wurde im Sommer 2025 für acht Milliarden US-Dollar von Sky-
dance Media übernommen, einem Konzern mit einem Börsenwert von 28 Mrd., der dem
Sohn des Oracle-Gründers Ellison gehört. Begünstigt wurde der Verkauf durch US-
Präsident Trump, den die eher kritische Haltung von CBS verstimmt und zu horrenden
Schadenersatzklagen (in Höhe von 20 Mrd.!) veranlasst hatte. Die für die Genehmigung
der Übernahme zuständige Aufsichtsbehörde Federal Communications Commission
(FCC) hatte er zuvor mit einem Getreuen besetzt (vgl. Schmieder 2024a, S. 15; 2025,
S. 24). Viele aufwändige Produktionen werden als internationale Koproduktionen reali-
siert, um die Refinanzierung zu erleichtern. Insofern ist nicht immer leicht zu bestimmen,
was ein deutscher Film[20] eigentlich ist und folglich die Marktanteile zu ermitteln.

Filmproduktionsmarkt
2023 wurden 124 deutsche bzw. koproduzierte Spiel- und 94 Dokumentarfilme (Langfilme) erstaufgeführt, wobei 64 Spielfilme in internationaler Koproduktion entstanden.
Insgesamt waren an der Filmproduktion rund 150 deutsche Firmen beteiligt (vor der

---

[20] Das Filmförderungsgesetz nennt in § 41 eine ganze Reihe von Kriterien, z. B. die Unternehmens-
sitze der Produzenten, die Wahl der Innendrehorte und die Sprachfassung.

Covid-Pandemie waren es knapp 200) (vgl. SPIO 2024, S. 6). 129 der 156 deutschen Produktionsfirmen haben nur jeweils einen Spielfilm produziert, nur ein Produktionsunternehmen war an mehr als vier Spielfilmen beteiligt (vgl. SPIO 2024, S. 7), d. h. es handelt sich hier um eine eher mittelständische Branche mit – zumal im internationalen Vergleich – geringen Investitionsmöglichkeiten und hohen -risiken. Diese Struktur führt zu einem hohen Anteil an Koproduktionen (51,6 % im Jahre 2023) und internationaler Zusammenarbeit: Im Durchschnitt sind Unternehmen aus 3 Ländern an einem Film beteiligt, traditionell arbeiten deutsche Firmen vor allem mit Partnern aus Frankreich, Österreich und Belgien zusammen (vgl. SPIO 2024, S. 9–10). 2022 waren insgesamt 5.175 (steuerpflichtige) Unternehmen bei der Herstellung von Filmen, Videos und Fernsehprogrammen tätig, hinzu kommen 857 für die Nachbearbeitung und Filmtechnik; sie erbrachten Leistungen im Umfang vor fast 6 Mrd. € (vgl. SPIO 2024, S. 12).

Die Film- und Fernsehproduktion in Deutschland konzentriert sich regional auf Berlin/Potsdam, München, Nordrhein-Westfalen (Köln) und Hamburg, wo große vergleichsweise kapitalkräftige Unternehmen ihren Sitz und ihre Netzwerke haben (und die Filmförderung unterstützend wirken). Eine sehr bedeutende Rolle spielen die Fernsehveranstalter für die Filmproduktion: Über die Hälfte des Produktionswertes geht auf ihre Nachfrage als Auftraggeber oder Koproduzenten zurück (vgl. Birkel et al. 2017, S. 343). Die Markteintrittsbarrieren gelten als beträchtlich, weil das hohe Produktionsrisiko zusammen mit den hohen Investitionskosten kleine Produzenten stark benachteiligt. Auf der Produktionsebene spielen Skaleneffekte, also Kosteneinsparungen aufgrund von Serien- und Massenproduktion, keine große Rolle, weil hier projektförmig Unikate hergestellt und Teildienstleistungen netzwerkartig zugekauft werden.

Verleihmarkt

In Deutschland arbeiteten 2023 insgesamt 112 *Verleihunternehmen,* von denen aber nur 25 neun oder mehr Langfilme im Verleih hatten, während 42 Filmverleihe nur jeweils einen Langfilm im Angebot hatten. Der Gesamtumsatz aller Verleihe betrug 350 Mio. € – vor der Pandemie waren es noch 425 Mio. (2019) (vgl. SPIO 2024, S. 20).

Die in Deutschland produzierten 124 Filme, die 2023 in den Verleih kamen, machten rund 28 % der insgesamt 448 aufgeführten Spielfilme aus, während 25 % aus den USA und 13 % aus Frankreich stammten. Beim Kinobesuch und den Einspielergebnissen betrug der US-Anteil jedoch zwei Drittel bzw. drei Viertel (Kinobesuch 64 %, Umsatz: 76,3 %), d. h. für den Kinoverleih sind die Hollywood-Produktionen der US-Majors von existenzieller Bedeutung (vgl. SPIO 2024, S. 13 u. 20). Die publikumsträchtigsten Genres sind der Kinder- und Jugendfilm (6,7 % der Filme, aber ein Publikumsmarktanteil von 22,3 %) sowie Komödien und Satiren (17 % der Titel, 21,1 % des Publikums), während das Dokumentar-Genres nur auf 1,1 % der Besuche kommt (vgl. SPIO 2024, S. 13–14).

Kinomarkt

Der klassische Kinomarkt mit ganz überwiegend stationären Filmtheatern und Multiplexen stellt mit 930 Mio. Bruttoeinnahmen (2023) seit längerem den kleineren Teilmarkt gegenüber der Verwertung über Home Video und Streaming mit 3,4 Mrd. € dar (vgl. SPIO 2024, S. 26 u. 40). Trotz der zeitweiligen Kinoschließungen und Zugangsbeschränkungen sowie der nur langsam wieder wachsenden Publikumsnachfrage ist es zwischen 2019 und 2024 nicht zu einem massenhaften Kinosterben gekommen: Die Anzahl der Kinos blieb nahezu stabil (Rückgang 2024 gegenüber 2023 von 1,3 %) (vgl. FFA 2025, S. 3), nur bei den Sitzplätzen (−6,1 %) und den Leinwänden (−1,2 %) gab es einen leichten Rückgang, allerdings nahm die Unternehmenskonzentration (noch) weiter zu: von 1227 Unternehmen 2019 auf 1214 im Jahre 2023 (vgl. SPIO 2024, S. 21–22). Fast die Hälfte der 95,7 Mio. Kinobesuche (2023) fand in Multiplexkinos statt. Insgesamt gab es 4900 Kinosäle in 1774 Kinos an 947 Standorten. Die Anzahl der Leinwände bzw. Kinosäle nimmt rascher ab als die der Kinotheater (Spielstätten) (vgl. FFA 2025, S. 8). Fast drei Viertel der Filmtheater verfügten über höchstens 200 Sitzplätze, knapp die Hälfte aller 750.000 Kinositze befand sich in solchen kleinen und mittelgroßen Kinos. Die meisten Kinos verfügten nur über eine (52 %) oder zwei Leinwände (13 %) (vgl. SPIO 2024, S. 21–25).

Die Bruttoerlöse aus den Tickets betrugen durchschnittlich 9,71 €, in den Großstädten und in den Multiplexen (10,34 €) etwas mehr; der Gesamtumsatz der Kinos betrug 2024 knapp 870 Mio bei gut 90 Mio. Tickets (vgl. FFA 2025, S. 3). Zu den Eintrittserlösen kommen die Erlöse aus der Kinowerbung (hier liegen nur Werte für die Bruttoausgaben vor, die 2023 118 Mio. € betrugen) (vgl. SPIO 2024, S. 2 u. 26) sowie dem Verkauf von Getränken, Speisen und Merchandise-Artikeln: Durchschnittlich 7,40 € gaben Besucherinnen und -besucher 2023 für den Verzehr je Kinobesuch aus (SPIO 2024, S. 37). Mittelfristig (Daten für 2014–2023) erweisen sich vor allem Kinder und Jugendliche (10–19 Jahre) sowie Menschen ab 60 Jahren als treue Kinogängerinnen und -gänger, denn in diesen Altersgruppen gibt es sogar Zuwächse, die sich vermutlich nur zum Teil demografisch erklären lassen. Filminteressierte zwischen 20 und 60 gehen hingegen immer seltener ins Kino (vgl. SPIO 2024, S. 35), was womöglich befördert durch die Pandemie vor allem an der Entwicklung des Videostreamings liegen dürfte. 68 % der Bevölkerung gehen – bezogen auf ein Kalenderjahr (2023) – gar nicht ins Kino (vgl. SPIO 2024, S. 37).

Home Video und Videostreaming-Markt sowie Fernsehverwertung

Der Home Video-Sektor erbringt mit 3,4 Mrd. nicht nur den Löwenanteil der Gesamterlöse (Umsatz) von rund 4,3 Mrd. €, er wächst auch weiter, seit 2017 um durchschnittlich elf Prozent. Während der Absatz auf materiellen Trägermedien wie DVD und BluRay (2,9 Mio. Verkäufe im Jahr 2023) weiter rückläufig und insgesamt mit 300 Mio. € eher gering ist, nehmen die Videostreaming-Dienste dich wichtigste Rolle ein. Der Marktanteil der Streaming-Abonnements (Subscription Video on Demand, SVoD) beträgt 77 % (2023), der Rest wird durch Downloads zur unbefristeten Nutzung (Electronic Sell Through, EST) mit knapp 20 Mio. € oder im „Verleih"-Einzelabruf (Transactional Video on Demand, TVoD) mit 180 Mio. € erzielt. Die Streaming-Plattformen, wie beispielsweise Netflix oder Ama-

zon Prime Video haben sich in allen Altersgruppen durchgesetzt: die 30–39-Jährigen wenden 81 %, die Über-60-Jährigen 72 % ihres Videobudgets für solche Abos auf; insgesamt
nutzen 21,1 Mio. Personen (bzw. Haushalte) Streamingabos. Die Durchschnittspreise betrugen für ein Abo monatlich 7,70 €, während für eine einzige DVD oder BluRayDisc im
Schnitt 13,50 bis 16,34 € fällig wurden und der Einzelabruf für 3,16 € (TVoD) bzw. knapp
10 € (EST) zu haben war. Marktführer in Deutschland waren 2023 Netflix (mit täglich
10,4 Mio. Nutzerinnen und Nutzern), Prime Video (mit 6,3 Mio.) sowie Disney+ (3,5 Mio.).
Es zeichnet sich bereits eine starke Marktkonzentration ab sowie eine Dominanz US-amerikanischer Tech-Plattformen und Medienkonzerne ab (vgl. SPIO 2024, S. 39–43).

Das öffentlich-rechtliche Fernsehen sowie die werbefinanzierten und Pay-TV-Pro-
grammanbieter gehören seit langem zu den Abnehmern von Kinofilm- oder TV Movie-
Produktionen, an deren Produktion bzw. Finanzierung sie in hohem Maße beteiligt (und
zu deren Förderung sie gesetzlich verpflichtet) sind. Mittelfristig wurden jährlich rund 90
deutsche Kinofilme im Fernsehen erstaufgeführt; 2023 waren es vermutlich wegen des
pandemiebedingten Produktionsrückgangs nur noch gut 60. Insgesamt gab es 2023 780
Filmpremieren im Fernsehen (einschließlich der internationalen Produktionen), wobei
hier die öffentlich-rechtlichen Programme mit 490 Erstaufführungen und mit insgesamt
rund 4500 Filmausstrahlungen (von 7600 insgesamt) deutlich vorne liegen. Auch im Pay-
TV (Premiere bzw. Sky) spielen Kinofilme eine große Rolle: 2023 gab es 260 Premieren
sowie insgesamt über 3800 Filmausstrahlungen (vgl. SPIO 2024, S. 71–72 u. 76).

Marktentwicklung

Bei der publizistischen Verbreitung wie der ökonomischen Verwertung des Films spielen
die traditionellen Kinos zwar weiterhin eine Rolle und sie sterben zumindest vorerst nicht
aus. Weitaus bedeutender für die Rezeption und die Verwertung sind aber internationale
Streaming-Plattformen, die vergleichsweise (gemessen am regelmäßigen Kinobesuch)
Abonnementmodelle anbieten. Diese erfreuen sich reger Nachfrage, wobei sich die Kosten für mehrere Abos rasch summieren, ohne dass die Plattformen bereits alle nachhaltig
in der Gewinnzone wären. Völlig verschwunden sind einst mehrere Tausend Videotheken
und der Einzelverkauf aber auch die Einzelausleihe stellen zunehmend Nischenmärkte,
beispielsweise für cineastische Sammler dar. Die Verwertungskette mit den aufeinander
folgenden Verwertungsfenstern hat an Stabilität eingebüßt, denn nicht mehr die Kino-,
sondern vielfach die Online- oder TV-Premiere stehen nun am Anfang. Die Erholung des
Kinosektors von den Einschnitten der Covid-Pandemie ist derzeit (2025) zumindest noch
nicht abgeschlossen. In Anbetracht der Streaming-Plattformen haben die klassischen Pay-
TV-Anbieter ihre frühere Alleinstellung eingebüßt, hier dürfte ein Preis- oder ein Qualitätswettbewerb, ggf. auch das Bedienen spezieller Interessen (bestimmte Sportarten, Ero-
tik) an Bedeutung gewinnen.

Die gesamte deutsche Filmbranche ist im Vergleich mit den großen internationalen,
insbesondere den US-Majors aber auch den Streaming-Plattformen unterkapitalisiert und
nur bedingt und auf Deutschland begrenzt wettbewerbsfähig. Insofern bedarf es der För-

derung aus öffentlichen Mitteln auch weiterhin. An der hohen Marktanteilskonzentration wird auch die Förderpolitik nichts ändern, die bekanntermaßen nicht auf Regulierung des Marktes, sondern eben auf Förderung von kulturell wertvollen Filmen sowie den Erhalt eher mittelständischer Produktionsstrukturen in Deutschland bzw. Europa abzielt.

7.4   Zusammenfassung: Strukturmerkmale

Die technische und semiotische Komplexität des Films sowie sein außergewöhnliches kreatives Potenzial bedingen eine hohe Spezialisierung und arbeitsteilige Organisation. Sieht man von der massenhaft auf Social Media stattfindenden amateurbetriebenen oder semiprofessionellen Videoproduktion, die im Falle von Social Media Influencern durchaus mit Geschäftsmodellen verbunden sein kann, ab, zeichnet die Filmkommunikation einige Besonderheiten aus: Film- und Professionelle Videoproduktionen basieren auf der Vernetzung unterschiedlicher Akteure, die unter hohem Kapitaleinsatz und beträchtlichem Erfolgsrisiko Filmkommunikate projektförmig produzieren. Filmkommunikation und wirtschaftliche Verwertung von Filmen erfolgt über mehrere Wege: Wirtschaftlich bedeutsamer als das klassische Kino sind zum einen die individualisierte Filmnutzung als Home Entertainment (insbesondere im Streaming-Abonnement) und zum anderen das Fernsehen als Verwertungsweg. Vertikal integrierte Unternehmen genießen erhebliche Verbund- und Größenvorteile bei der Organisation der Filmkommunikation. Zunehmende Bedeutung gewinnen Online-Plattformen, die mitunter Teil von großen Tech-Konzernen (Amazon, Apple), nicht nur für den Vertrieb, sondern auch für die Produktion von Videos und Filmen.

Hohe Kapitalinvestitionen für kreatives Personal, Filmrechte, Schauspielerstars und filmästhetische Effekte bei einem gleichzeitig hohen Produktions- und Marktrisiko prägen den Publikumsfilm grundlegend.

Die ökonomischen Charakteristika des Films bedingen eine hohe relative Marktkonzentration auf nahezu allen Ebenen: Die Kinofilm- und Videoproduktion wird maßgeblich von kapital- und vertriebsstarken, meist international agierenden und vertikal integrierten Medienkonzernen dominiert. In Deutschland gibt es nur wenige Filmproduzenten, die mehrere Filme pro Jahr finanzieren können; eine wichtige Rolle spielen Koproduktionen mit dem Fernsehen und internationalen Partnern. Der Verleihmarkt ist ebenfalls hochgradig konzentriert, vor allem die Tochterunternehmen der US-Majors teilen den Markt unter sich auf. Der Filmtheatermarkt wird einerseits durch eine Vielzahl kleiner Kinos mit vergleichsweise wenigen Sitzplätzen und andererseits durch große Multiplexe mit sehr vielen Besucherinnen und Besuchern sowie durch regionale und deutschlandweite Kinoketten geprägt. Die großen Film- bzw. Multimediakonzerne üben durch den Verleih sowie die großen Kinoketten und das System der Blockbuchung einen sehr großen Einfluss auf die Programmgestaltung der Kinos, mit Ausnahme weniger Programmkinos, aus. Das hohe Risiko der Filmproduktion wird auf diese Weise zwischen den Sparten zwar geteilt, aber Publikums- und Markterfolg eines Films bleiben kaum kalkulierbar.

Das Onlinestreaming über große, meist in den USA beheimatete, Plattformen dominiert zunehmend die Branche. In Deutschland spielen neben dem Jungendschutz, der in Form von Selbstkontrolleinrichtungen institutionalisiert ist, vor allem Fördermaßnahmen eine wichtige filmpolitische Rolle. Filmförderung erfolgt durch die Filmförderungsanstalt FFA des Bundes auf der gesetzlichen Grundlage des Filmfördergesetzes (FFG) sowie durch die Bundesländer und europäische Organisationen. Dabei spielen neben kulturpolitischen Gesichtspunkten auch wirtschaftliche Interessen eine ausschlaggebende Rolle.

Aus der Organisationsperspektive fasst Tab. 7.1 die wesentlichen Grundzüge von Kino und Video in Deutschland auf der Meso- und Makroebene zusammen.

Die Regulierung des Films hat in Deutschland eine lange restriktive Tradition; die im Grundgesetz garantierte Filmfreiheit findet ihre Grenzen vor allem im Jugendschutz. Für dessen Einhaltung hat sich die Freiwillige Selbstkontrolle der Filmwirtschaft (FSK) mit ihren Altersfreigaben als zentrale Institution etabliert, die im engen Verbund mit staatlichen Jugendschutzbehörden arbeitet.

Aufgrund der Kapitalintensität und der globalen Wettbewerbsstruktur ist die Produktion von Kinofilmen in Deutschland auf erhebliche staatliche Subventionen angewiesen, die als wirtschaftliche und – in geringerem Umfang – als kulturelle Filmförderung durch Länder, Bund und EU erfolgt, um das Marktversagen im Hinblick auf die deutsche bzw. europäische Filmkultur zu mildern sowie aus industrie- und arbeitsmarktpolitischen Erwägungen. In dieser, immer wieder kommunikationspolitisch kritisch diskutierten, „Förderkultur" finden der Doppelcharakter des Films als Kunst und Ware sowie sein Status als öffentliches Gut Ausdruck.

Die Institutionalisierungsmerkmale der Filmkommunikation fasst Tab. 7.2 zusammen.

Tab. 7.1 Organisation von Kino und Videostreaming

Mesoebene	• Privatwirtschaftliche, kommerzielle Filmunternehmen bei Kino und Video • kreative publizistische bzw. künstlerische Rolle von Autoreninnen u. Regisseuren • zentrale ökonomische Rolle von Produzenten als Finanzierungs-, Projekt- und Vermarktungs-Manager • Projektorganisation des Films • hohe Produktions- und Erfolgsrisiken des Films • Strategie horizontaler Risikominimierung (Ko-Produktion) • Strategie vertikaler Integration • Netzwerk als Core Asset
Makroebene	• hohe Marktkonzentration bei Produktion, Verleih, Abspiel und Videostreaming • Kapital- und titelschwacher Produktionsmarkt bei Abhängigkeit von öffentlicher Förderung • internationalisierter Markt bei US-amerikanischer Dominanz • stagnierender Markt im Strukturwandel und mit neuen Akteuren (Plattformen) • hohe Bedeutung von Videostreaming- und Fernsehvermarktung

Tab. 7.2 Institutionalisierung von Kino und Videostreaming

Mesoebene	• Team-, Projekt- und Netzwerkorientierung: befristete Kooperation innerhalb eines begrenzten Akteursnetzwerkes mit klaren Rollenstrukturen auf der Basis von Vertrauen und Erfahrung • Film-Unikat als kollektives Kunstwerk • gemeinschaftliche Kreativität am „Set"
Makroebene	• Schutz durch Art. 5.1 und Art. 5.3 GG sowie eigenes Schutzrecht gem. Urheberrechtsgesetz • Doppelcharakter des Films als Kunst und Ware • Filmförderung als gesetzliche Aufgabe (Länder, Bund, EU/ER) • Filmfördernetzwerk: FFA sowie Landesgesellschaften • Governance-Netzwerk aus staatlichen (BPJM) und überwiegend staatsfernen Selbstkontrolleinrichtungen (FSK) • SPIO als spartenübergreifender integrativer Akteur

Wichtige Quellen und Websites zum Thema Film

• Jährlich erscheint die informative Zusammenstellung von filmbezogen Daten, zuletzt: SPIO Spitzenorganisation der Filmwirtschaft (2024): *Filmstatistisches Jahrbuch 2024*, Wiesbaden: SPIO.

• Ebenfalls umfangreiche statistische Daten sowie Studien zum Film bietet die Website der Filmförderungsanstalt FFA: jährlich legt die FFA nicht nur ihren Geschäftsbericht vor, sondern auch die Datenzusammenstellung über die Kinowirtschaft, zuletzt: www. ffa.de; https://www.ffa.de/files/dokumentenverwaltung/publikationen%20presse%20 %28bearbeitet%20HS%29/2024/FFA-Kinojahr_2024.pdf

• Über die Video- und Filmverleihbranche informiert die Website des Branchenverbands Allscreens: allscreens.de

• Die Selbstkontrolleinrichtung FSK berichtet über ihre Tätigkeit auf www.fsk.de

Gesetze

• *Filmfördergesetz:* Gesetz über Maßnahmen zur Förderung des deutschen Films (Filmförderungsgesetz – FFG) in der Fassung der Bekanntmachung vom 23. Dezember 2024; online unter: https://www.gesetze-im-internet.de/ffg_2025/FFG.pdf [14.07.2025].

• *Jugendschutzgesetz:* Jugendschutzgesetz vom 23. Juli 2002 (BGBl. I S. 2730), das zuletzt durch Artikel 12 des Gesetzes vom 6. Mai 2024 (BGBl. 2024 I Nr. 149) geändert worden ist.; online unter: https://www.gesetze-im-internet.de/juschg/JuSchG.pdf [17.07.2025].

• Urhebergesetz: Urheberrechtsgesetz vom 9. September 1965 (BGBl. I S. 1273), das zuletzt durch Artikel 28 des Gesetzes vom 23. Oktober 2024 (BGBl. 2024 I Nr. 323) geändert worden ist; online unter: https://www.gesetze-im-internet.de/urhg/UrhG.pdf [07.07.2025]

Literatur

Birkel, Mathias, Oliver Castendyk, und Klaus Goldhammer. 2017. Transformation der Filmwirtschaft. *Media Perspektiven* 6:342–351.

Bovermann, Philipp. 2024. Dafür werdet ihr bezahlen. *Süddeutsche Zeitung*, 18.–20. Mai, S. 48.

Buchloh, Stephan. 2005. „Intimitäten" und „gefährdungsgeneigte Jugendliche." Über die Freiwillige Selbstkontrolle der Filmwirtschaft. In *Handbuch Medienselbstkontrolle*, Hrsg. Achim Baum et al., 65–77. Wiesbaden: Springer VS.

Duvvuri, Stefan A. 2007. *Öffentliche Filmförderung in Deutschland. Versuch einer ökonomischen Erfolgs- und Legitimationsableitung.* München: R. Fischer.

Fechner, Frank. 2023. *Medienrecht*, 28. Akt. u. erg. Aufl. Tübingen: Mohr Siebeck.

FFA Filmförderungsanstalt. 2025. *Das Kinojahr 2024*. Berlin: FFA. https://www.ffa.de/files/dokumentenverwaltung/publikationen%20presse%20%28bearbeitet%20HS%29/2024/FFA-Kinojahr_2024.pdf. Zugegriffen am 11.07.2025.

FFG. Gesetz über Maßnahmen zur Förderung des deutschen Films (Filmförderungsgesetz – FFG) vom 23. Dezember 2024. https://www.gesetze-im-internet.de/ffg_2025/FFG.pdf. Zugegriffen am 15.12.2025.

Gregor, Ulrich, und Enno Patalas. 1976. *1895–1939. Geschichte des Films*, Bd. 1. Reinbek: Rowohlt.

Hans-Bredow-Institut, Hrsg. 2008. *Zur Entwicklung der Medien in Deutschland zwischen 1998 und 2007. Wissenschaftliches Gutachten zum Kommunikations- und Medienbericht der Bundesregierung.* Hamburg: Hans-Bredow-Institut.

Hass, Berthold H. 2009. Geschäftsmodelle von Filmproduktionsunternehmen. In *Strategisches Management für Film- und Fernsehproduktionen. Herausforderungen, Optionen, Kompetenzen*, Hrsg. Michael v. Hülsmann und Jörn Grapp, 355–376. München: De Gruyter.

Hoffmann, Hilmar. 1988. *„Und die Fahne führt uns in die Ewigkeit." Propaganda im NS-Film.* Frankfurt a. M: Fischer.

Kniep, Jürgen. 2010. *Keine Jugendfreigabe! Filmzensur in Westdeutschland 1949–1990.* Göttingen: Wallstein.

Kracauer, Siegfried. 1984. *Von Caligari zu Hitler. Eine psychologische Geschichte des deutschen Films.* Frankfurt: Suhrkamp.

Myrrhe, Anke. 2011. Die Masse macht's. *Der Tagesspiegel* 14(9): 21.

Sachse, Maximilian. 2023. Wie Popcorn & Co. Die Kinos retten. *Frankfurter Allgemeine Zeitung*, 28. August, S. 22.

Schmieder, Jürgen. 2024a. Katharsis oder Katastrophe. *Süddeutsche Zeitung*, 21. Mai, S. 15.

Schmieder, Jürgen. 2024b. Das Geschäft mit der Story. *Süddeutsche Zeitung*, 18. Dezember, S. 15.

Schmieder, Jürgen. 2025. Der große Gewinner. *Süddeutsche Zeitung*, 26.727. Juli, S. 24.

SPIO Spitzenorganisation der Filmwirtschaft. 2024. *Filmstatistisches Jahrbuch 2024*. Wiesbaden: SPIO.

Wilke, Jürgen. 2009. Film. In *Lexikon Publizistik Massenkommunikation*, Hrsg. Elisabeth Noelle-Neumann, Winfried Schulz, und Jürgen Wilke, 13–41. Frankfurt a. M.: Fischer.

Wirtz, Bernd W. 2006. *Medien- und Internetmanagement*, 5., überarb. Aufl. Wiesbaden: Gabler.

Wirtz, Bernd W. 2023. *Medien- und Internetmanagement*, 11., überarb. Aufl. Wiesbaden: Springer Gabler.

Wulff, Hans-Jürgen. 2006. Film. In *Lexikon Kommunikations- und Medienwissenschaft*, Hrsg. Günter Bentele, Hans-Bernd Brosius, und Otfried Jarren, 68–70. Wiesbaden: Springer VS.

Zeitfracht Medien GmbH
Ferdinand-Jühlke-Straße 7
99095 Erfurt, Deutschland
produktsicherheit@kolibri360.de